KB041459

이론과 실재: 과학철학 입문

Theory and Reality

by

Peter Godfrey-Smith

이론과 실재: 과학철학 입문

피터 고드프리스미스 지음
한상기 옮김

서광사

"과학과 그 개념적 토대" 총서

데이비드 L. 헐 편집

이 책은 Peter Godfrey-Smith의 *Theory and Reality* (The University of Chicago Press, Chicago, Illinois, U.S.A., 2003)를 완역한 것입니다.

* 이 책은 2013년도 전북대학교 저술장려연구비를 지원받아 출간한 책임을 밝힙니다.

이론과 실재: 과학철학 입문

피터 고드프리스미스 지음
한상기 옮김

펴낸이 | 이숙
펴낸곳 | 도서출판 서광사
출판등록일 | 1977. 6. 30.
출판등록번호 | 제 406-2006-000010호

(10881) 경기도 파주시 회동길 77-12 (문발동)
대표전화 (031) 955-4331   팩시밀리 (031) 955-4336
E-mail: phil6060@naver.com
http://www.seokwangsa.co.kr | http://www.seokwangsa.kr

제1판 제1쇄 펴낸날 ― 2014년 12월 10일
제1판 제5쇄 펴낸날 ― 2024년 10월 10일

ISBN 978-89-306-2088-8   93160

오늘날 우리는 과학과 과학 문명의 시대에 살고 있다. 우리의 삶은 잠시도 과학의 영향에서 벗어날 수 없을 정도로 과학에 많은 것을 의존한다. 이러한 상황에서 과학과 과학에서 비롯된 기술의 진보로 얻은 많은 이점 때문에 과학에 호의적 태도를 보이는 사람이 있는가 하면, 핵무기나 생태적 위기, 인간 복제 문제 등을 거론하면서 과학을 비난하는 사람도 있다. 따라서 좋건 나쁘건 간에 과학의 본성이 무엇인지에 대한 문제는 현대인들에게 대단히 중요한 문제로 다가온다.

그렇다면 도대체 과학이란 무엇인가? 과학은 정확히 어떤 방식으로 작동하는가? 과학은 객관적이고 합리적이고 공평무사한가? 아니면 과학자나 과학자 공동체에 따라 상대적이고, 주관적이며 편향되어 있는가? 과학에 관해 고도로 일반적이고 지극히 근본적인 물음을 제기하고 있는 이런 물음들은 바로 과학철학이라는 분야를 형성한다.

피터 고드프리스미스(Peter Godfrey-Smith)의 책, 『이론과 실재: 과학철학 입문』(*Theory and Reality: An Introduction to the Philosophy of Science*, The University of Chicago Press, 2003)은 과학철학에서의 이런 물음들을 의식하면서 20세기 100년 동안 과학철학에서 벌어진 논

쟁과 토론을 개관하여 다루고 있다. 지은이는 20세기 철학에서 과학철학을 하나의 독립된 분야로 정착시킨 논리 실증주의에서 시작하여 귀납과 확증의 문제, 칼 포퍼(K. Popper)의 과학이론, 토머스 쿤(T. Kuhn)과 "과학 혁명", 임레 라카토슈(I. Lakatos), 래리 라우든(L. Laudan), 파울 파이어아벤트(P. Feyerabend)의 견해, 과학사회학, 여성주의, 과학학으로부터 과학철학 분야에 대해 가해지는 도전들을 망라해 다루고 있다. 더 나아가 이 책은 과학적 실재론, 관찰의 이론적재성, 과학적 설명, 베이스주의를 포함하여 특정한 어떤 문제와 이론들을 좀 더 자세히 살핀다. 지은이는 20세기에 벌어진 이 논쟁들을 개관하는 데서 그치지 않고, 한 걸음 더 나아가 이 분야의 주된 문제들을 해결하기 위한 최선의 방법으로 자신의 견해를 제시하는데, 그것은 경험주의, 자연주의, 과학적 실재론이 결합된 지은이 자신의 독특한 견해라 할 수 있다.

　이 책은 전문적으로 철학을 하는 사람은 물론이고 철학에 대한 배경지식이 없는 독자를 위해 쉽고 간명하게 쓰였다. 그러면서도 20세기에 과학철학계에서 벌어졌던 핵심 논쟁들, 특히 전반기의 논쟁들은 물론이고 후반기에 벌어지거나 제시되었던 논쟁들까지도 아주 잘 간추리고 있다. 따라서 대체로 물리과학을 모델로 한 20세기 전반기까지의 과학철학 움직임을 소개한 책을 읽었던 독자들은 이 책을 통해 20세기 후반부터 현재까지의 동향을 파악하면서 미래의 방향을 가늠해볼 수 있을 것이다. 아쉬운 것이 있다면 과학철학에서 결정적으로 중요한 어떤 문제들, 이를테면 "과학적 설명"의 문제 같은 것이 너무 적게 다루어지지 않았는가 하는 것이지만, 이 책의 편제와 내용으로 볼 때 그러한 아쉬움을 상쇄하고 남는다고 믿는다.

　이 책의 번역을 지원해준 전북대학교, 그리고 오랜 세월 동안 같이

철학을 해온 건지산 동료들에게 감사드린다. 끝으로 이 역서는 2013년
도 전북대학교 저술장려연구비를 지원받아 번역되었음을 밝힌다.

2014년 10월

건지산 자락에서

한상기

우리 부모님을 위하여

: 차 례

이 책은 주로 지난 11년 동안 스탠포드대학교에서 했던 강의를 바탕으로 썼다. 강의 내용을 추출해 다듬은 것이지만 꼭 강의 내용에서만 추출한 것은 아니다. 또한 동료와 친구들이 제시한 비평과 함께 그 시간 동안에 학생들이 내놓은 무수히 많은 의견, 물음, 논문도 이 책에 영향을 미쳤다.

　일차적으로 학생들을 위해 이 책을 썼지만, 꽤 넓은 독자층이 쉽게 접할 수 있는 책이 되기를 의도했다. 나는 독자에게 철학에 대한 배경 지식을 전혀 요구하지 않았다고 믿는다. 내 일차적 목적은 과학철학의 주요 주제 몇 가지를 소개하는 것이지만, 동시에 이 분야가 지난 100여 년 동안에 어떻게 발전해왔는지에 관해 쉽게 이해할 수 있는 흥미로운 이야기를 전하는 것이기도 하다. 이 이야기를 전하면서 나는 철학과 다른 학문들과의 연관성, 그리고 과학이론들이 제시되어온 지적 풍토의 변화에 대해 다른 많은 입문서보다 좀 더 자세히 기술하는 쪽에 이끌렸다. 또한 나는 어떤 지점들에서 논쟁의 분위기와 그 논쟁 주역들의 개성을 어느 정도 포착하고자 노력했다.

　이 책의 또 다른 목적은 특정 관점을 개괄적으로 제시하고 그것을 옹

호하는 것이지만, 그러한 논의는 주로 이 책의 끝 부분 1/3에서 집중적
으로 펼쳐졌다. 내 생각에 과학철학은 여전히 상당히 소란스러운 상태
에 있는 것으로 보인다. 그런 상황은 이와 같은 책을 쓰는 저자에게 선
택을 요구한다. 우리는 무질서와 불확실성을 도외시하고 하나의 특정
시각을 세우든지, 아니면 그 논쟁들을 그 분야에 관한 이야기를 전하기
위해 사용할 수 있다 — 우리가 지금 있는 곳에 어떻게 도달했는가? 대
체로 나는 후자의 접근 방식을 선택했다. 이 책의 이러한 특징은 부분
적으로 존 하일브로너(John Heilbroner)의 경제사상사 고전 『세속의
철학자』(The Worldly Philosophers)에서 영감을 받았다.

이 저작에 대해 논평해준 피오나 코위(F. Cowie), 마이클 데빗(M.
Devitt), 스티븐 다운즈(S. Downes), 리처드 프랜시스(R. Francis), 마
이클 프리드먼(M. Friedman), 로리 그룬(L. Gruen), 타니아 롬브로조
(T. Lombrozo), 데니스 필립스(D. Philips), J. D. 트라우트(J. D.
Trout), 앨런 우드(A. Wood), 리가 우드(R. Wood)에게 매우 감사한
다. 시카고대학교 출판사의 익명의 두 교열자 또한 유익한 비판을 해주
었다.

수많은 개선 작업을 할 수 있게 만들면서 최종판이라 할 수 있는 원
고 전체에 대해 자세하면서도 이례적으로 유용한 논평을 해준 일에 대
해서는 카렌 베넷(K. Bennett), 킴 스터렐니(K. Sterelny), 마이클 와이
스버그(M. Weisberg)에게 신세를 졌다.

다른 개선 작업들은 여느 때처럼 과학과 그 개념적 토대(Science and
Its Conceptual Foundation) 총서의 편집발행인인 데이비드 헐(D.
Hull)의 통찰, 훌륭한 감각, 능숙한 솜씨, 독특한 관점의 결과였다. 시
카고대학교 출판사의 수장 에이브람스(S. Abrams)는 처음부터 끝까지
이 저술 계획에 대해 끊임없이 열정을 보이면서 정말 큰일을 해냈다.

수잔 같은 편집인과 같이 일을 하는 것은 보기 드물 정도로 즐거운 일이다. 지난 7년간 많은 재정적·지적 지원을 해준 스탠포드대학교에도 감사드린다. 이러한 지원에는 가장 최근에 받았던 마서 서튼 웍스 연구비(Martha Sutton Weeks Fellowship)를 포함하여 몇 차례의 연구보조금도 포함된다.

　마지막으로 이 책은 일차적으로 학생들을 위해 쓴 것이기 때문에 학생 시절 나를 가르치고 인도하고 격려해주셨던 네 분의 스승 킴 스터렐니(Kim Sterelny), 마이클 데빗(Michael Pevitt), 스티븐 스티치(S. Stich), 필립 키처(P. Kitcher) 교수께 이 자리를 통해 감사의 뜻을 전하고 싶다.

: 가르치는 사람이 주목할 사항

이 책은 특히 제10장까지는 연대순으로 구성했는데, 아마 연대순을 따르는 것이 이 책을 사용하여 어떤 강좌를 가르치는 가장 적당한 방식일 것이다. 그렇지만 주제 중심으로 구성된 방식을 따르는 강좌에서 이 책을 사용하는 경우도 있다. 이런 식으로 접근하면 제1장과 제2장은 배경이다. 제3장, 제4장, 제10장, 제14장은 증거, 시험, 이론 선택에 관한 쟁점들에 초점을 두는 한 구획을 형성한다. 제5장부터 11장에서는 과학적 변화와 과학의 사회적 구조를 이 같은 주제들과 인식론적 물음 사이의 상호작용과 함께 논의한다. 제12, 13장에서는 과학철학을 인식론적 측면보다 형이상학적 측면에 더 중점을 두고 다룬다. 물론 이 책은 또한 매우 다르게 구성된 강의와 읽을거리에 대한 보충서로 사용할 수도 있을 것이다.

"더 읽을거리" 절은 약간 어려운 저작들과 최근 논의의 분위기를 제시하기 위한 저작들(과학철학회의 대회보에 실린 논문들 같은)을 포함하기 때문에 꽤 많은 일차 자료를 포함하는 경향이 있다. 이는 특히 나중에 나오는 장들에 해당하는 말이다. "더 읽을거리"에서 발견되는 어려움의 수준은 교재 자체에서보다 더 빠르게 높아진다(또는 나는 그러

기를 바란다). 이와 달리 용어해설은 이 분야의 배경지식이 거의 또는
전혀 없는 상태에서 이 책을 접하게 되는 사람들에게 매우 기초적인 도
구가 되기를 의도했다.

제1장

서론

1.1 준비 작업

이 책은 과학의 본성에 관한 약 100년 동안의 논쟁을 개관하는 책이다. 우리는 과학이 무엇인지, 과학이 어떻게 작동하는지, 과학이 세계를 탐구하는 다른 방식들과 어떻게 다른지에 관한 100년 동안의 논쟁을 살필 것이다. 우리가 검토할 사상은 대부분 "과학철학"이라 불리는 분야에 속하지만, 역사가, 사회학자, 심리학자 등이 전개한 사상을 살피는 데에도 많은 시간을 들일 것이다.

이 책은 대체로 몇 십 년에 걸친 "대여행"(grand tour)의 형태를 띤다. 그래서 이 기간에 나타난 사상들을 대략 그것들이 등장한 순서대로 논의할 것이다. 앞 문장에서 "대략"이라고 했음을 주목할 필요가 있다. 이 책의 역사적 순서에 따른 편성에 대한 예외들이 있는데, 나는 그 중 약간은 그것들이 나타날 때 지적할 것이다.

어째서 더 이전의 사상들에서 시작하여 현재에 이르기까지의 사상들을 살피는 것이 최선인가? 한 가지 이유는 과학에 관한 일반적 사상들의 역사적 발전 과정 자체가 흥미로운 주제라는 것이다. 또 다른 이유는 과학철학이 최근까지 소란스럽고 불확실한 상태에 있었다는 것이다. 바로 지금 이 분야의 여러 선택지와 의견들의 미로를 이해하는 좋은 방법은 우리를 지금 처한 상태로 데려온 길을 추적하는 것이다. 그러나 이 책은 선택지들을 소개하려고만 하는 것은 아니다. 나는 종종 어떤 발전들이 십중팔구 방향이 틀렸거나 시선을 딴 곳으로 돌리고 있다는 것을 지적함으로써 우리가 찬성하는 사상 쪽에 설 것이다. 다른 사상들은 올바른 궤도에 있는 것으로 추려질 것이다. 그런 다음 나는 이 책의 끝 부분에서 조각들을 모아 과학이 어떻게 작동하는가에 대한 그림에 맞추는 일을 시작할 것이다.

철학은 우주와 그 속에서의 우리의 지위에 관한 매우 기초적인 어떤 물음들에 대해 묻고 답하려 시도하는 학문이다. 이런 물음들은 때로 실제적 관심사에서 너무 멀리 떨어진 것처럼 보인다. 그러나 이 책에서 다루는 논쟁들은 그런 종류의 것이 아니다. 비록 이런 논쟁들이 사고, 지식, 언어, 실재에 관한 매우 추상적인 물음과 연관되어 있다 할지라도, 그것들은 또한 능히 철학 바깥에까지 중요한 영향을 미치는 것으로 드러났다. 이 논쟁들은 다른 많은 학문 분야의 발전에 영향을 미쳤으며, 그 논쟁들 중 약간은 교육, 의학, 사회 속에서 과학의 적당한 지위에 대한 논의에 영향을 미침으로써 훨씬 더 큰 반향을 불러일으켰다.

사실상 20세기 후반부를 통해 과학의 본성과 관계된 모든 분야는 롤러코스터 타기와 비슷한 방식으로 진행되었다. 어떤 사람들은 과학사, 과학철학, 과학사회학에서 진행된 연구는 과학이 서양 문화에서 획득했던 지배적 역할을 받을 가치가 없음을 보여주었다고 생각했다. 그들은 주류 과학의 신뢰성과 우월성에 관한 신화의 일련의 토대가 철저하게 무너졌다고 생각했다. 물론 다른 사람들은 이런 생각에 의견을 달리했으며, 이로 인해 흔히 정치적 논의에까지 돌입하면서 지적 무대를 논쟁들의 소용돌이로 휘몰아 넣었다. 때로 과학적 작업은 그 자체가 특히 사회과학들로부터 영향을 받았다. 이 논쟁들은 "과학전쟁"(Science Wars)으로 알려졌는데, 이 표현은 상황이 얼마나 뜨겁게 달아올랐는지의 느낌을 전달한다.

과학전쟁은 결국은 냉각되었지만, 내가 이런 말을 하는 지금도 과학적 지식의 본성과 격위에 관한 아주 기본적 물음들에서조차 여전히 의견의 불일치가 많다고 말하는 것이 공정하다. 이러한 의견의 불일치는 보통 나날이 진행되는 과학의 실제 현장에 별로 영향을 미치지 않지만, 때로는 그렇게 영향을 미치기도 한다. 그리고 이러한 불일치는 인간 지식, 문화적 변화, 우주에서 우리의 전체적 지위에 대한 일반적 논의에 엄청난 중요성을 갖는다. 이 책은 당신에게 주목할만한 이 일련의 논쟁을 소개하고, 현재 상황을 이해하도록 하기 위한 것이다.

1.2 이론의 범위

만일 과학이 어떻게 작동하는지 이해하고자 한다면, 첫 번째로 할 일은 우리가 설명하려고 하는 것이 정확히 무엇인지를 알아내는 일인 것처럼 보인다. 과학은 어디에서 시작하여 어디에서 끝나는가? 어떤 종류의 활동을 "과학"으로 간주하는가?

유감스럽게도 이것은 미리 정할 수 있는 것이 아니다. 무엇을 과학으로 간주해야 하는지에 관해 많은 의견의 불일치가 있으며, 이러한 불일치는 이 책에서 논의하는 다른 모든 쟁점과도 연관이 있다.

몇 가지 핵심 사례에 관해서는 의견의 일치가 이루어진다. 사람들은 종종 물리학을 가장 순수한 과학의 예로 생각한다. 확실히 물리학은 영웅적인 역사를 가지고 있으며, 근대과학의 발전에서 핵심 역할을 해왔다. 그렇지만 지난 50여 년 동안 가장 빠르고 인상적인 발전을 이룬 분야는 아마 분자생물학일 것이다.

이런 과학들은 과학의 핵심 예인 것처럼 보이는데, 이는 우리가 이런 분야들에서조차 논란의 징후에 마주친다 할지라도 마찬가지이다. 몇몇 사람은 이론물리학이 비전(秘傳) 활동, 즉 실재 세계와 거의 접촉이 없는 수학적 모델에 기초한 활동으로 진화하고 있기 때문에 전보다 덜 "과학적인" 학문이 되어가고 있다고 주장했다(Horgan 1996). 그리고 분자생물학은 최근 사업이나 산업과 연관을 맺고 있는데, 이런 연관은 어떤 사람들이 보기에는 분자생물학을 한때 그랬던 것보다 덜 전형적인 과학으로 만든다. 가설을 시험할 때 물리학자와 분자생물학자들이 하는 작업은 과학이다. 그리고 우리가 아무리 잘한다 하더라도 야구 경기를 하는 것은 과학을 하는 일이 아니다. 그러나 이 명료한 사례들 사이에 있는 분야들에서는 의견의 불일치가 널리 영향을 미치고 있다.

한때 경제학과 심리학을 과학으로 분류하는 것에 대해 논란이 있었다. 그런 분야들이 지금은 적어도 미국 및 비슷한 나라들에서는 과학의 지위를 부여하는 상태로 안착되었다(경제학은 재미있는 수식어를 보유한다. 경제학은 종종 "음울한 과학"이라 불리는데, 이 말은 토머스 칼라일에게서 기인한다). 그렇지만 여전히 많은 논쟁이 있는 경계지대가 있는데, 지금 이 순간에 그런 분야로는 인류학이나 고고학 같은 분야가 포함된다. 내가 가르치는 스탠포드대학교에서 인류학과가 두 개의 독립된 학과로 쪼개진 과정은 바로 이런 종류의 논쟁이 한 요소로 작용했다. 인류학, 즉 인류에 대해 일반적 연구를 진행하는 학문이 생물학과 밀접하게 연결되어 있어야 하는 충분히 과학적인 학문인가, 아니면 인문학과 더 밀접하게 연관되어 있어야 하는 좀 더 "해석적인" 학문인가?

이 회색지대의 존재는 놀랄 일이 아닌데, 이는 현대 사회에서 "과학" (science)이라는 낱말은 함축하는 바가 많으면서 수사적으로 강력한 힘을 발휘하는 낱말이기 때문이다. 사람들은 종종 경계지대에서의 작업을 "과학적"이라거나 "비과학적"이라고 기술하는 것이 유용한 책략임을 발견할 것이다. 어떤 사람들은 어떤 분야가 엄격한 방법을 사용하고, 그렇기 때문에 우리가 신뢰해야 하는 결과를 전한다는 것을 시사하기 위해 그 분야를 과학적이라고 부를 것이다. 덜 일반적이긴 하지만 경우에 따라서 어떤 사람은 어떤 탐구와 관련하여 부정적 요소를 말하기 위해 — 어쩌면 그 탐구가 비인간적이라는 것을 시사하기 위해 — 그 탐구를 과학적이라고 부를 수도 있을 것이다("과학적"이라는 용어는 부정적 인상을 전달할 때 더 자주 사용된다). "과학"과 "과학적"이라는 말은 이처럼 수사적으로 사용되기 때문에 어떤 종류의 지적 작업을 과학으로 간주해야 하는지에 관해 사람들이 끊임없이 이렇게 저렇게 논쟁을 벌인다는 사실은 놀랄 일이 아니다.

"과학"이라는 용어의 역사 또한 이런 상황과 관련이 있다. "과학"과 "과학적"이라는 낱말의 현재 사용은 꽤 최근에 발전한 것이다. "과학" (science)이라는 낱말은 라틴어 낱말 "scientia"에서 파생된 것이며, 고대, 중세, 근대 초기에 "scientia"는 일반적·필연적 진리를 드러내는 논리적 증명의 결과를 가리켰다. scientia는 다양한 분야에서 얻을 수 있지만, 거기에 포함된 종류의 증명은 대부분 우리가 지금 수학이나 기하학과 연관시킬 종류의 증명이었다. 근대과학이 흥성하기 시작했던 17세기 무렵에 우리가 지금 과학이라 부를 분야들은 보통 "자연철학"(물리학, 천문학, 그리고 사물의 원인에 대한 다른 탐구들) 또는 "자연사"(식물학, 동물학, 그리고 세계의 내용물에 대한 다른 기술들)

로 더 자주 불렸다. 시간이 지나면서 "과학"이라는 용어는 관찰이나 실험과 더 밀접한 연관이 있는 작업을 나타내는 말로 사용되었으며, 결정적 증명이라는 이상과 과학을 연관시키는 일은 줄어들었다. "과학"이라는 용어, 그리고 그와 연관된 낱말인 "과학자"의 현재 의미들은 19세기의 산물이다.

"과학"이라는 낱말에 실리는 수사적 부대 의미를 감안하면, 우리는 여기 제1장에서 과학에 포함되는 것과 포함되지 않는 것의 합의된 목록을 정할 수 있다고 기대해서는 안 된다. 지금은 회색지대를 그냥 회색지대로 남겨 놓아야 할 것이다.

철학이론들(그리고 다른 이론들)이 과학을 얼마나 넓게 생각하는지 하는 점에서 서로 많이 다르다는 사실 때문에 또 다른 분규가 발생한다. 어떤 필자들은 "과학"이나 "과학적" 같은 용어를 관찰적 증거의 안내를 받는 방식으로 사상을 평가하고 문제를 해결하는 모든 작업을 나타내기 위해 사용한다. 비록 과학이라는 낱말이 서양의 고안물이긴 하지만 과학은 모든 인간 문화에서 발견되는 어떤 것으로 보인다. 그러나 시공간상으로 국한된 문화적 현상으로 봄으로써 "과학"을 좀 더 좁게 해석하는 견해도 있다. 이런 종류의 견해에서는 우리에게 충분한 의미로 과학을 제공한 것이 16, 7세기 유럽의 과학 혁명일 뿐이었다. 그 이전에 우리는 고대 그리스에서 과학의 최초 "뿌리"나 선구자들을 발견하고, 아랍 세계와 중세 말의 스콜라철학 전통에서 약간의 기여를 발견하지만, 다른 곳에서는 찾을 것이 별로 없다. 그래서 이 견해는 과학이 명확한 역사를 가진 특별한 사회적 제도로 취급된다는 견해이다. 과학이란 특정한 사람과 장소, 특히 코페르니쿠스, 케플러, 갈릴레이, 데카르트, 보일, 뉴턴을 포함한 핵심 유럽인 집단에게서 이어져 내려온 어떤 것인데, 이들은 모두 17, 8세기에 살았던 사람들이다.

　　상황을 이런 식으로 정리하는 것은 과학을 통상 농업, 건축, 그리고 다른 종류의 기술에 동반되는 종류의 탐구나 지식과 같지 않은 것으로 보는 것이다. 그래서 이와 같은 견해는 비과학적 문화권에 사는 사람들이 무지하거나 어리석음에 틀림없다고 주장할 필요가 없다. 이런 견해의 기본 착상은 과학을 이해하기 위해서는 우리가 과학과 세계에 대한 다른 종류의 탐구를 구별할 필요가 있다는 것이다. 그리고 우리는 지식에 대해 소수 유럽인 집단이 전개한 하나의 접근방식이 어떻게 해서 결국 인류에게 그토록 엄청난 귀결을 갖는 것이 되었는지를 알아낼 필요가 있다.

　　이 책에서 이론에서 이론으로 옮겨감에 따라 우리는 과학을 넓게 해석하는 사람들과 좁게 해석하는 사람들, 그리고 그 사이에 놓여 있는 것으로 해석하는 사람들을 발견할 것이다. 그러나 이런 발견 때문에 우리가 사실상 어떤 종류의 이해에 도달하고 싶어 하는지 윤곽을 잡는 일을 미리 중단하지는 않을 것이다. 그렇지만 "과학"이라는 낱말을 어떤 방식으로 사용하기로 선택하든 결국 우리는 다음 두 가지를 모두 전개하려고 해야 한다.

1. 인간이 그들 주위의 세계에 대한 지식을 어떻게 얻는지에 대한 이해.
2. 과학 혁명에서 이어져 내려온 연구와 세계에 대한 다른 종류의 탐구를 다른 것으로 만드는 것이 무엇인지에 대한 이해.

우리는 이 책 전체를 통해 이 두 종류의 물음 사이에서 이리저리 옮겨 다닐 것이다.

　　이 주제를 떠나기 전에 언급해야 할 다른 한 가지 가능성이 있다. 앞에서 기술한 좁은 의미에서조차 우리가 "과학"이라고 부르는 모든 작업이 그만큼 공통점이 있다는 것을 얼마나 확신해야 하는가? 철학의 위험요소 중 한 가지는 너무 넓고 전면적인 이론을 제시하려는 유혹이다. "과학의 이론들"은 이 문제를 염두에 두고 음미할 필요가 있다.

1.3 어떤 종류의 이론인가?

이 책은 과학철학 입문서이다. 그러나 이 책의 대부분은 그 분야에서 하나의 쟁점 집합에 초점을 모은다. 과학철학 내에서 우리는 인식론적 쟁점과 형이상학적 쟁점을 구별할 수 있다(어느 쪽에도 속하지 않는 쟁점은 물론이고). 인식론은 지식, 증거, 합리성에 관한 물음과 관계된 철학분야이다. 좀 더 논란이 되는 철학 분야인 형이상학은 실재의 본성에 관한 일반적 물음을 다룬다. 과학철학은 이 두 분야 모두와 중첩된다.

이 책에서 논의하는 쟁점은 대부분 넓게 말해 인식론적 쟁점이다. 예컨대 우리는 관찰적 증거가 과학이론을 어떻게 정당화할 수 있는지에 관한 물음에 관심을 갖게 될 것이다. 우리는 또한 과학이 세계를 "실제로 있는 그대로" 기술하는 데 성공할 수 있다는 희망을 가질 이유가 있는지 물을 것이다. 그러나 우리는 이따금 형이상학적 쟁점, 그리고 언어철학의 쟁점에 부닥칠 것이다. 그래서 이 책에서의 논의는 과학사 및 다른 분야의 작업과도 서로 교차하게 될 것이다.

철학은 족히 철학적 작업이 어떻게 행해져야 하고, 철학이론이 어떤 일을 하려고 해야 하는지에 관한 논의와 걱정에 시달린다. 그래서 우리는 과학에 대한 철학적 이론의 올바른 **형태**에 관한 의견의 불일치, 그리고 철학자들이 어떤 물음을 제기해야 하는지에 관한 의견의 불일치를 다루어야 할 것이다. 한 가지 분명한 가능성은 우리가 과학적 사고에 대한 이해를 얻으려고 할 수도 있다는 것이다. 20세기에 많은 철학자들은 우리가 과학에 대한 논리적 이론을 추구해야 한다고 주장함으로써 이 생각을 거부했다. 즉 우리는 과학이론들의 추상적 구조, 이론과 증거의 관계를 이해하려 해야 한다는 것이다. 세 번째 선택지는 우리가 방법론, 즉 과학자들이 따르거나 따라야 하는 규칙이나 절차 집합을 안출(案出)하려고 해야 한다는 것이다. 좀 더 최근에 역사적 연구에 영향을 받은 철학자들은 과학적 변화에 대한 일반 이론을 제시하고 싶어 했다.

여기서 매우 중요한 구별은 기술적 이론과 규범적 이론의 구별이다. 기술적 이론은 가치 판단을 내리지 않고 실제로 어떤 일이 진행되고 있는지 또는 어떤 것이 어떻게 생겼는지를 기술하려고 시도한다. 규범적 이론은 가치 판단을 내린다. 그래서 규범적 이론은 어떻게 진행되어야 하는지, 어떤 것들이 어떻게 생겨야 하는지에 관해 언급한다. 과학에 관한 어떤 이론들은 기술적 이론일 뿐이라고 가정된다. 그러나 우리가 살펴볼 견해는 대부분 공식적으로건 비공식적으로건 규범적 요소를 가지고 있다. 그래서 과학에 관한 일반적 주장을 평가할 때는 "이 주장이 기술적 주장이기를 의도한 것인가, 규범적 주장이기를 의도한 것인가, 아니면 둘 다인가?"를 끊임없이 묻는 것이 좋은 원칙이다.

어떤 사람들에게는 우리가 과학에 관해 답해야 하는 결정적 물음이 과학은 "객관적"인가 하는 것이다. 그러나 이 용어는 여러 가지 매우 다른 것을 의미하는 데 사용되는 극히 파악하기 어려운 용어가 되어 왔다. 때로 객관성은 편향되지 않음을 의미하는 것으로 간주된다. 이런 의미로 객관성은 공평성이나 공정성이다. 그러나 "객관적"이라는 용어는 또한 종종 어떤 것의 실존이 우리 정신과 독립적인지에 관한 주장을 표현하는 데 사용되곤 한다. 어떤 사람이 "객관적 실재", 즉 사람들이 어떻게 개념화하거나 기술하는지와 상관없이 실존하는 실재가 실제로 존재하는지 궁금해 할 수도 있다. 우리는 과학이론이 정말이지 이런 의미로 실존하는 실재를 기술할 수 있는지 물을 수도 있다. 그와 같은 물음은 편향되지 않음과 관련된 모든 쟁점의 범위를 넘어서며, 우리를 깊은 철학적 바다 속에 빠뜨린다.

이러한 애매성 때문에 나는 종종 "객관적"과 "객관성"이라는 용어를 피할 것이다. 그러나 그런 용어를 사용하는 경향이 있는 물음은 이 책 전체를 통해 다른 언어를 사용해 다룰 것이다. 그리고 마지막 장에서 "객관성"으로 되돌아올 것이다.

또 하나의 유명한 표현은 "과학적 방법"이다. 아마 이 표현은 대부분의 사람이 과학에 대한 일반 이론을 제시하는 일을 생각하고 있을 때 염두에 두는 말일 것이다. '과학자들이 따르거나 따라야 하는 특수한 방법을 기술함'이라는 생각은 낡은 것이다. 17세기에 다른 누구보다도 프랜시스 베이컨(Francis Bacon)과 르네 데카르트(René Descartes)는 과학자들이 어떻게 연구를 진행해야 하는지에 대한 자세한 명세서를 제시하려 했다. 비록 특수한 과학적 방법을 기술하는 일이 우리가 하려고 하는 자연스러운 일처럼 보인다 할지라도, 20세기 동안의 많은 철학자와 다른 사람들은 과학에 대해 비법과 비슷한 어떤 것을 제시한다는 생각에 회의적이었다. 과학은 그것을 기술하는 비법이 있다고 하기에는 너무 창조적이고 예측불가능한 것이다 — 이 말은 뉴턴, 다윈, 아인슈타인 같은 위대한 과학자들의 경우에 특히 그렇다. 오랫동안 과학 교과서들이 앞부분의 절들에서 "과학적 방법"을 기술하는 것을 일반적으로 사용했지만, 최근의 교과서들은 이 점에 대해 좀 더 신중한 것처럼 보인다.

나는 많은 20세기 과학철학이 과학의 논리적 구조를 기술하려 했다고 말했다. 이 말은 무엇을 의미하는가? 이 말에 들어 있는 기본 착상은 철학자들이 과학이론을 추상적 구조, 즉 상호 관계된 문장 집합 비슷한 어떤 것으로 생각해야 한다는 것이다. 철학자는 이론 속 문장들 사이의 논리적 관계, 그리고 이론과 관찰적 증거 사이의 관계를 기술하려고 한다. 철학은 또한 관련된 분야에서 서로 다른 과학이론 사이의 논리적 관계를 기술하려고 할 수도 있다.

이러한 접근방식을 택한 철학자들은 수학적 논리학의 도구들에 관해 열렬한 반응을 보이는 경향이 있다. 그들은 자신들 작업의 엄밀성을 높이 평가한다. 이런 종류의 철학은 종종 실제 과학사와 과학의 사회적 구조에 대해 연구하는 사람들에게 좌절감을 느끼도록 자극했다. 까다로운 옛날 철학자들은 어쩌면 과학적 기획의 완전한 합리성에 관한 일련의 신화에 매달리기 위해서, 또는 어떤 것도 인공언어로 표현되는 가상의 이론을 가지고 경기할 수 있는 끝없는 게임에 간섭하여 방해하지 않도록 하기 위해서, 자신들의 작업을 실제로 행해지는 대로의 과학에 대한 모든 접촉으로부터 일부러 차단하는 것처럼 보였다. 논리에 기초를 둔 이런 종류의 과학철학은 이 책 앞부분의 장들에서 논의할 것이다. 논리적 탐구가 종종 매우 흥미롭다고 논하겠지만, 궁극적으로 나는 과학철학이 실제 과학적 연구와 더 접촉해야 한다고 주장하는 사람들에게 동감하고 있다.

만일 비법을 찾는 일이 너무 단순하고, 논리적 이론을 찾는 일이 너무 추상적이라면, 대신 우리는 무엇을 찾을 수 있을까? 이 책이 진행되면서 점차 전개될 답이 하나 있다. 우리는 세계를 탐구하기 위한 과학적 전략을 기술하고자 할 수 있다. 그리고 그렇게 되면 우리는 그 전략을 따름으로써 우리가 세계에 대해 어떤 종류의 연관을 얻을 가능성이 높은지 기술하기를 희망할 수 있다. 처음에는 이 말이 모호하거나 불가능해 보일 수도 있다. 또는 둘 다일 수도 있다. 그러나 나는 책의 끝 부분쯤에서 이것이 분별 있는 일이었음이 드러나기를 바란다.

이제 나는 몇 차례 과학철학에 "이웃해 있는" 분야들 ― 예를 들면 과학사, 과학사회학, 심리학 부분들 ― 을 언급했다. 과학에 대한 철학적 이론과 이 이웃 분야의 사상 사이의 관계는 무엇인가? 이 물음은 앞에서 언급했던 20세기 롤러코스터 타기의 한 부분이었다. 이 이웃 분야에서 연구하는 어떤 사람들은 자신들이 과학에 대한 철학적 이론이라는 전체적인 생각이 잘못 인도된다고 믿을 이유가 있다고 생각했다. 그들은 과학철학이 사회학 같은 분야들로 대치되리라고 기대했지만 이러한 대치는 결코 일어나지 않았다. 일어난 일은 스스로 깨달았건 못 깨달았건 간에 이 이웃 분야에 종사하는 사람들이 끊임없이 자신들이 철학을 하고 있음을 발견했다는 것이었다. 그들은 계속해서 진리에 관한 물음, 정당화에 관한 물음, 이론과 실재의 연관에 관한 물음에 부딪혔다. 철학적 문제들은 떠나기를 거부했던 것이다.

철학자 자신들은 이 이웃 분야들로부터 받아들이는 어떤 종류의 입력 자료가 철학과 관련 있는지에 관해 생각이 서로 많이 다르다. 이 책은 다른 분야들로부터 받는 입력 자료가 과학철학에 이롭다고 주장하는 견지에서 썼다. 그러나 과학철학에 그런 종류의 입력 자료가 필요하다고 주장하는 논증은 제10장에서 제시할 것이다.

1.4 세 가지 답, 또는 한 가지 답의 조각들

이 절에서는 과학이 어떻게 작동하는지에 관한 우리의 일반적 물음에 대해 세 가지 답을 소개할 것이다. 다른 방식으로 표현하면 이 세 가지 사상은 이 책 전체를 통해 되풀이되는 주제가 될 것이다.

세 가지 사상은 서로 경쟁 관계에 있는 사상으로 보일 수 있다. 그래서 세 가지 사상은 대안의 출발점들, 또는 문제에 진입하는 통로들로 보일 수 있다. 그러나 그것들은 그 대신에 좀 더 복잡한 한 가지 답의 조각들로 생각될 수도 있다. 그러면 문제는 그 조각들을 어떻게 맞추는가 하는 것이 된다.

세 사상 중 첫 번째 것은 경험주의이다. 경험주의는 다양한 철학적 견해 군을 아우르는 말이며, 그렇기 때문에 경험주의자 진영 내에서의 논쟁도 격렬할 수 있다. 그러나 경험주의는 종종 다음 슬로건과 비슷한 어떤 것을 사용하여 정리된다.

경험주의: 세계에 관한 진정한 지식의 유일한 원천은 경험이다.

이런 의미에서 경험주의는 단순히 과학적 지식뿐만이 아니라 모든 지식이 어디에서 유래하는가에 관한 견해다. 그렇다면 이 견해가 어떻게 과학철학에 도움이 되는가? 일반적으로 경험주의적 전통은 과학과 일상적 사고의 차이를 지엽적인 정도의 차이로 보는 경향을 보여왔다. 경험주의적 전통은 항상은 아니라도 일반적으로 과학을 넓은 방식으로 해석하는 경향을 보여왔고, 과학철학의 문제를 사고와 지식에 대한 일반 이론의 관점에서 접근하는 경향을 보여왔다. 철학에서 경험주의적 전통은 또한 대체로 친과학적이었다. 과학은 세계를 탐구하고 아는 우리의 능력을 가장 잘 드러내는 것으로 보인다.

그래서 다음은 바로 앞의 경험주의 원리를 이용해 과학에 관해 무언가를 말하는 방식이다.

경험주의와 과학: 과학적 사고나 탐구는 일상적 사고나 탐구와 똑같은 기본 유형을 가지고 있다. 각각의 경우에 세계에 관한 진정한 지식의 유일한 원천은 경험이다. 그러나 과학은 조직적이고, 체계적이고, 경험에 특히 반응하기 쉬워 특별히 성공적이다.

그래서 그러한 것이 있는 한 "과학적 방법"은 일상의 맥락에서도 상례(常例)적으로 발견될 것이다. 이 견해에 따르면, 과학 혁명 기간 동안 발견된 탐구에 대해 근본적으로 새로운 접근방식은 없었다. 대신 유럽은 지적인 문화를 "꽃 피울 수 있게" 해준 소수 몇 명의 용감하고 빛나는 영혼들에 의해 암흑과 독단에서 해방되었다.

어떤 독자들은 아마 이 경험주의 원리들이 공허한 상투적 원리라고 생각하고 있을 것이다. 물론 경험은 세계에 관한 지식의 원천이다 —그렇지 않으면 뭐라는 건가?

기본적인 경험주의적 원리가 하나마나할 정도로 완전히 하찮은 것이라고 의심하는 사람들에게는 살펴보아야 할 흥미로운 지점이 의학사다. 의학사는 — 많은 회의주의, 오만한 태도, "더 잘 알았던" 사람들로부터의 반대에도 아랑곳하지 않고 — 기꺼이 매우 기본적인 경험적 시험을 진행한 사람들이 거대한 약진을 이루어낸 많은 에피소드의 예를 가지고 있다. 경험주의 철학자들은 독자들에게 불을 지피기 위해 이 일화들을 오랫동안 사용해왔다. 20세기 가장 중요한 경험주의 철학자 중 한 사람인 칼 헴펠(Carl Hempel)은 이그나츠 제멜바이스(Ignaz Semmelweiss)의 슬픈 예를 사용하기를 좋아했다(Hempel 1966을 볼 것). 제멜바이스는 19세기 중엽 비엔나의 한 병원에서 일했다. 그는 간단한 경험적 시험을 통해 아기를 분만시키기 전에 의사들이 손을 씻을 경우에 산모의 감염 위험이 엄청나게 줄어든다는 것을 보여줄 수 있었다.

이 극단적 주장으로 인해 그는 반대에 부딪혔고, 마침내 그 병원에서 쫓겨났다.

제멜바이스의 보통 사례에서 약간의 변화를 주기 위해 좀 자세히 기술할 훨씬 더 단순한 예는 콜레라 전염에 식수가 한 역할의 발견과 관계가 있다.

콜레라는 사람들을 심한 설사에 시달리다 결국 죽음에 이르게 함으로써 18, 9세기에 도시의 거대한 문제가 되었다. 콜레라는 훌륭한 위생시설이 없는 상태에서 가난한 사람들이 함께 꽉 들어차 살고 있을 때는 언제라도 문제인데, 이는 콜레라가 설사나 식수를 통해 전염되기 때문이다. 18, 9세기에 콜레라가 어떻게 야기되는지에 대해서는 다양한 이론이 있었다. 이때는 전염병에 박테리아와 다른 미생물들이 어떤 역할을 하는지에 대한 발견이 이루어지기 전이었다. 어떤 사람들은 그 병이 땅과 습지에서 뿜어져 나오는 독기(miasmas, 毒氣)라 불리는 더러운 기체에 의해 야기되었다고 생각했다. 런던에서 존 스노우(John Snow)는 콜레라가 식수에 의해 확산된다는 가설을 세웠다. 그는 1854년에 런던에서 한 유행병의 창궐을 역학 조사했는데, 그 병이 브로드 가에 있는 공중 물펌프를 중심으로 해서 퍼져 있다는 것을 발견했다. 아주 어렵게 그는 그 지방 당국으로 하여금 펌프의 핸들을 제거하도록 설득했다. 그러자 그 병의 창궐은 멈췄다.

이 예는 의학사에서 매우 중요한 사건이었다. 이 사건은 오늘날 깨끗한 식수와 위생시설의 중시 움직임, 즉 인간의 건강과 안녕에 엄청난 영향을 미친 움직임에 핵심 역할을 했다. 이 사건은 심지어 매우 단순한 경험주의적 견해의 매력을 보여주는 종류의 사례이기도 하다.

당신은 우리가 그냥 여기서 이 책을 끝낼 수 있다고 생각할지도 모르겠다. 경험주의가 승리했다. 경험주의에 기대는 것은 일을 제대로 완수하고 있다는 확실한 보증이다. 어떤 문제도 남아 있지 않다고 생각하고 싶어지는 사람들은 스노우 이야기를 끝까지 밀고 나간 교훈적 이야기를 생각할지도 모르겠다. 이 교훈적 이야기는 용감한 의사 페텐코페르 (M. Pettenkofer)의 이야기이다.

스노우 이후 몇 십 년 뒤 콜레라 같은 병이 미생물에 의해 야기된다는 이론 — "질병에 대한 세균이론" — 이 로베르트 코흐(Robert Koch) 와 루이 파스퇴르(Louis Pasteur)에 의해 자세하게 전개되었다. 코흐는 꽤 일찍이 콜레라의 원인이 되는 박테리아를 분리시켰다. 그렇지만 페텐코페르는 확신하지 못했다. 코흐가 틀렸다는 것을 증명하기 위해 그는 이른바 콜레라균이 섞인 물 한 잔을 들이마셨다. 페텐코페르는 아무런 악영향을 받지 않았으며, 그는 코흐에게 자신이 코흐의 이론을 반증했다는 편지를 썼다.

페텐코페르는 콜레라 감염을 막아줄 수 있는 위산을 많이 분비했을 수도 있다고 생각된다. 또는 어쩌면 그 물 표본의 콜레라균이 죽었을 수도 있다. 분명히 페텐코페르는 운이 좋았다. 콜레라를 일으키는 것에 대해서는 코흐가 옳았기 때문이다. 그러나 이 사례는 직접적인 경험적 시험이 전혀 성공을 보장하는 것이 아님을 상기시킨다.

나는 경험주의가 옳지만 너무 빤해서 어떤 독자들은 흥미롭지 않다고 생각할 수도 있다고 말했다. 또 다른 노선의 비판은 경험주의가 사고, 믿음, 정당화에 대한 터무니없이 단순한 그림에 언질을 주기 때문에 그르다고 주장한다. 앞에서 제시한 경험주의의 슬로건은 정신에 경험들이 쏟아 부어져 그것이 어떻게든 지식으로 전환된다는 것을 시사한다. 심리적으로 좀 더 현실적인 것으로 만드는 방식으로 경험주의 사상을 다듬는 것은 매우 어려운 일임이 판명되었다. 경험주의자들은 우리가 관찰한 것을 이해하는 데 매우 정교한 추론을 포함하여 추론이 필요하다는 것을 부정하지 않는다. 그럼에도 그들은 우리가 세계에 관해 배우는 방식을 이해할 때 어쨌든 경험의 역할이 근본적이라고 주장한다. 경험주의에 대한 많은 비판자는 이 생각이 잘못된 생각이라고 주장하며 그들은 이 생각을 믿음과 추론이 어떻게 작동하는지에 대한 극히 단순하고 시대에 뒤떨어진 그림의 유물로 본다. 이 논쟁은 이 책에서 되풀이해서 다룰 주제가 될 것이다.

이제 과학이 어떻게 작동하는지에 관한 견해 군에서 두 번째 견해로 넘어가기로 하자. 이 견해는 과학 혁명의 슈퍼영웅 중 한 사람인 갈릴레이에게서 따온 인용문을 통해 소개할 수 있다.

철학은 우주라는 이 거대한 책에 쓰이는데, 우주는 계속해서 우리의 시선에 열려 있다. 그러나 그 책은 우리가 먼저 그 책의 언어를 이해하고, 그 언어를 구성하는 알파벳을 읽는 것을 배우지 않는 한 이해될 수 없다. 그 책은 수학의 언어로 쓰였는데, 등장인물은 삼각형, 원, 그리고 다른 기하학적 도형들이며, 이것들이 없으면 그 언어를 한마디 말로 이해한다는 것은 인간적으로 불가능하다. 이것들이 없으면 우리는 미로에서 방황하게 된다(Galileo [1623] 1990, 237~38, 고딕체는 강조하기 위해 추가한 것임).

요점을 더 알기 쉬운 언어로 표현해보면 다음이 바로 세 사상 중 두 번째 사상이다.

수학과 과학: 과학을 다른 종류의 탐구와 다르게 만드는 것, 그리고 과학을 특별히 성공하게 만드는 것은 수학적 도구를 사용하여 자연세계를 이해하려는 시도이다.

이 사상은 경험주의적 접근방식에 대한 대안인가, 아니면 경험주의와 결합될 수 있는 어떤 것인가? 어쩌면 의외로 수학적 방법에 대한 강조는 종종 경험주의에 반대하는 주장을 하는 데 사용되었다. 이런 일은 때로 수학이 경험 이외의 지식에 이르는 또 다른 통로임에 틀림없다는 것을 보여준다고 생각해왔기 때문에 벌어진 일이었다. 경험은 지식의 한 원천이지만, 중요한 유일한 원천은 아니라는 것이다. 그렇지 않으면 우리는 경험주의가 하나마나할 정도로 뻔한 것이라고 주장할 수도 있을 것이다. 지식이 경험에 기초를 두고 있다는 것은 말할 것도 없지만, 그것은 과학과 인간의 다른 사고를 차별화하는 것에 관해 아무것도 알려주지 않는다. 과학을 특별하게 만드는 것은 현상을 정량화하고 사건의 흐름에서 수학적 유형을 탐지해내려는 시도이다.

그럼에도 수학에 대한 강조를 경험주의 사상과 결합될 수 있는 어떤 것으로 보는 것은 확실히 분별 있는 일이다. 갈릴레이는 이것에 동의하지 않을 것이라고 생각할지도 모르겠다. 갈릴레이는 수학을 찬양했을 뿐만 아니라 전임자 코페르니쿠스가 지구가 태양 주위를 돈다는 믿음을 통해 "이성이 감각[경험]을 정복하게" 만들었다고 칭찬하기도 했다. 그러나 이것은 잘못된 대비이다. 지구가 태양 주위를 돈다고 주장할 때 코페르니쿠스는 경험을 무시한 것이 아니라 그의 배경 신념에 비추어 경험의 서로 다른 측면들 사이의 명백한 상충을 다루고 있었다. 그리고 갈릴레이가 경험적 기질이 강한 사람이었다는 것은 의문의 여지가 없다. 예컨대 망원경을 이용한 관찰을 중시한 것은 그의 작업의 핵심이었다. 그래서 잘못된 대비를 피함으로써 우리는 경험주의적 사고방식 안에서 도구로 사용된 수학이 과학을 특별하게 만드는 것이라고 논할 수도 있다.

이 책에서 수학의 역할은 중요한 주제이긴 하지만 핵심 주제는 못될 것이다. 이것은 부분적으로는 이 책에서 논쟁사를 개관하기 때문이고, 부분적으로는 수학적 도구가 갈릴레이가 생각했던 것처럼 과학에 본질적인 것이 전혀 아니기 때문이다. 비록 수학이 분명히 물리학의 발전에서 엄청나게 중요하다 할지라도, 정말이지 과학에서 가장 위대한 업적 가운데 하나 —『종의 기원』([1859]1964)에서 다윈의 업적 — 는 실제로 수학을 사용하지 않는다. 다윈은 갈릴레이가 수학을 사용하지 않는 탐구자가 처할 운명이라고 예측했던 "암흑의 미로"에 감금되지 않았다. 사실상 19세기에 나타났던 생물학에서의 거대한 도약 중 (전부가 아니라면) 대부분은 수학의 역할이 별로 없는 상태로 나타났다. 생물학이 지금은 다윈 진화론의 현대적 표현을 포함하여 많은 수학적 요소를 포함하지만, 이런 일은 좀 더 최근에 이루어진 발전이다.

그래서 모든 과학 — 그리고 가장 위대한 모든 과학 — 이 자연세계를 이해하기 위해 수학을 많이 사용하는 것은 아니다.

세 사상 군 중 세 번째 견해는 더 새롭다. 아마 과학의 독특한 특징은 우리가 과학 공동체를 살필 때만 볼 수 있을 것이다.

사회적 구조와 과학: 과학을 다른 종류의 탐구와 다르게 만드는 것, 그리고 과학을 특별히 성공하게 만드는 것은 과학의 독특한 사회적 구조이다.

과학철학에서 가장 중요한 최근 연구가 약간은 이 사상을 탐구하는 일과 관계가 있었지만, 그 연구는 이 사상에 철학적 주의를 집중하기 위해 과학사가와 과학사회학자의 입력 자료를 받아들였다.

역사가와 사회학자의 수중에서 사회적 구조에 대한 강조는 종종 경험주의적 전통에 강하게 반대하는 방식으로 전개되었다. 스티븐 섀이핀(Steven Shapin)은 주류 경험주의가 종종 각 개인이 관찰을 통해 혼자 힘으로 가설을 시험할 수 있다는 공상 안에서 작동한다고 논한다 (Shapin 1994). 경험주의는 사람들이 권위에 대해 회의적이며, 직접 세계를 살피려고 나가는 것을 강조한다고 가정된다. 그러나 물론 이것은 공상이다. 그런 가정은 일상적 지식의 경우에 공상이며, 과학의 경우에는 훨씬 더 큰 공상이다. 과학자가 취하는 행동은 협동과 신뢰의 정교한 망조직에 의존한다. 만일 각 개인이 모든 것을 스스로 시험하려고 고집한다면, 과학은 절대로 초보적인 사상을 넘어서서 진보하지 못했을 것이다. 협동과 전파되는 결과의 계보가 과학에는 불가결하다. 이 절 앞에서 논의한 존 스노우와 콜레라의 사례는 매우 특이한 경우이다. 스노우는 (막후(幕後)에서 성원하는 많은 경험주의자 무리와 함께) 브로드 가 물펌프까지 확보하는 "외로운 방랑자"처럼 보인다. 그리고 스노우조차도 펌프에 개입하기 전후에 콜레라 전염병의 상태를 평가하면서 다른 사람들의 증언에 의존했음이 틀림없다.

그래서 신뢰와 협동은 과학에 필수적이다. 그러나 신뢰받을 수 있는 사람은 누구인가? 누가 신빙성 있는 자료의 원천인가? 우리가 면밀히 살펴보면 과학 혁명 기간 동안 진행되었던 것의 많은 부분은 연구 활동에서 사람들 집단의 작용을 새로운 방식으로 단속하고 제어하고 협동하는 일을 만들어내는 것과 관계가 있었다고 새이핀은 논한다. 경험은 어디에나 있다. 어려운 것은 어떤 종류의 경험이 가설의 시험과 관련이 있는지 알아내고, 누가 신빙성 있고 관련 있는 보고의 원천으로 신뢰받을 수 있는지 알아내는 일이다.

그래서 새이핀은 과학의 사회적 조직에 대한 훌륭한 이론이 경험주의적 공상들보다 더 나은 과학에 대한 이론일 것이라고 논한다. 그러나 철학자들은 과학이 어떻게 작동하는지에 대해 사회적 조직을 강조하긴 하지만 어떤 형태의 경험주의에도 들어맞기를 의도하는 이론들을 전개하기 시작했다(Hull 1988 ; Kitcher 1993). 과학에 대한 이 설명들은 과학 공동체에서 발견되는 협동과 경쟁의 특별한 균형을 강조한다. 사람들은 때로 개인적 명예를 추구하는 일과 지위와 인정에 대한 경쟁이 과학의 최근 전개 모습임을 상상한다. 그러나 이런 문제들은 과학 혁명 시대 이래로 계속 중요하게 여겨져 왔다. 런던왕립협회 같은 위대한 과학협회들은 아주 일찍부터 — 왕립협회의 경우에 1660년에 — 생겼다. 그런 협회들 역할의 핵심 부분은 — 사상의 자유로운 확산을 방해하지 않으면서 사람들이 보상받을 권리를 확실히 함으로써 — 명예를 효율적으로 할당하는 것이었다. 이 협회들은 서로 신뢰할만한 협력자이자 자료의 출처로 신뢰할 수 있는 사람들의 공동체를 만드는 기능을 하기도 했다. 경험주의자는 이 사회적 조직이 과학 **공동체들**을 경험에 독특하게 반응하도록 만들었다고 논할 수 있다.

　이 절에서 나는 과학이 어떻게 작동하고, 과학을 독특하게 만드는 것이 무엇인지에 관한 세 가지 사상 군을 개관했다. 각각의 사상은 때로 다른 두 사상을 배제하면서 과학을 이해하는 출발점으로 보였다. 그러나 세 사상은 좀 더 완성된 답의 조각들로 보는 것이 좀 더 옳음직하다. 첫 번째와 세 번째 사상 — 경험주의와 사회적 구조 — 은 특히 중요하다. 이 사상들은 몇 번이고 반복해서 다시 다루게 될 것이다. 해가 거듭할수록 과학철학의 도전거리 가운데 일부는 과학을 이해하는 데 경험주의적 전통의 통찰과 사회적 조직의 역할을 통합하는 일에 있게 된다. 그것은 정말이지 전통적인 경험주의적 사상들에 대해 중대한 변화를 요구한다.

1.5 역사적 막간: 과학 혁명에 대한 개관

철학이론들 속으로 뛰어들기 전에 우리는 잠시 휴식을 취할 것이다. 나는 이미 여러 차례 과학 혁명을 언급했다. 이 기간 동안의 사람들, 사건들, 이론들은 과학의 본성에 대해 논의할 때 특별히 중요하다. 그래서 이 절에서는 획기적인 주요 사건들에 대해 역사적으로 개관을 할 텐데, 이 사건들 중 많은 사건이 이따금 나중의 장들에서 등장할 것이다. 시작하기 전에 나는 이 역사 기간을 어떻게 이해할지에 관해 많은 논란이 있다는 것을 지적하지 않을 수 없다. 예컨대 어떤 역사가들은 이 기간을 "과학 혁명"이라고 명명한다는 생각 자체가 잘못이라고 생각하는데, 이는 이 표현이 완전히 독특한 하나의 기간과 나머지 역사 기간 사이에 예리한 경계선이 있다는 말처럼 들리기 때문이다(Shapin 1996). 그러나 나는 이 표현을 전통적인 방식으로 사용할 것이다.

과학 혁명은 대략 1550년에서 1700년 사이에 일어났다. 이 사건들은 유럽에서 일련의 극적인 변화의 끝 무렵에 위치하며, 과학 혁명 자체는 또 다른 변화 과정들에 영향을 미쳤다. 종교에서 로마 가톨릭교회는 개신교의 도전을 받았다. 15, 6세기의 르네상스시대는 지적인 문화의 부분적 개통을 포함했다. 인구가 증가하고 있었으며(흑사병에서 회복됨으로써), 상업과 무역 활동이 증가했다. 지적 위계를 포함하여 전통적 위계는 긴장 상태를 보여주기 시작하고 있었다. 최근 작가들이 강조하듯이 이 시기는 새롭고 비정통적인 많은 사상이 떠돌아다니던 시대였다.

중세시대로부터 물려받은 세계관은 기독교 사상과 고대 그리스철학자 아리스토텔레스의 사상을 결합한 것이었다. 그 결합은 종종 그 견해를 전개하고 옹호한 대학들이나 "학파들"을 좇아서 스콜라철학의 세계관이라 불린다. 지구는 우주의 중심에 위치해 있는 구체(球體)이며, 달, 태양, 행성, 그리고 별들은 지구 주위를 도는 것으로 보였다. 이 천체들의 운동에 대한 자세한 모델은 서기 약 150년 경 프톨레마이오스(Ptolemy)가 전개했다(태양은 금성과 화성 사이에 위치했다).

아리스토텔레스의 물리이론은 "자연적" 운동과 "부자연한"(violent) 또는 "비자연적인" 운동을 구별했다. 자연적 운동이론은 좀 더 일반적인 변화이론의 부분이었는데, 이 변화이론에서는 (예컨대 도토리가 자라 떡갈나무가 되는) 생물학적 발전이 핵심적인 지침 사례이며, 많은 사건이 목적이라는 관념을 이용해 설명되었다.

지구상의 모든 것은 네 가지 기본 원소(흙, 공기, 불, 물)의 혼합물로 구성된다고 생각되었는데, 네 원소 각각은 자연적 경향을 가지고 있다. 예컨대 흙을 많이 포함하는 물체는 자연적으로 우주의 중심을 향해 떨어지는 반면에 불은 사물을 위로 올라가게 만든다. 투사물의 운동처럼 비자연적인 운동은 전혀 다른 종류의 설명을 갖는다. 하늘의 물체는 다섯 번째 원소로 구성되는데, 이 원소는 "부패하지 않는 것", 즉 불변하는 것이다. 이 다섯 번째 원소로 구성된 물체의 자연적 운동은 원 운동이다.

이 그림의 어떤 변형들은 태양, 행성, 별의 운동에 대한 ("메커니즘"이란 용어를 느슨하게 사용해) 메커니즘을 포함했다. 예컨대 지구의 궤도를 따라 도는 각각의 물체는 지구 주위를 도는 수정구 위에 위치해 있을 수도 있다. 프톨레마이오스 자신의 모델은 이런 용어들로 해석하기가 더 어렵다. 프톨레마이오스는 때로 천문학적 예측의 도구를 제시하는 일에 가장 흥미가 있었던 것으로 생각된다(이 점에 대해서는 주석자들끼리 의견이 다르지만).

1543년 폴란드 천문학자 니콜라우스 코페르니쿠스(Nicolaus Copernicus, 1473~1543)는 대안의 우주상의 윤곽을 그린 저작을 펴냈다. 고대에 다른 사람들도 태양이 지구 주위를 도는 것이 아니라 지구가 태양 주위를 돌 수 있다고 생각했지만, 이런 종류의 자세한 이론을 제시한 것은 코페르니쿠스가 처음이었다. 그의 이론에서 지구는 그 축을 중심으로 하루에 한 번 자전하고, 1년에 한 번 태양 주위를 공전함으로써 두 가지 운동을 한다. 코페르니쿠스의 이론은 태양, 달, 지구, 알려진 행성들을 현대 천문학과 기본적으로 똑같은 위치에 배치했다. 그러나 그 이론은 아리스토텔레스와 프톨레마이오스를 따라 천체의 운동이 원운동이어야 한다는 그의 주장 때문에 더 복잡해졌다. 프톨레마이오스와 코페르니쿠스 체계는 둘 다 대부분의 궤도를 하나의 원이 아니라 원들의 복잡한 혼합체로 보았다. 프톨레마이오스와 코페르니쿠스의 체계는 사실상 거의 똑같이 복잡했는데 코페르니쿠스의 이론이 예측 도구로 훨씬 더 정확한지에 대해 저자들의 의견이 서로 다른 것처럼 보인다. 그러나 코페르니쿠스의 이론이 프톨레마이오스의 이론보다 훨씬 더 잘 설명한 것으로 유명한 어떤 현상들이 있었다. 하나는 행성들의 "역행 운동"이었는데, 이 운동은 별들을 통해 운동을 볼 때 행성들이 정지했다가 뒤로 되돌아가는 것처럼 보이는, 명백히 궤도를 벗어난 운동이었다.

코페르니쿠스의 저작은 흥미를 일으켰지만, 그 저작을 문자 그대로 우주에 대한 옳은 기술이라고 간주하는 일에 반대하는 강력한 논증이 있는 것처럼 보였다. 어떤 문제들은 천문학적인 것이었고, 또 어떤 문제들은 운동에 관한 분명한 사실과 관계 있는 것이었다. 탑에서 떨어뜨린 물체는 그 물체가 낙하하는 동안 지구가 상당한 거리를 움직였을 때 왜 그 탑의 바로 아래에 떨어지는가? 코페르니쿠스의 1543년 책에는 사제 안드레아스 오지안더(Andreas Osiander)가 쓴 특별 서문을 실었

는데, 오지안더는 출판 임무를 위임받아 그 이론을 그냥 계산 도구로
취급하도록 촉구하였다. 이것은 과학이론들의 역할에 관해 도구주의
(instrumentalism)로 알려진 견해에 대한 역사적으로 중요한 진술이
되었는데, 도구주의는 우리가 이론을 감추어진 자연의 구조에 대해 기
술하려는 시도가 아니라 예측 도구로서만 생각해야 한다고 주장한다.

상황은 17세기 초의 몇 년 동안 이탈리아에서 연구한 갈릴레오 갈릴
레이(Galileo Galilei, 1564~1642)에 의해 극적으로 변했다. 갈릴레이
는 코페르니쿠스 체계의 단순한 유용성에 반대되는 것으로서 그 체계
가 문자 그대로 옳다는 것을 증명해냈다. 갈릴레이는 (그가 발명한 것
이 아니라 개선했던) 망원경을 이용해 천체들을 살폈는데, 아리스토텔
레스와 스콜라학파의 세계관과 모순되는 다수의 현상을 발견했다. 그
는 또한 수학과 실험의 조합을 이용해 운동에 대한 새로운 과학의 정식
화를 시작했는데, 이 새로운 과학은 지구가 움직인다는 생각을 이해가
되게 하고, 낙하하는 물체나 투사된 물체에 관한 익숙한 사실들을 설명
할 수 있는 과학이었다. 갈릴레이의 연구는 결국 교황의 분노를 일으켰
고 그래서 그는 종교재판에서 자신의 코페르니쿠스 체계에 대한 믿음
을 철회하지 않을 수 없었으며, 말년을 가택 연금 상태로 보냈다(갈릴
레이는 지오르다노 브루노(Giordano Bruno)에 비하면 가벼운 처벌을
받았는데, 브루노는 우주에서 지구의 위치에 관한 그의 비정통적인 사
변과 단절하라는 요구를 거부했다가 1600년 이단이라 하여 로마에서
화형에 처해졌다).

갈릴레이는 천문학적으로 근본적인 것으로서 원 운동에 몰두하고 있
었다. 원 운동에서 벗어난 움직임은 요하네스 케플러(Johannes Ke-
pler, 1571~1630)가 취했는데, 케플러는 천체들의 구조에서 코페르니
쿠스주의와 자나 깨나 (음악적 곡조를 포함하여) 수학적 조화를 발견

하는 일에 대한 생각을 결합한 신비 사상가였다. 역시 17세기 초 무렵에 개발된 케플러의 우주 모델에서 지구와 다른 행성들은 태양 주위를 원이 아니라 타원으로 움직이고 있었다. 이 모델을 통해 천체의 구조에 대한 그림은 엄청나게 단순해졌으며, 더 나은 예측적 정확성을 가져오게 되었다.

지금까지 나는 천문학, 그리고 물리학의 관련 영역에서의 변화만을 언급했으며, 논의를 17세기 초 부분까지만 한정했다. 이 최초의 시기를 그토록 극적으로 만든 것은 부분적으로 우주의 중심에서 지구를 제거한 것이었는데, 이것은 상징적 의미가 많이 실린 사건이었다. 같은 시기에 변화한 또 다른 분야는 해부학이다. 이탈리아 파도바에서 안드레아스 베살리우스(Andreas Vesalius)는 (코페르니쿠스처럼 1543년에 책을 출판함으로써) 고대의 권위(특히 고대 그리스 의사 갈레노스(Galen)의 결론들)에 대한 의존에서 해부학을 해방시키기 시작했으며, 해부학을 좀 더 경험적인 경로를 밟도록 했다. 베살리우스 학파에 영향을 받은 윌리엄 하비(William Harvey)는 1628년에 혈액 순환과 펌프로서 심장의 역할을 확립함으로써 이 시기에 가장 유명한 획기적 진전을 이루었다.

17세기 중엽은 물질에 관한 일반적이고 야심적인 새 이론, 즉 기계론의 탄생을 보게 되었다. 기계론적 세계관은 사물의 구성에 관한 사상과 인과관계 및 설명에 관한 사상을 결합했다. 기계론에 따르면, 세계는 물질의 작은 "소립자들"로 구성되는데, 이 소립자들은 국소적인 물리적 접촉에 의해서만 상호작용한다. 궁극적으로 물리적 현상에 대한 훌륭한 설명은 기계론적 상호작용에 의해서만 제시되어야 한다. 우주는 기계적인 시계처럼 작동하는 것으로 이해되는 것이었다.

르네 데카르트(René Descartes, 1596~1650) 같은 사람들은 물리적

소립자들은 물론이고 불멸하는 영혼과 전통적 신을 가정해야 한다고 생각했다. 비록 과학 혁명이 이루어지던 시기에 많은 인물이 어느 정도 비정통적인 종교적 견해를 주장하긴 했지만, 대부분은 분명히 주류 종교와 파국을 맞으려 하지 않았다. "기계론적 철학자"의 대부분은 그들의 전체적인 세계상에서 기독교 신의 역할을 보유했다(예컨대 만일 세계가 시계라면, 누가 그것을 움직이게 했는가?). 그렇지만 때로 그 그림에서 영혼이나 신, 또는 둘 다를 삭제한다는 생각이 고려되었다.

영국에서는 로버트 보일(Robert Boyle, 1627~91)과 다른 사람들이 체계적인 실험과 비경험적 사변의 회피를 강조하는, 조직적이고 잘 공표된 연구 프로그램에서 어떤 형태의 기계론을 구현했다. 17세기 중엽에 우리는 또한 런던, 파리, 플로렌스에서 과학협회들의 탄생을 보았는데, 이 협회들은 새로운 연구를 준비하고, (종종 보수적인) 대학들의 제도적 독점을 막기 위한 것이었다.

그 시기는 아이작 뉴턴(Issac Newton, 1642~1727)의 작업에서 끝난다. 1687년 뉴턴은 『자연철학의 수학적 원리』를 출판했는데, 이 책은 지구상의 운동과 천상의 운동 모두에 대한 통일된 수학적 처리법을 제시했다. 뉴턴은 왜 케플러의 타원 궤도가 천체들 사이에 작용하는 중력의 불가피한 결과였는지를 보여주었으며, 갈릴레이(와 다른 사람들)가 개척했던 지구상의 운동에 관한 사상을 엄청나게 개선했다. 이 연구가 너무 인상적이어서 뉴턴은 수백 년 동안 그 부분의 물리학을 본질적으로 완성한 사람으로 간주될 정도였다. 뉴턴은 또한 수학과 광학에서도 막대한 영향력을 발휘하는 연구를 했으며, 화학 분야 등에서도 진보에 이르는 길을 제시했다. 어떤 점에서 뉴턴의 물리학은 기계론적 세계관의 정점이었지만, 어떤 점에서는 "탈기계론적"이었는데, 그것은 그의 물리학이 기계론적 용어들로 해석하기 어려운 어떤 힘들(가장 중요한 것으로 중력)을 가정했기 때문이다.

그렇게 해서 17세기 말쯤 스콜라철학의 세계관은 코페르니쿠스주의
와 어떤 형태의 기계론의 조합으로 대치되었다. 방법에 관한 한 실험과
수학적 분석의 조합이 승리를 거두었다(비록 승리를 거둔 조합의 본성
에 관해서는 사람들마다 의견이 달랐지만). 이것으로 보통 과학 혁명
으로 불리는 시기는 끝난다. 그러나 앞에서 기술한 변화들은 또 다른
변화, 즉 지적 변화와 정치적 변화 모두에 영향을 미쳤다. 화학은 18세
기 중엽에서 말엽까지 급속한 발전 시대가 시작되었는데, 이 시기는 때
로 화학 혁명이라 불린다. 라부아지에(Lavoisier)의 연구, 특히 연소가
일어날 때 산소와 그 역할에 대한 그의 기술이 종종 이 "혁명"을 일으
킨 것으로 간주되는데, 비록 원소 주기율표 같은 근대과학의 기본 특징
이 확립된 것이 돌턴(J. Dalton), 멘델레예프(D. I. Mendeleyev) 및 다
른 사람들과 더불어 19세기에 이루어진 일이라 할지라도 그렇다.

린네(C. Linnaeus)가 18세기에 생물학적 분류표를 체계적으로 만들
었지만, 생물학에서 극적인 발전을 보았던 것은 19세기였다. 이 발전에
는 유기체가 세포로 구성된다는 이론, 다윈의 진화론, 질병에 대한 세
균이론, 유전학의 토대가 된 멘델의 유전에 대한 연구가 포함된다.

과학 혁명은 또한 좀 더 일반적인 문화적·정치적 변화에도 영향을
미쳤다. 18세기에 프랑스 계몽주의 철학자들은 과학과 이성을 사용해
숨 막히는 종교적·정치적 제도와 함께 무지와 미신을 일소하기를 바
랐다. 19세기 말 미국의 독립전쟁과 프랑스 혁명을 이끈 지적 운동은
과학과 철학에서 진행된 사고의 흐름에 많은 영향을 받았다. 이 흐름에
는 경험주의, 기계론, 뉴턴의 영감, 그리고 과학 혁명기 동안에 달성한
물리 세계에 대한 이해를 모델로 하는 방식으로 인류와 사회를 이해하
려는 일반적 욕구가 포함되었다.

더 읽을거리

이 장의 주제들은 나중에 자세히 논의할 것이며, 그때 참고문헌을 제시할 것이다. 그렇지만 두 권의 다른 입문서는 언급할 가치가 있다. 헴펠 (C. G. Hempel)의 『자연과학철학』(*Philosophy of Natural Science*, 1966)은 여러 해 동안 이 분야의 표준 입문 교과서였다. 이 책은 제멜바이스 이야기에서 시작해 20세기 경험주의 주류의 명료하고 합리적인 진술서다. 앨런 차머스(Alan Chalmers)의 『과학이란 무엇인가?』 (*What Is This Thing Called Science?*, 1999) 또한 매우 명료한 책이다. 이 책은 헴펠의 관점 및 여기서 옹호되는 관점과는 다른 견해를 제시한다.

또한 이 책의 모든 주제에 대하여 독자가 유용하다고 판단할 수 있는 참고문헌들이 있다. 사이먼 블랙번(Simon Blackburn)의 *the Oxford Dictionary of Philosophy*는 대단히 유용한 책이며, 여기저기 둘러보는 재미가 있다. *Routledge Encyclopedia of Philosophy* 또한 고급 책이다. *The Blackwell Companion to the Philosophy of Science*는 핵심 주제들에 대해 많은 소논문을 싣고 있다(비록 이 논문들 중 많은 논문이 꽤 수준이 높긴 하지만). *Stanford Online Encyclopedia of Philosophy*는 여전히 진행 중이지만, 매우 유용한(그리고 무료로 이용할 수 있는) 자원일 것이다.

과학 혁명에 대해서는 좋은 책이 많이 있는데, 각각의 책은 저마다 다른 점을 강조하고 있다. 코언(I. B. Cohen)의 *The Birth of a New Physics*(1985)는 물리학에 대한 고전이자 매우 훌륭한 책이다. 헨리(J. Henry)의 *The Scientific Revolution and the Origins of Modern Science*(1997)는 간명하면서도 빈틈이 없이 철저하다. 이 책은 기계론에

대한 훌륭한 장을 가지고 있고, 해설이 달린 커다란 참고문헌 목록을
포함하고 있다. 슈스터(J. A. Schuster)의 "The Scientific Revolu-
tion"(1990) 또한 과학 혁명에 대해 빠르게 정리할 수 있는 유용한 논
문이며, 디어(P. Dear)의 *Revolutionizing the Sciences*(2001)는 좋은 평
판을 얻고 있는 간명한 최신 책이다. 그러나 최근 재인쇄된 옛날 책 툴
민과 굿필드(S. Toulmin & J. Goodfield)의 *Fabric of the Heavens*
(1962)는 내가 좋아하는 책이다. 이 책은 과학적 사상의 발전에 기초가
된 개념적 토대들에 초점을 맞추었다(이 책은 과학사에 관한 툴민과
굿필드의 세 책 중 첫 번째 책이다. 두 번째 책 *The Architecture of
Matter* 또한 이 주제와 관련이 있다).

쿤(T. Kuhn)의 *Copernican Revolution*(1957)은 제목이 시사하듯이
초기 무대에 초점을 맞춘 또 하나의 고전이다. 섀이핀(S. Shapin)의
Scientific Revolution(1996)은 과학 혁명에 대한 훌륭한 입문서는 아니
지만 어쨌든 매우 흥미로운 책이다. 이 밖에 특정 인물들에 초점을 둔
좋은 책이 몇 권 있다. 케스틀러(A. Koestler)의 *The Sleepwalkers*
(1968)는 케플러에 관한 아주 재미있는 책이며, 소벨(D. Sobel)의 *Gal-
ileo's Daughter*(1999) 또한 갈릴레이(와 고달픈 삶을 이끌어가는 수녀
인 그의 딸)에 관한 좋은 책이다. 놀랄 정도로 생소한 로버트 웨스트폴
(R. Westfall)의 아이작 뉴턴 표준 전기는 긴 판(1980)과 축소판(1993)
이 모두 나와 있다.

전 세계를 포괄하는 의학의 역사에 대해서는 포터(R. Porter)의 *The
Greatest Benefit to Mankind*(1998)를 볼 것.

제2장

논리 + 경험주의

2.1 경험주의적 전통

우리가 음미할 과학에 대한 첫 번째 접근방식은 20세기 초에 등장하여 한동안 번창하고, 반론에 몰려 온건하게 탈바꿈했다가, 그 다음에 서서히 소멸한 혁명적 형태의 경험주의다. 이 견해의 초기 형태는 "논리 실증주의"(logical positivism)라 불리고, 나중의 좀 더 온건한 형태는 보통 "논리 경험주의"(logical empiricism)로 불린다. 여기서 용어법에 변화가 있다. "논리 경험주의"는 때로 초기와 후기의 전체 운동을 지칭하는 데 사용되기도 하기 때문이다. 비록 이 장에서 우리가 화석들을 살피게 되긴 하겠지만, 이 과거의 유물들은 우리가 지금 있는 곳을 이해하는 데 대단히 중요하다.

논리 실증주의를 논의하기 전에 훨씬 더 거슬러 올라가서 경험주의적 전통 일반에 관해 좀 말하는 것이 유익할 것이다. 제1장에서 나는 종종 지식의 유일한 원천이 경험이라는 주장으로 경험주의가 정리된다고 말했다. 이 생각은 멀리까지 거슬러 올라가지만, 경험주의적 사상의 가장 유명한 무대는 존 로크, 조지 버클리, 데이비드 흄이 활동했던 17,

8세기였다. 이 "고전적" 형태의 경험주의는 정신 및 그 정신이 어떻게 작동하는지에 관한 이론들에 기초를 두었다. 정신에 대한 그들의 견해는 종종 "감각주의"라 불린다. 색깔과 소리의 파편들 같은 감각들이 정신에 등장하는데, 그것이 정신이 파악하는 모든 것이다. 사고의 역할은 이 감각들에서 유형을 추적하여 그것에 반응하는 것이다. 정신에 대한 이 견해를 경험이 지식의 원천이라는 좀 더 기본적인 경험주의적 사상이 함의하는 것은 아니지만, 경험주의 내에서는 오랫동안 그러한 견해가 일반적이었다.

이러한 고전적 논의가 이루어지던 시기와 좀 더 최근의 논의가 이루어지던 시기 모두에서 경험주의의 문제는 회의주의에 빠지는 경향이 있다는 것이었는데, 회의주의는 우리가 세계에 관해 아무것도 알 수 없다는 사상이었다. 이 문제는 두 가지 측면이 있다. 한 측면을 우리는 외부세계 회의주의라 부를 수 있다. 감각의 흐름 배후에 놓여 있는 실재 세계에 관해 우리가 도대체 어떻게 알 수 있는가? 데이비드 흄이 생생하게 표현한 두 번째 측면은 귀납적 회의주의이다. 왜 우리는 과거 경험의 유형이 미래에도 성립할 것이라고 생각할 이유가 있는가?

경험주의는 종종 외부세계 회의주의의 문제에 대해 놀랄 정도로 기꺼이 항복하는 자발성을 보여주었다(흄은 두 종류의 회의주의 모두에 대해 항복했지만, 그것은 특이한 경우이다). 많은 경험주의자는 자진해서 감각의 흐름 배후에 실재하는 것들이 있을 가능성에 관해 신경 쓰지 않는다고 말해 왔다. 우리가 뭔가 다루고 있는 것은 오직 감각뿐이다. 어쩌면 감각 배후에 놓여 있는 대상에 관해 생각을 하려고 하는 것조차 의미가 없을 것이다. 아마 우리의 세계 개념은 그냥 유형화된 감각 집단 개념일 것이다. 이 견해는 때로 "현상주의"(phenomenalism)라 불린다. 19세기에는 경험주의 내에서 현상주의적 견해가 매우 인기가 있었으며, 그런 견해의 기묘함은 무관심한 채로 처리되었다. 영국의 철학자이자 정치이론가인 존 스튜어트 밀(John Stuart Mill)은 언젠가 물질이 "감각의 항구적 가능성"(1865, 183면)으로 정의될 수 있다고 말했다. 오스트리아의 물리학자이자 철학자인 에른스트 마흐(Ernst Mach)는 그의 왼쪽 눈을 통해 나타나는 대로 세계에 대한 그림을 그림으로써 그의 현상주의적 견해를 설명했다(그림 2.1을 볼 것. 그 상의 오른쪽 아래 부분에 있는 것의 모양은 그의 우아한 콧수염이다). 실존하는 것은 이 같은 관찰자에 상대적인 감각 현상들의 집단뿐이다.

나는 저명한 옹호자들이 있음에도 불구하고 현상주의가 당신에게 이상하게 보이기를 바란다. 현상주의는 정말이지 이상한 사상이다. 그러나 경험주의자들은 종종 자신들이 이와 같은 견해로 후진해가고 있음을 깨달았다. 이것은 부분적으로 그들이 정신을 "관념의 베일"이나 감각 배후에 국한된 것으로 생각하는 경향이 있었기 때문이다. 정신은 그 베일 밖의 어떤 것과 전혀 "접촉"하지 않는다. 나를 포함해 많은 철학자는 정신에 대한 이 그림이 잘못이라는 데 동의한다. 그러나 이 그림의 악영향을 완전히 피하는 경험주의적 견해를 세우기란 그리 쉽지 않다.

철학사에 대해 논의할 때는 17, 8세기 "이성주의자들"과 "경험주의자들" 사이의 대결에 대해 언급하는 것이 일반적이다. 데카르트나 라이프니츠 같은 이성주의자들은 순수 추론이 경험에 의존하지 않으면서 지식에 이르는 통로일 수 있다고 믿었다. 수학은 이런 종류의 지식의 강력한 예인 것처럼 보였다. 로크나 흄 같은 경험주의자들은 경험이 세계가 어떻게 생겼는지 알아내는 유일한 방식이라고 주장했다. 18세기 말에 독일철학자 임마누엘 칸트(Immanuel Kant)는 매우 세련된 중간적 입장을 전개했다. 칸트는 우리의 모든 사고가 우리가 경험을 이해하는 데 사용하는 이미 존재하는 정신 구조와 그 경험 사이의 미묘한 상호

그림 2.1
"그렇다면 세계가 우리의 감각들만으로 구성된다는 그 주장은 올바르다"
(Mach 1897, 10면).

작용을 포함한다고 논했다. 공간, 시간, 인과성 같은 핵심 개념은 경험에서 도출될 수 없는데, 왜냐하면 어떤 사람이 세계에 관해 배우기 위해 경험을 사용하려면 이 개념들을 이미 가지고 있어야 하기 때문이다. 칸트는 또한 수학이 세계에 대한 진정한 지식을 제공하지만 그 정당화의 근거로 경험을 요구하지는 않는다고 주장했다.

경험주의자들은 실제로 경험이 믿음에 어떻게 영향을 미치는지에 대해 지나치게 단순한 그림을 피해야 한다. 정신은 사실의 자국을 수동적으로 받는 것이 아니다. 정신의 능동적이고 창조적인 역할을 인지해야 한다. 요령은 이 문제를 피하면서도 여전히 기본적인 경험주의 원리를 그대로 유지하는 것이다.

앞에서 말했듯이 철학사에서 "이성주의"는 종종 경험주의에 반대되는 견해를 지칭하는 데 사용된다. 그렇지만 우리가 여기서 관심을 갖는 과학에 대한 최근의 논의에서 그 용어는 일반적으로 그런 식으로 사용되지 않는다(이것은 혼동의 원천일 수 있다. 용어해설을 볼 것). 20세기에 "이성주의적"이라 불리는 견해는 종종 경험주의의 형태였다. 그 용어는 종종 인간 이성의 힘에 대한 확신을 가리키기 위해 넓게 사용되었다.

긴 논쟁사에 대해서는 이쯤 해두자. 여러 가지 문제에도 불구하고 경험주의는 많은 철학자에게 매우 매력적인 사상들의 집합이었다. 경험주의는 또한 종종 철학 바깥의 논의에도 특별한 종류의 영향을 미쳤다. 포괄적인 일반화를 해본다면, 경험주의적 전통은 (1) 친과학적이고, (2) 종교적인 것이 아니라 세속적이고, (3) 정치적으로 온건하거나 자유주의적인 경향이 있었다(비록 이 정치적 꼬리표들을 시간을 가로질러 적용하기는 어려울 수 있다 할지라도)고 말하는 것이 공정하다. 데이비드 흄, 존 스튜어트 밀, 버트런드 러셀은 이러한 경향의 예들이다. 내 일반화의 세 요소 중에서 종교는 반대 사례가 가장 많은 요소다. 예컨대 버클리는 가톨릭 주교였으며, 가장 영향력 있는 살아 있는 경험주의 철학자 중 한 사람인 반 프라센 또한 종교적이다. 그러나 전체적으로 경험주의 사상은 삶에 대해 실용적이고, 과학적이며, 현실적인 사고방식의 동맹자가 되는 경향이 있었다. 논리 실증주의자들은 분명히 이 유형에 맞는다.

2.2 비엔나 학단

논리 실증주의는 제1차 세계대전 후 유럽에서 전개된 형태의 경험주의
였다. 이 운동은 과학적으로 정향(定向)되고, 철학에서 일어나고 있는
일 대부분에 대해 싫어했던 사람들 집단에 의해 창립되었다. 이 집단은
비엔나 학단(Vienna Circle)으로 알려지게 되었다.

비엔나 학단은 모리츠 슐리크(Moritz Schlick)와 오토 노이라트(Ot-
to Neurath)에 의해 창립되었는데 이 모임은 예상할 수 있는 것처럼 오
스트리아 비엔나에 근거를 두었다. 초기부터 말기에 이르기까지 핵심
적인 지적 인물은 루돌프 카르납(Rudolf Carnap)이었다. 카르납은 그
존재 자체가 매우 성공한 다른 철학자들에게조차 경외심을 불러일으켰
던 사람이었던 것 같다.

논리 실증주의는 몹시 뻐기는 형태의 경험주의였다. "실증주의"라는
용어는 19세기 오귀스트 콩트(Auguste Comte)의 과학적 철학에서 유
래한다. 1930년대에 카르납은 자신들 운동의 이름을 "논리 실증주의"
에서 "논리 경험주의"로 바꿀 것을 제안했는데 이러한 이름의 변화를
그 운동의 나중 단계가 초기 단계보다 "더 경험주의적"이라는 것을 시
사하는 것으로 간주해서는 안 된다. 오히려 반대쪽이 옳다. 나의 논의
에서는 "논리 실증주의"를 격렬한 초기 형태의 사상을 나타내고, "논리
경험주의"를 나중의 좀 더 온건한 형태의 사상을 나타내는 데 사용할
것이다. 비록 카르납이 1930년대 중반에 개명을 제안하긴 했지만, 논
리 실증주의의 사상이 가장 현저하게 변했던 시기는 제2차 세계대전
이후였다. 이 절에서는 잠시 논리 실증주의가 발전했던 특이한 지적·
역사적 맥락을 기술할 것이다. 특히 논리 실증주의자들이 반대했던 것
에 주의를 기울인다면 논리 실증주의를 이해하는 것이 더 쉽다.

　논리 실증주의자들은 20세기 초 과학의 발전, 특히 아인슈타인의 연구에 자극을 받았다. 그들은 또한 논리학, 수학, 언어철학의 발전을 통해 철학이 관계해왔던 문제들을 확실히 해결할 새로운 종류의 경험주의 철학을 결집할 길을 보여주었다고 생각했다. 어떤 문제들은 해결될 것이고, 또 어떤 문제들은 무의미한 것으로 거부될 것이다. 언어에 관한 논리 실증주의의 견해는 루트비히 비트겐슈타인(Ludwig Wittgenstein, [1922]1988)의 전기 사상에 영향을 받았다. 비트겐슈타인은 수수께끼 같고, 카리스마가 있는 괴짜 논리철학자이자 언어철학자였는데, 그 자신은 전혀 경험주의자가 아니었다. 어떤 사람은 실증주의자들이 비트겐슈타인의 사상을 번안(飜案)했다고 말할 것이고, 또 어떤 사람은 그들이 비트겐슈타인을 잘못 해석했다고 말할 것이다.

　비록 어떤 철학자들을 칭찬하긴 했지만, 논리 실증주의자들은 철학에서 진행되고 있던 일의 많은 것 때문에 고민했다. 1804년 칸트가 사망한 후 철학은 내내 논리 실증주의자들이 허세부리고, 불명료하고, 독단적이고, 정치적으로 유해하다고 판단했던 여러 사상 체계의 탄생을 보아왔다. 하나의 핵심 원흉은 19세기 초에 연구를 진행했던 헤겔(G. W. F. Hegel)이었는데, 그는 19세기 사상에 엄청난 영향을 미쳤다. 헤겔은 철학과 역사의 관계에 대한 연구로 유명했는데 그는 전체로서의 인류 역사란 "세계정신"(world spirit)이 그 자신의 의식에 도달하는 과정이라고 생각했다. 헤겔에게 개인들은 전체로서의 국가, 특히 역사 과정의 대행진에서 국가의 역할보다 덜 중요하다. 이런 사상은 강력한 형태의 국가주의를 지지하는 것으로 간주되었다. 헤겔의 철학은 "관념론" 철학이었는데, 왜냐하면 그의 철학은 실재가 어떤 의미에서 영적이거나 정신적이라고 주장했기 때문이다. 그러나 이것은 각 사람의 실재성이 어떤 점에서 그 사람의 관념들에 의해 구성된다는 견해가 아니다. 오히려 전체로서의 단일 실재는 영적이거나 이성적인 성격을 갖는다고 한다. 이 견해는 때로 "절대적 관념론"이라 불린다.

헤겔의 영향은 유럽 대륙에서 꽃을 피웠다가 퇴조했다. 19세기 말 유럽 대륙에서 퇴조함에 따라 그의 영향은 영국과 미국에서 꽃을 피웠다. 절대적 관념론은 논리 실증주의가 반대했던 것의 좋은 예다. 때로 실증주의자들은 헤겔의 문헌에서 인용한 특히 불명료한 구절을 비난하듯이 해부하려 했다. (원래 비엔나 학단의 일원은 아니었지만 긴밀한 동맹자였던) 한스 라이엔바흐(Hans Reichenbach)는 그의 책 『과학의 발전과 함께 새로운 철학이 열리다』(*The Rise of Scientific Philosophy*, 1951)를 철학과 역사에 관한 헤겔의 가장 유명한 저작에서 따온 인용구로 시작했다. "이성은 실체이며, 동시에 무한한 힘이자, 모든 자연적 삶과 정신적 삶의 근저에 있는 이성 자신의 무한한 질료다. 또한 그 질료를 움직이는 무한한 형식이기도 하다." 라이헨바흐는 이 구절을 처음 읽는 철학도가 보통 그 구절을 이해하지 못한 것은 바로 제 잘못 — 그 학생의 잘못 — 이라고 생각할 것이라고 한탄했다. 그러면 그 학생은 마침내 이성이 실체이며, 동시에 무한한 힘… 이라는 것이 분명해 보일 때까지 그 책을 읽고 또 읽을 것이다. 라이헨바흐에게 그 구절이 이치에 닿지 않는 것처럼 보이는 것은 전적으로 헤겔의 잘못이다. 그 주장이 전달하려 했던 사실적 의미가 무엇이든 간에 오용된 언어로 인해 앞이 가려졌기 때문에 그 구절이 이해가 되지 않는 것처럼 보인다.

사람들은 때로 이 시기의 역사를 논리 실증주의와 절대적 관념론 사이에 총력전이 벌어졌던 것처럼 기술한다. 그것은 사태가 진행된 방식이 아니다. 20세기 초 유럽에서는 서로 논쟁을 벌이면서 경쟁하는 많은 종류의 철학이 있었다. "칸트로 되돌아가자" 운동도 진행 중이었다(지금도 있는 것처럼 보인다. 아마 이런 일은 백 년마다 일어날 것이다).

논리 실증주의에 대해 특히 중요한 경쟁자인 것처럼 보였던 또 다른 철학자는 마르틴 하이데거(Martin Heidegger)였다.

앞에서 나는 헤겔의 사상을 요점만 간단히 제시했는데, 하이데거의 경우에는 그렇게 하기가 훨씬 더 어렵다. 하이데거는 때로 실존주의자로 분류된다. 어쩌면 그는 지금까지 살았던 철학자 중 가장 어렵고 불명료한 철학자로 유명할 것이다. 나는 『루틀리지 철학 백과사전』(*Routledge Encyclopedia of Philosophy*, 1998)의 하이데거 항목에서 토머스 시한(Thomas Sheehan)이 마지못해 제시한 요점을 차용할 것이다. "그는 죽음이 우리를 정의하는 순간이며, 우리는 우리의 죽음을 향한 존재성(being-towards-death)에 의해 구체화되는 제한된 감각의 세계에 던져지며, 유한한 의미는 우리가 얻는 모든 실재라고 논한다." 훨씬 더 단순하게 표현한다면, 하이데거는 우리가 우리의 삶을 무엇보다도 세계에 대한 지식이 아니라 세계와 실제로 대처하는 일에 기초를 두는 것으로 이해해야 한다고 주장했다. 우리의 모든 경험은 우리가 죽음을 향해 여행하고 있다는 자각에 의해 영향을 받는다. 그리고 이런 상황에서 우리가 할 수 있는 최상의 일은 상황을 똑바로 보고 "진정한" 삶을 사는 것이다.

삶에 대한 이 그림은 어느 정도 이해가 가능한 것처럼 보인다(특히 일진이 사나운 날에). 그러나 하이데거는 도대체 어떻게 살아야 한다고 느끼는지에 대한 그의 기술을 추상적인 형이상학적 사변과 결합시켰다. "무"(Nothing)에 대한 그의 논의는 특히 악명이 높다. 하이데거는 또한 (전부가 아니라면) 어떤 절대적 관념론자들과 한 가지 공통점으로 자유 민주주의적인 정치사상에 대한 반대 입장을 가지고 있었다.

논리 실증주의자들은 하이데거를 핵심 경쟁자로 보았다. 카르납은 강의에서 무에 대한 하이데거의 논의를 유머러스하게 논리적으로 해부했다. 흥미롭게도 최근 연구는 카르납과 하이데거가 한때 가정되었던 것보다 서로를 더 잘 이해하고 있었음을 보여주었다(Friedman 2000).

논리 실증주의는 신비주의, 낭만주의, 국가주의에 반대하여 계몽주의의 가치를 변호했다. 실증주의자들은 불명료한 것에 맞서 이성을, 직관적인 것에 맞서 논리적인 것을 옹호하는 투사로 활동했다. 논리 실증주의자들은 또한 국제주의자였으며, 모든 사람이 명료하게 의사소통하는 데 사용할 수 있는 정밀한 보편언어라는 관념을 좋아했다. 오토 노이라트는 그 집단에서 가장 강한 정치적 · 사회적 관심사를 가진 성원(成員)이었다. 그 집단에서 그와 다른 여러 사람은 민주사회주의자로 기술될 수 있었다. 그들은 바우하우스 운동(Bauhaus movement)처럼 당시 예술과 건축에서 일어난 어떤 운동들에 강렬한 흥미를 가졌다. 그들은 이런 작업이 사회에 대한 과학적이고, 국제주의적이고, 실용적인 사고방식의 발전을 돕는 것으로 보았다(Galison 1990).

비엔나 학단은 1920년대 중반부터 1930년대 중반까지 번창했다. 논리 실증주의 사상은 『언어, 진리, 논리』(Language, Truth, and Logic, 1936)를 쓴 에이어(A. J. Ayer)에 의해 영국에 수입되었는데, 이 책은 당시의 자극적인 상황을 전하는 생생하면서도 읽기 쉬운 책이었다. 논리 실증주의의 영향, 그리고 무어(G. E. Moore)와 러셀의 철학 아래서 영국철학은 절대적 관념론을 버리고 전통적인 경험주의를 중시하는 쪽으로 돌아갔는데, 경험주의에 대한 이러한 중시는 그때 이후 (다소간에) 지금까지 남아 있다.

유럽 대륙에서는 이야기가 다르게 전개되었다. 왜냐하면 우리가 지금 1930년대에 이르렀음을 기억해보라. 논리 실증주의의 발전은 곧바로 아돌프 히틀러의 등장에 부닥쳤던 것이다.

비엔나 학단의 많은 사람은 사회주의자 성향을 지니고 있었고, 어떤 사람들은 유대인이었는데, 나치당원은 확실히 없었다. 그래서 논리 실증주의자들은 나치에게 다양한 정도로 박해를 받았다. 나치는 친독일적이면서 반자유주의적인 철학자들을 원조하고 이용했는데, 이 철학자들 또한 불명료하고 신비적인 경향이 있었다. 논리 실증주의자들과 대조적으로 마르틴 하이데거는 1933년 나치당에 가입했고, 전쟁 기간 동안 당원으로 남았다.

많은 논리 실증주의자가 유럽을 떠나 외국, 특히 미국으로 도망쳤지만 불행히도 슐리크는 그렇게 하지 않았다. 그는 1936년에 전에 자신에게 배웠던 미친 학생에 의해 살해되었고, 미국으로 이주한 논리 실증주의자들은 제2차 세계대전 후 미국철학의 위대한 개화의 원인이 되었다. 루돌프 카르납, 한스 라이헨바흐, 칼 헴펠, 헤르베르트 파이글(Herbert Feigl)이 거기에 포함된다. 미국에서는 논리 실증주의자들의 귀에 거슬리는 목소리가 온건해졌다. 이것은 부분적으로 자신들 사상에 대한 비판—그들과 일반적인 사고방식을 공유한 사람들 쪽에서 나온 비판—때문이었다. 그러나 그처럼 누그러진 태도가 부분적으로 미국의 전혀 다른 지적 · 정치적 분위기 탓이었다는 것 또한 의심할 여지가 없다. 1930년대 오스트리아와 독일은 철학을 하기에는 전에 없이 격렬한 상황이었던 것이다.

2.3 논리 실증주의의 핵심 사상

과학과 지식에 관한 논리 실증주의의 견해는 언어에 대한 일반 이론에 기초를 두었다. 그래서 과학에 관한 견해를 살피기 전에 이 이론에서 시작할 필요가 있다. 언어에 대한 이 이론은 두 가지 주요 사상, 즉 분석-종합 구별과 검증가능성 의미이론이 주요 역할을 했다.

분석-종합 구별은 아마 적어도 처음에는 구미에 맞으면서 분명하다는 인상을 줄 것이다. 어떤 문장은 세계가 어떻게 진행되는지와 상관없이 단지 그 의미에 의해 옳거나 그르다. 이런 문장이 분석문장이다. 종합문장은 그 문장의 의미와 세계가 실제로 어떻게 존재하는지 둘 다에 의해 옳거나 그르다. "모든 총각은 미혼이다"는 분석적으로 옳은 문장의 표준 예이다. "모든 총각은 대머리다"는 종합문장의 예인데, 이 경우 그른 종합문장이다. 분석적 진리는 어떤 의미에서 사실적 내용이 전혀 없는 공허한 진리다. 분석적 진리의 옳음은 일종의 필연성을 갖는데, 공허하기 때문에 그럴 뿐이다.

이 구별은 적어도 18세기 이래 다양한 형태로 나타났다. "분석-종합"이라는 용어법은 칸트가 도입했다. 비록 이 구별 자체는 논란의 여지가 없는 것처럼 보이지만, 이 구별은 진정한 철학 작업을 하는 데 소용이 될 수 있다. 논리 실증주의자들이 직접 확인했던 한 가지 결정적인 철학 작업의 일부가 있다. 즉 그들은 수학과 논리학의 모든 문장이 분석문장이라고 주장했다. 이 주장으로 인해 그들은 경험주의 틀 내에서 수학적 지식을 다룰 수 있게 되었다. 논리 실증주의에게 수학의 명제는 세계를 기술하는 것이 아니다. 수학의 명제는 단지 특별한 방식으로 기호를 사용한다는 우리의 약정적 결정을 보고할 뿐이다. 세계에 관한 종합적 주장은 태양계에 9개의 행성이 있다고 주장될 때처럼 수학적 언어를 사용하여 표현될 수 있다. 그러나 수학 자체 안에서 증명과 탐구는 분석적이다. 수학의 어떤 증명들은 매우 놀랄만하기 때문에 이 말은 이상해보일지도 모르겠다. 일단 우리가 그러한 증명을 소 단계들로 분석하고 나면 각 단계는 하나마나할 정도로 빤하며 놀랄만한 것이 아니라고 논리 실증주의자들은 주장했다.

이성주의적 전통에서 초기 철학자들은 어떤 것들이 선천적으로 알려질 수 있다고 주장했다. 이 말은 그것들이 경험과 무관하게 알려진다는 것을 의미한다. 논리 실증주의는 선천적으로 알려질 수 있는 것처럼 보이는 것이 분석문장뿐이며, 그래서 사실적 내용이 없다고 주장했다.

과학사에서 주목할만한 에피소드가 여기서 중요하다. 여러 세기 동안 고대 그리스 수학자 유클리드의 기하학은 확실한 진짜 지식의 빛나는 예로 간주되었다. 뉴턴 물리학에서 유클리드 기하학이 자연에 엄청나게 성공적으로 적용되는 것에 영감을 받은 임마누엘 칸트는 유클리드 기하학이 (나머지 수학과 함께) 종합적 진리이면서 선천적으로 알려질 수 있는 진리라고까지 주장했다. 19세기에 수학자들은 유클리드 체계에 대한 대안의 기하학 체계들을 만들어냈지만, 그들은 선, 각, 모양이 실제 세계에서 어떻게 작동하는지를 기술하려는 시도에서가 아니라 수학 연습으로 그렇게 했다. 그렇지만 20세기 초 물리학에서 아인슈타인의 혁명적 연구는 비유클리드 기하학이 정말로 이 세계에 대해 맞다는 것을 보여주었다. 논리 실증주의자들은 이 발전에 엄청난 인상을 받았으며, 그 인상이 수학적 지식에 대한 그들의 분석을 안내하게 되었다. 실증주의자들은 순수 수학이 분석적이라고 주장했으며, 기하학을 두 부분으로 나누었다. 한 부분은 순수 수학적이고, 분석적이며, 세계에 관해 아무것도 말하지 않는다. 이 부분은 단지 가능한 기하학 체계들을 기술할 뿐이다. 기하학의 다른 부분은 어떤 기하학 체계가 이 세계에 적용되는지에 관한 종합적 주장들의 집합이다.

이제 논리 실증주의 언어이론에서 다른 주요 사상, 즉 검증가능성 의미이론을 살펴볼 차례다. 이 이론은 분석적이지 않은 문장에만 적용되며, 특정한 종류의 "의미", 즉 누군가가 세계에 관해 무언가를 말하려 할 때 포함되는 종류의 "의미"를 포함한다. 다음은 종종 그 이론이 표현되는 방식이다. 문장의 의미는 그 문장의 검증방법이다. 이 표현은 이상하게 들릴지도 모르겠으나(나에게는 언제나 이상하게 들린다) 좀 더 자연스럽게 들리는 표현은 다음과 같다. 즉 문장의 의미를 아는 일은 그 문장을 어떻게 검증할지를 아는 일이다. 그리고 다음은 그 원리의 핵심적인 적용 사례다. 즉 만일 어떤 문장이 가능한 검증방법을 갖고 있지 않다면, 그 문장은 의미가 없다.

여기서 "검증"(verification)이란 말로 실증주의자들은 관찰에 의한 검증을 의미했다. 이러한 모든 논의에서 관찰은 모든 종류의 감각 경험을 포함하도록 넓게 해석된다. 그리고 "검증가능성"(verifiability)은 그들이 의미하는 것을 나타내는 최상의 낱말이 아니다. 더 나은 낱말은 "시험가능성"(testability)일 것이다. 이것은 시험이 어떤 것이 옳은지 그른지 알아내려는 시도인데, 그것이 바로 실증주의자들이 염두에 두었던 것이기 때문에 그렇다. "검증가능한"이라는 용어는 일반적으로 당신이 어떤 것이 옳다는 것을 증명할 수 있을 때에만 적용된다. 따라서 그 이론은 "시험가능성 의미이론"이라고 부르는 것이 더 나았을 것이다. 논리 실증주의자들도 때로 그 표현을 사용했지만, 더 표준적인 이름은 "검증가능성 이론", 또는 그냥 "검증주의"이다.

검증주의는 강한 경험주의 원리이다. 경험은 지식의 유일한 원천임은 물론이고 의미의 유일한 원천이기도 하기 때문이다. 여기서 검증가능성이 실제적 검증가능성이 아니라 원리적 검증가능성을 가리킴을 주목할 필요가 있다. 검증하기 어려운 주장들이 실제로 원리적으로 검증가능한지에 관해 약간의 논쟁이 있었다. 결정적 검증이나 시험이 요구되지 않았다는 것 또한 중요하다. 그저 해당 명제에 유리하거나 불리한 관찰적 증거를 발견할 가능성이 있기만 하면 됐던 것이다.

논리 실증주의 초기 시절 검증주의 사상은 원리적으로 우리가 사실적 의미를 가진 모든 문장을 감각 및 감각과 연관된 유형만을 언급하는 문장으로 번역할 수 있다는 것이었다. 이 번역 프로그램은 너무 극단적으로 꽤 빨리 폐기되었다. 그러나 검증가능성 이론은 번역 프로그램을 버린 후에도 계속 보유했다.

논리 실증주의자들은 검증가능성 원리를 철학적 무기로 사용했다. 과학적 논의, 그리고 대부분의 일상적 논의는 검증가능한 주장으로 이루어지며, 그래서 유의미한 주장들로 이루어진다. 언어의 다른 어떤 부분들은 분명히 사실적 의미를 갖도록 의도된 것이 아니며, 그래서 검증가능성 시험에 실패하지만 무해한 방식으로 실패한다. 이런 것들에는 시적 언어, 감정 표현 등이 포함된다. 그러나 사실적 의미를 갖는다고 가정되지만 — 세계에 관해 무언가를 말하는 것으로 가정되지만 — 그렇게 하는 데 실패하는 언어의 부분들도 있다. 논리 실증주의자들이 보기에 이런 부분에는 대부분의 전통철학, 윤리학의 상당 부분, 그리고 신학까지도 포함된다!

언어에 대한 이 분석은 논리 실증주의 과학철학에 틀을 제공했다. 과학 자체는 그저 우리가 일상에서 발견하는 것보다 — 그리고 전통철학의 무의미한 헛소리와 완전히 다른 — 좀 더 복잡하고 세련된 형태의 사고, 추론, 문제 해결로 보였다.

그러니 이제 논리 실증주의자들의 과학상과 과학적 세계관에서 철학의 역할에 대한 생각을 살펴보기로 하자. 그러면 우리는 다음으로 그들이 끌어낸 또 다른 구별, 즉 "관찰적" 언어와 "이론적" 언어의 구별을 살펴보아야 한다. 얼마나 정밀하게 구별을 지어야 하는가에 대해서는 불확실성이 있었다. 보통 이 구별은 개별 용어들에 적용되는 구별로 보였다. "붉다"는 언어의 관찰적 부분에 있고, "전자"는 이론적 부분에 있다. 문장 수준에서도 이와 관련된 구별이 있었다. "그 막대는 붉게

타고 있다"는 관찰적 문장인 반면에, "헬륨원자는 각각 두 개의 전자를 포함한다"는 이론적 문장이다. 더 중요한 문제는 구별의 경계선을 어디에 그어야 할 것인지 하는 것이었다. 슐리크는 감각을 언급하는 용어만이 관찰적이고, 그밖에 다른 모든 것은 이론적이라 생각했다. 여기서 슐리크는 전통적 경험주의에 가까운 상태로 남아 있었다. 노이라트는 그것이 잘못이며, 일상적인 많은 물리적 대상을 언급하는 용어가 언어의 관찰적 부분에 있다고 주장했다. 노이라트에게 과학적 시험은 개인에게 사적인 것이 되는 방식으로 이해되어서는 안 된다. 물리적 대상에 관한 관찰진술만이 공적인 또는 "상호주관적인" 시험의 기초가 될 수 있는 것이었다.

이 쟁점은 끊임없이 토론의 주제가 되었다. 때마침 카르납은 언어의 관찰적 부분과 이론적 부분의 구별을 구획하는 승인할만한 방식이 많이 있다고 생각하게 되었다. 그래서 우리는 수중의 목적에 알맞은 것이면 어떤 것이든 사용할 수 있다. 이 생각은 카르납이 대안의 언어 체계들에 대한 "관용"에 기초한 견해 쪽으로 옮겨간 좀 더 일반적 움직임의 출발점이었다.

이제 우리는 논리학에 관한 논리 실증주의자들의 견해를 살필 필요가 있다. 논리 실증주의에게 논리학은 과학에 대한 철학적 논의를 포함하여 철학을 하기 위한 주요 도구다. 사실상 그저 대략적으로 철학이 할 수 있는 단지 유용한 것은 언어, 수학, 과학이 어떻게 작동하는지에 대해 논리적 분석을 제시하는 것이다.

여기서 우리는 두 종류의 논리학을 구별해야 한다(이 논의는 제3장에서 계속될 것이다). 논리학 일반은 어떤 논증을 강력하고 신빙성 있는 것으로 만드는 것이 무엇인지에 대한 추상적 이론을 제시하려고 시도하는 학문이다. 연역논리학은 가장 익숙한 종류의 논리학이며, 진리성을 확실하게 전달하는 논증 유형을 기술한다. 이런 논증은 그 논증의 전제들이 옳다면 결론이 옳을 수밖에 없는 특징을 가진 논증이다. 연역 논리학에서는 19세기 말부터 인상적인 발전이 진행되고 있었고, 비엔나 학단의 시기에도 그 발전은 계속해서 진행 중이었다.

논리 실증주의자들은 또한 두 번째 종류의 논리학, 즉 훨씬 더 논란이 되었던(그리고 논란이 되는) 종류의 논리학도 믿었다. 이 논리학은 귀납논리학이다. 귀납논리학은 결론에 대한 지지 근거를 제시하지만 연역논리학에서 발견되는 종류의 보증성을 제공하지는 않는 논증에 대한 이론이라고 가정되었다.

논리 실증주의 관점에서 귀납논리학을 발전시키는 일은 대단히 중요했다. 일상과 과학에서 맞닥뜨리는 논증이나 증거 중 어떤 것도 연역논리학에서 발견되는 종류의 보증을 전달한다고 하기는 거의 어렵다. 우리가 어떤 과학이론에 대해 발견할 수 있는 최상의 증거라 할지라도 완전히 결정적이지는 않다. 언제나 오류가능성이 있지만, 그것이 과학의 어떤 주장들을 증거에 의해 뒷받침되지 못하도록 막지는 않는다. 논리 실증주의자들은 언제나 오류가 가능하다는 사실을 승인하고 포용했다. 비록 어떤 비판자들이 이 점에 대해 그들을 잘못 해석하긴 했지만, 논리 실증주의자들은 과학이 언젠가 절대적 확실성에 도달한다고 생각하지 않았다.

논리 실증주의자들은 과학을 논리적으로 분석하는 임무를 과학사나 과학심리학을 통해 과학을 이해하려는 모든 시도와 예리하게 구별되는 것으로 보았다. 그런 학문들은 경험적 학문이며, 철학의 물음과는 다른 물음 집합을 포함한다.

여기서 서로 다른 연구방식의 분리를 표현하는 데 표준적으로 사용되곤 하는 용어법은 한스 라이헨바흐가 도입했다. 라이헨바흐는 "발견의 맥락"(context of discovery)과 "정당화의 맥락"(context of justifica-
tion)을 구별했다. 그 용어법은 유용하지 않은데, 왜냐하면 그 구별이
"이전과 이후"와 관계가 있다는 것을 암시하기 때문이다. 그래서 이 용
어법을 통해 주장되고 있는 것은 발견이 먼저 나타나고 그 다음에 정당
화가 나타난다는 것처럼 보일 수도 있다. 그러나 그것은 그 구별이 주
장하는 것이 아니다(비록 논리 실증주의자들이 이 점에 대해 완전히
명료한 생각을 갖고 있었던 것은 아니라도). 핵심 구별은 과학의 논리
적 구조에 대한 연구와 과학의 역사적 · 심리적 측면에 대한 연구 사이
의 구별이다.

그래서 논리 실증주의는 역사학과 심리학 같은 분야와 과학철학의
관련성을 부인하는 경향을 보였다. 머지않아 이런 생각은 큰 과오로 간
주되었다.

이런 사상 모두를 종합하여 거기서 나오는 과학상을 살펴보기로 하
자. 논리 실증주의는 대체로 어떤 언어이론에 기초를 둔 혁명적이고 타
협할 줄 모르는 형태의 경험주의였다. 과학의 목적 — 그리고 또한 일상
적 사고의 문제 해결의 목적 — 은 경험에서 유형들을 추적하고 예상하
는 것이다. 언젠가 슐리크가 표현했듯이, "모든 과학자가 추구하고, 홀
로 추구하는 것은 … 경험들의 연관을 지배하는 규칙들이며, 이 규칙들
에 의해서만 그 경험들이 예측될 수 있다"(1932~33, 44면). 우리는 과
거 경험에서 유형에 주목함으로써 미래 경험에 관해 합리적 예측을 할
수 있지만, 결코 미래 경험을 보증하는 상태에는 도달하지 못한다. 우
리는 언제나 틀릴 수 있다. 경험을 벗어나서 지식에 이르는 대안의 통
로는 없다. 전통철학이 그러한 통로를 발견하려고 했을 때 전통철학은
자기도 모르게 무의미한 소리를 하는 쪽으로 빠져들었다.

논리 실증주의에 대해 내가 방금 제시한 해석은 표준적 해석이다. 그

렇지만 그 운동의 목적과 신조들을 어떻게 해석할지에 관해서는 논쟁
이 있다. 최근의 어떤 필자들은 논리 실증주의와 전통적 경험주의의 연
결이 표준적 해석이 주장하는 것보다 긴밀하지 못하다고 주장해왔다
(Friedman 1999). 그러나 이 책에서 사용된 경험주의의 의미에서는 둘
사이에 분명히 강한 연결고리가 있다. 우리는 앞 단락에서 제시한 슐리
크의 인용구에서 그 점을 본다.

  20세기 초에는 강한 형태의 다른 다양한 경험주의들도 전개되었다.
하나는 조작주의(operationalism)였는데, 이 경험주의는 물리학자 퍼시
브리지먼(Percy Bridgman, 1927)이 전개했다. 조작주의는 과학자들이
모든 이론 용어를 직접적인 관찰적 시험과 긴밀하게 연결되는 방식으
로 언어를 사용해야 한다고 주장했다. 이 주장은 논리 실증주의와 아주
가까운 주장이지만, 모든 과학이 이미 어떻게 작동하는지에 대한 분석
보다는 (특히 아인슈타인의 상대성이론의 교훈이 동기로 작용하여) 과
학적 언어를 엄격하게 사용할 것을 제안한 것으로 표현되었다.

  20세기 후반에 논리 실증주의자들에 대해서는 딱딱하고, 보수적이
고, 상상력이 없는 과학 숭배자로 보는 이미지가 펼쳐졌다. 그들의 강
력한 친과학적 자세는 심지어 반민주적이거나 압제적인 정치사상과 제
휴한 것으로 보였다. 이것은 그들의 실제 정치적 관심사와 활동을 감안
하면 매우 불공정하다. 나중에 우리는 과학과 정치의 관계에 관한 생각
들이 20세기를 거치면서 어떻게 해서 이런 해석이 가능하도록 변한 것
인지 살펴볼 것이다. 딱딱하다는 비난은 또 다른 문제다. 논리 실증주
의자들의 저작은 종종 극히 건조하고 전문적이었다. 그래도 그들의 사
상에서 가장 건조한 것조차도 대규모의 범학문적인 지적 대청소를 목
표로 했던 주목할만한 프로그램의 일부였다. 그리고 그들의 경험주의
형태는 과학과 합리성의 징표로서 지적 유연성의 이상을 중심으로 조

직되었다. 우리는 노이라트가 사용한 유명한 은유에서 이러한 점을 본다(노이라트는 이런 주제들에 대해 특히 예를 잘 든다). 노이라트는 세계에 관해 배우면서 우리의 생각을 개선하려고 시도할 때 우리는 "망망대해에서 배를 수리해야 하는 선원과 같다"고 말했다. 선원들은 결국은 큰 변화가 일어나지만 그 일을 하는 동안에 바다에 떠 있는 채로 배를 지킬 필요에 의해 구속을 받는 방식으로 자신들의 배를 판자들로 일일이 바꾼다.

2.4 문제와 변화

논리 실증주의의 사상은 언제나 유동적인 상태에 있었으며, 그래서 그들은 많은 도전을 받을 수 밖에 없었다. 문제 한 벌은 프로그램 내부의 것이었다. 예컨대 검증가능성 원리에 대한 좋은 정식화에 도달하는 데에는 상당한 어려움이 있었다. 불명료한 모든 전통철학을 배제하지만 과학의 모든 것을 포함하는 방식으로 그 원리를 정식화하는 것은 어려운 것으로 판명되었다. 이런 문제들 중 어떤 것은 거의 우스울 정도로 단순했다. 예컨대 만일 "금속은 가열되면 팽창한다"가 시험가능하다면, "금속은 가열되면 팽창하고, 절대정신은 완전하다" 또한 시험가능하다. 만일 우리가 그 주장의 앞부분이 그르다는 것을 경험적으로 보여줄 수 있다면, 전체 주장은 그르다는 것이 증명될 텐데, 그것은 "그리고"를 포함하는 진술의 논리 때문이다(만일 A가 그르다면, A & B 역시 그른 것이어야 한다). 이 구멍을 깁다 보면 다른 곳에서 새로운 문제가 생겼다. 그래서 전체 기획은 완전히 좌절되었다(Hempel 1965, 제4장). 귀납논리학을 전개하려는 시도 또한 심각한 문제에 봉착했다.

그 주제는 다음 장에서 다룰 것이다.

다른 비판들은 세부적인 것이 아니라 그 운동의 가장 기본적인 착상을 향하고 있었다. 내가 여기서 초점을 맞출 비판은 이런 비판들 중 하나이며, 가장 유명한 비판은 때로 20세기 철학 전부를 통틀어 가장 중요한 것으로 간주되는 논문, 즉 콰인(W. V. Quine)의 "경험주의의 두 가지 독단"(Two Dogmas of Empiricism, 1953)에서 제시되었다.

콰인은 전체론적 시험이론을 주장했는데, 그는 이 이론을 사용해 또한 전체론적 의미이론의 동기로 삼았다. 그 견해를 기술하면서 나는 먼저 전체론 일반에 관해 좀 말해야 한다. 철학의 많은 분야는 "전체론"(holism)이라는 용어를 사용해 기술되는 견해들을 포함한다. 전체론자는 보다 큰 전체 속에서 특수한 것의 위치를 살피지 않고는 그 특수한 것을 이해할 수 없다고 주장한다. 여기서 우리가 관심을 갖는 사례의 경우에 시험에 관한 전체론은 단일 가설이나 문장을 따로 분리하여 시험할 수 없다고 말한다. 대신 우리는 주장들과 가정들의 복잡한 망을 시험할 수 있을 뿐이다. 이것은 주장들과 가정들의 복잡한 망만이 우리가 관찰해야 하는 것에 관해 명확한 예측을 만들기 때문이다.

세계에 관한 개별 주장들이 따로 분리해서 시험될 수 없다는 생각을 좀 더 면밀하게 살펴보기로 하자. 이 생각은 한 주장을 시험하려면 당신이 다른 많은 것에 관한 가정을 만들 필요가 있다는 것이다. 이 가정들은 종종 측정 도구, 관찰 상황, 보고의 신빙성과 다른 관찰자들의 신빙성 등에 관한 가정일 것이다. 그래서 당신이 자신을 하나의 사상을 시험하고 있다고 생각할 때마다 당신이 실제로 시험하고 있는 것은 길고 복잡한 진술들의 연언이다. 그리고 당신에게 명확한 예측을 제공하는 것은 바로 전체 연언이다. 만일 어떤 시험이 예기치 않은 결과를 가져온다면, 그 연언에 있는 어떤 것이 그른 것이 되겠지만, 시험 자체의 실패는 과오가 어디에 있는지를 말해주지 않는다.

예컨대 당신이 고기압이 맑고 안정된 날씨와 연관이 있다는 가설을 시험하고 싶어 한다고 해보자. 당신은 일련의 관찰을 하는데, 당신이 발견한 것처럼 보이는 것은 고기압이 불안정한 날씨와 연관이 있다는 것이다. 당신의 원래 가설이 틀렸을지 모른다고 의심하는 것은 자연스러운 일이지만, 다른 가능성들도 있다. 당신의 기압계가 기압에 대해 신빙성 있는 측정을 제공하지 않을 수도 있다. 또한 날씨 조건 자체에 대해 (당신이나 다른 사람들에 의해) 이루어진 관찰에 무언가 잘못이 있을 수도 있다. 예기치 않은 관찰은 무언가가 잘못되었다는 것을 말해주지만, 문제가 당신이 시험하려고 하는 가설이 아니라 당신의 배경 가정들 중 하나에 있을 수도 있다.

이 논증의 어떤 부분들은 설득력이 있다. 단일 가설이 아니라 오직 주장들과 가정들의 망이 우리가 관찰하리라고 기대해야 하는 것을 말해준다는 말은 옳다. 예측의 실패에는 언제나 어떤 범위의 가능한 설명들이 있을 것이다. 그런 의미에서 시험은 실제로 전체론적이다. 그러나 이것은 우리가 종종 저곳이 아니라 이곳에서 실패한 예측에 대해 책임을 지울 좋은 이유들이 있을 가능성을 남겨놓는다. 실제로 과학에는 책임을 어디에 물을지를 알아내는 효과적인 어떤 방식이 있는 것처럼 보인다. 이러한 결정에 대해 철학적 이론을 제시하는 일은 어려운 일이지만, 실패한 예측이 언제나 어떤 범위의 가능한 설명을 갖는다는 그 사실만으로는 전체론 논쟁을 해결하지 못한다.

전체론자의 논증들은 20세기 중반 과학철학에 거대한 영향을 미쳤다. 자신의 저작들에 능숙한 유비와 시치미 떼고 진지하게 말하는 유머를 흩뿌려 놓은 콰인은 주류 경험주의가 시험에 대해 몹시 단순화된 견해에 언질을 주었다고 주장했다. 콰인이 유명한 은유에서 말했듯이 우

리는 우리의 이론이 "법인체로서의… 감각 경험의 법정에 직면한다"는
것을 승인해야 한다(1953, 41면). 논리 실증주의는 전체론적 형태의
경험주의로 대치되어야 한다.

그러나 여기서 어려운 문제가 있다. 논리 실증주의자들은 시험이 앞
에서 기술한 의미에서 전체론적이라는 것을 이미 승인했다. 1943년에
헤르베르트 파이글은 다음과 같이 쓰고 있다. "어떤 과학적 가정도 완
전히 분리된 채로는 시험가능하지 않다. 상호 관계된 가설들의 전체 복
합체만이 시험에 처해질 있다"(1943, 16면). 카르납도 똑같은 것을 말
하고 있었다(1937, 318면). 심지어 우리는 에이어의 『언어, 진리, 논
리』(1936)에서도 이와 똑같은 진술들을 발견할 수 있다.

콰인은 훨씬 더 이전의 프랑스 물리학자이자 철학자인 피에르 뒤엠
(Pierre Duhem)을 시험에 관한 전체론을 주장했던 사람으로 인정했
다. (시험에 관한 전체론은 종종 "뒤엠-콰인 기본주장"이라 불린다.)
그러나 논리 실증주의자들이 지면을 통해 거듭 표현했는데도 그들이
이 중요한 사실을 독단적으로 빠뜨렸다고 어떻게 주장할 수 있을까?
이 점에 개의치 않고 많은 철학자는 논리 실증주의가 과학에서 시험에
관해 나쁜 과오를 범했다고 주장하는 콰인에게 동의했다.

이 쟁점의 역사가 이상하긴 하지만, 이렇게 말하는 것이 공정할지도
모르겠다. 비록 논리 실증주의자들이 공식적으로 시험에 관해 전체론
적 견해를 승인했다 할지라도, 그들은 그 주장의 중요성을 제대로 인정
하지 않았다. 검증가능성 원리는 당신이 어떤 시간에 문장들을 하나씩
시험할 수 있다는 것을 시사하는 것처럼 보인다. 그 원리는 따로 분리된
각 문장에 관찰가능한 일련의 시험 결과를 부여하는 것처럼 보인다. 엄
밀히 말해 실증주의자들은 일반적으로 이 관찰들이 다른 가정들의 배경
에 반대하는 특정 가설과만 연관되어 있다고 주장했다. 그러나 그렇게

되면 시험 결과를 오로지 가설 자체와 연관 짓는 것이 미심쩍어 보인다. 이와 대조적으로 콰인은 시험에 관한 전체론의 귀결을 매우 명료하게 드러냈다. 그는 또한 언어와 의미에 관한 결론도 끌어냈다. 논리 실증주의가 주장하는 시험과 의미 사이의 연결이 주어지면, 시험에 관한 전체론은 의미에 관한 전체론으로 이끈다. 그래서 의미에 관한 전체론은 논리 실증주의의 많은 사상에 문제를 야기한다.

콰인이 "두 가지 독단"에서 옹호한 형태의 전체론은 극단적인 전체론이었다. 그 전체론은 앞 절에서 다룬 한 가지 사상, 즉 당신이 완전히 안전하다고 생각했을 수도 있는 분석-종합 구별에 대한 공격을 포함했다. 콰인은 이 구별이 존재하지 않으며, 이 구별이 바로 경험주의의 정당화되지 않는 또 다른 "독단"이라고 논했다.

여기서 또 다시 콰인 논증의 어떤 것들은 논리 실증주의자들이 더 이상 주장하지 않는 형태의 분석-종합 구별을 향하고 있었다. 콰인은 분석성이라는 관념이 어떤 주장들을 수정에 면제되는 것으로 다룰 의도로 사용하는 것이라고 말했으며, 그는 사실상 어떤 진술도 수정에 면제되지 않는다고 논했다. 그러나 카르납은 이미 특별한 방식이긴 하지만 분석진술도 수정될 수 있다고 결정했었다. 어떤 사람이나 공동체는 하나의 전체적인 언어적·논리적 체계를 버리고 다른 체계를 채택하기로 결정할 수 있다. 주어진 언어적·논리적 체계가 제공하는 배경을 근거로 어떤 진술은 분석진술이 될 것이고, 그래서 경험적 시험을 할 수 없다. 그러나 우리는 언제나 체계를 바꿀 수 있다. 콰인이 그 논문을 쓰고 있을 무렵에는 카르납의 철학은 어떤 언어적·논리적 체계 내에서 만들어진 변화와 이 체계들 사이에서 이루어진 변화의 구별에 기초하고 있었다.

그의 논문의 또 다른(좀 더 설득력 있는) 부분에서 콰인은 예리한 분석-종합 구별을 과학적으로 이해할 방법이 전혀 없다고 논했다. 그는 이 주장을 시험에 관한 그의 전체론과 연결시켰다. 콰인에게 우리의 모든 관념과 가설은 하나의 "믿음의 망"(web of belief)을 형성하는데, 이 망은 전체로서만 경험과 접촉한다. 예기치 않은 관찰은 우리에게 그 망에 다양한 커다란 변화를 가져오도록 촉구할 수 있다. 분석적인 것처럼 보이는 문장들조차도 어떤 상황에서 경험에 반응해 수정될 수 있다. 양자역학의 이상한 결과는 어떤 사람들에게 논리학에서 수정이 필요할 수도 있다는 것을 시사했다고 지적했다.

논리 실증주의의 문제에 대한 이 논의에서 나는 초기에 출발점으로 작용했던 약간의 논의와 제2차 세계대전 후 일어났던 약간의 논의를 포함시켰는데, 제2차 세계대전 이후의 시기는 이 운동이 미국에 근거를 두고 변형이 시작되었던 시기였다. 이제 논리 경험주의, 즉 나중에 이 운동의 덜 공격적인 단계가 되었던 것의 몇 가지 핵심 사상을 살펴보기로 하자.

2.5 논리 경험주의

제2차 세계대전 시절의 상황이 어떻게 전개되었는지 보자. 슐리크는 죽었고, 비엔나 학단의 남은 나머지 성원들은 안전하게 미국 대학들에 안착했다 — 카르납은 시카고대학교, 헴펠은 피츠버그대학교에 갔다가 그 다음에 프리스턴대학교에, 라이헨바흐는 (터키를 거쳐) 캘리포니아대학교 로스앤젤레스 캠퍼스에, 파이글은 미네소타대학교에 안착했다. 이들 외에도 많은 사람이 이런 경우에 포함되지만 연구 내용은 달랐다. 전통철학을 파괴하려는 혁명적 시도는 언어와 과학에 대한 주의 깊은 논리적 분석 프로그램으로 대치되었다. 과학적 세계관이 사회 민주주의의 미래에 기여할 수 있는 것에 대한 논의는 삭제되거나 크게 완화되었다(이런 사실에도 불구하고 미 연방수사국 FBI는 가능한 공산주의 동조자로 카르납에 대한 파일을 수집했다).

전과 같이 언어에 관한 사상이 과학에 관한 논리 경험주의의 사상의 지침이 되었다. 분석-종합 구별은 거부되지는 않았지만, 미심쩍은 것으로 간주되었다. 논리 경험주의자들은 콰인의 논증에 압박을 느꼈다. 초기 형태에서 그토록 큰 낫 같았던 검증가능성 이론은 전체론적 경험주의 의미이론으로 대치되었다. 이론은 많은 가설을 함께 연결시키는 추상적 구조물로 보였다. 이 구조물은 관찰가능한 영역과 전체로서 연관되지만, 이론의 각각의 조각 — 각각의 주장이나 가설이나 개념 — 은 그 이론과 연관된 특정한 어떤 관찰 집합을 갖지 않는다. 이론 용어("전자"나 "유전자" 같은)는 그 의미가 전체 구조물에서의 위치에서 도출되며, 관찰의 영역과 그 구조물의 연관에서 도출된다.

논리 경험주의 말기인 1970년에 헤르베르트 파이글은 그가 이론에 대한 "정통 견해"라 불렀던 것에 대해 회화적 표상을 제시했다(그림 2.2를 볼 것). 이론적 가설들("공준들")의 망은 단계적으로 파이글이 경험의 "토양"(soil)이라 부르는 것과 연결된다. 이처럼 닻을 내리는 일이 그 망의 의미의 원천이다. 파이글은 이 그림을 단일 과학이론을 기술하는 데 사용했다. 콰인의 좀 더 극단적인 전체론의 경우에는 어떤 사람의 전체 믿음 집합이 단일망을 형성한다.

언어의 관찰적 부분과 이론적 부분에 대한 논리 실증주의의 구별은 대략 그대로 유지되고 있었다. 그러나 관찰적 언어가 사적 감각을 기술한다는 생각은 삭제되었다. 과학의 관찰적 기초는 관찰가능한 물리적 대상에 대한 기술로 이루어지는 것으로 보였다(비록 카르납은 이따금 감각을 언급하는 언어를 가지고 작업하는 것이 유용할 수 있다고 생각

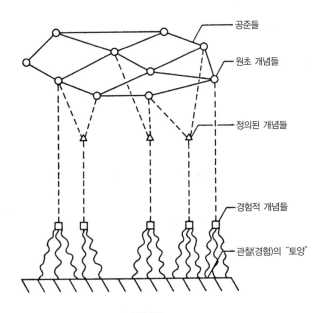

그림 2.2
이론에 대한 논리 경험주의의 견해에 대한 파이글의 그림
(Feigl 1970에서 인용. 미네소타대학교 출판사의 허가를 얻어 실음)

했지만).

철학에서 논리학의 역할, 그리고 과학의 논리와 과학의 역사적−심리적 측면의 예리한 분리에 관한 논리 실증주의의 견해는 기본적으로 변하지 않았다. 논리 경험주의자들이 행한 연구의 좋은 예는 과학에서 설명에 관한 그들의 연구에 의해 제공된다(특히 Hempel and Oppen-heim 1948; Hempel 1965를 볼 것). 헴펠의 경우에 어떤 것을 설명한다는 것은 논리적 논증을 사용하여 그것을 어떻게 추리하는지 보여준다는 것인데, 이 논리적 논증은 전제에 적어도 하나의 자연법칙에 대한 진술을 포함한다(제13장 이하를 볼 것). 이것은 논리 실증주의와 논리경험주의에 공통적인 생각, 즉 논리가 과학철학의 주요 도구라는 생각을 예증한다.

우리는 논리 실증주의가 과학의 유일한 목적이 경험의 유형들을 추적하는 것이라고 주장한다는 것을 살펴보았다. 논리 실증주의의 경우에 과학자가 세계에서 우리가 보는 것을 야기하는 관찰불가능한 구조물을 기술하려고 하는 것처럼 보일 때 그 과학자는 대신 관찰가능한 세계를 특별한 추상적 방식으로 기술하는 것으로 보아야 한다. 과학적 언어는 경험의 흐름에서 유형을 선명하게 드러내는 한에서만 유의미하다. 그렇다면 논리 경험주의도 똑같은 주장을 하는가? 논리 경험주의도 과학적 언어가 궁극적으로 관찰가능한 것들에서 유형을 기술할 뿐이라고 주장하는가?

답은 논리 경험주의자들이 이 점에 대해 고민했다는 것이다. 마음속으로는 그들의 답은 그렇다는 것이었지만, 이 답은 옹호하기가 더욱더 어려운 것처럼 보였다. 칼 헴펠은 1958년 "이론가의 딜레마"(The Theoretician's Dilemma)라 불리는 논문을 썼는데, 이 논문은 이 쟁점에 대한 논리 경험주의자의 고민의 정점이었다. 꽤 전통적인 경험주의자로서 헴펠은 관찰불가능한 대상을 언급하는 것처럼 보이는 언어의 부분 가능한 유일한 역할이 관찰가능한 영역에서 유형을 선명하게 드러내는 데 도움이 된다는 생각에 이끌렸다. 그리고 만일 관찰불가능한 것을 가정하는 것처럼 보이는 이론의 부분이 실제로 뭔가 좋은 것이 있다면, 이 "좋음"은 그 이론이 관찰가능한 것을 다룰 때 갖는 이점을 드러내 보여주는 것이어야 한다. 그래서 과학언어의 이런 부분을 경험의 배후에 놓여 있는 실재하는 대상을 기술하는 것으로 보는 일을 정당화할 근거는 없다. 그러나 헴펠과 논리 경험주의자들은 이 견해가 실제 과학적 연구를 별로 이해하지 못하게 만든다는 것을 인정하지 않을 수 없다고 판단했다. 과학자들이 "전자"나 "유전자" 같은 용어를 사용할 때 그들은 그것들이 마치 관찰가능한 영역에서 복잡한 유형을 추적하는 것 이상을 하고 있는 것처럼 행동한다. 그러나 논리 경험주의자들이 밀려갔던 생각 — 과학이론이 관찰불가능한 실재 구조물을 기술하려고 하는 것이라는 생각 — 은 공개적으로 옹호하기가 어려웠다. 경험주의의 언어철학은 무자비할 정도로 그 생각에 반대되는 것처럼 보였던 것이다.

경험주의자들은 관찰가능한 것의 일상적 세계 배후에 특별한 상급의 세계, 즉 순수하고 완전한 세계가 있다는 나쁜 사상을 익히 알고 있었다. 실재에 대한 이 "층을 이루는" 견해는 경험주의자들에게는 곧바로 고대 그리스 철학자 플라톤 시대까지 거슬러 올라가는 끝없는 말썽의 원천처럼 보였는데, 플라톤은 가상의 불안정한 "현상"의 세계와 좀 더 완전하고 실재하는 "형상"의 세계를 구별했다. 경험주의자들이 이런 종류의 그림을 피하기로 한 것은 올바른 결정이었다. 그러나 과학은 상당 부분 사람들이 관찰가능한 현상을 야기하는 숨겨진 구조물을 가정하는 과정인 것처럼 보인다. 이 숨겨진 구조물들은 세계의 관찰가능한 부분보다 "순수하고 완전하거나" "더 실재적"이지 않지만, 그것들은 관찰가능한 현상의 배후나 아래에 있다. 물론 어떤 시간에 어떤 이론이 가정하는 관찰불가능한 구조물이 나중에 관찰가능한 것으로 판명될 수도 있다. 과학에서는 세계의 숨겨진 부분들에 대해 우리가 마침내 도달할 새로운 종류의 접촉이 어떤 것인지 말해주지 않는다. 그럼에도 과학의 상당수는 해당 연구가 이루어지는 시기에 진정으로 감추어진 존재자들을 가정함으로써 진행되는 것처럼 보인다. 전통적인 경험주의 철학자에게 관찰가능한 현상의 층과 그 현상의 원인인 숨겨진 구조물의 층을 가정하는 방식으로 과학적 이론 구성 작업을 이해하는 일은 플라톤 같은 낡고 나쁜 철학적 견해에 너무 가까이 가는 것이다. 우리가 위안을 삼기에는 그런 견해에 너무 가까이 가 있으며, 그래서 과학이 어떻게 작동하는지에 대해 다른 종류의 기술을 제시해야 한다.

그 결과는 궁극적으로 과학적 언어가 할 수 있는 유일한 일이 관찰가능한 영역에서 유형들을 기술하는 것이라는 전통적인 경험주의의 주장이다. 논리 실증주의를 소개하는 첫 간행 논문에서 카르납, 한(Hans Hahn), 노이라트는 "과학에서 '심층'은 없다. 어디나 표면이 있다."([1929]1973, 306면)고 말했다. 이 말은 이론 구성의 목적이 감추어진 수준의 구조물을 기술하는 것이라는 견해에 대한 경험주의자의 반감을 생생하게 표현한 것이다. 과학은 특이한 이론적 개념(처음에는 감추어진 것들을 언급하려는 시도처럼 보이는 개념)을 사용해 관찰가능한 영역의 미묘한 유형들을 발견하고 기술한다. 그래서 논리 실증주의자와 논리 경험주의자는 끊임없이 과학의 목표로서 예측에 관해 이야기했다. 예측은 세계의 진짜 감추어진 구조를 기술함이라는 좀 더 분명해 보이는 ─ 그러나 궁극적으로 금지된 ─ 목표의 대체물이었다.

20세기 경험주의는 여기서 중요한 과오를 범했다. 우리는 과학의 상당 부분을 관찰가능한 현상을 야기하는 감추어진 구조물을 기술하려는 시도로 취급함으로써만 과학을 이해할 수 있다. 이것은 일종의 과학적 실재론, 즉 이 책 뒷부분에서 논의할 사상이다. 과학에는 정말로 심층이 있다. 자연에서 두 "층들" 사이에 단순하고 고정된 구별은 없다 ─ 경험주의자들이 이 사상을 불신한 것은 올바른 일이었다. 대신 많은 층, 또는 오히려 우리가 좀 더 접촉가능한 구조물과 덜 접촉가능한 구조물 사이에 연속성이 있다. 유전자는 어떤 점에서 우리에게 감추어져 있지만 전자만큼 감추어진 것은 아닌데, 이 전자는 다시 쿼크(quarks)만큼 감추어져 있지 않다. 비록 과학에 "심층들"이 있다 할지라도, 어떤 시간에 심층에 있는 것은 나중에는 표면에 있을 수 있으며, 현재 심층에 있는 것과 상호작용하는 많은 방식이 있을 수 있다.

2.6 논리 경험주의의 몰락에 대하여

논리 경험주의 사상은 20세기 중반 미국철학을 상당 부분 지배했으며, 영어권 세계의 다른 곳과 유럽의 몇몇 지역들에서도 매우 영향력이 있었다. 그러나 1960년대 중반 그들의 견해는 분명히 위협을 받았다. 그리고 1970년대 중후반 무렵쯤 논리 경험주의는 거의 소멸했다. 논리 경험주의가 몰락한 데에는 여러 가지 요인이 있었는데, 그 요인 모두를 나는 이 장에서 소개했거나 나중의 장들에서 논의할 것이다. 한 가지 요인은 많은 논리 실증주의자와 논리 경험주의자의 생각의 기초를 형성했던 언어관의 붕괴이다. 또 다른 요인은 전체론적 논증으로부터의 압력이다. 세 번째 요인은 귀납논리학을 발전시키려는 시도의 실패 역사다(제3장). 네 번째는 과학철학에서 역사나 심리학 같은 분야의 새로운 역할의 전개다(제5~7장). 그리고 마지막으로 과학적 실재론으로부터의 압력이 있었다. 그러나 이것은 논리 경험주의가 내리막길을 걷기 시작했던 이후에나 가능했던 일이었다.

더 읽을거리

경험주의 전통 일반에 대한 훨씬 더 자세한 논의는 Garrett and Barbanell, *Encyclopedia of Empiricism* (1997)을 볼 것.

슐리크의 "Positivism and Realism" (1932~33)과 파이글의 "Logical Empiricism" (1943)은 비엔나 학단의 원래 성원들이 논리 실증주의에 대해 쓴 좋은 진술이다(파이글은 "논리 경험주의"라는 용어를 사용하지만, 그의 논문은 논리 실증주의의 견해에 대해 희석되지 않은 꽤 강한 형태의 견해를 기술한다). 에이어의 『언어, 진리, 논리』(*Language, Truth, and Logic*, 1936)는 쉽게 읽히면서 생생하고 자극적인 책이다. 어떤 사람들은 그 책을 논리 실증주의 사상을 왜곡한 것으로 본다.

Routledge Encyclopedia of Philosophy(1998)는 특히 논리 실증주의 의 역사에 관한 새로운 논쟁의 견지에서 흥미로운 논문 모음집을 수록하고 있다. 논리 실증주의에 관한 항목은 프리드먼이 썼는데, (경험주의적 전통의 중요성을 깎아내림으로써) 그의 다소 비정통적인 해석을 반영하고 있다. 스태들러(Stadler)의 비엔나 학단에 관한 항목은 좀 더 전통적인 견해를 제시한다. 또한 크리스(Creath)의 카르납에 관한 항목을 볼 것. 이 모든 쟁점에 대해서는 또한 Giere and Richardson의 1997년 에세이를 볼 것.

피터 갤리슨(Peter Galison)의 "Aufbau/Bauhaus"(1990)는 논리 실증주의자들의 예술적, 사회적, 정치적 관심사, 그리고 이 관심사와 그들의 철학 사상의 연관에 대한 훌륭한 설명을 제시하고 있다. *Passmore*(1966)는 절대적 관념론을 포함하여 19세기 말에서 20세기 초의 철학 운동과 추세에 대한 이해하기 쉬운 좋은 개관서다.

헴펠의 *Aspects of Scientific Explanation*(1965)은 논리 경험주의의 최종 진술서이며, 그의 『자연과학철학』(*Philosophy of Natural Science*, 1966)은 쉬운 판이다. 카르납의 후기 강의는 *Introduction to the Philosophy of Science*(1995)라는 제목으로 간행되었다.

논리 실증주의의 어떤 사상을 부활시키려는 시도가 최근 시작되었다. 예컨대 엘리엇 소버(Elliot Sober)의 근간 서적 *Learning from Logical Positivism*을 볼 것.

제3장

귀납과 확증

3.1 모든 문제의 어머니

이 장은 매우 중요하면서도 어려운 문제, 즉 관찰이 어떻게 과학이론을 확증할(confirm) 수 있는지 이해하는 문제를 살피는 일에서 시작한다. 관찰이 이론에 대한 증거가 되도록 만드는 관찰과 이론 사이의 연관성은 무엇인가? 어떤 점에서 이 문제는 지난 100년 동안 과학철학의 근본 문제였다. 이 문제는 논리 실증주의와 논리 경험주의 기획에서 핵심역할을 했으며, 그들에게는 끊임없는 좌절의 근원이었다. 어떤 사람들은 그렇게 생각하고 싶어 할지 몰라도, 이 문제는 우리가 논리 경험주의를 포기하자마자 사라지는 문제가 아니다. 이 문제는 이런저런 형태로 거의 모든 사람에게 제기된다.

논리 경험주의자들의 목적은 증거와 확증에 대한 논리적 이론, 즉 확증(confirmation)을 문장들 사이의 추상적 관계로 처리하는 이론을 전개하는 것이었다. 이 문제에 대한 논리 경험주의자들의 접근방식이 사형 선고를 받았다는 것은 꽤 분명해졌다. 그래서 과학에서 시험과 증거를 분석하는 방식은 다른 종류의 이론을 전개하는 것이 된다. 그러나 이 영역에서 효과가 있을 접근방식과 효과가 없을 접근방식의 차이를 나타내기 위해서는 이 장과 나중의 장들에서 많은 논의가 필요할 것이다. 이 장은 대부분 확증의 문제가 20세기 중반에 어떻게 다루어졌는지 살펴볼 것이다. 그리고 그것은 넓두리다.

이 쟁점들에 대한 20세기의 작업을 살피기 전에 우리는 또 다시 과거를 더 들여다보아야 한다. 이론의 확증은 철학에서 또 다른 고전적 쟁점, 즉 귀납의 문제와 밀접하게 연관되어 있다. 과거의 경험을 통해 관찰한 유형이 미래에도 나타날 것이라고 기대하는 일에 대해 우리는 어떤 이유를 갖고 있는가? 아직 관찰하지 않은 것들에 관한 일반화의 기초로 과거의 관찰을 사용하는 일에 대한 정당화 근거는 무엇인가?

귀납에 대한 가장 유명한 논의의 글은 18세기 스코틀랜드 경험주의자 데이비드 흄([1739] 1978)이 썼다. 흄은 미래가 과거와 유사할 것이라고 생각하는 것에 대해 우리가 어떤 이유를 갖고 있는지 물었다. 미래가 과거와 완전히 다를 수 있다고 가정하는 일에 모순은 없다. 세계가 이전의 경험을 무용하게 만들면서 어떤 지점에서 근본적으로 바뀌는 일이 가능하다. 이런 일이 일어나지 않으리라는 것을 우리는 어떻게 아는가? 우리는 전에 과거 경험에 의존했을 때 이것이 결국 우리에게 좋은 결과로 나타났다고 흄에게 말할지도 모른다. 그러나 흄은 그것이 — 증명되어야 할 것을 미리 가정함으로써 — 선결문제 요구의 오류를 범하는 것이라고 응답한다. 귀납은 과거에 효과가 있었다. 맞다. 그러나 그것은 과거다! 우리는 "지나간 미래"에 관해 말하기 위해 "지나간 과거"를 성공적으로 사용해왔다. 그러나 우리의 문제는 과거에 관한 어떤 것이 내일 어떤 일이 일어날지에 관해 훌륭한 정보를 제공하는지 하는 것이다.

흄은 우리가 과거가 미래와 닮기를 기대할 이유를 가지고 있지 않다고 결론지었다. 흄은 "귀납에 대한 회의주의자"였다. 그는 우리 모두가 세계를 탐사하는 데 귀납을 사용한다는 것을 인정했다. 그리고 그는 우리가 (설령 그렇게 할 수 있다 해도) 그렇게 하는 것을 멈출 것을 제안하지 않았다. 귀납은 우리에게 심리적으로 자연스럽다. 이런 점에도 불구하고 흄은 귀납이 합리적 기초가 없다고 생각했다. 흄의 귀납적 회의주의는 이후 경험주의를 늘 따라붙어 다니면서 괴롭혔다. 확증의 문제는 고전적인 귀납의 문제와 똑같은 것은 아니지만 그와 밀접하게 관계되어 있다.

3.2 귀납, 연역, 확증, 설명적 추리

논리 경험주의자들은 관찰적 증거가 과학이론에 대해 어떻게 지지 근거를 제공할 수 있는지 보여주려 했다. 여기서 "지지"(support)라는 관념은 중요하다. 왜냐하면 과학이론들이 증명될 수 있다는 것을 보여주려는 시도는 없었기 때문이다. 언제나 과오가 발생할 수 있지만, 증거는 다른 이론에 비해 어떤 이론을 지지할 수 있다.

이 분석에 의해 다루어지는 사례에는 가장 단순하고 가장 전통적인 귀납의 사례들이 포함되었다. 만일 우리가 많은 흰 백조 사례를 보고, 다른 색깔의 백조는 보지 못한다면, 왜 그것은 우리에게 모든 백조가 희다고 믿을 수 있는 이유를 제공하는가? 그러나 과학에서 모든 증거 사례가 이와 같지 않음은 분명하다. 지구가 태양 주위를 돈다는 코페르니쿠스 이론, 다윈의 진화론에 대한 관찰적 지지 근거는 매우 다르게 작동하는 것처럼 보인다. 다윈은 개별적인 진화 사례들의 집합을 관찰한 다음 그것을 근거로 일반화한 것이 아니었다.

논리 경험주의자들은 증거이론, 즉 이러한 모든 사례를 포괄해서 다룰 "확증이론"을 원했다. 그들은 이론을 확증하는 일의 비결을 전개하려 하지 않았다. 오히려 그들의 목적은 과학이론을 구성하는 진술과 관찰을 기술하는 진술, 즉 그 이론을 지지하는 관찰을 만드는 진술의 관계에 대한 설명을 제시하는 것이었다. 이 대목에서 당신은 실제 과학적 움직임과 그토록 먼 관계에 있는 이론이 어떤 용도가 있을 수 있을지 궁금해 할 수도 있다. 이런 종류의 논리적 분석이 존재하든 하지 않든 알 게 뭔가? 논리 경험주의를 옹호하여 우리는 이렇게 말할 수도 있을 것이다. 즉 비록 과학적 움직임이 확증이론에 의해 직접적으로 기술되지 않는다 할지라도, 과학적 절차는 확증이론에서 기술된 가정들에 기초를 두고 있을 수 있다. 아마 과학자들은 확증이 존재하지 않는다면 정당화될 수 없는 것을 많이 할 것이다.

논리 경험주의자들이 하려고 하는 일을 좀 더 면밀히 살펴보기로 하자. 첫째, 나는 연역논리학과 귀납논리학의 구별(제2장에서 소개한 구별)에 관해 좀 더 말해야 한다. 연역논리학은 잘 이해가 되고, 덜 논쟁적인 종류의 논리학이다. 연역논리학은 확실성을 가지고 진리성을 전달하는 논증 유형에 대한 이론이다. 이런 논증들은 만일 논증의 전제가 옳다면 결론의 옳음이 보증된다는 특징을 가지고 있다. 이런 종류의 논증은 연역적으로 타당하다. 논리적 논증의 가장 유명한 예는 연역적으로 타당한 논증이다.

전제들   모든 인간은 죽는다.
            소크라테스는 인간이다.

결론   소크라테스는 죽는다.

연역적으로 타당한 논증은 그른 전제를 가질 수도 있다. 그 경우에 결론 또한 그를 수 있다(비록 그렇지 않을 수도 있지만). 연역논증에서 얻는 것은 당신이 그 논증에 전제로 집어넣은 것에 달려 있다.

논리 경험주의자들은 연역논리학을 좋아했지만, 그들은 연역논리학이 과학에서 증거와 논증에 대한 완벽한 분석으로서 기능할 수 없다는 것을 깨달았다. 과학이론은 논리적으로 무모순적이어야 하지만 이것이 과학이론의 전모는 아니다. 과학에서 많은 추리는 연역적으로 타당하지 않으며, 결론의 옳음을 보증하지도 않는다. 그러나 그런 추리도 여전히 훌륭한 추리일 수 있다. 그런 추리도 여전히 결론에 대해 지지 근거를 제공할 수 있기 때문이다.

논리 경험주의자들에게는 과학의 그토록 많은 추리가 왜 연역적이지 않은가에 대한 이유가 있다. 경험주의자로서 그들은 우리의 모든 증거가 관찰에서 도출된다고 믿었다. 관찰은 언제나 특수한 대상과 사건들에 대해 이루어진다. 그러나 논리 경험주의자들은 과학의 커다란 목적이 일반진술을 발견하고 확립하는 것이라고 생각했다. 때로 그 목적은 "자연법칙"을 기술하는 것으로 보였지만, 이 개념 또한 좀 의심스러운 것으로 간주되었다. 핵심 착상은 과학이 일반진술을 정식화하고 시험하려 한다는 것이었는데, 이 일반진술들은 적용 범위가 무한한 것으로 보였다. 유한한 수효의 관찰은 이런 종류의 일반진술을 확립할 수 없으며, 그래서 일반진술을 지지하기 위해 관찰을 근거로 한 이 추리들은 언제나 비연역적이다(이와 대조적으로 어떤 일반진술이 그르다는 것을 증명하는 데에는 올바른 종류의 사례 하나만 있으면 된다. 이 사실은 다음 장에서 중대한 문제로 나타날 것이다).

이 주제에 대한 많은 논의에서 논리 경험주의자들은(그리고 그 후의 저자들)은 모든 논증이 연역논증이나 귀납논증 둘 중의 하나라는 간단한 용어법을 사용했다. 귀납논리학은 연역적이지 않은 훌륭한 모든 논증에 대한 이론으로 생각되었다. 특히 카르납은 "귀납"을 매우 넓게 사용했다. 그러나 이 용어법은 오도적일 수 있으며, 그래서 나는 상황을 달리 설정할 것이다.

나는 특수한 관찰을 근거로 하여 일반진술을 지지하는 추리에만 "귀납"이라는 용어를 사용할 것이다. 아주 전통적인 예를 사용한다면, 많은 수의 흰 백조(그리고 다른 색깔의 백조는 없음)에 대한 관찰은 모든 백조가 희다는 가설을 지지하기 위해 사용될 수 있을 것이다. 우리는 특수 사례들의 목록을 가진 전제들 — "시간 t_1에 관찰된 백조 1은 희었다. 시간 t_2에 관찰된 백조 2는 희었다 …" — 을 표현할 수 있다. 또는 간단하게 다음과 같이 말할 수도 있다. "지금까지 관찰된 모든 많은 백조는 희었다." 결론은 모든 백조는 희다는 주장이 될 것이다. 그리고 이 주장은 그를 수도 있었지만 증거에 의해 어느 정도 지지되는 주장이다. 때로 "매거(枚擧)에 의한 귀납"이나 "단순 귀납"은 아주 전통적이고 익숙한 이런 종류의 귀납논증을 표현하는 데 사용된다. 그렇지만 관찰로부터 일반진술을 끌어내는 모든 추리가 매우 단순한 이 형식을 갖는 것은 아니다(그리고 수학자가 주의할 점: 수학적 귀납은 표면상으로는 귀납 형태를 띠고 있지만 실은 일종의 연역이다).

귀납과 밀접하게 관계된 추리의 한 형태는 투영법(projection)이다. 투영법에서 우리는 몇 가지 관찰된 사례로부터 모든 사례에 관한 일반진술이 아닌 다음 사례에 관한 예측에 도달하기 위해 추리한다. 그래서 우리는 몇 마리의 흰 백조를 보고, 다음 백조도 흴 것이라고 추리한다. 귀납과 투영 사이에는 분명히 밀접한 관계가 있지만, (어쩌면 의외로) 이 관계를 해석하는 방식은 다양하다.

과학과 일상에서는 분명히 다른 종류의 비연역적 추리도 있다. 예컨

대 1980년대에 루이스 알바레즈(Luis Alvarez)와 그의 아들 월터 알바
레즈(Walter Alvarez)는 약 6,500만 년 전 거대한 운석이 지구에 충돌
하면서 공룡 절멸과 일치하는 대규모 폭발과 극적인 기후 변화를 야기
했다고 주장하기 시작했다(Alvarez 외 1980). 알바레즈 팀은 그 운석이
공룡의 절멸을 야기했다고 주장했지만, 여기서 그것은 제쳐놓기로 하
자. 그냥 6,500만 년 전에 거대한 운석이 지구에 충돌했다는 가설만 생
각해보라. 이 가설에 대한 핵심 증거 조각은 약 6,500만 년 된 지구 표
면의 층들에서 이리듐(iridium) 같은 희귀한 어떤 화학 원소들이 특이
하게 높은 수준으로 나타난다는 것이다. 이 화학 원소들은 지표면 근처
에 있을 때보다는 운석들에서 훨씬 더 농도가 높게 발견되는 경향이 있
다. 이 관찰은 운석이 그 당시 지구와 충돌했다는 알바레즈의 이론을
지지하는 강한 증거로 간주된다.

만일 우리가 이 사례를 전제와 결론을 가진 논증으로 설정한다면, 이
논증은 분명히 귀납이나 투영이 아니다. 우리는 어떤 일반진술을 추리
하는 것이 아니라 자료를 설명할 어떤 구조나 과정에 관한 가설을 추리
하고 있다. 철학에서는 이런 종류의 추리를 나타내는 데 다양한 용어가
사용된다. 퍼스(C. S. Peirce)는 이런 추리를 귀납추리에 반대되는 것
으로서 "가설추리"(abductive inference, 또는 귀추추리)라 불렀다. 다
른 사람들은 이런 추리를 "설명적 귀납", "이론적 귀납", "이론적 추리"
라 불렀다. 좀 더 최근에는 많은 철학자가 "최선의 설명으로의 추리"라
는 용어를 사용했다(Harman 1965 ; Lipton 1991). 나는 약간 다른 용
어 — "설명적 추리" — 를 사용할 것이다.

그래서 나는 두 종류의 주요 비연역적 추리, 즉 귀납과 설명적 추리(+
귀납과 밀접히 연관된 투영)를 인정할 것이다. 확증을 분석하는 일의 문
제, 즉 증거를 분석하는 일의 문제는 이러한 추리를 모두 포함한다.

이런 종류의 추리들이 서로 어떻게 관계되어 있는가? 논리 실증주의와 논리 경험주의의 경우 귀납은 비연역적 추리 가운데 가장 근본적인 종류의 추리이다. 라이헨바흐는 과학에서 모든 비연역적 추리는 전통적 귀납에 가까운 추리 형태에만 의존하는 방식으로 재구성될 수 있다고 주장했다. 설명적 추리처럼 보이는 것은 어떻게든 분해하여 귀납과 연역으로 짜인 복잡한 망으로 재구성될 수 있다. 카르납은 이처럼 강한 주장을 하지는 않았으나, 귀납을 다른 모든 종류의 비연역적 추리의 모델로 간주했던 것처럼 보였다. 귀납을 이해하는 일은 어떤 의미에서 전체 문제에 이르는 열쇠였다. 그리고 이 주제에 대한 논리 경험주의자들의 문헌 대다수는 설명적 추리가 아닌 귀납에 초점을 맞추었다.

그래서 상황을 판단하는 한 가지 방식은 귀납을 근본적인 것으로 보는 것이다. 그러나 반대로 보는 일 즉, 설명적 추리가 근본적이라고 주장하는 일 또한 가능하다. 1965년 길버트 하먼(Gilbert Harman)은 귀납이 위장된 설명적 추리일 경우에만 정당화된다고 주장했는데, 다른 사람들은 다양한 방식으로 이 생각을 따랐다.

실제 과학 내에서는 설명적 추리가 귀납보다 훨씬 더 일상적인 것처럼 보인다. 사실상 당신은 과학이 정말이지 전통적인 단순한 종류의 귀납을 조금이라도 포함하고 있는지 궁금해 할 수도 있다. 그러한 의심은 합리적이지만, 잘못하면 너무 멀리 갈 수도 있다. 과학은 적어도 표면상으로는 전통적 귀납 같이 보이는 추리를 포함한다. 예가 하나 있다. 제임스 왓슨(James Watson)과 프랜시스 크릭(Francis Crick)이 DNA 구조를 발견하게 된 연구를 진행하는 동안 "샤가프의 법칙"(Chargaff's rules)에 의해 핵심 증거 조각이 제공되었다. 1947년에 어윈 샤가프(Erwin Chargaff)가 기술한 이 "법칙들"은 DNA를 구성하는 데 도움이 되는 네 개의 염기, 즉 C(시토신), A(아데닌), T(티민), G(구아닌)

의 양들 사이의 관계와 관련되어 있다. 샤가프는 그가 분석한 DNA 표본들에서 C와 G의 양이 언제나 대략 같고, T와 A의 양도 언제나 대략 같다는 것을 발견했다. DNA에 관한 이 사실은 DNA 분자들이 어떻게 결합하는지에 대한 논의에서 중요해졌다. 나는 그것을 앞에서 방금 "사실"이라 불렀지만, 1947년에 샤가프가 DNA의 존재하는 모든 분자를 관찰한 것이 아니었음은 말할 것도 없고, 우리 역시 관찰한 것이 아니다. 1947년에 샤가프의 주장은 적은 수효의 사례(그저 다른 종류의 8종 유기체에서)로부터의 귀납에 의존했다. 오늘날 우리는 단순 귀납이 아니면서도 샤가프의 법칙이 왜 성립하는지에 대해 논증을 제시할 수 있다. 그러나 그 법칙이 원래 발견되었던 때로 거슬러 올라가면 그 법칙이 모든 DNA를 기술한다고 간주할 수 있는 유일한 이유는 귀납적이었던 것처럼 보인다.

그래서 이런 종류의 추리 중 하나를 다른 것보다 "더 근본적인" 것으로 취급하려 하지 않는 것이 좋은 생각일 수도 있다. 어쩌면 훌륭한 비연역적 추리가 두 종류 이상 있을 것이다(그리고 내가 언급한 종류의 추리 이외에 다른 추리들이 있을 수 있다). 철학자들은 종종 궁극적으로 딱 한 종류의 비연역적 추리가 있다고 생각하는 일이 매력 있음을 발견하는데, 왜냐하면 그렇게 생각하는 것이 상황을 더 단순하게 보이게 만들기 때문이다. 그러나 단순성에 의거한 논증은 설득력이 없다.

이 문제를 논리 경험주의자들이 어떻게 다루었는지에 대한 논의로 되돌아가보자. 그들은 두 가지 주된 접근방식을 사용했다. 하나는 가능하다면 언제라도 연역논리학에서 기본 착상을 차용함으로써 가능한 한 연역논리학처럼 보이도록 귀납논리학을 정식화하는 것이었다. 칼 헴펠의 접근방식이 바로 그러한 접근방식이었다. 루돌프 카르납이 사용한 다른 접근방식은 수학적 확률(개연성)이론을 적용하는 것이었다. 이 장의 다음 두 절에서는 논리 경험주의 확증이론들에 대한 잘 알려진 몇 가지 문제를 논의할 것이다. 그 문제들은 카르납의 접근방식보다 더 단순한 헴펠 접근방식의 맥락에서 논의하는 것이 특히 쉽다. 카르납에 대한 자세한 검토는 이 책의 범위를 넘어선다. 일생동안 카르납은 인공언어에 적용되는 개연성이론을 사용해 매우 정교한 확증 모델을 발전시켰지만 계속해서 문제들이 발생하고 있었다. 그렇기 때문에 결과를 올바른 것으로 만들려면 더욱더 많은 가정이 필요했다. 카르납을 때려눕히는 압도적 논증은 결코 없었지만, 카르납의 기획은 실제 과학과 점점 더 관련이 없는 것처럼 보였으며, 결국은 활력을 잃어버렸다(Howson and Urbach 1993).

비록 확증을 분석하는 일에 대한 카르납의 접근방식이 제대로 해결책을 제공한 것은 아니었지만, 확증을 이해하는 데 개연성이론을 이용한다는 생각은 인기가 있는 채로 남아 있었으며, 새로운 방식으로 전개되었다. 확실히 이 접근방식은 훌륭한 접근방식처럼 보이며, 그래서 지표면에 도드라진 이리듐 층을 관찰하는 일은 알바레스의 운석 가설을 전보다 더 개연적으로 만드는 것처럼 보인다. 제14장에서는 이론의 확증을 이해하는 데 개연성이론을 이용하는 새로운 방식들을 기술할 것이다.

몇 가지 유명한 난문제로 옮겨가기 전에 나는 당신에게 떠오를 수 있는 간단한 제안을 논의할 것이다.

가설-연역주의(hypothetico-deductivism)라는 용어는 과학에 관한 글을 쓰는 사람들이 여러 가지 방식으로 사용한다. 때로 이 용어는 시험과 확증에 관한 단순한 견해를 기술하기 위해 사용된다. 이 견해에 따르면, 과학에서 가설은 그 논리적 귀결들이 옳은 것으로 드러날 때 확증되며, 이 생각은 다양한 사례를 망라해 다루기에 충분하다. 흰 백

조들을 관찰함으로써 흰 백조에 관한 일반진술을 확증하는 것이 한 사
례이며, 또 다른 사례는 소행성 충돌에 관한 가설의 옳은 귀결들을 관
찰함으로써 이 소행성 충돌 가설을 확증하는 것이다.

클라크 글라이머(Clark Glymour)가 강조했듯이(1980), 이 생각과
관련하여 흥미로운 점은 이 생각이 단순한 방식으로 표현될 때는 가망
이 없지만 이 비슷한 어떤 것이 과학사의 많은 에피소드에 잘 들어맞는
것처럼 보인다는 것이다. 한 가지 문제는, 이미 보았듯이 과학적 가설
이 다른 가정들과 결합될 때에만 비로소 시험가능한 귀결을 갖게 된다
는 것이다. 그러나 그 문제는 잠시 제쳐놓기로 하자. 앞의 제안은 관찰
가능한 것들에 관한 옳은 진술이 이론에서 도출될 수 있을 때 그 이론
이 확증된다는 것이다. 이 주장은 많은 반론을 받기 쉽다. 예컨대 임의
의 이론 T는 T-또는-S를 연역적으로 함의하는데, 여기서 S는 임의의
문장이다. 그러나 T-또는-S는 S가 옳다는 것을 관찰함으로써 결정적
으로 확증될 수 있다. S가 관찰문장이라고 해보자. 그러면 우리는 T-
또는-S를 관찰에 의해 확증하며, 그것은 T를 확증한다. 이것은 분명히
불합리하다. 마찬가지로 만일 이론 T가 관찰 E를 함의한다면, 이론 T
& S 또한 E를 함의한다. 그래서 T & S는 E에 의해 확증되는데, 여기
서 S는 어떤 문장이라도 상관없다(여기서 제2.4절 시작 부분에서 논의
한 문제와의 유사성을 주목할 것). 이와 비슷한 사례가 더 많이 있다.

상황은 이상하며, 어떤 독자들은 이 지점에서 격분할 것이다. 사람들
은 종종 과학적 가설의 귀결들이 옳은 것으로 판명될 때 그 가설이 지
지되는 것으로 간주한다. 이것은 과학에서 상례이자 온당한 부분으로
간주된다. 그러나 간단한 논리를 이용해 이 생각을 정리하려고 하면,
이 생각은 산산조각 나는 것처럼 보인다. 잘못이 원래의 생각에 있는
가, 우리가 기초논리학을 이용해 그 생각을 정리한 것에 있는가, 기초

논리학 자체에 있는가? 논리 경험주의의 응답은 확고부동하게 그 논리학 자체에 매달리는 것이었으며, 종종 과학에 관한 생각을 그들이 어떤 논리적 틀로 번역한 것에 매달리는 것이기도 했다. 이러한 태도로 인해 그들은 증거와 시험에 관해 매우 합당해 보이는 어떤 사상들을 의문시하거나 수정하게 되었다. 그러나 잘못이 실제로 어디에 있는지를 알아내는 것은 어렵다.

이와 관련 있는 논리 경험주의의 특징은 실제 과학의 사례가 아니라 단순화한 인공 사례를 사용한 것이다. 논리 경험주의자들은 확증의 문제를 적나라한 본질적 요소에 이를 때까지 발가벗기려 했는데, 그들은 이 본질적 요소들을 형식논리학에서 보았다. 그러나 그럴 경우 과학철학은 많은 사람에게 그 자체로 "논리-썰기"(logic-chopping) 연습으로 전환되는 것처럼 보였다. 그리고 다음 절에서 보게 될 것처럼, 논리-썰기조차도 잘 되지 않았다.

그럼에도 논리 경험주의가 직면한 문제에서 배울 것이 많이 있다. 확증은 실제로 당혹스럽게 만드는 것이다. 몇 가지 유명한 난문제를 살펴보기로 하자.

3.3 까마귀 문제

논리 경험주의자들은 실례들에 대한 관찰을 토대로 일반화한 진술의 확증을 분석하는 일에 많은 노력을 쏟아부었다. 이 대목에서 우리는 전통에 따라 새를 바꿀 것이다. 검은 까마귀에 대한 반복된 관찰이 모든 까마귀가 검다는 일반진술을 어떻게 해서 확증할 수 있는가?

먼저 나는 효과가 없는 간단한 제안을 다룰 것이다. 만일 많은 수의 검은 까마귀를 관찰하고 검지 않은 까마귀를 관찰하지 못한다면 적어도 우리는 모든 까마귀가 검다는 가설이 틀릴 수 있는 경우의 수를 삭감하고 있다고 어떤 독자들은 생각할 수도 있을 것이다. 우리가 각각의 까마귀를 봄에 따라 그 이론에 맞지 않을 수 있는 까마귀가 하나 더 줄어든다. 그래서 어떤 의미에서 그 가설이 옳을 가망은 서서히 증가해야 한다. 그러나 이것은 별로 도움이 되지 못한다. 첫째, 논리 경험주의자들은 일반진술이 무한수의 실례를 포괄하는 사례를 다루는 데 관심이 있었다. 그 경우에 각각의 까마귀를 봄에 따라 우리는 그 가설이 실패할 수 있는 방식의 수를 줄이고 있지 않다. 또한 설령 우리가 이 문제를 잊고 그저 유한수의 사례를 포괄하는 일반진술을 생각하고 있다 할지라도, 여기서 분석되는 종류의 지지는 매우 약한 것임을 주목할 필요가 있다. 그것은 우리가 **투영법**의 문제에서 별 도움을 받지 못했다는 사실에서 분명해진다. 각각의 까마귀를 봄에 따라 우리는 그 일반진술이 그른 것이 되는 방식이 하나 적어진다는 것을 알지만, 이것은 우리가 보게 될 다음 까마귀에 대해 무엇을 기대해야 하는지에 관해 아무것도 말해주지 않는다.

그러니 문제를 달리 보기로 하자. 헴펠은 논리상 검은 까마귀에 대한 모든 관찰이 모든 까마귀가 검다는 일반진술을 확증한다고 제안했다. 좀 더 일반적으로 G인 F에 대한 임의의 관찰은 "모든 F는 G이다"라는 일반진술을 지지한다. 그는 이것을 지지의 논리에 관한 기초적 사실로 보았다.

이것은 합당한 출발 지점인 것처럼 보인다. 그리고 뻔해 보이는 또 다른 지점이 있다. 즉 가설 H를 확증하는 모든 증거는 H와 논리적으로 동치인 모든 가설을 확증한다는 것이다.

논리적 동치(同値)란 무엇인가? 논리적 동치를 두 문장이 다른 용어들로 똑같은 것을 말하고 있을 때 우리가 갖는 것이라고 생각해보라. 좀 더 정확하게 만일 H가 H*와 논리적으로 동치라면, H가 옳은데 H* 가 그르다는 것은 불가능하며, 그 역도 마찬가지다.

그러나 아무 문제가 없어 보이는 이 두 주장은 문제를 야기한다. 기초논리학에서 "모든 까마귀는 검다"는 가설은 "검지 않은 모든 것은 까마귀가 아니다"와 논리적으로 동치이다. 이 새로운 일반진술을 살펴보자. "검지 않은 모든 것은 까마귀가 아니다"는 흰 신발에 대한 관찰로 확증되는 것처럼 보인다. 그 신발은 검지 않고, 까마귀가 아니며, 그래서 그 가설에 들어맞는다. 그러나 두 가설이 논리적 동치라는 것을 감안하면, 한 가설을 확증하는 것은 무엇이든 다른 가설도 확증한다. 그래서 흰 신발에 대한 관찰은 모든 까마귀가 검다는 가설을 확증한다! 그것은 우스꽝스러워 보인다. 넬슨 굿맨(Nelson Goodman, 1955)이 표현하듯이 우리는 많은 "실내 조류학"을 할 기회가 있는 것처럼 보인다. 다시 말해서 우리는 까마귀를 살피기 위해 밖으로 나가지 않고도 까마귀의 색깔을 조사할 수 있다.

단순해 보이지만 이 문제는 해결하기가 어렵다. 이 문제에 관한 논쟁은 계속된다. 헴펠 자신도 이 문제를 잘 알고 있었다 — 원래 그가 그 문제에 대해 생각한 사람이다. 그러나 모든(또는 심지어 대부분의) 사람이 동의하는 해결책은 제시되지 않았다.

가능한 한 가지 반응은 결론을 승인하는 것이다. 그리고 이것이 바로 헴펠의 응답이었다. 흰 신발을 관찰하는 일은 아마 자그마한 정도일 뿐이겠지만 모든 까마귀가 검다는 가설을 정말로 확증한다. 그러면 우리는 "모든 F는 G다"라는 가설이 있을 때마다 G인 F에 대한 임의의 관찰은 그 가설을 확증하며, 또한 "모든 F는 G다"와 논리적으로 동치인 모든 가설을 확증한다는 단순한 규칙을 유지할 수 있다. 헴펠은 논리적으로 말해 "모든 F는 G다"는 진술이 F들에 관한 진술이 아니라 우주의 모든 것에 관한 진술 — 만일 어떤 것이 F라면, 그것은 G라는 진술 — 이라고 강조했다. 이 대답에 따르면 흰 신발에 대한 관찰은 모든 까마귀가 녹색이다, 모든 땅돼지가 푸른색이다 등등의 가설도 확증한다는 것을 주목해야 한다. 이런 상황에 대해 헴펠은 편안하게 생각했지만, 다른 사람들은 대부분 그렇지 않았다.

다수의 다른 해결책이 제안되었다. 여기서는 내가 올바른 것으로 간주하는 두 가지 사상만을 논의할 것이다.

첫 번째 사상은 이렇다. 흰 신발이나 검은 까마귀를 관찰하는 일은 "모든 까마귀는 검다"를 확증할 수도 있고 확증하지 않을 수도 있다. 이 가설의 확증은 다른 요인들에 달려 있다. 어떤 이유에서 우리가 (1) 모든 까마귀는 검은데 몹시 드물거나, 아니면 (2) 대부분의 까마귀는 검고 소수가 흰데 까마귀는 흔하다는 것을 안다고 해보자. 그러면 검은 까마귀에 대한 우연한 관찰은 (2), 즉 모든 까마귀가 검은 것은 아니라고 말하는 가설을 지지할 것이다. 만일 모든 까마귀가 검다면, 우리는 까마귀를 전혀 보지 않아야 한다. 마찬가지로 흰 신발을 관찰하는 일은 그 밖에 우리가 아는 것에 따라 주어진 가설을 확증할 수도 있고 확증하지 않을 수도 있다. 이 응답은 I. J. 굿(I. J. Good, 1967)이 처음으로 제안했다.

굿의 조처는 매우 합리적이다. 우리는 여기서 제2장에서 논의한 시험에 관한 전체론 쟁점과 확증 문제의 연관성을 보게 된다. 관찰과 가설의 관련성은 두 진술 내용의 단순한 문제가 아니다. 그것은 다른 가정들에도 달려 있다. 이것은 "모든 F는 G이다"와 같은 가설과 "대상 A는 F이면서 G이다" 같은 관찰의 단순한 사례에서도 그렇다. 굿의 논점은 또한 표준적인 논리 경험주의의 예들이 얼마나 인공적으로 단순화한 것인지를 상기시켜준다. 어떤 생물학자도 수천 마리의 검은 까마귀를 보는 일이 모든 까마귀가 검다는 것을 옳음직하게 만드는지를 진지하게 궁금해 하지 않을 것이다. 우리가 수천 마리의 검은 까마귀를 보고 다른 색깔의 까마귀는 보지 못했을 때조차도 유전학과 새의 배색에 대한 지식을 통해 우리는 색소 결핍증의 경우처럼 새에게서 어떤 변형을 예상한다.

다음은 까마귀에 관한 두 번째 제안인데, 이 안은 굿의 착상과 양립하지만 한 단계 더 나아간다. 검은 까마귀나 흰 신발이 "모든 까마귀는 검다"를 확증하는지 아닌지는 당신이 그 대상의 두 속성에 대해 배운 순서에 달려 있을 수 있다.

당신이 모든 까마귀는 검다는 가설을 세우고 있는데, 누군가가 당신에게 와서 "내 등 뒤에 까마귀가 한 마리 있습니다. 무슨 색깔인지 알고 싶습니까?"라고 말한다고 하자. 당신은 예라고 말할 수밖에 없는데, 그 사람이 흰 까마귀를 내놓을 경우 당신의 이론이 논박되기 때문이다. 당신은 그의 등 뒤에 있는 것을 알 필요가 있다. 그러나 그 사람이 다가와서 "내 등 뒤에 검은 물체가 있습니다. 그것이 까마귀인지 알고 싶습니까?"라고 말한다고 하자. 그러면 그의 등 뒤에 있는 것이 당신에게는 문제가 되지 않는다. 당신은 모든 까마귀가 검다고 생각하지만, 모든 검은 것이 까마귀라고 생각할 필요는 없다. 두 경우 모두에서 그의 등 뒤에 있는 물체가 검은 까마귀인데, 그가 당신에게 그 물체를 보여준다고 하자. 첫 번째 상황에서는 그 까마귀에 대한 당신의 관찰이 까마귀 색깔에 대한 당신의 조사와 관련이 있는 것처럼 보이지만, 다른 상황에서는 관련이 없다.

그래서 어쩌면 "모든 까마귀는 검다"라는 가설은 검은 까마귀에 대한 관찰이 그 가설을 논박할 잠재력을 가지고 있을 때, 즉 그 관찰이 진정한 시험의 부분이었을 때에만 그 검은 까마귀에 의해 비로소 확증될 것이다.

이제 우리는 흰 신발의 경우를 어떻게 처리해야 하는지 알 수 있다. 당신은 모든 까마귀가 검다고 믿는데, 누군가가 다가와서 "내 등 뒤에 흰 물체를 가지고 있습니다. 그게 무엇인지 알고 싶습니까?"라고 말한다. 당신은 예라고 말해야 하는데, 왜냐하면 그가 등 뒤에 까마귀를 가지고 있을 경우에 당신의 가설이 논박되기 때문이다. 그렇지만 그는 흰 신발을 꺼내놓으며, 그래서 당신의 가설은 괜찮다. 그 다음에는 누군가가 다가와서 "내 등 뒤에 신발을 가지고 있습니다. 무슨 색깔인지 알고 싶습니까?"라고 말한다. 이 경우에는 당신이 신경을 쓸 필요가 없다. 이 두 사례의 첫 번째 경우에 당신은 모든 까마귀가 검다는 가설에 대해 어느 정도의 지지를 획득한 것처럼 보인다. 하지만 두 번째 경우에는 그렇지 못했다.

그래서 어쩌면 어떤 흰 신발 관찰은 "모든 까마귀는 검다"를 정말로 확증하고, 어떤 검은 까마귀 관찰은 확증하지 못할 것이다. 아마 진정한 시험, 즉 확증은 물론이고 반증할 잠재력을 갖는 시험이 이루어지는 동안에 관찰이 일어날 때에만 확증이 있을 것이다.

헴펠은 이와 같은 견해가 가능성이 있다고 생각했다. 굿의 논증과 관찰의 순서 논점에 대한 그의 응답은 사실상 비슷했다. 우리가 가질 수 있는 가외 정보와 상관없이, 그리고 관찰이 이루어지는 순서와 상관없이, 그는 그저 가설과 관찰 자체 사이에 존재하는 확증 관계를 분석하기를 원한다고 말했다. 그러나 아마 이 대목에서는 헴펠이 틀렸을 것이다. 그러한 관계란 없기 때문이다. 관찰이 이루어지는 방식에 관해 무언가를 좀 알지 않는 한, 그리고 우리가 다른 문제들에 관해서도 가정을 세우지 않는 한, 우리는 그 검은 까마귀에 대한 관찰이 그 일반진술을

확증하는지의 문제에 답할 수 없다

헴펠은 그밖에 다른 것이 어떻게 진행되든 그에 상관없이 어떤 관찰들은 가설과 "자동으로" 관련이 있다고 생각했다. 그 말은 일반진술을 연역적으로 논박하는 경우에 옳다. 우리가 검지 않은 까마귀를 어떻게 보든 간에 그것은 "모든 까마귀는 검다"는 가설에 나쁜 소식이다. 그러나 연역적 반증에 옳은 것이 확증에 대해서도 옳지는 않다.

관찰 순서에 대한 이 논의가 까마귀 문제를 전혀 해결하지 못한다는 것은 분명하다. 예컨대 왜 순서가 문제가 되며, 두 속성이 한꺼번에 관찰되는 경우는 어떻게 되는가? 이 쟁점은 좀 더 복잡한 틀을 이용하여 제14장에서 다시 다룰 것이다. 간단히 표현해보면, 우리는 자료를 산출할 때 포함되는 절차들을 고려함으로써 비로소 확증과 증거를 이해할 수 있다. 또는 나는 그렇다고 논할 것이다.

나는 까마귀 문제에 대해 의견을 하나 더 말할 것이다. 이 의견은 본제를 벗어난 여담이지만, 어떤 일이 진행되는지를 설명하는 데 도움이 된다. 심리학에서는 "선택 과제"(selection task)라 불리는 유명한 실험이 있다(Wason and Johnson-Laird 1972). 그 실험은 (아주 학력이 높은 사람들을 포함하여) 많은 사람이 어떤 상황에서 논리적 과오를 범한다는 것을 보여주기 위해 사용되었다. 피실험자에게 카드 네 장을 보여주는데, 이 카드들은 각각 절반이 가려져 있다. 피실험자에게는 다음 물음에 답하라는 요구가 주어진다. "만일 어떤 카드의 왼쪽에 동그라미가 있다면, 오른쪽에도 동그라미가 있다는 것이 옳은지를 알기 위해 어떤 가림막들을 제거해야 하는가?" 그림 3.1을 보고, 다음 문단을 읽기 전에 당신 자신이 이 물음에 답해보라.

이 실험의 (모두는 아니라도) 많은 변형실험에서 대다수 사람은 틀린 답을 제시한다. 많은 사람은 "A카드만"이나 "A카드와 C카드"라고

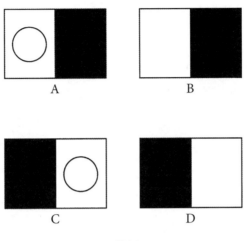

그림 3.1
웨이슨 선택 과제

답하기 쉽다. 맞는 답은 A와 D다. 이 문제를 까마귀 문제와 비교해보라. 두 문제는 똑같은 구조를 가지고 있다. 나는 헴펠이 네 장 카드 실험의 피실험자였다면 맞는 답을 제시했을 것이라고 확신하지만, 선택과제는 왜 확증을 분석하기가 그렇게 어려웠는지에 관해 흥미로운 무언가를 보여줄 수도 있다. 어떤 이유로 사람들이 이와 같은 경우에 "D 카드" 시험의 중요성을 알아보기는 어려우며, 사람들이 "C카드" 시험이 중요하다고 잘못 생각하기는 쉽다. 만일 당신이 모든 까마귀는 검다는 가설을 탐사하고 있다면, D카드는 누군가가 등 뒤에 흰 물체를 가지고 있다고 말할 때의 상황과 유사하다. C카드는 그가 등 뒤에 검은 물체를 가지고 있다고 말할 때의 상황과 유사하고, D카드는 그 가설에 대한 진정한 시험이지만 C카드는 아니다. C카드의 가림막을 벗기는 것은 그 가설이 말하는 것과 맞는다 해도 증거로서 무용(無用)하다. 어떤 가설과 맞는 사례들에 대한 모든 관찰이 시험으로서 유용한 것은 아니다.

3.4 굿맨의 "귀납의 새로운 수수께끼"

이 절에서는 넬슨 굿맨(Nelson Goodman, 1955)이 드러낸 훨씬 더 유명한 문제를 기술할 것이다. 이 논증은 이상해 보이기 때문에 잘못 해석하기 쉽다. 그러나 이 논증이 제기하는 쟁점은 매우 심원하다.

먼저 굿맨이 그의 논증을 가지고 무엇을 하려고 했는지를 명료히 할 필요가 있다. 그의 일차적 목표는 확증에 대한 순수 "형식적" 이론이 있을 수 없다는 것을 보여주는 것이었다. 그는 확증이 불가능하다거나, 귀납이 신화라고 생각하지 않는다. 그는 그저 그런 것들이 많은 철학자 — 특히 논리 경험주의자들 — 가 생각해왔던 것과는 다르게 작동한다고 생각할 뿐이다.

확증에 대한 "형식적" 이론이란 무엇인가? 이것을 가장 쉽게 설명하는 방법은 연역논증을 살피는 것이다. 연역적으로 타당한 논증의 가장 유명한 예를 다시 생각해보자.

논증 1

전제   모든 인간은 죽는다.

             소크라테스는 인간이다.

결론   소크라테스는 죽는다.

전제들은 옳다면 결론의 옳음을 보증한다. 그러나 이 논증이 훌륭한 논증이라는 사실은 소크라테스나 인간임과 특별히 어떤 관계가 있을 필요가 없다. 이와 똑같은 형식을 갖는 논증은 어떤 것이든 똑같이 훌륭하다. 그 형식은 다음과 같다.

모든 F는 G이다.

a는 F이다.

———————————

a는 G이다.

이 형식을 가진 모든 논증은 우리가 "F", "G", "a"에 무엇을 대입하든 연역적으로 타당하다. 우리가 대입하는 용어들이 명확한 속성들이나 대상들의 집합을 선명하게 지적하는 한, 그리고 그 용어들이 논증 전체를 통해 내내 똑같은 의미를 보유하는 한, 그 논증은 타당할 것이다.

그래서 논증의 연역적 타당성은 그 논증의 내용이 아니라 그 논증의 형식이나 유형에만 의존한다. 이것이 논리 경험주의자들이 귀납과 확증에 대한 자신들의 이론에 끼워 넣고 싶어 했던 연역논리학의 한 가지 특징이다. 굿맨은 이 일이 불가능하다는 것, 즉 귀납과 확증에 대한 형식적 이론은 있을 수 없다는 것을 보여주려 했다.

굿맨은 이 일을 어떻게 했는가? 논증 2를 살펴보자.

논증 2

서기 2010년 이전에 다양한 상황에서 관찰된 많은 에메랄드는 모두 녹색이었다.

═══════════════

모든 에메랄드는 녹색이다.

이 논증은 훌륭한 귀납논증처럼 보인다(논리 경험주의자들 몇몇 사람처럼 나는 논증이 연역적으로 타당하지 않게 되어 있다는 것을 나타내기 위해 전제와 결론 사이에 이중선을 사용한다). 이 논증은 결론의 옳음을 보증하지 않는다. 귀납은 그런 일을 절대 하지 않는다. 그리고 만일 당신이 결론을 "아마 모든 에메랄드는 녹색일 것이다"로 표현하는 쪽을 선호한다 해도 그것은 이 논의의 나머지 부분에 아무런 차이를 일으키지 못할 것이다.

(만일 광물에 관해 뭔가를 좀 안다면, 당신은 에메랄드가 정의에 의해 녹색으로 간주된다고 이의를 제기할 수도 있을 것이다. 에메랄드란 극소량의 크롬(chromium)에 의해 녹색으로 만들어진 녹수정이라는 것이다. 미안하지만 이것을 그냥 그 문헌에 나오는 또 다른 유감스러운 선택의 예로 간주해보라).

이제 논증 3을 살펴보라.

논증 3

서기 2010년 이전에 다양한 상황에서 관찰된 많은 에메랄드는 모두 녹파색이었다.

모든 에메랄드는 녹파색이다.

논증 3은 새로운 낱말 "녹파색"(grue)을 사용한다. 우리는 "녹파색"을 다음과 같이 정의한다.

녹파색: 만일 어떤 대상이 서기 2010년 이전에 처음 관찰되었는데 녹색이라면, 또는 만일 그 대상이 서기 2010년 이전에 처음 관찰된 것이 아닌데 푸른색이라면, 그리고 오직 그 경우에만 그 대상은 녹파색이다.

세계는 많은 녹파색의 사물을 포함한다. 그 낱말에 관해서는 이상한 점이 좀 있다 할지라도 녹파색 대상들에 관해서는 이상한 것이 전혀 없다. 내가 이 책을 쓸 때 내 문 밖의 잔디는 녹파색이다. 2020년 7월 1일 바깥의 하늘은 날씨가 맑다면 녹파색일 것이다. 개별 대상은 녹파색이 되기 위해 색깔이 변할 필요가 없다 — 이것이 바로 일상적으로 범하는 잘못된 해석이다. 2010년 이전에 관찰된 녹색인 모든 것은 녹파색이 되는 시험을 통과한다. 그래서 지금까지 우리가 보아온 모든 에메랄드는 녹파색이었다.

논증 3은 훌륭한 귀납논증처럼 보이지 않는다. 논증 3은 이전에 관찰된 에메랄드들이 녹색이었다는 것을 기초로 미래에 관찰할 에메랄드들이 푸른색일 것이라고 믿도록 이끈다. 이 논증은 또한 훌륭한 귀납논증처럼 보이는 논증 2와도 상충한다. 그러나 논증 2와 3은 정확히 똑같은 형식을 가지고 있다. 그 형식은 다음과 같다.

서기 2010년 이전에 다양한 상황에서 관찰된 많은 E는 모두 G였다.

모든 E는 G이다.

우리는 이 형식을 이보다 훨씬 더 도식적으로 나타낼 수 있지만, 그것은 굿맨의 요점에는 문제가 되지 않는다. 굿맨의 요점은 두 귀납논증이 정확히 똑같은 형식을 가질 수 있지만, 한 논증은 훌륭한 논증인 반면에 다른 논증은 나쁜 논증일 수 있다는 것이다. 그래서 귀납논증을 훌륭한 논증이나 나쁜 논증으로 만드는 것이 단순히 그 논증의 형식일 수 없다. 결과적으로 귀납과 확증에 대한 순수 형식적 이론은 있을 수 없다. "녹파색"이라는 낱말이 연역논증에서도 아주 잘 사용된다는 사실에 주목할 필요가 있다. 당신은 그 낱말을 논증 1의 형식으로 사용할 수 있으며, 그것은 아무 문제를 일으키지 않을 것이다. 하지만 귀납은 다르다.

굿맨이 올바르고, 그래서 우리가 귀납에 대한 형식적 이론이라는 관념을 포기한다고 하자. 하지만 이런 조처는 문제를 종결짓지 못한다. 우리는 여전히 논증 3이 무엇이 잘못되었는지를 알아낼 필요가 있다. 이것이 바로 귀납의 새로운 수수께끼다.

분명하게 말할 수 있는 것은 "녹파색"이라는 낱말에 귀납에서 사용되는 것을 부적당하게 만드는 잘못된 무언가가 있다는 것이다. 그래서 훌륭한 귀납이론은 귀납논증에서 나타나는 용어들에 대한 제한조건을 포함해야 한다. "녹색"은 괜찮지만 "녹파색"은 괜찮지 않다.

이것이 그 문제에 대한 가장 통상적인 반응이었다. 그러나 굿맨이 말하듯이 그러한 제한조건의 세세한 내용을 조목조목 밝히기는 매우 어렵다. 우리가 "녹파색"의 문제는 구체적 시간에 대한 언급을 정의 속에 포함시키는 것이라고 말한다고 하자. 굿맨은 어떤 용어가 이런 식으로 정의되는지 아닌지는 우리가 출발점으로 어떤 언어를 채택하는지에 달려 있다고 응답한다. 이것을 알기 위해 새 용어 "파녹색"(bleen)을 정의해보자.

파녹색: 만일 어떤 대상이 서기 2010년 이전에 처음 관찰되었는데 푸른색이라면, 또는 만일 그 대상이 서기 2010년 이전에 처음 관찰된 것이 아닌데 녹색이라면, 그리고 오직 그 경우에만 그 대상은 파녹색이다.

우리는 "녹파색"과 "파녹색"을 정의하기 위해 한국어 낱말 "녹색"과 "푸른색"이라는 낱말을 사용할 수 있으며, 그렇게 한다면 정의에 시간에 대한 언급을 끼워 넣어야 한다. 그러나 우리가 "녹파색"과 "파녹색"

이 익숙한 기초적 용어인 반면 "녹색"과 "푸른색"은 기초적 용어가 아니라는 점을 제외하고는 한국어와 비슷한 어떤 언어로 이야기한다고 해보자. 그러면 "녹색"과 "푸른색"을 정의하고자 할 경우에 우리는 시간에 대한 언급을 필요로 할 것이다.

녹색: 만일 어떤 대상이 서기 2010년 이전에 처음 관찰되었는데 녹파색이라면, 또는 만일 그 대상이 서기 2010년 이전에 처음 관찰된 것이 아닌데 파녹색이라면, 그리고 오직 그 경우에만 그 대상은 녹색이다.

(당신은 이 정의가 "푸른색"에 대해 어떻게 효과가 있을지 알 수 있다). 그래서 굿맨은 어떤 용어가 "시간에 대한 언급을 포함하는지", 또는 "시간에 의거해 정의되는지" 아닌지는 언어-상대적 문제라고 주장했다. 한 언어의 관점에서 괜찮아 보이는 용어가 다른 언어의 관점에서는 이상해 보일 것이다. 그래서 귀납에서 시간에 대한 언급 때문에 "녹파색"을 배제하고 싶다면, 어떤 귀납이 훌륭한 귀납인지 아닌지는 우리가 출발점으로 어떤 언어를 취급하는지에 달려 있을 것이다. 굿맨은 이 결론이 훌륭하다고 생각했다. 굿맨의 경우 훌륭한 귀납은 우리 공동체에서 정상적으로 사용되어온 역사를 가진 용어들을 사용해야 한다. 그것이 바로 자신의 문제에 대해 그 자신이 제시한 해결책이었다. 다른 철학자들은 대부분 이 해결책을 전혀 좋아하지 않았다. 그들이 보기에는 귀납논증의 가치가 우리가 어쩌다 어떤 언어를 사용하는지와 관련된 무관한 사실에 달려 있다고 말하는 것처럼 보였던 것이다.

결과적으로 많은 철학자는 "녹색"이나 "녹파색" 같은 낱말이 아니라 이 낱말들이 드러내는 속성, 또는 이 낱말들에 의해 하나로 묶이는 대상들의 집합이나 종류에 초점을 맞추려 했다. 우리는 녹색임(greenness)이 세계의 자연적인 객관적 특징이고, 녹파색임(grueness)은 아니라고 주장할 수도 있다. 달리 표현해 녹색 대상들은 "자연종"(natural kind), 즉 실재하는 유사성에 의해 통합되는 종류를 이루는 반면에, 녹파색 대상들은 인공적이거나 임의적인 집단이다. 그러면 우리는 이렇게 말할 수도 있을 것이다. 훌륭한 귀납은 우리가 자연종을 드러낸다고 믿을 이유가 있는 용어들을 사용해야 한다고. 이런 접근방식을 택하게 되면 우리는 자신을 철학의 다른 분야들에서 어려운 문제들에 빠져들게 한다. 속성이란 도대체 무엇인가? "자연종"이란 도대체 무엇인가? 이런 문제는 플라톤 시대 이래로 논란이 되어온 문제들이다.

비록 추상적이긴 하지만, 굿맨의 문제는 과학에서 실제 문제들과 흥미로운 연결 관계가 있다. 사실상 굿맨의 문제는 그 안에 과학에서 몇 가지 독특하고 어려운 방법론적 쟁점을 내포하고 있다. 그것이 바로 부분적으로 그 문제가 그토록 흥미로운 이유이다. 우선 굿맨의 문제와 자료 분석에서 "곡선 맞추기 문제"(curve-fitting problem)는 연관이 있다. 당신이 x와 y값의 형태로 일련의 측정점들을 가지고 있는데, 그 측정점들을 어떤 함수에 맞춤으로써 그 점들이 표현하는 일반적 관계를 식별하고 싶다고 해보자. 그림 3.2의 점들은 거의 정확히 직선으로 만나는데, 그로 인해 우리는 x = 4일 때 기대하는 y값을 자연스럽게 예측할 수 있다. 그렇지만 세 측정점에 (잘 또는 더 잘) 맞으면서도 x = 4일 경우에 다른 예측을 만들어내는 서로 다른 수학적 함수의 수는 무한하다. 어떤 함수를 사용해야 할지를 어떻게 아는가? 점들을 이상한 함수에 맞추는 것은 우리가 보아온 에메랄드들에 의거하여 추리할 때 녹색 귀납 대신 녹파색 귀납을 선호하는 일과 비슷해 보인다.

이와 같은 곡선 맞추기 문제를 다루는 과학자들은 여기서 어떤 종류의 함수가 유망한지 말해주는 가외 정보를 가질 수도 있고, 또는 단순성

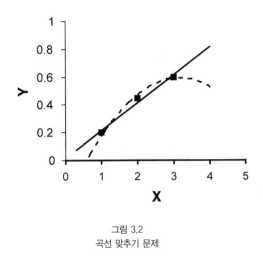

그림 3.2
곡선 맞추기 문제

을 근거로 직선을 선호할 수도 있다. 그것은 우리가 굿맨의 원래 문제를 다룰 수 있는 방식을 시사한다. 어쩌면 단순성을 근거로 해서 녹색 귀납이 선호되지 않을까?

그러한 생각은 효과가 있을 수도 있지만, 몇 가지 문제가 있다. 첫째, 녹색 귀납이 더 단순하다는 것이 정말로 아주 명료한가? 굿맨은 귀납 논증의 단순성은 이 절 앞부분에서 제시한 종류의 이유들 때문에 우리가 어떤 언어를 출발점으로 가정하는지에 달려 있다고 주장할 것이다. 굿맨의 경우에 단순한 유형으로 간주되는 것은 당신이 어떤 언어로 말하는지, 또는 당신이 어떤 분류 범주를 가정하는지에 달려 있다. 또한 단순성에 대한 선호가 과학에서는 매우 흔한 일이라 할지라도, 그러한 선호를 정당화하기는 종종 어렵다. 우리는 더 단순한 이론들을 가지고 연구하는 것이 더 쉽다. 하지만 그것은 세계가 실제로 어떻게 생겼는지 배우고자 한다면 그 이론들을 선호할 이유를 제공하지 못하는 것처럼 보인다. 왜 세계가 복잡한 것이 아니라 단순해야 하는가?

앞에서 나는 "자연종", 즉 약정이나 협약에 반대되는 것으로서 실재하는 유사성에 의해 하나로 통합된 집단이라는 관념을 이용해 굿맨의 문제를 해결하려는 시도들을 언급했다. 이것이 철학 용어이긴 하지만, 과학 내의 많은 문제는 바로 이런 종류의 문제 — 예측과 외삽(外揷)을 위해 올바른 범주들에 도달하는 일과 함께 — 와 관계되어 있다. 그 문제는 경제학이나 심리학 같은 과학들에서 특히 예민한데, 이런 과학들은 일반화하려는 사례들 사이의 유사점과 차이점들로 이루어진 복잡한 망을 다룬다. 매우 높은 인플레이션을 가진 모든 경제 체제가 일반적 예측을 하는 데 사용될 수 있는 자연종에 속하는가? DSM IV(Diagnostic and Statistical Manual of Mental Disorders IV, 미국 정신의학회의 진단기준 매뉴얼 제4판) 같은 정신의학 참고도서에 분류된 정신 장애들은 실제로 자연종인가, 아니면 우리가 실제 근원적 유사성이 전혀 없는 사례들 집단에 "정신분열증" 같은 표준 라벨을 적용한 것인가? 화학에서 원소 주기율표는 실제 자연종의 집합을 지적하는 것처럼 보이지만, 이것은 우리가 모든 과학에서 희망할 수 있는 어떤 것인가? 만일 그렇다면 그것은 서로 다른 분야의 귀납논증들에 관해 무엇을 말해주는가?

그것은 귀납과 확증의 문제를 급습한 우리의 첫 진출을 종결짓게 한다. 이런 문제들은 단순하지만 해결하기가 매우 어렵다. 20세기 대부분 동안 귀납과 확증에 관한 가장 무해하게 보이는 원리들조차도 곧바로 난관에 봉착하는 것처럼 보였다.

이런 문제들은 나중에(특히 제14장에서) 다시 다룰 것이다. 그러나 다음 장에서는 이 장에서 논의된 좌절이 대부분 동기로 작용한 철학을 살필 것이다.

더 읽을거리

다시 한 번 헴펠의 *Aspects of Scientific Explanation*(1965)은 확증에 관한 긴(그리고 피곤하게 만드는) 장을 포함하고 있는 핵심 자료의 출처다. 스킴스(B. Skyrms)의 *Choice and Chance*(2000)는 이 쟁점에 관한 고전적 입문서인데, 개연성이론도 소개하고 있다. 제14장이 되어서야 비로소 논의할 견해를 옹호하긴 하지만, 하우슨과 우르바흐(Howson and Urbach)의 *Scientific Reasoning*(1993)은 확증에 관한 다양한 접근 방식에 대한 유용한 입문서다. 이 책은 내가 읽었던 카르납의 사상에 대해 짧게 정리한 매우 유용한 내용을 담고 있으며, 이 쟁점에 관한 카르납의 대작은 *Logical Foundations of Probability*(1950)이다. 설명적 추리에 대한 논의는 Lipton, *Inference to the Best Explanation*(1991)을 볼 것.

까마귀 문제를 다루는 데 관찰의 순서를 사용한 것으로는 Horwich, *Probability and Evidence*(1982)를 볼 것. 그러나 그 전에 당신은 아마 이 책 제14장을 먼저 읽어야 할 것이다.

굿맨의 가장 유명한 "귀납의 새로운 수수께끼" 발표문은 *Fact, Fiction and Forecast*(1955)에 수록되어 있다. 그 문제는 (다른 흥미로운 사상들과 함께) 제3장에서 나오고, 해결책은 제4장에서 제시된다. 그 주제에 관한 그의 후속 논문들은 *Problems and Projects*(1972)에 수록되어 있다. 더글러스 스토커(Douglas Stalker)는 *Grue!*(1994)라는 제목으로 굿맨의 수수께끼에 관한 논문선집을 편집하여 펴냈다. 이 책은 아주 자세한 참고문헌 목록을 포함하고 있는데, 콰인과 잭슨의 논문은 특히 훌륭하다.

속성과 종류, 그리고 그것들과 귀납의 관련성에 대한 논의는 Armstrong 1989, Lewis 1983, Dupre 1993, Kornblith 1993을 볼 것(이 논의들은 입문 수준이라고 할 수 있는 암스트롱의 논의를 제외하면 꽤 고급 수준의 논의들이다). Sober 1988에서는 단순성에 대해 훌륭한 논의가 진행된다.

제4장

포퍼: 추측과 논박

4.1 과학철학에서 포퍼의 독특한 위치

칼 포퍼(Karl Popper)는 이 책에서 논의되는 철학자 가운데 많은 과학
자가 영웅으로 간주하는 유일한 철학자이다. 과학자들 사이에서 철학
에 대한 태도는 가지각색이지만, 포퍼가 했던 방식으로 과학자들에게
영감을 주는 데 성공한 철학자는 거의 없다. 과학적 논쟁에서는 서로 다
른 입장 가운데 어떤 입장을 정당화하기 위해 과학에 대한 철학자의 견
해를 사용하는 경우 또한 드물다. 그런데 포퍼의 경우가 바로 그러한
경우였다. 생물학계에서 유기체의 분류에 관한 논쟁과 생태계에 관한
최근의 논쟁들은 둘 다 이런 식으로 사용된 포퍼의 사상을 살펴 왔다
(Hull 1999). 나는 노벨 의학상을 수상한 유명 바이러스학자의 연구에
관해 들어보기 위해 그의 강의에 참석한 적이 있는데, 거기서 내가 들
었던 내용은 대부분 포퍼에 관한 이야기였다. 심지어 칼 포퍼는 1965
년에 영국 여왕이 수여하는 작위를 받음으로써 칼 포퍼 경이 되었다.

포퍼의 매력은 놀라운 일이 아니다. 그의 과학관은 몇 개의 단순하고
명료한 인상적인 사상을 중심으로 형성된다. 과학적 기획에 대한 그의

시각은 고상하고 영웅적이다. 포퍼의 과학이론은 시간이 지나면서 철학자들에게 많은 비판을 받았다. 나는 이 비판들 중 많은 것에 동의하지만, 포퍼가 그 비판들의 힘에서 탈출할 어떤 방법이 있는지는 알지 못한다. 비판에도 불구하고 포퍼의 견해는 철학에서 계속해서 중요한 위치를 차지하고 있고, 현재 연구에 종사하고 있는 많은 과학자에게 계속해서 호소력을 발휘하고 있다.

4.2 포퍼의 과학이론

포퍼는 양차 세계 대전 사이에 비엔나에서 학자로서의 첫 발을 내디뎠다. 그는 비엔나 학단의 일원은 아니었지만 논리 실증주의자들과 접촉했다. 접촉 과정에서 포퍼는 자신의 독특한 입장을 발전시킴에 따라 논리 실증주의자들과 많은 의견의 불일치가 있었다. 포퍼는 이 책에서 사용된 넓은 의미에서는 "경험주의자"로 간주되지만, 자신의 견해와 좀 더 익숙한 형태의 경험주의를 구별하는 데 많은 시간을 소비했다. 논리 실증주의자들처럼 포퍼는 나치의 발흥 때문에 유럽을 떠났는데, 전쟁 기간 동안 뉴질랜드에서 지내다가 런던 정경대학(London School of Economics)으로 옮겨 거기서 나머지 생애 동안 머물렀다. 거기서 그는 충성스러운 협력자 집단을 구성했는데, 그 집단은 종종 불충성한다는 이유로 그를 비난했다. 런던 정경대학에서 그가 진행한 연속 세미나는 녹초가 되게 만드는 질문 공세와 강연자들이 강의 원고 대부분을 실제로 제출하느라 어려운 시간을 보내야 한다는 사실로 인해 유명해졌는데, 이는 모두 포퍼의 간섭 때문이었다.

언젠가 포퍼가 비트겐슈타인의 구역인 케임브리지대학에서 비트겐슈타인과 대면한 사건은 유명했다. 포퍼 자신이 전하는 이야기의 버전에 따르면, 윤리적 규정들에 대해 논의하는 동안 비트겐슈타인이 난로의 부지깽이를 휘둘렀고, 그래서 포퍼는 "방문한 강연자를 부지깽이로 위협하는 법이 아니다"를 윤리적 규정의 한 예로 제시하지 않을 수 없었다. 비트겐슈타인은 그 자리를 박차고 뛰쳐나갔다. 비트겐슈타인의 동료들이 전하는 이야기들을 포함하여 그 이야기의 다른 버전에서는 포퍼의 설명을 부정한다(이 논란에 대해서는 Edmonds and Eidinow 2001를 볼 것).

논리 실증주의자들은 언어, 의미, 지식에 대한 일반 이론의 일부로 자신들의 과학이론을 발전시켰다. 포퍼는 적어도 처음에는 이처럼 넓은 주제들에 별로 흥미가 없었다. 그의 일차적 목적은 과학을 이해하는 것이었다. 일차적 임무로 그는 과학적 이론과 비과학적 이론의 차이를 이해하고 싶어 했다. 그는 특히 과학과 "사이비과학"을 구별하고 싶어 했다. 논리 실증주의자들과 달리 그는 사이비과학적 사상을 무의미한 것으로 간주하지 않았다. 그런 사상은 그저 과학이 아닐 뿐이었다. 포퍼에게 진정한 과학의 고무적인 예는 아인슈타인의 작업이었다. 사이비과학의 예는 프로이트 심리학과 사회와 역사에 관한 마르크스주의의 견해였다.

포퍼는 과학과 비과학을 구별하는 문제를 "구획 문제"(problem of demarcation)라고 불렀다. 포퍼 철학의 모든 것은 그가 이 문제에 대해 제안한 해결책에서 출발한다. "반증주의"는 그가 자신의 해결책에 부여한 이름이었다. 만일 어떤 가설이 가능한 어떤 관찰에 의해 논박될 잠정적 가능성이 있다면, 그리고 오직 그 경우에만 그 가설은 과학적 가설이라고 반증주의는 주장한다. 과학적 가설이 되기 위해서 가설은 위험을 감수해야 한다. 즉 "과감하게 위험을 무릅써야" 한다. 만일 이론이 위험을 전혀 감수하지 않는다면, 그 이론은 가능한 모든 관찰과 양립가능하기 때문에 과학적 이론이 아니다. 앞에서 말했듯이 포퍼는 마르크스와 프로이트의 이론이 이런 의미에서 과학적이지 않다고 주장했다. 어떤 일이 일어나든 간에 마르크스주의자와 프로이트주의자는 어떻게든 그것을 자신의 이론에 맞출 수 있다. 그래서 이런 이론들은 아무런 위험에도 노출되지 않는다.

지금까지 나는 포퍼가 과학적 이론과 비과학적 이론을 구별하기 위해 반증가능성을 사용한 예를 기술했다. 포퍼는 또한 좀 더 지대한 영향을 미치는 방식으로 반증이라는 관념을 사용했다. 그는 과학의 모든 시험이 관찰에 의해 이론에 대한 논박을 시도하려는 형태를 띤다고 주장했다. 그리고 포퍼에게 결정적으로 중요한 것은 이론이 관찰과 일치한다는 것을 보여주는 일을 통해서는 그 이론을 확증하거나 입증하는 것이 절대 불가능하다는 것이었다. 확증은 신화다. 관찰을 통한 시험이 할 수 있는 유일한 것은 이론이 그르다는 것을 증명하는 것뿐이다. 그래서 과학적 이론의 옳음은 관찰적 증거에 의해서는 절대로 조금도 지지될 수 없으며, 설령 그 이론이 만사가 기대한 대로 실현되는 예측을 엄청나게 많이 만들어낸다 할지라도 그렇다.

당신이 생각하는 것처럼 포퍼는 확증이론이나 "귀납논리학"을 개발하려는 논리 경험주의자들의 시도에 대해 통렬한 비판자였다. 그들이 직면한 문제들은 포퍼에게는 듣던 중 기분 좋은 소리였는데, 이 중 몇 가지는 제3장에서 논의했다. 흄과 마찬가지로 포퍼는 귀납에 관해 회의주의자였으며, 연역논리 자체 이외의 모든 형태의 확증이나 지지에 관해 회의적이었다.

귀납과 확증에 관한 회의주의는 포퍼가 구획 문제를 해결하기 위해 반증을 사용한 것보다 훨씬 더 논란이 된 입장이다. 대부분의 과학철학자는 귀납과 확증이 그저 신화라면 그것은 과학에 아주 안 좋은 소식이라고 생각했다. 포퍼는 걱정할 이유가 없다고 논하려 했다. 귀납은 신화지만 과학은 어쨌든 신화일 필요가 없다는 것이다. 그래서 포퍼에게 귀납에 관한 회의주의는 과학의 합리성에 대한 위협이 전혀 아니다. 대부분의 철학자 생각에는 이 극단적 주장을 옹호하려는 포퍼의 시도가 성공하지 못한 것이고, 이 주제에 대한 포퍼의 논의의 일부는 독자들에게 다소 오도적이다. 그 결과 포퍼를 영웅으로 간주하는 과학자들 가운데 몇몇은 포퍼가 이론을 확증하는 일이 절대로 가능하지 않으며, 그 이론이 아무리 많은 관찰을 성공적으로 예측한다 해도 가능하지 않다고 믿었다는 것을 깨닫지 못한다.

포퍼는 우리가 이론이 옳다는 것을 결코 완전히 확신할 수 없다는 생각을 매우 강조했다. 무엇보다도 뉴턴 물리학은 일찍이 가장 많이 지지받은 이론으로 간주되었지만, 20세기 초에 몇 가지 점에서 그른 것임이 증명되었다. 그렇지만 거의 모든 과학철학자는 사실 문제, 특히 과학에서 논의되는 사실 문제에 관해 우리가 결코 100% 확신할 수 없다는 것을 승인한다. 사실적 쟁점에 관해 완전히 확신할 수 없다는 이 입장은 종종 오류가능주의(C. S. 퍼스에게서 기인하는 용어)로 알려져 있다. 대부분의 과학철학자는 오류가능주의를 승인하는데, 더 어려운 문제는 관찰에 의한 시험을 통과할 때 이론의 진리성에 대한 우리의 확신이 증가하는 일이 합리적일 수 있는지 아닌지 하는 것이다. 포퍼는 아니라고 말했고, 논리 경험주의자들과 대부분의 과학철학자는 그렇다고 말한다.

그래서 포퍼는 과학에서 시험이 진행되는 방식에 대해 꽤 단순한 견해를 지니고 있었다. 우리는 누군가가 제안한 이론을 취하고, 그 이론으로부터 관찰 예측을 연역한다. 그런 다음 우리는 그 예측이 이론이 말하는 대로 나타나는지 보기 위해 검사한다. 만일 그 예측이 실패한다면, 우리는 그 이론을 논박했다. 즉 반증했다. 만일 예측된 대로 나타난다면, 우리가 말해야 하는 것은 우리가 아직 그 이론을 반증하지 못했다는 것뿐이다. 포퍼의 경우에 우리는 그 이론이 옳다거나, 개연적으로 옳다거나, 심지어 시험 이전보다 옳을 가능성이 높다고도 결론지을 수 없다. 그 이론은 옳을지 모르지만 우리는 그 이상을 말할 수 없다.

그러면 우리는 그 이론을 새로운 예측과 함께 다른 어떤 방식으로 반증하려고 시도한다. 우리는 그 이론을 반증하는 데 성공하기까지 계속해서 이 일을 한다. 세월이 흐르고 반복된 시험에도 불구하고 우리가 이론을 결코 반증할 수 없는 것처럼 보이면 어떻게 되는가? 우리는 이제 그 이론은 반복된 반증 시도에도 불구하고 살아남았다고 말할 수 있지만 그것뿐이다. 그 이론의 옳음에 대한 우리의 확신은 결코 증가하지 않는다. 그리고 이상적으로는 우리는 그 이론을 반증하려는 시도를 결코 멈추어서는 안 된다. 그 말은 시험을 통과한 이론을 가지고 계속해서 자꾸 그 이론을 시험하는 데 모든 시간을 소비해야 한다는 뜻이 아니다. 우리는 시험할 수 있는 모든 것을 시험할 시간과 자원을 가지고 있지 않다. 그러나 그것은 그저 실제적 제약조건일 뿐이다. 포퍼에 따르면, 과거에 아무리 성공적이었다 하더라도 우리는 언제나 이론에 대해 시험적 태도를 보유해야 한다.

이 견해를 옹호하면서 포퍼는 과학법칙의 진술을 확증하는 일과 반증하는 일의 차이를 매우 강조했다. 만일 누군가가 "모든 F는 G이다" 형식의 법칙을 제안한다면, 그 가설을 반증하기 위해 해야 할 일은 G가 아닌 F를 하나 관찰하는 일이 전부다. 이것은 연역논리의 문제다. 그러나 그러한 가설의 옳음을 결정적으로 증명하기에 충분한 관찰을 모은다는 것은 결코 가능하지 않다. 당신은 적은 수의 F들만이 있어서 우리가 그것들을 모조리 검사하기를 희망할 수 있는 상황에 관해 궁금해 할지도 모르겠다. 그러나 포퍼와 논리 경험주의자들은 이런 상황을 과학에서 자주 나타나지 않는 중요하지 않은 상황으로 간주했다. 그들의 목적은 가설로 표현되는 법칙이나 일반진술이 포괄하는 거대하거나 무한한 수의 사례가 있는 상황에서의 시험을 기술하려는 것이었다. 그래서 포퍼는 보편진술을 검증하는 것은 어렵거나 불가능하지만 원리적으로 반증할 수는 있다는 것을 강조했다. 논리 경험주의자는 "약간의 F는 G이다" 형식의 진술들이 반대 특징을 지닌다고 응답할지도 모르겠다. 다시 말해 이런 진술들은 검증하기는 쉽지만 반증하기는 어렵거나 불가능하다는 것이다. 그러나 포퍼는 과학의 어떤 진술들이 이 형식을 띤다 할지라도, 진정한 과학이론은 이 형식을 띠는 경우가 좀처럼 드물다고 주장했다(그리고 논리 경험주의자들도 이에 동의하는 경향이 있었다).

우리가 과학적 이론을 결코 지지하거나 확증할 수 없다고 주장했음에도 불구하고, 포퍼는 과학이 세계에 대한 옳은 기술을 추구하는 것이라고 믿었다. 만일 확증이 불가능하다면 우리가 어떻게 진리를 추구할 수 있을까?

이것은 특이한 종류의 추구이다. 우리는 이 추구를 가상의 중세 원탁 기사가 찾으려 한 성배(聖杯)에 대한 추구와 비교할 수도 있을 것이다. 주위에 많은 잔이 있는데, 그 잔들 중 하나만이 성배라고 하자. 사실상 성배가 아닌 잔들의 수는 무한하거나 엄청나며, 당신이 살아 있는 동안에 그 잔들을 모조리 마주할 수는 없다. 모든 잔이 빛나지만 성배만이 영원히 빛난다. 다른 잔들은 결국은 빛이 멈추지만, 성배가 아닌 어떤 특정 잔이 언제 빛을 멈출지는 뭐라고 말할 수 없다. 당신이 할 수 있는 일은 한 개의 잔을 집어서 휴대하고 다니면서 계속해서 빛이 나는지 보는 것뿐이다. 당신은 한 번에 하나의 잔을 휴대할 수 있을 뿐이다. 만일 당신이 휴대하고 있는 잔이 성배라면, 그 잔은 결코 빛나는 것이 멈추지 않을 것이다. 그러나 당신은 현재 그 성배를 가졌는지 결코 알지 못하는데, 왜냐하면 당신이 휴대하고 있는 그 잔이 어느 순간 빛나는 것을 멈출지 모르기 때문이다. 당신이 할 수 있는 일은 분명히 성배가 아닌 잔들을 (그 잔들이 어떤 시점에서 빛나는 것을 멈추기 때문에) 퇴짜 놓고 계속해서 새 잔을 집어 드는 것뿐이다. 그러다가 당신은 결국 자신이 성공했는지 알지 못한 채 죽을 것이다(이 시나리오에서는 내세가 없다).

이것은 과학의 진리 추구에 대한 포퍼의 그림과 유사하다. 우리가 할 수 있는 일은 이론을 차례차례 시험해보는 것뿐이다. 우리가 지금까지 반증하는 데 실패한 이론이 사실상 옳을 수도 있다. 그러나 만일 그렇다면 우리는 이 사실을 결코 알지 못하거나, 심지어 우리의 확신을 증가시킬 이유를 갖지 못할 것이다.

4.3 과학적 변화에 대한 포퍼의 견해

지금까지 과학과 비과학의 구획, 그리고 과학적 시험의 본성에 관한 포퍼의 견해를 기술했다. 포퍼는 또한 과학적 변화에 대한 이론을 제안하기 위해서도 반증 관념을 사용했다.

포퍼의 이론은 매력적인 단순성을 지니고 있다. 과학은 끝없이 반복하는 2단계 주기로 변한다. 그 주기의 1단계는 추측 — 과학자는 세계의 어떤 부분을 기술하고 설명할 수 있는 가설을 제시할 것이다 — 이다. 좋은 추측은 대담한 추측, 즉 참신한 예측을 함으로써 많은 위험을

감수하는 추측이다. 주기의 2단계는 논박의 시도 ─ 그 가설은 그르다
는 것을 보여주려는 시도에서 비판적 시험을 받는다 ─ 이다. 일단 그
가설이 논박되고 나면 우리는 다시 1단계 ─ 새로운 추측이 제시된다
─ 로 되돌아간다. 그 다음에 2단계가 따른다…

그 과정이 작동함에 따라 과학자가 이전의 추측들과 어떤 관계가 있
는 추측을 제안하는 것은 자연스러운 일이다. 이론적 사상은 되풀이되
는 여러 차례의 추측과 논박에 의해 세련되게 수정될 수 있다. 그것은
포퍼에게는 본질적인 것은 아닐지 모르지만 멋진 일이다. 그런데 과학
자가 해서는 안 되는 한 가지는 한 추측의 반증에 대해 그저 이전의 시
험이 드러낸 문제들만을 피하기 위해 새로운 추측을 꾸며내고 더 이상
나아가지 않는 식으로 반응하는 것이다. 우리는 단순히 이전의 추측들
에서 발견된 문제들을 깁는 식의 미봉책을 써서는 안 된다. 대신 과학
자는 끊임없이 이론 적용의 폭을 증가시키고, 그 이론의 예측의 정밀성
을 증가시키려고 애써야 한다. 그것은 끊임없이 추측의 "대담성"을 증
가시키려 한다는 것을 의미한다.

이것은 어떤 종류의 이론인가? 포퍼는 이 이론을 우리가 과학에서
실제로 보는 일반적 유형에 대한 기술로서, 그리고 또한 훌륭한 과학적
행태에 대한 기술로서 의도했다. 그는 모든 과학자가 이러한 행태 유형
을 내내 고수하는 데 성공하는 것은 아니라는 것을 승인한다. 때로 사
람들은 그들의 가설과 너무 일체가 된다. 그래서 그들은 시험이 가설을
포기하라고 말할 때에도 그렇게 하기를 거부한다. 그러나 포퍼는 많은
실제 과학적 행태가 이 유형을 따르며, 특별히 아인슈타인 같은 위대한
과학자들에게서 그런 모습을 본다고 생각했다. 포퍼에게 훌륭하거나
위대한 과학자는 두 가지 특징이 결합된 사람인데, 이 두 특징은 주기
의 각 단계에 상응하는 특징이다. 첫 번째 특징은 상상력이 풍부하고,

창의적이며, 모험적인 사상을 고안해내는 능력이다. 두 번째 특징은 상상력이 풍부한 이 사상을 기꺼이 엄격한 비판적 시험에 부치는 냉정한 자발성이다. 훌륭한 과학자는 거의 예술가적인 창조적 경향을 띠며, 강건하고 실제적인 경향을 띤다. 안장주머니에 스트라디바리우스 바이올린을 넣고 다니는 목장의 빈틈없는 카우보이를 상상해보라(아마 이 지점에서 당신은 포퍼가 과학자들 사이에서 인기가 있는 이유 약간을 알 수 있을 것이다).

여기서 포퍼의 견해는 명백히 과학자 개인과 집단에 똑같은 방식으로 적용될 수 있다. 고립된 개인은 추측과 논박 과정에 종사함으로써 과학적으로 행동할 수 있다. 그리고 과학자 집단은 개인적 차원에서 각각 포퍼의 두 단계 절차를 따를 수 있다. 그러나 또 다른 가능성은 분업이다. 한 개인(또는 팀)은 추측을 고안해내고, 또 다른 개인은 논박을 시도한다. 과학의 추측-그리고-논박 두 단계에 대한 포퍼의 기본적 기술은 이러한 모든 가능성과 양립가능한 것처럼 보인다. 그러나 개인 A가 추측을 행하고 개인 B가 논박을 행하는 사례는 포퍼에게는 미심쩍을 것이다. 만일 개인 A가 진짜 과학자라면, 그는 자신의 생각에 대해 비판적 태도를 취해야 한다. 만일 개인 A가 자신의 추측에 완전히 고착되어 있고, 개인 B는 그 자신의 추측을 제시하기 위해 A가 틀렸다는 것을 보여주는 일에 고착되어 있다면, 이것은 포퍼에 따를 때 훌륭한 과학적 행동이 아니다.

이것은 흥미로운 문제를 제기한다. 경험주의 철학은 열린 마음의 미덕을 강조하며, 포퍼의 견해 역시 예외가 아니다. 그러나 열린 마음의 공동체는 다소간에 닫힌 마음을 가진 개인들의 집단으로 구성될 수 있다. 만일 실제 과학자들이 그들 자신의 추측에 헌신하지만 각각은 서로 다른 추측에 헌신하고, 그래서 다른 사람들이 틀렸다는 것을 증명하고

싶어 한다면, 추측과 논박의 전체 과정은 작동하지 말아야 하는가? B
의 역할이 A의 사상을 비판적으로 시험하는 상황에서 잘못된 것이 무
엇인가? 시험이 나타나는 한 A가 시험을 하는지 B가 시험을 하는지가
무슨 문제인가? 한 가지 문제는 모든 사람이 그렇게 닫힌 마음을 가지
고 있을 경우에 시험의 결과가 사람들이 믿는 것에 아무런 영향도 미치
지 못할 수 있다는 것이다. 어쩌면 젊고 유연한 생각을 가진 후속 세대
대학원생들의 정신이 그 공동체의 유연성의 원천일 수 있다. 성공적이
지 못한 이론들은 새로운 신참들을 끌어들이지 못할 것이고, 창시자와
함께 소멸될 것이다. 이것은 과학이 변하는 다소 느린 방식일 것이다
(그러나 많은 사람은 우리가 이와 같은 사례를 실제로 본다고 논할 것
이다).

  뒷장들에서 우리는 과학의 사회적 구조에 초점을 둔 이론들과 개별
과학자들 사이의 다양한 종류의 분업을 살필 것이다. 비록 과학에서 공
동체 표준을 강조하긴 했지만, 포퍼는 훌륭한 과학자란 개인으로서 상
상의 역할과 비판의 역할을 모두 자진해서 수행해야 한다는 그림을 갖
고 있었던 것처럼 보인다. 훌륭한 과학자는 그 자신의 이론을 포함하여
모든 이론에 대해 임시적인 시험적 태도를 보유해야 한다.

  포퍼에 대한 비판으로 넘어가기 전에 나는 한 가지를 더 말할 것이
다. 포퍼가 기술한 추측과 논박의 2단계 과정은 또 다른 2단계 과정, 즉
생물의 진화를 변이와 자연선택에 의해 설명하는 다윈의 2단계 과정과
두드러지게 닮았다. 포퍼에 따를 때 과학에서 과학자들은 비판적 시험
에 걸린 추측들을 버린다. 다윈 자신과 좀 더 최근 형태의 진화론들에
따르면, 진화에서 개체군은 무작위로 또는 "지향적이지 않은" 방식으
로 유기체에 변이가 나타나는 과정을 통해 진화하며, 이 색다른 특성은
환경과의 상호작용 속에서 유기체에 미친 결과를 통해 "시험된다." 유

기체가 생존하고 복제하는 데 도움이 되고, 복제에서 전달된 종류의 변이들은 보존되는 경향이 있으며, 시간이 지나면서 그 개체군에서 더욱 일상적인 일이 된다.

아이러니컬하게도 한때 포퍼는 다윈주의가 과학적 이론이 아니라고 생각했지만, 나중에 그 주장을 철회했다. 어쨌든 포퍼와 다른 사람들 모두 포퍼주의의 과학과 다윈주의의 진화 사이의 유사성을 자세히 탐구했다. 그 유사성을 너무 진지하게 취급해서는 안 된다. 진화는 과학자들이 훌륭한 이론을 추구하는 방식으로 개체군들이 실제로 무언가를 "추구하는" 과정이 아니며, 결정적으로 중요한 다른 차이들도 있다. 그러나 둘 사이의 유사성은 확실히 흥미롭다. 과학과 진화의 유비는 나중 장들(제6장과 11장)에서 다시 나오게 될 것이다.

4.4 반증에 관한 포퍼의 견해에 대한 반론

이제 포퍼의 사상에 대한 비판적 평가를 살피기로 하자. 우리는 구획 문제에 대한 그의 해결책에서 시작해야 한다. 반증가능성이 과학적 사상과 비과학적 사상을 구별하는 좋은 방법인가?

먼저 나는 포퍼가 표현한 형태로는 아마 이 물음에 대한 답이 없을 것이라고 생각한다고 말하고 싶다. 우리는 진술이나 이론들의 목록을 일일이 검토하여 그것들을 "과학적이다"라거나 "과학적이지 않다"라고 꼬리표를 붙일 수 있다고 기대해서는 안 된다. 그렇지만 나는 구획에 관한 포퍼의 물음과 꽤 유사한 어떤 것이 의미가 있다고 제안한다. 즉 우리는 세계를 탐구하는 독특한 과학적 전략, 즉 사상들을 다루는 과학적 방식을 기술할 수 있는가?

포퍼의 사상들 중 약간은 이 물음에 답하려 할 때 유용하다. 특히 과학이론이 위험을 감수해야 한다는 포퍼의 주장은 훌륭한 주장이다. 이 주장은 이 장 마지막 절에서 검토하게 될 것이다. 그러나 포퍼는 이 위험 감수하기가 어떻게 작동하는지에 대해 지나치게 단순한 그림을 가지고 있었다.

포퍼에게 이론은 일반진술 형식을 가지며, 관찰되는 것에서 어떤 종류의 특정 사건들이 관찰되는 것을 금지함으로써 위험을 감수한다. 만일 우리가 모든 철 조각은 크기와 모양이 어떻든 간에 가열되면 팽창한다고 믿는다면, 우리의 이론은 가열되었을 때 수축된다는 것을 아는 어떤 것에 대한 관찰을 금지한다. 그러면 당신에게 다음과 같은 문제가 나타날 수 있다. 만일 가열되었을 때 수축되는 "철" 조각을 본다면 우리는 그것이 실제로 철이라는 것을 확신할 수 있을까? 우리는 수축과 온도 변화에 대한 우리의 측정을 의심할 수도 있을 것이다. 어쩌면 가열되면 팽창하는 철에 관한 일반진술은 옳지만, 시험 상황과 어떤 표본이 철로 이루어진다는 것을 아는 능력에 관한 우리의 가정이 그를 수도 있다.

이 문제는 제2장에서 논의한 쟁점, 즉 시험에 관한 전체론이 다시 나타난 것이다. 관찰 결과와 비교함으로써 이론을 시험하려고 할 때마다 우리는 그 이론과 관찰을 서로 "접촉하게" 하기 위해서 많은 수의 추가 가정을 해야 한다. 만일 가열되면 철이 언제나 팽창하는지 알고 싶다면, 우리는 합당한 순수 철 표본을 발견하거나 만드는 우리의 능력에 관해 가정을 할 필요가 있다. 만일 모든 DNA 표본에서 C와 G의 염기의 양이 똑같고, A와 T의 양이 똑같은지 알고 싶다면(샤가프의 법칙), 우리는 우리의 화학적 기술에 관해 많은 가정을 할 필요가 있다. 만일 우리가 예기치 않은 결과(열을 가했을 때 수축하는 철, DNA 표본에서

C가 G의 두 배)를 관찰한다면, 우리가 시험하려고 하는 이론이 아니라 이 추가 가정들 중 하나의 탓으로 돌리는 일이 언제나 가능하다. 극단적인 경우에 우리는 명백한 관찰을 관찰자들이 완전히 오해했거나 잘못 기술했다고 주장할 수도 있다. 실제로 기적이나 UFO 유괴사건에 대한 보고로 이루어진 것을 알아내려고 할 때 이런 일은 그리 드물지 않다. 그렇다면 포퍼가 원하는 방식으로 이론을 반증하기 위해서 우리는 관찰을 실제로 어떻게 사용할 수 있을까?

이 문제는 단순히 구획 문제에 대한 포퍼의 해결책뿐만 아니라 그의 전체 과학이론에도 해당되는 문제이다. 그는 이론과 시험 상황을 연결하는 데 필요한 가외 가정을 그를 수도 있는 과학적 주장 — 이 가정들 역시 추측들이다 — 으로 간주했다. 우리는 이 추측들을 별도로 시험하려고 할 수 있다. 그러나 포퍼는 놀라운 관찰에 직면했을 때 논리 자체는 절대로 과학자에게 특정 이론을 포기하라고 강요할 수 없다는 것을 인정했다. 논리적으로는 그 시험에 포함된 다른 가정들에 잘못이 있다고 보는 일이 언제나 가능하지만 훌륭한 과학자는 이런 일을 하려고 하지 않을 것이라고 생각했다. 훌륭한 과학자는 이론 자체를 시험에 노출시키고 싶어 하고, 비난의 화살을 빗나가게 하지 않을 사람이라는 것이다.

이것이 전체론자의 반론에 답이 되는가? 포퍼가 행한 것은 과학적 이론의 특성을 기술하는 일에서 과학적 **행동**의 특성을 기술하는 일로 옮겨간 것이다. 어떤 점에서 이것은 그의 애초의 목적을 철회한 것인데, 그의 애초의 목적은 과학적 이론 자체와 관련하여 그 과학적 이론을 특수한 것으로 만드는 어떤 것을 기술하는 것이었다. 그것이 문제다. 그렇다면 또 다시 이론이 아니라 과학적 사고방식과 행동을 기술하는 쪽으로의 이동은 한 단계 더 나아갈 수도 있을 것이다. 이 점은 제

4.6절에서 더 자세히 논의할 것이다.

포퍼는 또한 우리가 이론을 반증하기 위해 사용하는 관찰 보고에 관해 완전히 확신할 수 없다는 것을 승인했다. 우리는 관찰 보고의 승인을 "결단"(decision), 즉 자유롭게 이루어지는 결단으로 간주해야 한다. 일단 결단을 내리고 나면, 우리는 관찰 보고를 사용하여 그 관찰 보고와 상충하는 모든 이론을 반증할 수 있다. 그러나 포퍼에게는 어떠한 반증 과정이라도 결국은 도전을 받을 수 있는 결단에 기초를 두고 있다. 어떤 사람은 나중까지 따라오다가 더 많은 시험을 통해 그 관찰 보고가 훌륭한 보고가 아니었다는 것을 보여주려 할 수도 있다. 그래서 그 사람은 관찰 조건이 오도적이었는지를 탐구할 수도 있을 것이다. 그 시험은 앞서 기술한 바 있는 것과 똑같은 추측-그리고-논박 형태를 띤다. 그래서 논란의 여지가 있는 관찰에 대한 이 탐구 역시 궁극적으로 "결단"에 의존한다.

이것이 포퍼에게 나쁜 소식인가? 포퍼는 개별 관찰들에 관해 이러한 결단을 내리는 일이 이론 자체에 관해 직접 자유로운 결단을 내리는 일과 매우 다른 것이라고 주장했다. 그러나 이 차이는 어떤 종류의 차이인가? 만일 관찰 보고가 "결단"에 지나지 않는 것에 의존하고, 이 결단이 우리의 이론 선택을 결정한다면, 어떻게 해서 그것이 관찰에 관해 안달하지 않고 이론 자체를 직접 선택하는 일보다 나은 일인가? 또는 왜 우리는 그냥 어떤 이론을 움켜잡고 그 이론과 상충하는 관찰 보고들을 거부하기로 "결단할" 수 없는가? 내 말은 우리가 이런 것들을 해야 한다는 말이 아니며, 그저 포퍼가 그런 것들을 하지 말아야 할 훌륭한 이유를 제시하지 않았다는 것뿐이다. 우리는 관찰이 일반적으로 믿음을 형성하는 신빙성 있는 방식이라고 믿을 훌륭한 이유를 가지고 있기 때문에 나는 이런 것들을 해서는 안 된다고 믿는다. 제10장에서 논하겠지만, 우리는 그 이야기의 이 지점에서 지각에 대한 과학적 이론을 이용할 필요가 있다. 그러나 그 논증은 나중에 나와야 할 것이다. 포퍼 자신은 이런 물음들에 지각의 신빙성에 관한 논증을 제시함으로써 답하려 하지 않는다.

결단의 역할에 관한 이 주장은 시험에 관한 포퍼의 사상은 물론이고 구획에 관한 그의 사상에도 영향을 미친다. 만일 사람들이 기꺼이 어떤 결단을 내린다면, 어떠한 가설 체계라도 명백한 반증에도 불구하고 유지될 수 있다. 그것이 결국은 포퍼의 이론이 과학과 사이비과학을 차별화하지 못한다는 것을 의미하는가? 답은 "그렇기도 하고 그렇지 않기도 하다"는 것이다. 그렇다는 답은 과학적 이론을 반증에 면제되게 만드는 방식으로 다룰 수 있고, 비과학적 이론은 그 이론과 양립불가능한 특정 문제에 관한 주장을 승인하기로 결단을 내릴 경우에 거부될 수 있다는 사실에서 나온다. 그러나 그 답에는 "그렇지 않다" 부분도 있다. 과학적 이론은 어떤 종류의 결단 — 관찰 보고에 관한 결단 — 을 통해 반증가능하다. 사이비과학적 이론은 가능한 어떤 관찰과도 충돌하지 않는다고 포퍼는 말한다. 그래서 만일 어떤 사이비과학적 이론이 거부된다면, 다른 어떤 종류의 결단이 이루어져야 한다. 우리는 포퍼를 따라 이것이 중요한 차이라는 것을 승인할 수 있다. 그러나 포퍼는 일을 처리하는 이런 방식, 즉 과학적 방식이 다른 어떤 방식보다 더 합리적인 이유를 말하지 않았다.

나는 이 절에서 반증에 관한 포퍼의 견해를 꽤 거칠게 다루었는데, 논의해야 할 또 다른 문제가 있다. 그 문제는 포퍼에게는 나쁜 소식이지만, 다른 많은 사람에게도 나쁜 소식이라는 것을 강조하지 않을 수 없다.

포퍼는 어떤 관찰 O가 금지된다고 주장하지 않지만 별로 있음직하지 않다고만 주장하는 이론에 관해 뭐라고 말할 수 있을까? 만일 내가 어떤 동전이 "흠 없다"고 믿는다면, 나는 이 가설로부터 연속해서 오랫동안 동전을 던졌을 때 "모두 앞면"이나 "모두 뒷면"의 개연성에 관한 다양한 주장을 연역할 수 있다. 내가 동전을 100번 던져 100번 모두 앞면이 나오는 것을 관찰한다고 하자. 이런 일은 그 동전에 관한 내 가설에 따르면 별로 있음직하지 않지만 불가능하지는 않다. 흠 없는 동전의 경우에 임의의 유한한 수의 앞면 나오기가 가능한데, 비록 더 길게 동전 던지기를 하여 계속해서 앞면이 나오는 일을 그 이론이 더욱더 있음직하지 않은 일로 취급한다 할지라도 그렇다. 그러나 만일 어떤 가설이 특정 관찰을 전혀 금지하지 않을 때, 포퍼에 따른다면 그 가설은 위험을 감수하지 않고 있다. 그것은 낮은 개연성을 특정 관찰들 탓으로 돌리지만 통째로 그 특정 관찰들을 배제하지 않는 이론이 반증불가능하며, 그래서 포퍼에게 비과학적이라는 것을 수반하는 것처럼 보인다.

포퍼의 반응은 논리적으로 말해 이런 종류의 모든 가설은 정말로 비과학적이라는 것을 승인하는 것이었다. 그러나 이것은 과학에서 개연성의 중요한 역할을 우롱하는 것처럼 보여 만일 어떤 이론이 특정 관찰에 대해 몹시 비개연적이라고 주장한다면 실제에서는 그 이론이 그 관찰을 배제하는 것으로 과학자가 결단한다고 포퍼는 말했다. 포퍼에 따르면, 어떤 종류의 개연성이 그런 종류의 사건을 금지된 것으로 취급하게 만들 정도로 그렇게 낮은지 알아내는 것은 자신들의 분야에서 일하는 과학자들에게 달려 있다. 그래서 개연성 있는 이론은 특수한 "실제에서"의 의미에서 반증가능한 것으로 해석될 수 있을 뿐이다. 그리고 우리는 여기서 포퍼의 과학철학에서 논리의 제약에 반대되는 것으로서 "결단"의 또 다른 역할을 만나게 되는 셈이다.

이론이 몹시 비개연적이라고 말하는 관찰이 나타날 때 과학자들이 그 이론을 거부한다고 주장한 점에서 포퍼는 올바르다(비록 어떤 종류의 비개연성이 이러한 중요성을 갖는지는 복잡한 문제라 할지라도). 그리고 과학자들이 "비개연적인 것이 어떻게 너무 비개연적인지" 알아내는 데 많은 시간을 소비한다고 주장한 점에서도 올바르다. 과학자들이 이러한 결단을 내리는 일을 돕기 위해서는 복잡한 통계적 방법이 사용되는데, 이러한 방책을 쓸 때 포퍼는 과학에 대한 그의 원래 그림을 몹시 손상시켰다. 이 그림이 일단 승인되면 관찰은 이론적 가설을 결정적으로 논박할 힘을 갖는다고 주장한다. 이것은 포퍼가 끝없이 강조했던 것처럼 연역논리의 문제다. 그런데 이제 포퍼는 관찰과 이론 사이의 연역논리적 관계에 의해 뒷받침을 받지 않고도 반증이 일어날 수 있다고 말하고 있는 셈이다.

4.5 확증에 관한 포퍼의 견해에 대한 반론

앞에서 기술했듯이 포퍼는 이론이 관찰에 의해 절대 확증되지 않는다고 믿었으며, 귀납논증이 결코 정당화되지 않는다고 생각했다. 포퍼는 이론들에 대한 합리적 선택 이론이 전적으로 반증에 의해 제시될 수 있다고 생각했으며, 그래서 귀납과 확증을 거부하는 일은 아무 문제가 없다고 생각했다.

　앞 절에서는 반증에 관한 포퍼 견해의 문제들을 논의했다. 그러나 이제 이런 문제들을 차치하고 이 절에서는 우리가 이론을 결정적으로 거부하는 방법으로 포퍼주의의 반증을 사용할 수 있다고 가정해보자. 만일 우리가 이렇게 가정한다면, 합리적 이론 선택을 결정하려는 포퍼의 시도는 성공적인가? 아니다. 그렇지 않다.

포퍼가 매우 힘들게 씨름한 단순한 문제가 있다. 우리가 다리를 건설한다고 하자. 우리는 어떤 설계가 안정적이어서 그 다리가 견뎌야 할 무게를 버틸 것인지를 알려주는 물리이론을 사용할 필요가 있다. 이것은 우리가 과학적 이론을 실제적 임무에 적용해야 하는 상황이다. 사실상 이 상황에서 공학자와 과학자들은 의심할 여지없이 경험적 시험에 살아남은 물리이론을 사용하는 경향을 보일 것이고, 그래서 그들은 가능한 한 "유효성이 증명된"(tried and true) 방법을 사용할 것이다. 과학철학에 대한 경험주의적 접근방식은 그러한 방책이 합리적이라고 주장하는데, 경험주의 철학의 문제는 이 방책이 왜 올바른 방책인지를 좀 더 자세히 설명하는 것이다. 그 일은 어려운 일인데, 나는 이 사실이 제3장에서 이미 명백해졌기를 바란다. 그러나 여기서는 포퍼에 초점을 맞추기로 하겠는데, 포퍼는 확증이론의 필요성을 피하려고 한다. 그렇다면 포퍼의 철학은 다리 건설 상황을 어떻게 처리하는가?

포퍼는 우리가 반증된 이론에 비해 반증되지 않은 이론을 사용하는 것을 왜 우선시해야 하는지 말할 수 있다. 반증된 이론들은 그르다는 것이 증명되었다(여기서 또 다시 나는 앞 절에서 논의된 문제들은 무시한다). 그러나 우리가 (1) 여러 차례 시험을 받고 모든 시험에 통과된 이론과, (2) 그냥 추측으로 제시되어 전혀 시험 받지 않은 아주 새로운 이론 중에서 선택해야 한다고 해보자. 우리는 보통 시험에 살아남은 이론을 선택하는 것이 합리적으로 행동하는 것이라고 생각할 것이다. 그러나 포퍼는 이 선택에 대해 뭐라고 말할 수 있을까? 포퍼에게는 전혀 시험되지 않은 아주 새로운 이론을 사용하여 다리를 건설하는 것이 정확히 어떤 이유에서 비합리적이었을까?

포퍼 역시 이 문제를 인식하고 씨름했다. 어쩌면 이것이 다른 경험주의 철학자들이 포퍼에게 제기하는 가장 통상적인 반론이었을 것이다

(예컨대 Salmon 1981). 포퍼는 이 반론에 대해 아주 훌륭한 응답을 제
시할 수 없다.

포퍼는 어떤 이론이 시험을 통과할 때 우리가 그 이론이 옳다고 믿을
이유가 많아진다고 말하기를 거부한다. 시험되지 않은 이론과 잘 시험
된 이론 둘 다 그저 추측일 뿐이다. 그러나 포퍼는 이 상황에서 사용할
특별한 개념을 고안했다. 포퍼는 많은 반증 시도에도 불구하고 살아남
은 이론은 "용인된다"(corroborated)고 말했다. 그리고 우리가 다리 건
설하기 같은 선택에 직면할 때는 용인되지 않은 이론에 비해 용인된 이
론을 선택하는 것이 합리적이다.

"용인"(corroboration)이란 무엇인가? 포퍼는 전문적 정의를 제시했
으며, 우리가 어떤 이론이 특정 시간에 지닌 용인의 양을 측정할 수 있
다고 주장했다. 그렇지만 전문적 표현은 문제가 되지 않는다. 우리는
어떤 종류의 속성이 용인인지 물을 필요가 있다. 포퍼는 그저 확증에
새 이름을 부여했는가? 만일 그렇다면 그는 다리 건설하기에 관한 물
음에 답할 수 있다. 하지만 그렇게 되면 그는 논리 경험주의자들 및 다
른 모든 사람과 그의 주요 차이 중 하나를 포기한 셈이 된다. 만일 용인
이 확증과 전혀 다른 것이라면 ─ 우리가 용인을 진리에 대한 어떤 지침
으로 간주할 수 없을 정도로 다른 것이라면 ─, 다리를 건설할 때 우리
가 왜 용인된 이론을 선택해야 하는가? 이 문제는 많이 논의되었다
(Newton-Smith 1981를 볼 것). 포퍼의 용인 개념은 확증과 다르게 되
는 방식으로 해석될 수 있지만, 포퍼는 왜 우리가 다리를 건설할 때 새
로운 이론에 비해 용인된 이론을 선택해야 하는지에 대해 전혀 훌륭한
답을 제시할 수 없다.

용인을 이해하려면 성적증명서와 추천서의 차이를 생각해보라. 학생
들에게는 이 구별이 생생한 것임에 틀림없다! 성적증명서는 당신이 행

한 것을 말한다. 그것은 당신의 과거 성과를 측정하지만, 당신이 미래에 할 일에 관한 명시적 예측을 포함하지는 않는다. 추천서는 보통 당신이 行한 것에 관해 얼마간 말하며, 당신이 미래에 어떤 방식으로 행동할 가능성이 있는지에 관한 주장도 한다. 논리 경험주의자들이 이해하는 대로의 확증은 과학적 이론에 대한 추천서 비슷한 어떤 것이다. 포퍼에게 용인은 성적증명서 같은 것일 뿐이다. 그래서 포퍼는 과거의 성과가 미래에 대한 신빙성 있는 지침이라고 믿을 훌륭한 이유를 전혀 제시할 수 없다고 생각했다. 그래서 용인은 전적으로 "되돌아보기"이다. 결과적으로 용인되지 않은 이론이 아니라 용인된 이론을 가지고는 반증되지 않았다는 것 외에는 다리 건설하기에 대해 아무런 이유도 제시할 수 없다.

나는 다리 건설하기 상황에 관해 포퍼가 말할 수 있는 최선의 것이 그의 귀납적 회의주의를 고수하는 것이라고 생각한다. 만일 우리가 과거에 효과가 있었던 설계도를 가지고 또 다른 다리를 건설한다면, 그는 우리가 어떤 일이 일어날지 실제로 모른다고 주장해야 한다. 그 설계도는 어쩌면 그대로 효과가 있을 수도 있고, 어쩌면 효과가 없을 수도 있다. 만일 우리가 그 설계도에 익숙하다면 그 설계도를 선택할 실제적 이유 또한 있을 수 있겠지만 만일 누군가가 시험되지 않은 아주 새로운 설계도에 따른다면, 우리는 시도해보기까지 그것이 나쁜 설계도인지 알지 못할 것이다.

포퍼는 여기서 익숙하고 잘 시험된 설계도를 사용하는 것보다 더 합리적인 대안의 방책이 없으며, 우리는 어떤 결단을 내려야 한다고 말하고 싶어 했다. 그렇기 때문에 일을 추진해서 안착된 그 설계도를 사용할 수 있으나 웨슬리 새먼(Wesley Salmon, 1981)이 응수했듯이 이런 방책은 전혀 도움이 되지 않는다. 만일 확증이 존재하지 않는다면, 시험되지 않은 설계도를 선택하는 일보다 더 합리적인 방책 또한 없는 것처럼 보인다. 여기서 우리가 가지고 있는 것은 선택지들로 갈라지는 일종의 "매듭"뿐이다.

대부분의 사람에게 이것은 과학철학이 결국 도달해야 할 만족스러운 지점이 아니다. 이런 종류의 귀납적 회의주의는 추상적이고 학술적인 논의를 벗어나면 진지하게 받아들이기가 어렵다. 그렇지만 지난 200년 동안의 노력은 귀납과 확증에 대한 훌륭한 이론을 산출하는 것이 얼마나 극히 어려운 일인지를 보여주었다. 포퍼 철학의 귀중한 역할 중 하나는 우리가 귀납과 확증에 관한 이론을 포기할 경우에 어떤 종류의 과학이론이 가능할 것인지를 보여주는 것이다.

이 책 첫 장에서 나는 명확한 "과학적 방법"에 대한 기술을 여전히 제시하려고 하는 철학자가 거의 없다고 말했는데, 여기서 "과학적 방법"은 과학을 위한 비결 비슷한 어떤 것으로 해석된다. 이 부분에서 포퍼는 약간 예외인데, 왜냐하면 그가 하는 것은 일종의 비결을 제시하는 일에 가깝기 때문이다(비록 포퍼가 흥미로운 추측에 이르는 비결은 없다고 주장함에도 불구하고). 그의 견해는 과학 교과서에 제시되는 과학적 방법에 대한 기술과 흥미로운 관계를 갖고 있다.

많은 교과서에서 우리는 "가설-연역적 방법"(hypothetico-deductive method)이라 불리는 어떤 것을 발견한다. 제3장으로 되돌아가보면, 나는 확증에 관해 종종 "가설-연역주의"(hypothetico-deductivism)라 불리는 견해를 논의했다. 이제 우리는 확증이론이 아니라 방법을 다루고 있는 셈이다. 과학 교과서들은 예전보다 과학을 위한 비결을 배치하는 일에 관해 더 조심스럽지만, 가설-연역적 방법에 대한 기술은 여전히 꽤 통상적으로 제시하고 있다. 방법에 대한 정식화는 저마다 다르지만, 어떤 정식화는 기본적으로 시험에 대한 포퍼의 견해와 확증에 관한 덜 회의적인 견해의 조합이다. 이 설명들에서 가설-연역적 방법은 과학자들이 추측을 고안해낸 다음, 이 추측으로부터 관찰적 예측을 연역하는 과정이다. 만일 예측이 그 이론이 말하는 대로 나타난다면, 그 이론은 지지된다. 만일 예측이 그 이론이 말하는 대로 나타나지 않는다면, 그 이론은 지지되지 않으며, 거부되어야 한다.

이 과정은 포퍼가 기술했던 기본 유형을 갖지만, 이론이 관찰에 의해 "지지될" 수 있다는 생각은 포퍼주의의 생각이 아니다. "지지"(support)라는 용어는 모호하지만, 가설-연역적 방법에 대한 논의들은 일반적으로 이론이 성공적 예측을 많이 할 경우, 우리가 성공적 예측이 만들어지기 전보다 그 이론이 옳다고 믿을 이유가 더 많아진다고 가정한다고 나는 생각한다. 물론 우리는 절대 완전히 확신하지는 못할 것이다. 그러나 이론이 시험에 많이 통과하면 할수록 우리는 그 이론의 옳음에 대해 더 확신할 수 있게 된다. 우리가 어떤 이론이 옳다는 확신을 점차 증가시킬 수 있다는 생각은 포퍼가 거부했던 사상이다. 이 장 서두에서 말했듯이 포퍼에 대한 과학자 쪽의 찬미자 몇몇은 포퍼의 견해가 이 특징을 갖는다는 것을 깨닫지 못하는데, 그것은 포퍼의 논의 약간이 오도적이었기 때문이다.

가설-연역적 방법에 대한 다른 정식화들은 관찰들이 수집되고, 이 관찰들로부터 추측이 생성되는 첫 번째 단계를 포함한다. 포퍼는 과학적 절차에 대한 이 그림에 동의하지 않았는데, 그는 사실을 수집하는 일은 추측이 안내하는 방식으로만 일어날 수 있다고 주장했기 때문이다. 그러나 이것은 꽤 사소한 주장이다.

과학적 방법을 논의하면서 어떤 교과서들이 사용하는 또 다른 용어는 (비록 이제는 그리 많지 않지만) "강한 추리"이다. 이 용어는 존 플랫(John Platt, 1964)이라는 이름의 화학자가 도입했다. 강한 추리는 대략 포퍼주의 종류의 시험에 또 다른 가정을 더한 것인데, 포퍼는 이 가정을 거부했다. 이 가정은 우리가 어떤 영역에서 옳을 수 있는 가능한 모든 이론을 다 적고, 그 이론들을 일대일로 시험할 수 있다는 것이다. 우리는 대안들을 제거함으로써 옳은 이론을 발견한다. 이 방법은 일종의 "셜록 홈즈" 방법이다. 포퍼에게 이런 일은 불가능하다. 어떤 실제적 사례에서도 경쟁하는 이론들의 수효가 무한한 것이다. 그래서 설령 10~100가지의 가능성을 제거한다 할지라도, 여전히 똑같이 무한한 수효의 가능성이 남게 될 것이다. 포퍼에 따르면, 우리가 할 수 있는 일은 한 이론을 선택하여 그것을 시험하고, 그 다음에 또 다른 이론을 선택하여 그것을 시험하는 일 등등의 것뿐이다. 우리는 결코 대안들 모두, 또는 대부분을 제거했다고 확신할 수 없다(이 "셜록 홈즈" 방법을 이용하려는 좀 더 최근의 시도는 제14장에서 논의할 것이다).

나는 과학적 변화(제4.3절)에 관한 포퍼의 이론에 대한 반론은 아직 논의하지 않았지만, 다음 몇 장에서는 그 반론들을 논의할 것이다.

과학철학에 대한 포퍼 혼자만의 가장 중요하고 지속적인 기여는 무엇인가? 나는 과학적 이론이 관찰과 맺는 종류의 접촉을 기술하기 위해 그가 "위험성"이라는 관념을 사용한 것이라고 말하고 싶다. 포퍼가 과학을 기술하면서 노출과 위험이라는 관념에 집중했던 것은 올바른 일이었다. 과학은 관찰을 통한 반증과 수정에 노출되는 방식으로 사상을 정식화해서 다루려 한다. 포퍼의 정식화는 가치가 있는데, 그것은 이론이 사실상 위험에 전혀 노출되지 않아서 관찰과 겨우 일종의 "사이비 접촉"을 하고 있을 뿐인데도 관찰과 많은 접촉을 하는 것처럼 보일 수 있다는 생각을 포착하고 있기 때문이다. 이런 생각은 경험주의 과학관의 발전과정에서 진보라 할 수 있다. 위험에 대한 이러한 노출이 어떻게 효과가 있는지에 대한 포퍼의 분석이 썩 효과가 있는 것은 아니지만, 그래도 기본 착상은 훌륭하다.

4.6 구획 문제에 대한 또 다른 논평들

포퍼는 과학적 이론이 위험을 감수해야 한다고 말할 때 중요한 무언가를 말하고 있다. 이 절에서는 그 부분에 대한 생각을 약간 달리 전개해 보기로 하겠다.

포퍼는 과학적 이론과 비과학적 이론을 구별하는 데 관심이 있었으며, 그런 구별을 하기 위해 위험을 감수함이라는 관념을 사용하고 싶어했다. 그러나 위험을 감수함이라는 이 관념은 사상을 다루는 과학적 방식과 비과학적 방식을 구별하는 방법으로 사용될 때가 더 낫다. 그리고 우리는 그 둘 사이에 예리한 구별을 기대해서는 안 된다.

사상을 다루는 과학적 방식은 그 사상을 더 큰 개념적 구조 속에 끼워 넣기 위해 관찰에 노출시키는 방식으로 다른 사상들과 연관 짓는 것이다. 이 "노출"은 단순한 반증의 문제가 아니다. 관찰에 대한 노출을 어떤 사상을 수정하고 평가하는 데 사용할 수 있는 방식이 많이 있다. 그러나 만일 어떤 가설이 관찰과 연관된 모든 위험에서 멀어지는 방식으로 다루어진다면, 그것은 그 사상을 비과학적인 방식으로 다루는 일이다.

그래서 포퍼가 했던 것처럼 마르크스주의나 프로이트주의 같은 이론들이 그 자체로 "과학적"인지 아닌지 알아내려고 하는 것은 잘못이다. 마르크스주의나 프로이트주의 같은 거창한 사상은 과학적 버전과 비과학적 버전을 가질 텐데, 왜냐하면 그 이론의 주요 원리들이 과학적으로 다루어질 수도 있고, 비과학적으로 다루어질 수도 있기 때문이다. 과학적 버전의 마르크스주의와 프로이트주의는 주요 원리들이 시험에 노출되는 방식으로 다른 사상들과 연관될 때 산출된다. 마르크스주의의 기본 원리를 과학적으로 다룬다는 것은 마르크스주의의 원리가 옳다면 우리가 관찰할 수 있는 것들에 어떤 차이를 만들 것인지를 알아내려고 한다는 것이다. 이렇게 하기 위해서 우리가 어떤 것을 관찰한다면 그 이론의 주요 원리들을 명확히 거부하도록 이끌 그런 단일 관찰을 적어 두는 일이 반드시 필요한 것은 아니다. 보조 가정이 잘못일 가능성이 언제나 남아 있을 것이며, 그러한 결정을 내리기 위한 단순한 처방은 없다.

계속해서 포퍼의 예를 이용한다면, 마르크스주의는 인류 역사의 동력이 경제 체제에서의 계속적인 변화가 인도하는 경제적 계급 사이의 투쟁이라고 주장한다. 이 투쟁은 예측가능한 정치적 변화의 연속으로 귀착되는데, 결국에는 사회주의로 이끌게 된다. 프로이트주의는 아이의 정상적 발달에 아이 정신의 무의식적 측면들 사이의 일련의 상호작용과 갈등이 포함된다고 주장하는데, 여기서 이 상호작용들은 그 아이의 부모에 대한 성적 감정을 해소하는 일과 많은 관계가 있다. 이와 같은 모험적 사상들은 과학적으로 다룰 수도 있고 비과학적으로 다룰 수도 있다. 20세기에 걸쳐 마르크스주의의 역사관은 반증되기에 충분할 정도로 과학적으로 다루어졌으며, 계급투쟁과 거의 관계가 없는 것처럼 보이는 일이 너무 많이 일어났다. 점점 더 증가하는 종교적·문화적 연대의 정치적 역할이 한 예이다(Huntington 1996). 그리고 자본주의 사회들은 정치와 경제에 관한 마르크스주의의 견해가 예측하지 못한 방식으로 문제들 — 특히 경제적 긴장 — 에 점차 적응했다. 물론 이런 점에도 불구하고 마르크스주의의 주요 원리들을 고수하는 일이 여전히 가능하지만, 그 이론을 그런 방식으로 다루는 사람들은 갈수록 점점 더 줄어들고 있다. 많은 사람은 여전히 마르크스주의가 경제적 문제에 관해 유용한 통찰을 담고 있다고 생각하지만, 그 이론의 근본 주장들은 별로 유효성이 없었다.

프로이트주의는 별개의 문제다. 프로이트주의의 사상들은 어떤 집단들에서는 여전히 인기가 있지만, 경험적 시험에서 성공했기 때문에 그런 것은 아니다. 대신 그 이론은 인상적이고 호기심을 자아내는 특성 때문에, 그리고 정신치료와 문예이론 같은 분야에서 경험적 문제에도 불구하고 주요 사상을 지키고 보존하게 만드는 하위문화 때문에 연명하는 것처럼 보인다. 그 이론은 그런 집단들에 의해 매우 비과학적으로 다루어진다. 연구 중심의 대학들에서 매우 과학적으로 정향된 심리학과들은 프로이트의 이론을 진지하게 다루지 않지만, 이 사실이 다른 학문 분과들에까지 스며들려면 시간이 좀 걸릴 것이다.

진화론은 과학적으로 다룰 수도 있고 비과학적으로 다룰 수도 있는 또 다른 거창한 사상이다. (포퍼를 포함하여) 사람들은 이따금 진화론, 또는 다윈주의 같은 진화론의 어떤 특수 버전이 시험가능한지 궁금해했다. 그래서 어떤 관찰이 과학자들에게 현재 버전의 진화론을 포기하도록 이끌 것인지 물었다. 때로 생물학자들이 이 물음에 대해 제시한 재치 있는 응답은 "선(先)캄브리아기의 토끼"이다. 더글러스 후투야마(Douglas Futuyama)가 쓴 진화생물학 교과서는 똑같은 점을 좀 더 소박하게 다음과 같이 표현한다. "논쟁의 여지없는 선캄브리아기의 암석에서 논쟁의 여지없는 포유동물 화석"을 발견하는 일은 "진화를 논박하거나 심각한 의문을 제기할" 것이다(1998, 760면). 재치 있는 응답은 출발점이지만, 상황은 좀 더 복잡하다. 그러니 그 사례를 살펴보기로 하자.

선캄브리아기는 약 5억 4000만 년 전에 끝났다. 우리가 6억년 된 암석에서 잘 보존된 토끼 화석을 발견했다고 해보자. 우리의 다른 모든 증거는 그 무렵 유일한 동물이 해면동물과 다른 소수의 무척추동물뿐이었으며, 3억년 이상이 지날 때까지 포유동물은 나타나지 않았음을 시사한다. 물론 그 발견 자체에 대해 많은 의심이 제기될 것이다. 우리가 암석이 그렇게 오래 되었다는 것을 어떻게 확신하는가? 누군가가 날조하기 위해 토끼 화석을 심어놓았을 수도 있지 않을까? 인간과 원숭이를 연결하는 명백한 화석이 날조로 판명된 사건, 즉 1908년의 필트다운인 사건을 기억해보라(Feder 1996을 볼 것). 여기서 우리는 시험에 관한 전체론 문제의 또 다른 측면 — 관찰 보고, 특히 이론적 지식의 다른 조각들을 미리 가정하는 방식으로 표현된 관찰 보고에 대해 도전하는 일 — 에 맞닥뜨린다. 이 점은 제10장에서 논의할 것이다. 그러나 그 화석이 분명히 선캄브리아대의 토끼라는 것에 대해 모두가 동의한다고 가정해보자.

이 발견이 진화론의 모든 것에 대한 즉각적 반증이 되지는 않을 텐데, 왜냐하면 진화론은 이제 지구상의 실제 생명의 역사에 관한 주장은 물론이고 추상적인 이론적 모델을 포함하는 다양한 사상의 꾸러미이기 때문이다. 이론적 모델은 다양한 진화 메커니즘들이 원리적으로 어떤 일을 할 수 있는지를 기술하기 위한 것이다. 그런 종류의 주장은 보통 수학적 분석과 컴퓨터 시뮬레이션을 통해 시험된다. 소규모 진화는 실험실에서 직접 관찰될 수도 있는데, 특히 박테리아와 초파리의 경우에 그러하며, 선캄브리아대 토끼는 그러한 결과들에 영향을 미치지 않을 것이다.

그러나 선캄브리아대 토끼 화석은 진화생물학 교과서에서 발견되는 핵심 주장들 꾸러미의 어딘가에 매우 심각한 어떤 오류가 있다는 것을 보여줄 것이다. 이 오류에는 적어도 전체 생명의 역사에 관한 오류, 토끼 같은 유기체가 진화할 수 있는 종류의 과정에 관한 오류, 지구상의 종들의 "가계도"에 관한 오류가 포함될 것이다. 그렇다면 이 화석의 발견을 통해 도전하는 것은 그 오류가 어디에 있는지 알아내는 일이 될 것이며, 그것은 핵심 주장들 꾸러미를 이루는 사상들 각각을 분리하여 독자적으로 재평가하는 일을 요구할 것이다. 이 재평가는 원리적으로 ― 인간이 비인간에서 진화했다는 사상 같은 ― 진화에 관한 매우 기본적인 신념들을 버리는 결과를 낳는다.

과거 20여 년에 걸쳐 진화론은 분자생물학의 진보로 인해 사실상 거대하고 지속적인 경험적 시험에 노출되어왔다. 다윈 시대 이래로 생물학자들은 유사점과 차이점을 비교하고 지리적 분포 같은 요인을 고려함으로써 지구상의 모든 종을 연결하는 전체 가계도를 완성하려고 해왔다. 분자생물학이 탄생하기 전에 도달한 가계도는 여러 가지 그림 같은 낡은 도표와 포스터로 정리하여 나타낼 수 있었다.

그러고 나서 좀 더 최근에 우리는 분자생물학을 통해 많은 종의 DNA 염기서열을 비교할 수 있게 되었다. DNA의 유사성은 진화 관계의 근친성에 대한 훌륭한 지표다. 서로 다른 종들 사이의 진화 관계에 관한 주장은 그것들의 DNA가 얼마나 유사한지 발견하고, 마지막으로 "공통 조상"을 가진 이래로 그 종들이 독자적으로 얼마나 오랫동안 진화했는지 계산함으로써 곧바로 합리적으로 시험될 수 있다. 이 작업이 시작되었기 때문에 DNA에 관한 새로운 정보의 풍부성이 이전에 완성했던 가계도와 양립가능할 것인지 양립불가능할 것인지 궁금해 하는 것은 당연했다. 인간과 침팬지의 DNA 차이가 인간의 혈통이 수억 년 전에 침팬지로 나아가게 만들었던 혈통과 갈라졌으며, 인간은 유전적으로 오징어와 매우 가깝다는 것을 시사했다고 해보자. 이런 일은 진화론에는 재앙이 될 터인데, 거의 선캄브리아대의 토끼와 똑같은 정도로 재앙일 것이다.

때마침 DNA 자료는 인간과 침팬지가 약 460~500만 년 전에 갈라졌으며, 침팬지나 피그미침팬지(보노보)가 우리가 가장 가까운 살아 있는 친척임을 시사한다. DNA 자료가 나오기 전에는 인간이 침팬지와 더 가까운 관계인지 고릴라와 더 가까운 관계인지 불분명했으며, 침팬지-인간 분기는 훨씬 덜 분명했다. 그것이 바로 분자생물학 이전의 오래된 가계도에 대한 거대한 시험이 진행하려 했던 방식이다. 그리고 이전의 그림에 대해 새로운 많은 사실을 발견하고 새로운 조정을 했다는 것 이외에 엄청나게 놀랄 일은 없었다.

더 읽을거리

포퍼의 가장 유명한 저작은 1935년 독일어로 출판되었다가 1959년에 영어로 출판된 『과학적 발견의 논리』(*The Logic of Scientific Discovery*)이다. 이 책은 대체로 아주 쉽게 읽을 수 있다. 제1~5장과 제10장은 핵심 장이다. 앞의 제4.4절의 쟁점에 대해서는 포퍼의 책 제5장을 보고, 제4.5절의 쟁점에 대해서는 제10장을 볼 것. 포퍼의 사상에 대해 좀 더 빠르고 매우 유용하게 읽을 수 있는 소개의 글은 포퍼의 『추측과 논박』(*Conjectures and Refutations*, 1963)에 나오는 "Science: Conjectures and Refutations"이다.

뉴턴스미스(Newton-Smith)의 『과학의 합리성』(*The Rationality of Science*, 1981)은 포퍼의 사상에 대한 명료하면서도 상세한 평가의 글을 포함하고 있다. 이 책은 용인을 둘러싼 전문적 문제 약간에 대해 단순화한 글들을 제시하고 있는데, 나는 여기서 이 문제를 생략했다.

Salmon 1981은 귀납과 예측에 관한 포퍼의 견해에 대해 이례적으로 훌륭하게 논의하고 있는 책이다. 또한 Putnam 1974을 볼 것. Schilpp(1974)는 포퍼에 대해 비판적인 많은 논문과 함께 포퍼의 응답을 수록하고 있다.

생물학자들에 대한 포퍼의 영향과 진화론에 관한 (종종 독특한) 그의 사상은 Hull 1999에서 논의된다. 존 호건(John Horgan)의 책 *The End of Science*(1996)는 매우 즐겁게 포퍼를 인터뷰한 내용을 수록하고 있다.

제5장

쿤과 정상과학

5.1 "패러다임이 바뀌었다"

이 장에서 우리는 20세기에 과학에 관해 쓰인 가장 유명한 책, 즉 토머스 쿤의 『과학 혁명의 구조』(*The Structure of Scientific Revolutions*)에 맞닥뜨린다. 쿤의 책은 1962년에 처음 출판되었는데, 그 영향이 엄청났다. 그 책이 나온 이래로 철학자, 역사가, 사회학자가 과학에 관해 쓴 거의 모든 것이 그 책의 영향을 받았다. 그 책은 또한 과학자 자신들에 의해 뜨거운 논쟁의 대상이 되었다. 그러나 『구조』(그 책의 이름으로 알려졌듯이)는 이처럼 학문 분과들에만 영향을 미친 것이 아니었다. 쿤의 사상과 용어 중 많은 것이 정치와 사업 같은 영역에까지도 영향을 미쳤다.

쿤의 책의 중요성을 기술하는 통상적인 방식은 그가 과학에 관한 전통적 신화들, 특히 경험주의자의 신화들을 박살냈다고 말하는 것이다. 이 견해에 따르면, 쿤은 실제 과학적 행동이 합리성과 지식에 대한 전통적인 철학이론들과 거의 관계가 없음을 보여주었다.

이 해석은 일리가 있지만 매우 과장되는 경우가 종종 있다. 쿤은 『구

조』 이후에 그를 따르는 몇몇의 극단적인 과학관으로부터 거리를 두려
고 하면서 대부분의 시간을 보냈는데, 비록 그가 이 극단주의자들로부
터 숭배를 받았음에도 불구하고 그러했다. 쿤의 견해와 논리 경험주의
의 연관은 실제로 꽤 복잡하며 예컨대 쿤의 책이 논리 경험주의자들에
의해 기획되고 편집된 총서로 출판되었다는 것을 알게 되면 많은 사람
이 놀라게 된다. 『구조』는 논리 경험주의자들의 국제 통일과학 백과사
전(International Encyclopedia of Unified Science) 총서의 일부로 출
판되었던 것이다. 그렇지만 역사적 사실로서 이것이 "트로이 목마"와
비슷한 어떤 상황이었음은 부정할 여지가 없다. 논리 경험주의는 쿤에
의해 심각한 타격을 받은 것으로 널리 인식되었다.

　나는 앞에서 쿤의 사상과 용어 약간이 과학철학에서 멀리 떨어진 영
역들까지 영향을 미쳤다고 말했다. 가장 좋은 예는 쿤이 사용한 "패러
다임"(paradigm)이라는 용어이다. 다음은 톰 울프(Tom Wolfe)의
1998년 소설 『한 남자의 모든 것』(A Man in Full)에서 따온 구절이다.
빚 문제를 안고 있는 부동산 개발업자 찰리 크로커가 그의 재정 고문
위즈머("위즈") 스트룩과 이야기를 나누고 있다.

　"그건 매몰비용이 되지 않을까 염려됩니다. 찰리." 위즈머 스트룩이 말했
다. "지금 시점에서는 전체 패러다임이 바뀌었어요."

　찰리는 불만을 말하기 시작했다. 위즈가 구사하는 뜻 모를 전문적 표현
대부분에 대해 그는 참을 수 있었고, "매몰비용"까지도 참을 수 있었다. 하
지만 이 "패러다임"이라는 말은 그를 완전히 궁지로 몰아넣었고, 그래서 어
쩔 수 없이 위즈에게 그 말에 대해 불평하게 되었던 것이다. 그 염병할 말은
그가 이해할 수 있는 한에서는 의미하는 게 아무것도 없었는데, 무엇이든 간
에 그것은 언제나 "바뀌고" 있었다. 사실상 그게 여태껏 이른바 "패러다임"

이 하는 것처럼 보이는 유일한 것이었다. 그것은 바뀔 뿐이었다. 그러나 그
는 엽기적인 전문적 표현에 관해 위즈머 스트룩과 또 다시 토론을 벌일 정력
을 충분히 갖고 있지 않았다. 그래서 그가 말한 것은 다음이 전부였다.

"좋아요, 패러다임이 바뀌었다고 치죠. 그게 뭘 의미하죠?"(71면)

이런 식의 담화는 완전히 쿤에게서 끌어온 것이다. 그러나 정말로 패
러다임이란 무엇인가? 간단한 답은 쿤의 이론에서 패러다임이란 어떤
특정 분야에서 과학을 하는 전체적인 방식이라는 것이다. 그것은 세계
에 관한 주장, 자료를 수집하고 분석하는 방법, 과학적 사고와 행위 습
관들의 꾸러미이다. 쿤의 과학이론에서 과학자들이 세계를 보는 방식
에서의 큰 변화 — 과학이 때때로 겪는 "혁명" — 는 한 패러다임이 다
른 패러다임으로 대치될 때 일어난다. 쿤은 관찰 자료와 논리만으로는
과학자들에게 한 패러다임에서 다른 패러다임으로 이동하라고 강요할
수 없다고 주장했는데, 그것은 서로 다른 패러다임은 종종 그 안에서
자료를 처리하고 이론을 평가하는 다른 규칙을 포함하기 때문이라는
것이었다. 어떤 사람들은 쿤을 패러다임 사이의 변화가 완전히 비합리
적이라고 주장한 것으로 해석했지만, 쿤은 분명히 그렇게 믿지 않았다.
대신 쿤은 과학적 변화에서 관찰과 논리의 역할에 관해 복잡하면서도
미묘한 견해를 가지고 있었다.

앞에서 인용한 톰 울프와 같은 인용구에서 "패러다임"은 쿤의 과학
이론에서의 역할에서 도출해낸 느슨한 방식으로 사용된다. 이런 의미
에서 패러다임은 세상을 보고 그 세상과 상호작용하는 방식과 비슷한
어떤 것을 의미한다.

쿤은 "패러다임"이라는 말을 고안하지 않았다. 그 낱말은 이미 정착
된 용어였는데, (대략) 어떤 것의 실례가 되는 견본을 의미했으며, 다

른 사례들은 이 견본을 모델로 삼을 수 있다. 쿤은『구조』에서 이 원래 의미를 논의한다(1996, 23면). 그리고 비록 쿤의 이론이 우리가 듣는 패러다임 전환에 관한 모든 담화에 영감을 주긴 하지만, 쿤은 "패러다임 전환"(paradigm shift)이라는 구절을 이따금씩만 사용했다. 그보다 그는 패러다임이 변하는 일이나 대치되는 일에 관해 더 자주 이야기했으나 우리가 어떤 용어를 사용하든 쿤의 이론 자체는 과학사와 과학철학에서 패러다임 변화 비슷한 어떤 것이었다. 그때 이래로 똑같은 것은 아무것도 없었다.

5.2 패러다임: 좀 더 면밀한 검토

방금 나는 쿤의 이론에서 패러다임이 세계에 관한 주장, 자료를 수집하고 분석하는 방법, 과학적 사고와 행위 습관의 꾸러미라고 말했다. 그렇지만 이것은 쿤이 "패러다임"이라는 말을 사용한 한 가지 의미라고 말하는 것이 더 정확하다.『구조』에서 그 용어는 몇 가지 다른 방식으로 사용된다. 한 비판자는 그 용어가 21개의 다른 의미를 가질 만큼 여러 가지 의미로 사용되는 것으로 간주했다(Masterman 1970). 나중에 쿤은 자신이 그 낱말을 애매하게 사용했다는 데 동의했으며, 전 생애에 걸쳐 이 낱말과 다른 핵심 개념들을 계속해서 미세하게 조정했다. 그렇지만 상황을 단순하게 표현하여 이 책에서 나는 "패러다임"이라는 용어의 두 가지 다른 의미를 인정할 것이다.

넓은 의미라 부를 첫 번째 의미는 내가 앞에서 기술한 의미이다. 여기서 패러다임은 사상과 방법들의 꾸러미인데, 이것들은 결합했을 때 세계관과 과학을 행하는 방식 모두를 이룬다. 이 책에서 "넓은"이나

"좁은"을 보태지 않고 "패러다임"을 말할 때 나는 이 넓은 의미를 의미한다. 그러나 좁은 의미도 있다. 쿤에 따르면, 넓은 의미에서 패러다임의 한 가지 핵심 부분은 구체적 업적, 즉 범례(exemplar)이다. 이 업적은 완두콩을 대상으로 한 멘델의 실험과 같은 두드러지게 성공적인 실험일 수도 있는데, 멘델의 실험은 결국 현대 유전학의 기초가 되었다. 이 업적은 뉴턴의 운동법칙이나 전자기를 기술하는 맥스웰의 방정식 같은 방정식이나 법칙들의 집합에 대한 정식화일 수도 있다. 무엇이 됐든 간에 이 업적은 다른 사람들에게는 영감의 원천이다. 이 업적은 세계를 탐구하는 방식을 시사한다. 쿤은 종종 그저 이런 종류의 구체적 업적을 나타내기 위해 "패러다임"이라는 용어를 사용했다. 나는 이 업적들을 좁은 의미에서 패러다임이라고 부를 것이다. 그래서 넓은 의미의 패러다임(과학을 하는 전체적 방식)은 그 안에 좁은 의미의 패러다임들(또 다른 연구에 영감을 주고 방향을 제시하는 모델로 기여하는 예들)을 포함한다. 쿤 자신은 이 "좁은/넓은" 용어법을 사용하지 않았지만, 이 용어법은 도움이 된다. 쿤이 『구조』에서 이 용어를 처음 도입했을 때 그는 이 용어를 더 좁은 의미로 정의했다. 그러나 그의 저작 대부분에서, 그리고 『구조』 이후 그 용어를 사용해서 쓴 저작 대부분에서는 넓은 의미를 의도한다.

쿤은 패러다임이 제공하는 틀 내에서 나타나는 과학적 연구를 나타내기 위해 "정상과학"(normal science)이라는 구절을 사용했다. 정상과학의 핵심 특징은 잘 조직되어 있다는 것이다. 정상과학을 하는 과학자들은 어떤 문제들이 중요한지, 이 문제들에 어떻게 접근해야 하는지, 가능한 해결책들을 어떻게 평가해야 하는지에 대해 의견을 같이하는 경향이 있다. 그들은 또한 적어도 넓은 윤곽에서 세계가 어떻게 생겼는지에 대해 의견이 일치한다. 한 패러다임이 무너지고 다른 패러다임으로 대치될 때 과학 혁명이 일어난다.

　이 초안적 밑그림만으로도 쿤 책의 메시지와 관련된 핵심 논점 약간
을 곧바로 파악하는 데 충분하다.

　첫 번째 논점은 포퍼와의 대비를 통해 접근할 수 있다. 포퍼에게 과
학은 어떤 분야의 근본적 사상들에 대해서조차 항구적 개방성, 즉 항구
적이고 전포괄적인 비판적 자세에 의해 특징지어진다. 다른 경험주의적
견해들은 세목에서와 다르겠지만, 비판과 시험에 대한 항구적 개방성
을 특징으로 하는 것으로서의 과학이라는 관념은 많은 형태의 경험주
의에 공통적이다. 쿤은 이것에 동의하지 않았다. 그는 과학이 근본 사
상의 시험에 대해 항구적 개방성을 보인다는 것은 그르다고 주장했다.
그뿐만 아니라 그는 과학이 철학자들이 소중히 여기는 종류의 개방성
을 가졌더라면 훨씬 더 나빠졌을 것이라고 보았다.

　두 번째 논점은 과학적 변화에 관한 것이다. 여기서 또 다시 포퍼와
대비하는 것이 편리하다. 포퍼에게 모든 과학은 단일 과정, 즉 추측과
논박의 과정을 통해 진행된다. 그러한 견해에서도 여전히 "혁명"이라
불리는 사건들이 있을 수 있지만, 혁명은 나머지 시간에 진행되는 것과
그 정도만 다르다. 혁명은 더 큰 추측과 더 극적인 논박을 포함한다. 쿤
에게는 두 가지 다른 종류의 과학적 변화, 즉 정상과학 내의 변화와 혁
명적 과학이 있다(이 변화들은 "위기 과학", 즉 불안정한 정체기에 의
해 메워진다). 이 두 종류의 변화는 매우 다른 인식론적 특징을 가지고
있다. 쿤에 따르면 우리가 과학에 대해 정당화, 합리성, 진보 같은 개념
들을 적용하려 할 때, 우리는 정상과학과 혁명적 과학이 매우 다르게
기술되어야 한다는 것을 발견한다. 정상과학 내에서는 논증의 정당화
에 대해 명료하면서도 일치되는 표준들이 있다. 반면에 혁명적 과학 내
에서는 그런 표준이 없다. 정상과학 내에서는 분명한 진보가 있는 반면

에 혁명적 과학 내에서는 진보를 말하기가 매우 어렵다(그리고 그런 문제를 해석하는 것조차 어렵다). 혁명은 과학에 본질적인 것이기 때문에 전체로서의 과학에서 합리성과 진보를 기술하는 일은 매우 복잡해진다.

그래서 쿤은 먼저 과학이 실제로 어떻게 작동하는지에 관해 몇 가지 주장을 한 다음, 그 주장들로부터 철학적 주장을 끌어내고 있다. 설령 우리가 쿤 주장의 세세한 것들을 제쳐놓는다 할지라도, 이러한 논증 전략은 논란이 되면서 영향력을 발휘했다. 쿤은 역사에 대한 검토를 통해 이유와 증거에 관한 철학적 물음을 다루었다. 제2장에서 보았듯이 논리 경험주의자들은 한편으로는 과학사나 과학심리학에 관한 물음, 다른 한편으로는 증거와 정당화에 관한 물음을 예리하게 구별했다. 쿤은 논리 경험주의자들이 분리시켜야 한다고 강조했던 것들을 일부러 함께 섞어놓았다. 쿤이 논리 경험주의에 대한 "파괴자"로 해석된 이유 한 가지는 쿤의 작업이 과학에 관한 철학적 물음과 과학사에 관한 물음을 연관 짓는 것이 얼마나 흥미로운지 보여주었던 것 같다는 사실이다. 쿤은 논리 경험주의자들이 매우 추상적인 방식으로 접근했던 일련의 문제에 대해 자극적이고 새로운 접근방식을 연 것처럼 보였다. 비록 앞의 장들에서 논리 경험주의 접근방식의 호소력 있는 어떤 부분들을 강조하긴 했지만, 나는 과학에 관한 철학적 물음을 다룰 때 역사의 유용한 역할에 관한 쿤의 입장에 동의한다.

쿤 견해의 세부내용으로 더 들어가기 전에 한 가지 짚고 넘어가야 할 다른 예비적 논점이 있다. 이 논점은 쿤의 이론 및 그 비슷한 다른 이론들에 관해 생각할 때 언제나 던져야 할 물음과 관계가 있다. 그 물음은 "그 이론의 어떤 부분들이 그저 기술적이고, 어떤 부분들이 규범적인가?"하는 것이다. 즉 쿤은 언제 그저 사물이 어떻게 존재하는지에 관한

주장을 하고 있고, 언제 사물이 어떻게 존재해야 하는지 말하는 가치판
단을 하고 있는가? 쿤은 확실히 자신이 어떤 규범적 주장들을 하고 있
었다는 것을 인정했다(1996, 8면). 그렇지만 어떤 논평자들은 쿤에 대
해 비판적이었는데, 왜냐하면 종종 그가 그저 언제 "사물이 어떻게 존
재하는지"를 말하고 있으며, 언제 좋은 과학과 나쁜 과학에 관한 주장
을 하고 있는지를 가리기가 어렵기 때문이다. 쿤에 대한 나 자신의 해
석은 그의 작업에서 규범적 요소를 강조하는 쪽이다. 나는 과학이 어떻
게 작동해야 하는지와 어떤 것이 과학에 해를 야기할 수 있는지에 대해
쿤이 매우 명확한 그림을 가지고 있었다고 생각한다. 사실상 내가 『과
학혁명의 구조』의 아주 매혹적인 특징으로 간주한 것을 발견하는 것은
바로 이 대목이다. 이것은 다음 둘 사이의 관계이다.

1. 종종 과학적 결정에 영향을 미치는 요인들의 임의적이고 개인적인 본성,
   학생들에 대한 과학적 교의 주입의 경직성, 과학자들에 의해 자연에 집어
   넣도록 강요된 "개념 상자들" …에 대한 쿤의 끊임없는 강조.
2. 이런 특징들이 실제로 과학의 성공에 대한 열쇠라는 쿤의 제안 — 이런 특
   징들이 없다면 과학적 연구를 지금 진행되는 것만큼 효과적으로 진행할
   방법이 없다.

쿤은 (1)에서 언급된 요인들이 없다면 우리가 과학의 아주 가치 있고
인상적인 특징들을 가지지 못했을 것이라고 말하고 있다. 하지만 어떻
게 그럴 수 있는가? 실패나 결함으로 보이는 특징들이 어떻게 실제로
과학에 도움이 될 수 있는가? 자료가 말하는 것 이외의 다른 어떤 것을
기초로 하여 이루어진 결정이 어떻게 과학에 도움이 될 수 있는가? 이
런 물음들에 답하려면 우리는 과학적 변화에 관한 쿤 이야기의 세세한

내용을 좀 더 면밀하게 살필 필요가 있다.

5.3 정상과학

정상과학은 또 다른 연구의 기초를 제공하는 인상적인 업적에 의해 고무되는 연구이다(좁은 의미의 패러다임). 쿤은 모든 과학이 패러다임을 필요로 한다고 생각하지 않는다. 각각의 과학 분야는 "패러다임 이전의 과학"(pre-paradigm science) 상태에서 시작된다. 이 패러다임 이전의 상태에서도 과학적 연구가 진행될 수 있지만, 그 연구는 잘 조직되어 있지 않으며, 보통은 별로 효과적이지 않다. 그렇지만 어떤 시점에서 작품이라 할 수 있는 인상적인 어떤 연구가 나타난다. 이 업적은 세계 어떤 부분의 작동에 대해 통찰을 제공하는 것으로 간주되며, 또 다른 탐구에 대해 모델을 제공한다. 이 업적은 또 다른 연구의 전통이 이 업적을 중심으로 하여 점차로 성장하기 시작할 정도로 아주 인상적이다. 그러면 그 분야는 최초의 패러다임을 갖게 된다.

패러다임의 예로는 어떤 것들이 있는가? 쿤은 뉴턴이나 아인슈타인의 패러다임과 같은 물리학과 화학의 예들을 제시했다. 여기서 나는 다른 분야의 두 가지 사례를 언급할 것이다. 20세기 중반 무렵 심리학에서는 스키너(B. F. Skinner)의 행동주의적 연구방식에 기초하여 많은 연구가 이루어졌다. 스키너 식 행동주의의 기본원리 두 가지는 (1) 학습은 인간, 쥐, 비둘기, 그리고 다른 동물들에서 기본적으로 똑같다는 것과, (2) 학습은 강화(reinforcement) — 좋은 결과가 따르는 행동은 반복되는 경향이 있는 반면에 나쁜 결과가 따르는 행동은 반복되지 않는 경향이 있다 — 에 의해 진행된다는 것이다. 이 원리들을 따라 스키

너 식 패러다임은 일련의 실험 도구를 포함했는데, 예를 들면 비둘기들
이 자극에 반응하여 조명을 받은 열쇠를 쪼아댐으로써 선택을 한 표준
화된 상자가 그것이다. 스키너 식 패러다임은 또한 자료를 분석하는 데
사용되는 통계 기법과, 적절한 관련이 있는 흥미로운 실험을 완성하기
위한 다양한 습관과 기술을 포함했다.

다음은 생물학의 예이다. 현대 분자유전학은 다음과 같은 일련의 원
리에 기초를 두고 있다. (1) 유전자는 DNA로 이루어진다(RNA 유전
자를 가지고 있는 일부 바이러스를 제외하면 모든 유기체에서). (2) 유
전자는 단백질 분자를 생산하고 다른 유전자를 지배함으로써 영향을
미친다. (3) 핵산(DNA와 RNA)은 단백질의 구조를 정하지만 그 역은
아니다. 이 마지막 원리는 종종 "핵심 교의"라 불린다. 이 이론적 주장
들을 따라 분자유전학은 유전자를 배열하는 일, 돌연변이를 산출하고
연구하는 일, 서로 다른 유전자들의 유사성을 분석하는 일 등을 위한
일련의 기법을 포함한다.

쿤에게 과학적 분야는 보통 어떤 특정 시간에 그 분야를 인도하는 하
나의 패러다임만을 가진다. 때로 쿤은 이 말이 — 분야를 단일 패러다임
에 의해 통합되는 과학적 탐구 영역으로 정의함으로써 — 마치 정의에
의해 옳은 것처럼 썼다. 이로 인해 그는 어떤 과학적 분야들을 보통보
다 더 세련되게 나눌 수 있었다. 쿤은 이따금 어떤 분야가 몇 개의 관련
패러다임의 지배를 받을 수 있다는 것을 허용하지만, 이런 일은 좀처럼
드물다. 일반적으로 쿤 이론의 핵심 부분은 시간당 분야당 한 패러다임
이라는 원리이다.

패러다임의 역할은 과학적 연구를 조직하는 것이다. 패러다임은 개
인들의 연구를 집단적 기획으로 통합시킨다. 쿤에게 있어 정상과학과
다른 종류의 과학을 구별하게 만드는 핵심 특징은 근본 원리들에 관한

논쟁이 없다는 사실이다. 정상과학을 행하는 과학자들은 이 근본 원리
들에 대해 의견이 일치하기 때문에 자신들의 분야에서 제기되는 가장
기본적 쟁점에 관해 논쟁하느라고 시간을 소비하지 않는다. 일단 생물
학자들이 유전자가 DNA로 구성된다는 데 동의하고 나면, 그들은 특정
유전자들이 식물과 동물의 특성에 어떻게 영향을 미치는지에 관한 연
구에 초점을 맞추어 협력을 할 수 있다. 일단 화학자들이 화학적 결합
을 이해하는 일이 서로 다른 원자들 안에서 전자들 바깥쪽 막 사이의
상호작용을 이해하는 일이라는 데 동의하고 나면, 그들은 특정 반응이
언제, 그리고 어떻게 나타날 것인지를 탐구하기 위해 공동 작업을 할
수 있다. 쿤은 패러다임의 이 "합의 안출하기" 역할을 매우 강조한다.
그는 이 역할이 없다면 과학자들이 실제로 현상에 대한 정밀하고 깊은
이해에 도달할 가망이 없다고 논한다. 정밀한 연구와 의미심장한 발견
에는 협력과 합의가 요구되며 협력과 합의에는 근본 원리들에 관한 논쟁
을 차단하는 일이 요구된다.

　　여기서 우리는 여느 때처럼 기술적인 것과 규범적인 것을 구별하는
데 신중해야 한다. 쿤은 확실히 정상과학이 근본 원리에 관한 논쟁을
차단한다고 주장한다. 그러나 그가 그것을 넘어서서 이것이 정상과학
이 해야 하는 어떤 일이라고 주장하는가? 나는 그가 그렇게 주장한다고
생각하지만(Kuhn 1996, 24~25면, 65면을 볼 것), 이런 문제들은 논
란이 되고 있다.

　　만일 쿤이 여기서 정말로 규범적 주장을 하고 있다면, 우리는 포퍼와
의 중요한 대비를 보는 셈이다. 비록 포퍼가 확실히 과학 안에서 모든
것이 단번에 비판받을 수 있는 것은 아니라는 것을 인정할 수 있다 할
지라도, 포퍼의 견해는 훌륭한 과학자가 자신이 연구하고 있는 분야에
서 모든 문제, 심지어 아주 기본적인 문제들에 대해서조차 항구적으로

열린 마음을 가지고 있다고 주장한다. 포퍼에 따르면 논쟁을 "차단하는 일"은 어떤 것이든 나쁜 소식이다. 포퍼는 이 점에서 쿤을 명시적으로 비판했다. 포퍼는 비록 쿤 종류의 "정상과학"이 실제로 나타난다 할지라도 그것이 논쟁을 차단하는 것은 나쁜 일이라고 말했던 것이다 (1970).

훌륭한 정상과학자의 연구는 어떤 것인가? 쿤은 정상과학에서 행해지는 연구의 대부분을 "퍼즐 풀이하기"(puzzle-solving)로 기술한다. 정상과학자는 새로운 현상을 기술하거나 모델을 만들거나 창조하기 위해 패러다임이 제공하는 도구와 개념들을 사용하려 한다. "퍼즐"은 패러다임이 제공하는 틀에 순조롭게 맞는 새로운 사례를 얻으려 하고 있다. 쿤은 어떤 이유로 "문제"(problem)가 아니라 "퍼즐"이라는 용어를 사용했다. 퍼즐이란 우리가 아직 풀지 못했지만 해답이 있다고 생각하는 어떤 것이다. 문제는 해답이 없을 수도 있다. 정상과학은 패러다임이 해결할 수 있어야 한다고 시사하는 쟁점들에 대해 그 패러다임이 제공하는 개념들을 적용하려 한다. 패러다임이 제공하는 지침의 역할은 좋은 퍼즐을 선택하도록 안내하는 일이다.

"퍼즐"이라는 용어는 또한 어떤 점에서 중요하지 않거나 하찮은 것임을 시사하는 것처럼 보인다. 여기서 또 다시 쿤은 그 용어가 지닌 정확한 메시지를 전달하려 한다. 쿤은 정상과학자가 바깥에서 볼 때 중요하지 않은 것처럼 보이는 주제들에 대해 정말로 많은 시간을 소비한다고 생각한다(그는 심지어 "아주 사소한"(minuscule)이라는 용어까지 사용한다[1996, 24면]). 그러나 세계에 관한 새로운 심층의 사실을 드러낼 수 있는 것은 바로 이처럼 세세한 것에 대해 면밀한 주의 — 정상과학의 잘 조직된 기계만이 가능하게 만드는 주의 — 를 기울이기 때문이다. 나는 쿤이 밖에서 볼 때 중요하지 않은 것처럼 보이지만 결국은 엄청난 중요성을 갖는 것으로 드러나는 주제와 현상에 대해 근거지를 마련해주는 정상과학의 능력에 대해 일종의 경외심을 느꼈다고 생각한다. 그리고 비록 정상과학자가 패러다임 변화로 이끄는 현상을 발견하려고 하는 것이 아니라 할지라도 — 그런 일은 어림도 없다! —, 이 정밀한 발견은 종종 대규모 변화와 그 변화를 산출한 패러다임 파괴의 씨앗을 포함한다.

5.4 변칙 현상과 위기

나는 쿤에게 있어 정상과학의 핵심적인 특징이란 패러다임과 연관된 근본 사상들이 논쟁이 되지 않는다는 것이라고 말했다. 근본 원리들은 논박에서 차단된다. 정상과학자들은 새로운 사례를 다루기 위해 이론적으로나 실험적으로 패러다임을 확장하려고 하면서 시간을 보낸다. 기대한 결과를 얻는 데 실패하면 훌륭한 정상과학자는 자신이 어떤 잘못을 범했는지 알아내려고 함으로써 반응한다. 여기서 "서툰 목수만이 연장을 탓한다"는 속담이 적용된다. 정상과학자는 실패를 도전으로 받아들여야 한다.

쿤은 이론이 때로 관찰에 의해 논박된다는 것을 승인한다. 그래서 정상과학 내에서 가설들은 내내 논박된다(그리고 확증된다). 패러다임은 이러한 결정을 내리기 위한 원리를 제공한다. 그러나 전체 패러다임을 내던지는 것은 훨씬 더 어렵다. 쿤에 따르면, 패러다임의 거부는 (1) 임계량의 변칙 현상이 나타났고, (2) 경쟁 패러다임이 출현할 때에만 일어난다. 지금은 이 중 첫 번째 측면—임계량의 변칙 현상의 축적—만 살필 것이다.

쿤에게는 "변칙"이 해답에 저항하는 퍼즐이다. 쿤은 모든 패러다임이 주어진 어떤 시간에 어떤 변칙 현상들에 직면한다고 주장한다. 그런 현상들이 너무 많지 않은 한 정상과학은 여느 때처럼 진행되며, 과학자들은 그런 현상들을 도전으로 간주하기 쉽다. 그러나 변칙 현상들은 축적되는 경향이 있다. 때로는 하나의 변칙 현상이 그 분야의 최고 연구자들의 노력에 저항함으로써 특히 두드러지게 된다. 쿤에 따르면, 결국 과학자들은 자신들의 패러다임에 대한 신앙을 상실하기 시작한다. 결과는 위기이다.

쿤에게 위기 과학은 현존하는 패러다임이 과학자들을 고무시키고 인도하는 능력을 상실한 특별한 시기지만, 그 분야를 바른 길로 들어서게 할 새로운 패러다임은 나타나지 않은 시기이다. 위기로의 이행은 용해되는 동안 고체에서 액체로 변하는 물질의 변화처럼 거의 상전이(phase transition, 相轉移)와 비슷하다. 어떤 이유에서건 어떤 분야의 과학자들은 그 패러다임에 대한 신앙을 상실한다. 그 결과 가장 근본적인 쟁점들이 다시 논쟁의 현안이 된다. 심지어 쿤은 위기 동안에 과학자들이 갑자기 철학, 즉 그가 정상과학에 전혀 유용하지 않다고 보는 분야에 흥미를 갖게 되기 쉽다고 즐거운 마음으로 주장한다.

나는 위기의 방아쇠를 기술하기 위해 변칙 현상의 "임계량"(critical mass)이라는 용어를 사용했다. 이 원자력 시대 은유는 몇 가지 점에서 적당하다. 특별히 나는 여기서 이 은유를 쿤이 패러다임의 붕괴를 과학의 "적절한 기능"의 부분이 되는 어떤 것으로 본다는 것을 시사하기 위해 사용하는데, 비록 해당 과학자들은 그 은유를 그런 방식으로 느끼지 않는다 할지라도 그렇다. 정상과학은 그 자신의 파괴를 불가피하게 만드는 방식으로 구축되지만, 올바른 자극에 반응해서만 그렇게 한다. "올바른 자극"은 피상적인 것이 아니라 심층의 문제들, 즉 그 패러다임에서 진짜 부적합함을 드러내는 문제들의 출현이다. 정상과학자들은 정상과학을 버리지 않고 많은 일시적 말썽거리에 관대할 것이기 때문에 ― 그들은 잠시 실패를 자신들의 탓으로 돌릴 것이다 ― , 패러다임은 쉽게 붕괴되지 않는다. 그러나 올바른 자극이 나타나면 패러다임은 붕괴될 것이다. 이런 식으로 패러다임은 잘 보호되고 잘 설계된 폭탄과 비슷하다. 폭탄은 폭발하게 되어 있다. 그것이 바로 폭탄의 기능이다. 그러나 폭탄은 이전의 아무 시간에나 폭발하도록 되어 있는 것은 아니다. 그것은 아주 특수한 상황에서 폭발하게 되어 있다. 잘 설계된 폭탄은 미미한 타격에서 보호될 것이다. 매우 특수한 자극만이 폭발을 일으킬 것이다.

어떤 사람들은 이 군사적 유비가 불쾌하다고 판단할지도 모르겠지만, 나는 이 유비가 쿤이 말한 것을 많이 포착한다고 생각한다. 쿤의 이야기는 모든 패러다임이 끊임없이 변칙 현상에 맞닥뜨린다는 그의 주장에 의해 인도된다. 포퍼주의의 견해, 또는 더 단순한 다른 형태의 경험주의에게는 이 변칙 현상이 그 이론에 대한 "논박"으로 간주되어야 한다. 그러나 쿤은 과학이 끊임없이 나타나는 이 변칙 현상을 실제로 논박으로 취급하지 않으며, 또 그렇게 해서도 안 된다고 생각한다. 만일 과학자들이 문제가 나타날 때마다 자신들의 패러다임을 버린다면, 그들은 결코 아무것도 해결하지 못할 것이다.

쿤에게는 과학의 비밀의 많은 것이 기본 사상의 변화에 대해 너무 저항하는 일과 충분히 저항하지 않는 일 사이에서 어떻게든 뚫고 나가려는 놀랄만한 균형이다. 만일 가장 단순한 형태의 경험주의적 사고가 널리 퍼져 있다면, 사람들은 예기치 않은 관찰이 나타날 때 사상을 너무 빨리 버릴 것이고, 혼돈이 초래될 것이다. 사상은 어떤 보호가 필요하며, 그렇지 않을 경우 결코 제대로 발전하지 못할 것이다. 그러나 만일 과학이 경험적 실패에 대해 전혀 반응을 보이지 않는다면, 개념적 진보는 멈추게 될 것이다. 쿤에게는 과학이 균형을 제대로 잡고 있는 것처럼 보인다. 그리고 이 미묘한 균형은 우리가 일련의 명시적 규칙을 통해 기술할 수 있는 것이 아니다. 그 균형은 과학의 사회적 구조와 전해져 내려온 과학적 행동의 전통, 그리고 과학적 정신의 재치 있는 언변들에서 함축적으로 존재한다.

　과학을 작동하게 만드는 균형에 관한 이 생각은 경험주의, 적어도 단순한 형태의 경험주의에게는 중요한 도전이다. 관찰에 반응해서 사상을 기꺼이 수정하는 일이 너무 멀리 나아갈 수 있다는 생각은 경험주의 철학의 관점에서 볼 때 예기치 않은 일이다. 그리고 쿤은 이 주장을 과학사에서 나온 대량의 증거로 뒷받침했다.

　지금까지 우리는 패러다임 이전의 과학으로부터 정상과학을 거쳐 위기에까지 이르렀다. 쿤의 이야기에서 다음 단계는 혁명이다. 그러나 우리가 거기에 이르기 전에 나는 쿤의 정상과학 이론에 관해 몇 가지 간단한 논평을 할 것이다.

5.5 정상과학의 결말

지금까지 논의한 내용을 정리해보자. 패러다임은 과학적 연구를 조직하도록 기능한다. 정상과학은 그 패러다임을 확장하고 세련되게 다듬으려 하는 작업이다. 훌륭한 정상과학자는 그 패러다임에 헌신하며, 그 패러다임을 의문시하지 않는다. 정상과학자들은 자신들의 패러다임을 이론적으로나 실험적으로 확장한다. 그렇지만 어쩔 수 없이 변칙 현상이 나타나며, 결국은 이 변칙 현상들이 일종의 임계량에 이르게 되는

데, 이 시점에서 과학자들은 그 패러다임에 대한 신앙을 상실하고, 그 분야는 위기 상태에 처하게 된다.

우리가 아직 쿤의 이론에서 가장 논란이 되는 부분에 이르지 않았지만, 우리가 지금까지 파악한 것에 어떤 문제가 있는가? 한 가지 문제는 특이한 경우를 제외하면 어떤 과학 분야가 시간당 분야당 한 가지 패러다임을 갖는다는 쿤의 주장에서 비롯된다. 쿤은 일반적으로 단일 패러다임이 그 분야를 지배할 것이라고 주장했다. 그는 두서너 개의 서로 다른 경쟁 패러다임이 정상적으로 공존할 수 있다고 생각하지 않았다. 많은 비판자는 쿤이 물리학과 화학의 사례 모두에서 이 점에 관해 틀렸다고 생각했는데, 그는 이 물리학과 화학에 대해 포괄적으로 논의했으며, 좀처럼 논의하지 않던 생물학이나 심리학에 비해 훨씬 더 포괄적으로 논의했다. 우리는 이 쟁점에 대해 제7장에서 다시 다룰 것이다.

둘째로, 쿤은 정상과학자가 패러다임에 기울이고 기울여야 하는 헌신의 정도를 과장한다. 쿤은 정상과학자의 태도를 매우 강한 말로 기술한다. 과학적 교육은 일종의 "교의 주입"(indoctrination)인데, 이 교의 주입은 과학자들에게 그들의 패러다임에 대해 깊은 "신앙"을 갖게 만드는 결과를 낳는다. 과학이 실제로 어떻게 작동하는지에 대한 기술로서 이것은 과장된 것처럼 보인다. 때로 신앙 같은 헌신도 있지만 때로는 그런 헌신이 없다. 많은 과학자는 자신들이 언제나 실제적인 이유로 어떤 패러다임 안에서 연구하지만, 자신들 틀의 오류가능성과 이로 인한 다른 패러다임으로의 실질적 대치 가능성을 아주 잘 의식하고 있다고 말할 수 있다. 쿤의 영향이 지닌 아이러니 중 하나는 그의 책이 어떤 정상과학자들의 신앙을 약화시킬 수도 있다는 것인데, 비록 쿤이 정상과학자들이 자신들 패러다임에 대해 깊은 신앙을 가져야 한다고 생각했음에도 불구하고 그렇다!

패러다임에 대한 완강한 헌신이 우리가 일반적으로 발견하는 것인지 아닌지의 문제는 제쳐놓더라도, 우리는 또한 이 강한 헌신이 좋은 것이라는 쿤의 신념에 관해 묻지 않을 수 없다. 쿤에게는 정상과학의 커다란 가치가 그것의 조직적이고 협력적인 구조, 즉 정밀성과 효율성을 낳는 구조이다. 근본 원리에 관한 논쟁이 차단되지 않는 한 이 정밀성과 효율성은 감소될 것이다. 여기서 포퍼와의 대비가 핵심적인데, 포퍼는 항구적인 열린 마음을 강조한다. 쿤에게는 기본 신념들에 대한 끊임없는 의문시와 비판이 혼돈 — 부분적으로 패러다임 이전의 과학에서 보는 "닥치는 대로의" 사실 수집과 사변 — 이라는 결과를 초래할 가능성이 높다. 그러나 여기서 또 다시 쿤은 십중팔구 너무 나아간 것 같다. 그는 과학자들이 근본적 쟁점들에 대한 끊임없는 논의로 시간을 소비하지 않으면서 협동적인 방식으로 함께 연구하는 데 동의하면서도 자신들의 패러다임에 대해 조심스러운 태도를 보유할 수 있는 가능성을 진지하게 취급하지 않는다. 이런 일은 확실히 가능하다.

이 장을 끝맺기 위해 나는 쿤의 보통 사례와 매우 동떨어진 예 — 과학의 주변부에 있지만 내 생각에 쿤의 통찰을 잘 예증하는 예 — 를 기술할 것이다. 1980년대와 1990년대에 "인공생명"(Artificial Life)으로 알려진 새로운 분야에 관해 많은 소동이 있었다. 이 분야의 목적은 결국 인공계가 살아 있다고 말하는 것이 합리적일 수 있는 방식으로 생명계의 매우 기본적인 특징들을 컴퓨터를 이용해 모형화하는 것이었다. 나는 이 시기 동안 몇 차례 "인공생명" 학회에 참석했으며 그 분야가 발전하는 것을 지켜보았다. 이 글을 쓰는 시점에 그 분야는 멈춘 것처럼 보인다. 어쩌면 그 분야는 소생할 것이다. 그러나 최근 몇 년 동안 그 분야의 실패가 나에게는 매우 "쿤적인" 어떤 이유를 포함한 것처럼 보인다.

그 운동의 전성기 때 두드러지게 성공적인 두세 개의 연구가 나타났다. 많은 연구 중에서도 가장 인상적인 것은 아마 톰 레이(Tom Ray)의 티에라 프로젝트인데, 이 프로젝트에서 레이는 컴퓨터의 자기복제 프로그램들 사이에서 무제한의 진화물을 만들어낼 수 있었다(Ray 1992). "세포 자동자"(cellular automata), 즉 요소들 사이의 국소적 상호작용이 전체적인 자립적 유형을 낳는 단순한 체계에 대한 수학적 분석에 관해 크리스 랭턴(Chris Langton)과 스티븐 울프램(Wolfram)이 진행한 연구는 또 다른 사례일 수 있다. 그리고 주류 생물학의 경계선에 가까이 가보면 복잡계에서 "질서의 기원"에 관한 스튜어트 카우프만(Stuart Kaufmann)의 연구가 있었다(Kaufmann 1993).

이 모든 것은 인상적인 연구였으며, 상상력이 풍부한 이 개인들이 행한 것의 통합으로 나아갈 길을 가르쳐주었다. 그러나 통합은 결코 일어나지 않았다. 내가 참석한 각각의 학회에서 이런 연구들과 관련된 더 큰 사람들 집단은 모두 일을 자신들의 방식대로 무(無)에서 하고 싶어 하는 것처럼 보였다. 각 사람은 문제를 제 자신의 방식대로 설정했다. 레이와 다른 사람들의 유망한 시작에 기초를 둔 연구는 그 시작에 비하면 턱없이 모자랐다. 그 분야는 정상과학과 닮은 어떤 것으로의 전환이 결코 이루어지지 않았다. 그리고 지금은 멈추었다.

붕괴의 또 다른 이유 또한 쿤과 관계가 있다. 인공생명 분야는 일종의 "때 이른 상업화"를 겪었다. 그 연구의 어떤 요소가 애니메이션과 다른 종류의 상업 예술에 커다란 잠재력을 가졌다는 것은 일찍부터 체감되었다. 어떤 인공생명 이벤트들에서 각각의 좌담회의 절정은 새로운 어떤 이론적 자료가 아니라 극적인 비디오인 것처럼 보였다(심지어 나는 연사들이 비디오를 상영하기 전에 사과했다는 말을 들었는데, 마치 이런 이벤트가 어쨌든 자신들 작업에 대한 올바른 강조가 아니라는

것을 알았던 것처럼 말이다). 쿤에게 과학은 퍼즐 풀이 자체에 대한 훌
륭한 정상과학자의 예민한 흥미에 의존한다. 너무 자주 패러다임 바깥
의 응용사례와 외적 보상을 추구하는 것은 정상과학에 좋지 않다.

더 읽을거리

라카토슈(I. Lakatos)와 머스그레이브(A. Musgrave)의 선집 *Criticism and the Growth of Knowledge*(1970)는 쿤에 관한 훌륭한 논문들을 수록하고 있다. 좀 더 최근에 편집된 선집은 Horwich, *World Changes*(1993)이다.

　쿤의 논문 선집 *The Essential Tension*(1977b)은 중요한 추가 자료이다. 쿤은 또한 두 권의 역사책도 썼다(1957, 1978). 그의 말년 논문들은 *The Road since Structure*(2000)에 수록되어 있다.

　Levy 1992는 인공생명 연구에 대해 쉽게 읽을 수 있는 개관서다. 최고의 인공생명 논문 중 많은 것을 *Artificial Life II*(Langton 외 1992)에서 찾아볼 수 있다.

제6장

쿤과 혁명

나는 지금까지 패러다임들이 과학을 구성한다고만 주장해왔다. 이제 나는 패러다임들이 어떤 의미에서 자연을 구성하기도 한다는 것을 보여주고 싶다.

토머스 쿤, 『구조』

"자 보세요." 토머스 쿤이 말했다. 그 말은 내가 그를 잘못 해석했다는 사실에 단념한 것처럼 피곤함이 묻어 있었지만, 여전히 자신의 주장을 — 의심할 여지없이 헛되이 — 관철하려 하고 있었다. "자 보세요." 그가 다시 말했다. 그는 호리호리한 몸과 긴 얼굴을 앞으로 굽히고, 보통 때는 입가에서 호감을 주도록 말린 큰 아랫입술을 늘어뜨렸다. "제발 좀, 내가 책을 쓰거나 쓰지 않는 쪽으로 자유롭게 선택할 수 있었다면 나는 쓰는 쪽을 선택했을 겁니다. 하지만 그 책에 대한 반응에 관해서라면 상당한 혼란에 말려들게 하는 측면이 확실히 있었어요."

존 호건 『과학의 종말』

6.1 상당한 혼란

쿤 책의 가장 유명하고 가장 인상적이며 가장 논란이 되는 부분은 과학
혁명에 대한 그의 논의였다. 그것이 바로 이 장의 주제다. 왜 쿤에 관한
내용이 두 개의 장을 차지하는가? 한 가지 이유는 그의 책이 지닌 지속
적인 중요성과 커다란 민감성이다. 또 다른 이유는 혁명에 대한 논의가
그 책에서 가장 중요한 부분인 반면에, 정상과학에 대한 논의도 그만큼
중요하다 — 그리고 어쩌면 더 지속적인 중요성을 갖고 있을지도 모른
다 — 는 것이다. 때로 정상과학은 혁명에 관한 소동 속에서 묻혀 버렸
다. 그래서 제5장이 필요했다.

　쿤은 어떤 과학적 변화의 기간이 우리가 정상과학에서 발견하는 것
과는 근본적으로 다른 종류의 과정을 포함한다고 주장했다. 혁명기는
질서의 붕괴와 게임 규칙에 대해 의문시하는 태도를 보이며, 근본적으
로 새로운 종류의 개념적 구조를 만들 수 있는 재건 과정이 따른다. 혁
명은 붕괴를 포함하지만, 우리가 아는 과학의 본질적인 요소이다. 혁명
은 전체 과학 내에서 어떤 "기능"을 갖는다고 쿤은 종종 말했다. 우리
가 과학과 연관 짓는 특별한 특징들은 두 가지 다른 종류의 활동 — 질
서 있고, 조직적이고, 잘 훈련된 정상과학 과정과 혁명에서 발견되는
질서의 주기적 몰락 — 의 결합과 상호작용에서 나온다. 이 두 과정은
각각의 과학적 분야 내에서 연속적으로 일어난다. 전체로서의 과학은
이 과정들의 상호작용의 결과이며, 그 이상도 이하도 아니다.

　쿤은 과학을 낯선 경계를 가진 단위들로 나누는 것처럼 보였다. 어떤
정상과학 기간 내에서 살피게 되면 당신은 좋은 연구와 나쁜 연구, 합
리적 방책과 비합리적 방책, 커다란 문제와 작은 문제 등을 쉽게 구별
할 수 있다. 시간이 지나면서 진보는 명백해진다. 그러나 이 모든 것은

혁명으로 끝나게 된다. 정치혁명에서처럼 과학 혁명에서는 규칙이 붕괴되고 새로 재건되어야 한다. 만일 당신이 혁명의 분기점에 걸쳐 있는 두 가지의 과학적 연구를 살핀다면, 앞 연구에서 뒤 연구로 넘어가면서 진보가 있었는지 분명치 않을 것이다. 심지어 이론이나 연구들을 도대체 어떻게 비교해야 하는지조차 분명하지 않을 수도 있다. 그런 이론이나 연구들은 근본적으로 다른 종류의 지적 활동으로 보일 것이다. 분기점의 서로 다른 측에 있는 사람들은 "다른 언어로 말하고" 있을 것이다. 그의 책 절정에서 쿤은 서로 다른 패러다임에 있는 연구자들이 서로 다른 세계에서 살고 있다고 말한다.

6.2 혁명과 그 여파

과학 분야의 역사에서 혁명은 일종의 불연속이다. 과학은 두 가지 변화 양상을 갖는데, 그 중 하나가 극적이고 돌발적이라는 주장은 흥미롭긴 하지만 그 자체로 철학에 커다란 귀결을 갖지는 않는다. 큰 쟁점은 두 가지 변화 양상이 어떤 것인가에 달려 있다. 그리고 여기서 격렬한 토론을 야기한 두 가지 쟁점 집합이 있다. 첫 번째는 혁명이 어떻게 일어나는가 — 혁명 안에서 어떤 일이 일어나는가 — 하는 것이다. 두 번째는 우리가 혁명 이전에 가지는 것과 혁명 이후에 가지는 것 사이의 관계와 관련이 있다.

혁명은 어떻게 일어나는가? 우리는 앞 장을 정상과학에서 위기로의 이행을 기술하면서 끝냈다. 쿤의 이야기에서 대규모의 과학적 변화는 보통 위기와 새로운 후보 패러다임의 출현을 모두 요구한다. 위기만으로는 과학자들이 대규모 이론이나 패러다임을 "반증되었다"고 간주하는 쪽으로 이끌리지 않을 것이다. 우리는 순수한 반증, 새로운 패러다임을 승인하지 않으면서 동시에 한 패러다임을 거부하는 일을 발견하지 못한다. 오히려 한 패러다임의 거부는 다른 패러다임의 승인을 동반한다. 그러나 또한 새로운 패러다임으로의 교체는 그저 이전 사상보다 나아 보이는 새로운 사상이 출현하기 때문에 나타나는 것이 아니다. 위기가 없는 과학자들은 급진적 변화를 생각할 동기를 전혀 갖지 않게 될 것이다.

과학적 변화에서 어떤 단계 다음에 어떤 단계가 따라오는지에 관한 쿤의 모든 주장은 제한을 받기 쉽다. 그는 예외 없이 모든 사례를 기술하는 것이 아니라 변화의 핵심적이고 특징적인 유형들을 기술하고 있다. 그러나 혁명이 일반적으로 위기를 요구한다는 생각은 몇 가지 어려운 역사적 문제를 제기했다. 코페르니쿠스 이전에 천문학의 상태, 또는 다윈 이전의 생물학에서 위기가 있었는가? 이전의 확신에 찬 연구 기간 다음에 무질서의 상태가 있었는가? 어쩌면 그런 상태가 있었을 수도 있다. 그러나 또 다른 생물학 예로, 만일 1900년 경 과학으로서의 유전학의 출현이 혁명이었다면, 유전에 관한 그에 앞선 연구에서 위기를 발견하기는 매우 어렵다(아마 쿤은 이것을 패러다임 이전의 과학에서 정상과학으로 이행한 것으로 간주할 텐데, 비록 그런 일이 그 무렵의 생물학 대부분에 관해 말할 수 있는 것은 아니라 할지라도 그렇다). 생물학에서 분자생물학의 혁명 같은 20세기의 다른 어떤 혁명들은 위기를 훨씬 덜 야기한 것처럼 보인다.

1970년 『구조』에 대한 "후기"에서 쿤은 위기의 역할에 관한 자신의 주장들을 제한했다(181면). 그는 여전히 위기가 혁명의 "일상적 전주곡"이라고 주장했으나 그 주장조차도 논란이 된다. 위기에 대한 쿤의 강조는 때로 역사적 자료에 의해서보다는 과학적 변화에 대해 그가 가정한 메커니즘의 요구에 의해 이끌리는 것처럼 보인다. 쿤의 이야기는 위기만이 패러다임의 지배력을 완화시키고 사람들에게 대안을 수용하게 만들 수 있기 때문에 위기를 요구한다.

우리가 정말로 위기, 즉 온통 혼란스럽고 철학과에 낯선 손님들이 들어 찬 시기를 맞고 있다고 하자. 그러면 혁명을 촉진시키는 새로운 후보 패러다임이 출현한다. 앞 장에서 내가 제시한 구별을 이용한다면, 처음에 나타나는 것은 좁은 의미의 새로운 패러다임, 즉 사람들을 자극하기 시작하고 앞으로 나아갈 길을 가리키는 것처럼 보이는 업적이다. 좀 더 구체적으로 이럴 때 보통 포함되는 것은 새로운 연구가 이전 패러다임에서 위기를 촉진했던 문제들을 하나 이상 해결하는 것처럼 보인다는 사실이다. 문제 해결 능력의 갑작스러운 출현은 혁명을 점화시키는 불꽃이다. 쿤은 이런 과정들이 증거와 시험에 대한 명백한 철학이론으로 기술될 수 있다고 생각하지 않았다. 대신 우리는 새로운 패러다임으로의 전환을 "개종" 현상이나 형태 전환(gestalt switch) 같은 것으로 생각해야 한다. 쿤은 또한 혁명이 변덕스럽고 무질서한 사건이라고 논했다. 혁명은 특이한 개인적 요인과 역사의 우연성이 영향을 미친다.

혁명이 무질서한 성격을 갖는 한 가지 이유는 과학적 증거를 평가하는 원리들 약간이 그 자체로 위기에 의해 불안정해지기 쉬우며, 혁명으로 인해 바뀔 수 있다는 것이다. 쿤은 이론이 증거와 관계되는 방식에 관한 전통적인 철학 사상들이 완전히 잘못 인도된 것이라고 주장하지 않았다. 그는 후기 저작에서 이론을 평가할 때 모든 패러다임에 공통하는 어떤 핵심 방식들이 있다는 것을 명백히 했다(1977c, 321~22면). 이론은 정확한 예측을 해야 하고, 인접한 분야에서 잘 확립된 이론들과 정합성이 있어야 하며, 이질적인 현상들을 통합할 수 있어야 하고, 새로운 사상과 발견이라는 성과를 낳아야 한다. 다른 비슷한 원리들과 함께 이 원리들은 "이론 선택에 관해 공유된 기초를 제공한다"(322면).
(나는 어떤 비평가들이 이 후기 논문들을 『구조』에서 제시된 견해를 명
료화하는 것이 아니라 변화시킨 것이라고 생각한다는 것을 지적하지
않을 수 없다).

　그러나 쿤은 모든 과학의 전역에 공통적인 것이 될 정도로 충분히 넓
게 표현되면 이런 원리들은 너무 모호해서 어려운 사례들을 해결하기
에는 무력할 것이라고 생각했다. 또한 이 목표들은 종종 서로 자리바꿈
을 해야 한다. 즉 한 목표를 강조하는 일은 다른 목표를 경시하는 일을
요구할 것이다. 단일 패러다임 내에서는 가설을 평가하는 좀 더 정확한
방식들이 작동할 것이다. 이런 방식들에는 앞에서 열거한 공통 원리들
의 더 예리한 형태가 포함되겠지만, 이 예리한 형태의 원리들은 실제로
는 더 이상 명백한 "원리"가 아닐 것이다. 대신 그것은 습관이나 가치,
즉 공통 훈련과 공통 활동에 의해 전해진 정상과학자들의 공유된 사고
방식의 측면과 더 비슷할 것이다. 이 원리들이 이해되고 획득되는 방식
도 정상과학 내에서 어떤 변동이 있을 것이다 ― 쿤은 이러한 변화를
과학 공동체의 힘으로도 보게 되었다. 그러나 여기서 가장 중요한 점은
사상을 평가하는 더 예리하고 더 명확한 이 방식들이 혁명의 과정에서
변하기 쉽다는 것이다. 다음 절에서는 이러한 현상의 예를 제시할 것이
다.

　그래서 쿤의 그림에서는 두 종류의 과학적 변화가 있는 셈인데, 이
두 종류의 변화 중 어떤 것도 경험주의 과학철학이 우리에게 기대하도
록 이끌 수 있는 것은 아니다. 정상과학 안에서의 변화는 질서가 있고
증거에 반응하기 쉽다 ― 그러나 정상과학은 근본 사상에 관한 논쟁을
차단함으로써 작동한다. 다른 종류의 변화 ― 혁명적 변화 ― 는 근본
사상에 대한 도전을 포함하지만, 이런 일은 사상에 대한 질서 있는 평

가가 붕괴되는 사건이다. 문제 해결 능력의 발휘는 패러다임들 간의 이러한 근본적 이행에서 핵심 역할을 하지만, 그 전환은 또한 갑작스러운 형태 전환과 신앙의 도약(leaps of faith)을 포함한다.

쿤이 혁명적 변화를 다룰 때 기술적 문제와 규범적 문제의 구별은 매우 중요하다. 쿤은 혁명이 일어날 수밖에 없다는 것뿐만 아니라 혁명이 과학에서 긍정적 역할을 하기도 한다는 것을 시사하는 언어를 사용한다. 혁명은 과학을 세계를 탐사하는 수단으로 그토록 강력하게 만드는 것의 부분이다("최고로 효율적인 도구"[1996, 169면]). 쿤의 이런 종류의 언급에 대해서는 해석하는 사람마다 매우 다른 반응을 보인다. 어떤 사람들은 그런 언급을 다채롭지만 쿤의 일반적 메시지에 필수적인 것은 아닌 것으로 간주한다. 나는 반대 견해를 갖고 있다. 나는 이것이 쿤의 전체 그림에 핵심적인 것이라고 생각한다. 쿤에게 과학은 두 가지 능력을 결합하는 사회적 메커니즘이다. 하나는 지속적인 협동 작업의 능력이다. 다른 하나는 부분적으로 붕괴되었다가 때때로 자신을 재구성하는 과학의 능력이다. 패러다임이 활력을 잃을 때 공동체 내에서는 과학에 새로운 패러다임을 향한 질서 있는 운동을 위해 일련의 지침을 신빙성 있게 제시할 수 있는 것이 전혀 없다. 대신 과학의 목표는 이 특별한 시기에 무질서한 과정에 의해 가장 잘 달성되는데, 이 무질서한 과정에서는 매우 기본적 사상조차도 다시 논의의 대상이 되며, 새로운 방향은 사실상 혼돈에서 나온다. 이 말은 이상하게 들리지만, 나는 그것이 쿤의 그림이었다고 생각한다.

6.3 공약불가능성, 상대주의, 진보

쿤은 혁명이 "비누적적"(non-cumulative) 성격을 갖는다고 말했다. 이 성격은 과학에서 대규모의 역사적 유형에 관한 그의 주장에서 본질적 요소이다. 과학이 진행됨에 따라 진리 같은 유용한 어떤 물자의 견고한 증강(增强)은 없다. 대신 쿤에 따르면, 혁명에서 당신은 언제나 어떤 것들을 얻고 어떤 것들을 잃는다. 이전 패러다임이 답했던 물음들이 이제는 다시 당혹스럽게 만들거나, 더 이상 물음이 아니게 된다. 그래서 우리는 보통 우리가 잃는 것보다 얻는 것이 더 많을까 하고 묻고 싶어 할 수도 있다. 적어도 그의 책 중간 장들에서 쿤은 이 물음에 편향되지 않은 방식으로 답할 방법이 없다고 생각한 것처럼 보인다(1996, 109면, 110면). 물론 우리는 잃은 것보다 얻은 것이 더 많은 것처럼 느낄 것이다. 그렇지 않으면 우리가 전혀 혁명을 한 것이 아닐 것이다. 그러나 그것은 전에 우리가 가졌던 것과 앞으로 가지는 것을 비교할 편향되지 않은 어떤 방법이 있다는 것을 의미하지 않는다.

이 문제는 쿤의 연구에서 가장 중요한 주제 중 하나, 즉 어떤 분야에서 서로 다른 패러다임들은 서로 공약불가능하다(incommensurable)는 사상과 연결된다.

여기서 "공약불가능하다"는 무엇을 의미하는가? 그야말로 문자 그대로 해석하면 이 말은 공통의 표준이나 척도로 비교할 수 없다는 것을 의미한다. 그렇지만 이 사상은 조심스럽게 표현될 필요가 있다. 두 경쟁 패러다임은 서로 양립가능하고, 서로 경쟁자라는 것을 분명히 할 정도로 충분히 잘 비교될 수 있다. 그리고 어떤 한 패러다임 내에서 연구하는 사람들은 설명할 수 있는 것과 설명할 수 없는 것의 핵심 차이를 듦으로써 자신들의 패러다임이 왜 다른 패러다임보다 나은지 말할 때 아무 문제가 없을 것이다. 그러나 이러한 비교는 낫다는 주장이 만들어지는 그 패러다임 내에 있는 사람들에게만 강요될 뿐이다. 만일 우리가 서로 다른 패러다임 안에서 연구하면서 어떤 패러다임이 더 나은지를 놓고 논쟁을 벌이는 두 사람을 "위에서" 내려다본다면, 종종 두 사람은 서로 과거를 이야기하고 있는 것처럼 보일 것이다.

이 점에 대해서는 두 가지 이유가 있다 — (대략적으로 말해) 공약불가능성 문제의 두 측면이 있다. 첫째, 서로 다른 패러다임의 사람들은 서로 충분히 소통하지 못할 것이다. 그들은 핵심 용어를 다른 방식으로 사용하고, 어떤 의미에서는 약간 다른 언어들로 말하고 있을 것이다. 둘째, 소통이 가능할 때조차도 서로 다른 패러다임의 사람들은 서로 다른 증거와 논증 표준을 사용할 것이다. 그들은 훌륭한 이론이 어떤 일을 하도록 되어 있는지에 대해 의견이 일치하지 않을 것이다.

먼저 언어를 포함한 쟁점을 살펴보기로 하자. 여기서 쿤의 주장은 과학적 언어의 의미에 관한 전체론적 견해에 의존한다. 어떤 이론의 각각의 용어는 그 의미가 전체 이론적 구조에서 그 용어가 차지하는 자리에서 나온다. 서로 다른 패러다임에 있는 두 사람은 똑같은 낱말 — "질량"이나 "종" — 을 사용하지만, 이 용어들의 의미는 두 경쟁이론에서 서로 다른 역할 때문에 약간 달라질 것이다.

여기서 나는 "약간 다르다"고 말했다. 쿤은 자신이 온건한 견해를 가졌다고 주장했다. 어떤 비판자들은 의미에 대한 전체론적 견해로는 실제로 이러한 정도 차이를 이해할 방법이 없다고 논했는데, 왜냐하면 그것은 두 용어가 두 개의 매우 다른 이론 망 안에서 "비슷한" 역할을 갖는다고 말하는 것이 가능하지 않기 때문이다(Fodor and LePore 1992). 그래서 비판자들은 과학적 언어에 관한 전체론자들이 낱말의 의미에 대해 "부분적" 소통과 "약간의" 차이를 언급할 때 그들이 불가능할 정도로 극단적인 자신들 견해의 성격을 감추기 위해 허세를 부리고 있다고 주장한다.

전체론자도 다른 누구도 과학적 언어의 의미에 대해 훌륭한 이론을 전개하는 일에 별로 성공하지 못했다. 이 분야는 혼란스럽고 해결되지 않은 영역이지만 여기서 쿤에 대한 다른 종류의 비판이 가능하다. 만일 쿤이 말하듯이 의미의 공약불가능성이 실재한다면, 그것은 과학사에서 보여야 한다. 그래서 과학사를 연구하는 사람들은 보통 실패한 소통의 징후 — 혼란, 교정, 접촉하지 못하는 느낌 — 의 많은 예를 발견할 수 있어야 한다. 비록 내가 과학사가는 아니지만, 내 인상은 역사가들이 경쟁 패러다임을 가로지르는 결정적 논쟁에서 실패한 소통의 많은 예를 발견하지 못했다는 것이다. 과학자들은 종종 한 틀을 다른 틀로 교체함으로써 "과학적 2개어 상용"(scientific bilingualism)에 능숙하다. 그리고 그들은 종종 서로 다른 문화의 무역상들이 "피진" 언어("pidgin" language, 외부로부터 온 무역상들과 현지인이 만나면서 의사소통 때문에 자연스럽게 형성된 혼성어를 일컫는 말. 지리상의 발견 이래 세계 각국에서 생겨났음 — 옮긴이)를 즉석에서 만들어냄으로써 그러는 것처럼 언어적 틈에 다리를 놓는 방식을 즉석에서 만들어낼 수 있다(Galison 1997). 과학자들은 종종 수사적 의미를 전달하기 위해 일부러 서로의 주장을 부정확하게 전하지만, 그것은 실패한 이해나 소통의 사례가 아니다.

다른 형태의 공약불가능성은 훨씬 더 중요하다. 이것은 표준들의 공약불가능성이다. 여기서 쿤은 패러다임들이 훌륭한 논증이나 훌륭한 증거로 간주하는 것에 대해 그 자신의 표준을 산출하는 경향이 있다고 주장했다.

이 주제는 앞 절에서 소개되었다. 거기서 나는 쿤이, 비록 모든 과학적 연구가 이론 선택의 어떤 넓은 원리에 감응한다 할지라도, 사상을 평가하는 세세한 표준들은 종종 패러다임 내부에 있으며, 혁명과 함께 변하기 쉽다고 생각했다고 말했다. 쿤에게 "패러다임은 과학자들에게 지도를 제공할 뿐만 아니라 지도 작성에 필수적인 약간의 지침까지도 제공한다"(1996, 109면).

이 현상의 가장 흥미로운 쿤의 예들 중 하나는 인과적 설명의 역할을 포함한다. 과학적 이론은 왜 어떤 일들이 일어나는가에 대해 인과적 의미를 만드는 일이 요구되어야 하는가? 우리는 언제나 사건들 기저의 메커니즘 이해를 희망해야 하는가? 또는 만일 어떤 이론이 인과적 의미를 만들지 않으면서 현상을 기술하는 수학적 형식체계를 제공한다면 그 이론은 전적으로 승인될 수 있는가? 이 문제의 유명한 예는 뉴턴의 중력이론과 관계되어 있다. 뉴턴은 중력에 대한 수학적 기술 — 그의 유명한 역제곱의 법칙 — 을 제시했지만, 중력이 어떻게 작동하는지에 대한 메커니즘을 제시하지는 않았다. 실제로 중력이 어느 정도 떨어진 거리에서 동시에 작용한다는 뉴턴의 견해는 메커니즘을 통한 설명을 제공하기에는 몹시 어려운 것처럼 보였다. 이것이 뉴턴 이론의 문제였는가, 아니면 우리가 인과적 메커니즘에 대한 요구를 버리고 수학적 형식체계로 만족해야 하는가? 중력을 그저 수학적 법칙을 따르는 물질의 "본유적(本有的)" 힘으로 간주하는 일이 과학적으로 승인될 만한 것이었을까? 18세기 초에 사람들은 이 점에 관해 많은 논쟁을 벌였다. 쿤의 견해는 과학적 이론이 현상에 대한 인과적 메커니즘을 제공해야 하는지에 대한 물음에는 일반적 답이 없다는 것이다. 이것은 한 패러다임에서는 나타나고 다른 패러다임에서는 없는 일종의 원칙이다.

20세기 벽두에 소규모긴 하지만 영어권 생물학 내에서도 비슷한 논쟁이 있었다. 19세기 말에 "생물측정학자"(Biometricians)라 불리는 일군의 생물학자가 유전성을 기술한다고 생각한 수학적 법칙을 정식화했

다. 그들은 유전이 어떻게 작동하는지에 대한 메커니즘을 몰랐으며, 그
들의 법칙은 그러한 메커니즘을 보완하는 데 도움이 되지 않았다. 1900
년에는 19세기 중엽 멘델이 수행한 선구적 연구가 재발견되었으며, 유
전학이라는 과학이 발진하였다. 그렇지만 약 6년간 생물측정학자와 멘
델주의자들은 유전을 이해하려 할 때 어떤 연구방식이 나은지에 대해
격렬한 논쟁을 벌였다. 문제가 된 쟁점 한 가지는 어떤 종류의 유전 이
론을 목표로 삼아야 하는가 하는 것이었다. 생물측정학자들은 수학적
으로 표현된 법칙이 올바른 목표라고 생각했던 반면에, 멘델주의자 진
영의 윌리엄 베이트슨(William Bateson)은 유전의 메커니즘을 이해하
는 일이 목표라고 주장했다. 단기적으로는 멘델주의자들이 논쟁에서
승리했으나 그 후 얼마 안 있어 두 연구방식은 결합되었다. 그래서 이
제 현대 생물학은 수학과 메커니즘을 둘 다 가지고 있다. 그러나 논쟁
이 벌어지는 동안 훌륭한 과학적 이론이 어떤 것이어야 하는지를 놓고
상당한 논쟁이 있었다(Provine 1971 ; MacKenzie 1981).

그래서 언어적 공약불가능성에 관한 쿤의 주장이 과장되었다 할지라
도, 나는 표준들의 공약불가능성이 실재하는 것이며, 흥미로운 문제라
는 데 대해 그에게 동의한다.

공약불가능성에 대한 쿤의 논의는 그의 과학관이 종종 "상대주의"로
불리는 것의 주된 이유이다. 쿤의 책은 종종 과학과 지식에 관한 상대
주의를 받아들였던 20세기 후반의 연구 전통에서 첫 번째 커다란 움직
임 중 하나인데, 쿤 자신은 이런 식으로 해석되는 것에 충격을 받았다.

그러나 상대주의란 정말로 무엇인가? 이것은 혼돈스러운 논의 영역
이다. 대략적으로 말하면 상대주의적 견해는 어떤 주장의 진리성이나
정당성, 또는 어떤 규칙이나 표준의 적용가능성이 우리가 처한 상황이
나 관점에 달려 있다고 주장하는 경향이 있다. 그러한 주장은 예술, 도

덕, 훌륭한 매너, 다른 어떤 특수 영역에 관해 일반적 차원에서 만들어질 수도 있고("모든 진리는 상대적이다"), 좀 더 제한된 방식으로 만들어질 수도 있다. "관점"은 개인이나 사회나 다른 어떤 집단의 관점일 수 있다.

만일 사람들이 어떤 영역에서 사실이나 적절한 표준에 관해 의견이 다르다면, 그 사실 자체는 그 영역에 대해 상대주의가 성립한다는 것을 함의하지 않는다. 그저 그 사람들 중의 어떤 사람들이 틀렸을 수도 있기 때문이다. 만일 누군가가 도덕적 올바름이나 훌륭한 추론이 "맥락에 의존한다"고 주장한다면, 물론 그럴 수도 있겠지만 그것이 꼭 어떤 형태의 상대주의일 필요는 없다는 사실 또한 중요하다. 이것은 어떤 단일한 도덕 규칙들(또는 추론 규칙들) 집합이 상황에 대한 민감성을 그 규칙들 속에 끼워 넣을 수도 있기 때문에 그렇다. 어떤 도덕 규칙들 집합은 "만일 당신이 상황 X에 처해 있다면, 당신은 Y를 해야 한다"고 말할 수도 있는 것이다. 그것은 상대주의가 아닌데, 비록 모든 사람이 상황 X에 처해 있을 수 있는 것은 아니라 할지라도 그렇다.

이 논의에서 우리는 표준들에 적용되는 상대주의에 가장 큰 관심을 갖고 있다. 좀 더 구체적으로 우리는 추론, 증거, 믿음의 정당화를 지배하는 표준들에 관심을 갖고 있다. 그리고 여기서 "관점"은 패러다임 사용자들의 관점이다.

쿤이 이런 문제들과 관련하여 상대주의자인가? 답은 복잡하다는 것이다. 쿤은 어떤 범주로 분류하기가 어려운 미묘한 견해를 가졌다. 간단한 답은 없으며, 나는 쿤이 그 주제에 관해 말한 모든 것이 서로 일관성 있게 잘 맞을 수 있는지 의심한다. 쿤에게서 상대주의 쟁점은 또한 과학적 진보를 어떻게 이해할 것인지의 물음, 즉 쿤이 그의 책의 마지막 부분에서 씨름한 물음과도 묶여 있다.

앞에서 보았듯이 쿤은 서로 다른 패러다임끼리는 종종 이론을 평가하는 서로 다른 규칙과 훌륭한 과학적 연구와 훌륭하지 못한 과학적 연구에 대한 서로 다른 표준을 동반한다고 주장했다. 지금까지 이 주장은 쿤이 이 표준들에 관해 상대주의자였는지를 말해주지 않는다. 그러나 쿤은 우리가 지금 과학에서 가진 표준들이 "이상적"이거나 "완전한" 패러다임에 대해 이전 패러다임들보다 더 가까이 간 것이 아니라고도 논했다. 과학은 다른 모든 패러다임보다 나은 최종 패러다임을 향하는 일이 아니다. 우리는, 비록 아직 이런 패러다임을 가지지 못했다 할지라도, 원리적으로 과학의 모든 것을 지배할 자격이 있는 방법론적 원리들을 포함하는 이상적 패러다임이 있다고 말할 수 없다는 것이다.

이 말은 우리를 표준들에 관한 상대주의적 견해로 가까이 데려가는 것처럼 보이는데, 이 견해에서 패러다임들은 이 표준들을 공유하지 않는다. 그러나 쿤은 『구조』의 마지막 부분에서 좀 당혹스럽게 만드는 다소 다른 어떤 것들을 말했다. 거기서 그는 우리의 현재 패러다임들이 이전의 패러다임들보다 문제 해결 능력을 더 많이 가지고 있다고 말했다. 이 주장은 쿤이 과학에서 진보를 어떻게 이해할 것인지의 물음에 직면했을 때 한 주장이었다.

쿤은 우리가 과학에서 보는 명백한 대규모 진보에 대해 두 가지 매우 다른 설명을 제시했으며, 이 두 설명은 복잡한 방식으로 서로 얽혀 있다. 쿤의 첫 번째 형태의 설명은 일종의 "구경꾼의 시각" 설명이었다. 과학은 각각의 분야가 시간당 한 패러다임을 가지는데, 각각의 혁명 후에 승리자들은 자연스럽게 자신들의 승리를 진보적인 것으로 간주할 것이고, 과학은 외부의 비판에서 차단될 것이기 때문에 어쩔 수 없이 진보를 나타내는 것처럼 보일 것이다. 승리자들 쪽에서 진보의 행복한 축하연은 어떠한 심각한 반론과도 마주치지 않을 것이다. 진보의 외양에 대한 이 수축적 설명은 패러다임들 간의 변화에 대한 상대주의적 견해와 모순되지 않는다.

쿤은 또한 과학에서 진보의 외양에 대해 매우 다른 두 번째 설명을 전개했다. 이 설명은 상대주의적 해석과 상충을 일으키는 것처럼 보인다. 여기서 쿤은 과학이 특별한 종류의 효율성을 갖는데, 이 효율성은 혁명들 전역에 걸쳐 진정한 형태의 진보를 낳는다고 주장했다. 진보는 문제 해결 능력으로 측정된다. 어떤 과학적 분야에서 문제에 대한 해결책의 수와 정밀성은 시간이 지나면서 커지는 경향이 있기 때문이다 (1996, 170면). 그런데 이 주장과 앞의 장들에서 공약불가능성에 대한 그의 논의 약간은 조화를 시키기가 어렵다. 거기서 그는 혁명이 언제나 이익은 물론이고 손실도 포함한다고 말했으며, 또한 어떤 문제는 중요하고 또 어떤 문제는 중요하지 않다고 분류하는 데 사용될 수 있는 표준들이 혁명에서 변하기 쉽다고 말했다. 그래서 우리는 쿤이 『구조』의 마지막 부분에서 그리는 문제 해결 능력에 대한 척도의 종류가 그 책의 나머지와 양립가능한지에 관해 회의적일 수밖에 없다.

만일 우리의 나중 패러다임이 이전의 패러다임보다 전체적인 문제 해결 능력이 더 많다면, 우리는 나중 패러다임을 정말로 더 나은 것으로 간주할 자격이 있는 것처럼 보인다. 이것은 상대주의에서 멀어지게 하지만 분명히 쿤의 목적은 중간적 또는 온건한 입장을 완성하는 것이었다(1996, 205~6면). 사람들은 이 점에 관해 한참동안 논쟁을 벌일 것이다.

지금까지 나는 과학 내에서 서로 다른 패러다임들에 대한 비교를 가장 많이 논의했다. 과학과 지식에 대한 전혀 다른 접근방식의 비교는 어떤가? 여기서 쿤이 때로 상대주의자로 해석되지만, 이것은 곧바로 잘못이다. 쿤은 현대 과학적 탐구의 전체적 구조가 세계를 연구하는 독특하게 효율적인 방식을 제공한다고 생각했다. 그래서 만일 우리가 과학적 탐구 절차와 비과학적 절차를 비교하고자 한다면, 쿤은 과학이 낮다고 생각했던 것이 분명하다. 그는 이 쟁점과 관련하여 상대주의자가 아니었는데, 어쩌면 그것이 가장 중요한 쟁점일 것이다.

그것으로 공약불가능성과 상대주의에 대한 나의 논의는 끝난다. 종종 공약불가능성 문제와 함께 하나로 분류되는 또 하나의 쟁점이 더 있다. 이것은 "관찰의 이론 적재성"(theory-ladenness of observation)이다. 쿤은 우리가 이론들 사이에서 선택하는 경우에 관찰을 정보의 중립적 출처로 생각할 수 없는데, 이는 사람들이 보는 것이 그들의 패러다임에 영향을 받기 때문이라고 주장했다. 쿤과 몇몇 다른 사람들은 같은 시간 무렵에 관찰에 관해 급진적인 견해를 전개했다. 이것은 경험주의에 대해 근본적인 방식으로 도전을 하는 것이기 때문에 중요한 주제다. 이 주제는 제10장에서 논의할 것이다.

6.4 X-등급 "제10장"

쿤의 책은 정상과학에 대한 그의 참을성 있는 분석에서 시작된다. 중간 장들은 좀 더 모험적이며, 제10장에서 절정을 이룬다. 여기서 쿤은 그의 가장 극단적인 주장을 제시한다. 패러다임이 변할 때 사상, 표준, 변화를 보는 방식만 변하는 것이 아니다. 어떤 의미에서 세계까지도 변한다. 실재 자체는 패러다임에 상대적이거나 패러다임에 의존적이다. 혁명 후 "과학자들은 다른 세계에서 연구한다"(1996, 135면).

철학자들과 다른 해설자들은 쿤 저작의 이 부분에 대해 두 가지 다른 태도로 갈라지는 경향을 보인다. 한 집단은 쿤이 세계를 개념화하려는 다양한 시도에서도 끝까지 지속되는 하나의 안정된 세계라는 관념이 실패한 과학관과 시대에 뒤진 심리학 이론들에 의존하는 관념이라는 사실을 드러낸다고 생각한다. 이 해석에 따르면, 쿤은 우리의 과학관을 바꾸는 일이 우리의 형이상학 — 실재 및 실재와 우리의 관계에 관한 가장 기본적인 견해들 — 까지도 바꾸도록 요구한다는 것을 보여준다. 과학이 기술하려 애쓰는 하나의 고정된 세계라는 관념에 매달리는 일은 개념적 변화에 대한 보수적 견해의 최후의 가장 근본적 요소에 매달리는 일이다.

그것이 한 입장이다. 다른 사람들은 쿤 저작의 이 전체적 측면이 혼란 상태라고 생각한다. 패러다임이 변하면 사상이 변한다. 표준 또한 변하며, 어쩌면 우리가 세계를 경험하는 방식도 변할 것이다. 그러나 그것은 세계 자체가 패러다임에 의존한다고 주장하는 일과는 매우 다르다. 우리가 사물을 보는 방식은 변하지만, 세계 자체는 변하지 않는다.

나는 두 번째 진영에 서 있다. X-등급 제10장은 그의 위대한 책에서 최악의 자료이다. 만일 그가 저자들이 흔히 하기 쉬운 유명한 실수 중의 하나로 이 장을 택시에 놓고 내렸다면 더 좋았을 것이다.

나는 쿤이 이 장에서 얼마나 극단적인지를 원하는지가 항상 분명한 것은 아니라고 곧바로 말할 수밖에 없다. 때로 그가 말하고 있는 것은 우리의 사상과 경험이 변한다는 것뿐인 것처럼 보인다. 또한 패러다임 변화로부터 결과하는 세계와 관련된 변화들에 관해 우리가 만들 수 있는 완전히 합당한 어떤 주장들도 있다. 패러다임이 변함에 따라 과학자들은 그들의 사상은 물론이고 그들의 행동과 그들의 실험적 관행까지도 바꾼다. 그래서 일상적인 방식으로 세계의 어떤 조각들은 변한다. 그리고 과학 혁명은 우리가 사는 세계에 광범위한 영향을 미치는 새로운 기술을 낳는다.

이 변화는 광범위할 수 있지만, 여전히 인간 행위의 인과적 힘들에 의해 제한된다. 우리는 번식 조절과 유전 공학에 의해 동식물을 변화시킬 수 있다. 우리는 강에 댐을 건설하고, 또한 그 강을 오염시킬 수 있다. 그러나 우리가 영향을 미칠 수 있는 범위는 무한정이 아니다. 쿤은 제10장에서 그가 이런 종류의 일상적인 인과적 영향을 염두에 두지 않았음을 분명히 밝힌 어떤 사례들을 논의했다. 그는 항성, 행성, 혜성에 관한 사상의 변화가 천문학자들에게 예컨대 "다른 세계에서 사는" 쪽으로 이끌었던 사례들을 논의했다(1996, 118면).

그렇지만 가장 일반적 수준에서 이러한 극적인 논의의 문제는 쿤이 다음처럼 생각하는 것 같다는 것이다. 즉 우리 모두가 패러다임과 독립적으로 존재하는 하나의 세계에서 산다는 믿음은 또한 우리를 지각과 믿음에 관한 소박한 사상 집합에 얽질을 주게 한다. 그러나 이것은 전혀 그렇지 않다. 우리는 지각이 근본적으로 믿음과 기대에 영향을 받는다고 결정하면서도, 여전히 지각이 우리 모두가 사는 하나의 실재 세계와 우리를 연결시키는 어떤 것이라고 주장할 수도 있다.

쿤이 실제로 이런 종류의 과오를 범했는가? 이 절에서 나는 그를 아주 거칠게 다루었기 때문에 그 문제에 대해 최선의 "결정적 증거"가 되는 인용구를 제시하지 않을 수 없다. 쿤은 다음과 같이 말한다.

최소한 산소를 발견한 일의 결과로 라부아지에는 자연을 달리 보았다. 그리고 그가 "달리 보았던" 그 가설적인 고정된 자연에 의존하지 않을 경우에, 경제성의 원리(the principle of economy) 때문에 우리는 산소를 발견한 후 라부아지에가 다른 세계에서 연구했다고 말하지 않을 수 없게 될 것이다(1996, 118면).

이 인용구는 매우 이상하다. "경제성의 원리라고?" 라부아지에가 나머지 우리와 같은 세계에서 살면서 그 세계에 관해 새로운 사상을 획득하고 있다는 생각을 포기하는 것이 경제적일까? 이런 종류의 모든 개념적 변화와 더불어 그 과학자는 새로운 다른 세계에서 살게 된다고 생각하는 것이 경제적이라고 가정되는가? "경제"에 호소하는 것은 과학철학에서 미심쩍은 경우가 종종 있다. 그런 호소에 의거한 논증들은 보통 약한 논증이다. 이 논증 또한 결산을 잘못한 것처럼 보인다.

특별한 종류의 회의적인 철학적 논의의 관점에서 볼 때 우리의 순간적인 감각 경험과 관념을 넘어서는 세계가 있다는 것은 "가설적인" 것으로 간주될 수 있다. 그러나 이것은 "가설적인"의 매우 특별한 의미이다! 만일 우리가 쿤처럼 과학을 사회적 활동으로 이해하려 한다면, 과학이 지각과 행동이라는 인과적 경로를 통해 과학자들 공동체와 상호작용하는 하나의 구조적 세계에서 일어난다는 생각에 가설적인 것은 전혀 없다.

방금 논의한 문제들은 쿤의 과학관 중 또 다른 주목할만한 특징과 연관이 있다. 쿤은 대규모 과학사가 세계가 실제로 어떻게 작동하는지에 관해 더욱더 많은 지식의 축적을 포함한다는 생각에 반대했다. 그는 경우에 따라 과학이 진행되면서 어떤 종류의 유용한 결과들이 축적되는 것을 기꺼이 인정했다. (어쩌면) 일종의 문제 해결 능력의 축적도 있다. 그러나 우리는 과학에서 세계의 구조에 관해 현재 진행 중인 지식의 성장을 볼 수 없다.

쿤이 이 쟁점에 관한 글을 썼을 때 그는 종종 물리학사의 사례들로 되돌아갔다. 포퍼와 다른 사람들처럼 쿤은 20세기 초 뉴턴주의 세계상의 몰락에 엄청난 영향을 받은 것처럼 보인다. 많은 과학철학자는 이 사건에 의해 사실적 지식의 확증과 축적에 관해 항구적으로 비관주의자가 되었던 것처럼 보인다. 그러나 쿤은, 그리고 어쩌면 다른 사람들도 이론물리학 사례에 너무 초점을 맞추었음이 확실하다. 그는, 만일 우리가 가장 낮은 수준의 근본적 대상과 과정을 다루는 과학의 부분들에서 이런 종류의 진보를 볼 수 있다면, 우리는 비로소 과학이 세계의 구조에 관한 지식의 성장을 달성하는 것으로 볼 수 있다고 생각했던 것처럼 보인다. 그러나 만일 우리가 과학의 다른 부분들 — 예컨대 화학과 분자생물학 — 을 살핀다면, 세계가 실제로 어떻게 작동하는지에 관한 지식의 계속적인 성장(약간의 중단과 함께)을 보는 것이 훨씬 더 합리적이다. 우리는 예컨대 당, 지방, 단백질, 그리고 다른 중요한 분자들의 구조에 관한 지식에서 견고한 성장을 본다. 이런 종류의 결과들이 과학이 진행됨에 따라 확장되는 것에 반대되는 것으로서 대치될 것이라는 주장에 대해서는 아무런 증거가 없다. 이런 유형의 연구는 우주의 가장 기본적 특징에 관계된 것은 아니지만, 과학인 것은 의심할 여지가 없다. 과학에서 시간이 지남에 따라 지식의 성장을 어떻게 기술할 것인지를 알아내려고 할 때 우리는 이론물리학을 모든 과학의 모델로서가 아니라 특수 사례로 취급할 수도 있다(McMullin 1984). 그래서 과학에서 세계의 구조에 관한 지식의 축적과 관련된 쿤의 비관주의는 몹시 과장된 것처럼 보인다.

6.5 쿤에 관한 최종 판단

쿤은 엄청나게 생생한 과학적 변화상을 기술함으로써 과학철학을 변화시켰다. 이 그림은 예기치 않은 특징들로 꽉 차 있으며, 쿤은 전통적인 인식론적 물음들을 특이한 각도에서 살핌으로써 이 물음들을 조명하려

했다. 가장 중요한 것은 쿤이 과학의 성공과 힘을 복잡하고 망가지기 쉬운 메커니즘에서 요인들 사이의 미묘한 균형 탓으로 돌렸다는 사실이다. 과학의 강점은 혁명에서 자신을 깨뜨리고 재구성하는 질서 있는 행동 유형의 능력과 함께 정상과학의 질서 있는 협동과 일치된 태도 사이의 상호작용에서 기인한다. 주기적인 무질서의 주입은 정상과학에서 발견되는 잘 규제된 행동만큼이나 그 과정에 본질적이다.

그것이 쿤의 메커니즘이다. 꽤 빠르게 비판자들은 과학이 실제로 어떻게 작동하는지에 대한 기술로 해석했을 때 이 메커니즘에서 문제를 발견할 수 있었다. 나는 두 가지 중요한 반론을 이미 언급했다. 하나는 단일 패러다임이 쿤이 기술한 종류의 지배력을 갖는 경우가 좀처럼 드물다는 것이고, 다른 하나는 위기 없이도 대규모 변화가 일어날 수 있다는 것이다. 쿤의 메커니즘 가운데 많은 부분은 특별히 생물학사에 적용하기 어려운데, 쿤은 이 분야에 대해 별로 논의하지 않았다. 과학적 변화 배후의 메커니즘에 대한 쿤의 설명은 몇 가지 점에서 너무 엄격하게 구조적이고 너무 구체적이다. 진짜 이야기는 좀 더 뒤섞여 있다. 그러나 쿤의 설명은 과학철학에 대한 새로운 종류의 연구방식, 새로운 종류의 이론을 도입하려는 최초의 걸출한 시도였다. 이 이론들은 과학철학에서 과학의 사회적 구조와 과학적 변화 기저의 메커니즘을 살핌으로써 물음에 접근하는 이론들이다. 이 연구방식은 번창했다.

첫 장으로 되돌아가보면, 나는 과학을 넓게 해석하는 견해와 좁게 해석하는 견해를 구별했다. 어떤 과학철학들은 실제로 인식론, 심리학, 언어철학의 좀 더 일반적인 이론들의 확장이다. 이런 견해들은 과학과 일상의 문제 해결하기의 차이를 하찮은 정도 차이로 본다. 쿤의 이론은 이와 전혀 다르다. 그의 과학이론은 좁게 해석된 과학과 다른 다양한 종류의 경험적 학습이나 문제 해결하기의 차이를 강조한다. 과학은 특수한 사회적 구조를 가진 일종의 조직적 행동이며, 과학은 어떤 종류의 사회들에서만 번창하는 것처럼 보인다. 그 결과 과학은 이 이야기에서 다소 무너지기 쉬운 문화적 업적으로 나타난다. 교육에서의 미묘한 변화, 자극적 구조, 과학자들의 정치적 상황은 쿤이 기술한 변화의 특별한 메커니즘의 상실이라는 결과를 낳을 수 있다.

계속 나아가기 전에 일종의 간단한 덧붙이는 말로서 나는 쿤의 과학 이론과 몇 개의 다른 유명한 변화 메커니즘 사이의 연관을 언급할 것이다. 첫째, 어떤 점에서 쿤의 과학관은 "보이지 않는 손" 구조를 가지고 있다. 스코틀랜드 정치경제학자 애덤 스미스는『국부론』(*Wealth of Nations*, [1776] 1976)에서 경제적 행위에서 개인의 이기심이 전체로서의 사회에 대해 좋은 결과로 이끈다고 논했다. 시장은 재화를 모든 사람에게 능률적으로 나누어주는 분배자인데, 이는 관련 당사자들 각각이 그저 스스로를 위해 일한다 할지라도 그렇다. 여기서 우리는 개인 수준의 특성과 전체의 특성 사이의 명백히 부적당한 결합을 갖게 되는 셈이다. 한 수준에서 이기심이 일반적 이익으로 인도하지만 그 부적당한 결합은 외견상 그럴 뿐이다. 우리가 함께 상호 교류하는 다수의 개인들이 있을 때의 결과를 살피게 되면 부적당한 결합은 사라진다. 우리는 쿤의 과학이론에서도 비슷한 어떤 것을 본다. 개인 수준에서 편협하고 독단적인 태도가 전체로서의 과학 수준에서는 지적 개방성으로 이끈다. 변칙 현상과 위기는 정상과학자에게 특별히 혁명에서 참신성에 대한 대규모의 개방성이 발견될 정도의 압박을 산출한다. 다음 장에서는 바로 이 점에서 쿤을 미심쩍어하는 한 비판자를 살필 것이다. 그는 쿤이 핑계를 대고 있으며, 현대과학에서 가장 편협하고 상상력이 없는 풍조를 조장하고 있다고 생각했다.

비교할 것이 하나 더 있는데, 이것은 좀 더 복잡하면서 더 많은 배경

지식을 요구한다. 포퍼에 관한 장에서 나는 포퍼의 추측-그리고-논박 메커니즘과 생물학에서 다윈의 변이-그리고-선택 메커니즘을 비교했다. 생물학적 유비는 쿤의 경우에서도 발견될 수 있다. 1970년대에 생물학자 스티븐 제이 굴드(Stephen Jay Gould), 나일스 엘드리지(Niles Eldredge)를 비롯한 다른 사람들은 많은 생물 진화에서 보이는 대규모 유형이 "단속 평형"(punctuated equilibrium)이라고 주장했다(Eldredge and Gould 1972). 진화 시간에서 유기체들의 혈통은 보통 긴 상대적 정체기를 보일 텐데, 여기서 우리는 저차(低次) 수준의 땜질을 보지만 근본적 구조의 변화는 거의 보지 못한다. 이 정체기 또는 평형기는 가끔 새로운 근본적 구조가 나타나는 훨씬 더 급속한 변화기에 의해 끊긴다. (여기서 "급속한"이 수백만 년이 아니라 수천 년 동안에 일어나고 있다는 것을 의미한다는 사실에 주목할 필요가 있다). 급속한 변화기는 커다란 개체군에서 가장 간단한 종류의 자연선택과 비교했을 때 무질서하고 예측불가능하다. 정체기 또한 개체군에서의 유전적 체계가 실질적 변화에 저항하는 경향을 보이는 일종의 "항상성"(homeostasis, 恒常性)을 특징으로 한다.

쿤의 과학이론과의 유비는 인상적이다. 우리는 변화에 대해 저항하는 긴 안정기를 똑같이 갖고 있는데, 이 기간은 근본 원리에 대한 예측불가능한 급속한 변화에 의해 단절된다.

생물학에서 단속 평형론은 한동안 논란이 되었는데, 그것은 특별히 굴드가 때로 그 이론을 극단적 형태로 제시했기 때문이다(Gould 1980). 예를 들어 유전적 체계에 의해 야기되는 변화에 대한 일종의 "항상적" 저항이라는 사상은 한쪽 입장만 옹호하는 편향된 생각이다. 그리고 급속한 변화기 동안에 일상적인 자연선택 과정이 정상적으로 작동하지 않지만 다른 종류의 과정에 의해 대치된다는 사상 또한 별로 정설이 아니다. 그러나 시간이 지나면서 단속 평형이라는 관념은 온건하게 다듬어졌으며, 좀 더 온건한 형태로 적어도 진화의 어떤 유형들에 대한 주류 생물학의 기술로 통과되었다(Futuyma 1998).

굴드는 또한 "고생물학의 영원한 은유"(Eternal Metaphors in Paleontology)라는 제목의 논문을 썼는데, 이 논문에서 그는 생명의 역사에 관해 이론을 구성하는 일의 역사가 변화에 관한 똑같이 기본적인 종류의 사상들이 종종 뒤섞이고 새로운 조합으로 결합되면서 반복해서 몇 번이고 다시 나타난다고 주장했다. 쿤의 이론과 생물학적 단속 평형론 사이의 유비는 변화의 과정에 관한 이야기에 대해 똑같은 종류의 수렴 현상을 보여준다. 우리는 또한 한쪽에 쿤과 굴드에게서 발견되는 "단속 평형" 이야기와, 다른 쪽에 포퍼와 생물학적 진화에 대한 어떤 경쟁 견해들에서 발견되는 좀 더 획일적인 단일 과정 변화관 간에 비슷한 종류의 대비를 본다. 나는 여기서 "수렴"이라고 말하지만, 굴드는 1960년대와 1970년대에 그의 생물학 사상을 완성하고 있었을 때 쿤의 과학상이 그에게 미친 영향을 인정했다(Gould 2002, 967면). 쿤 자신 또한 그의 과학상과 진화적 변화 사이의 (다른) 가능한 유비들에 흥미가 있었다(1996, 171~72면).

더 읽을거리

제5장의 읽을거리는 이 장과도 관련이 있다. 쿤 철학에 대한 매우 상세한 논의는 Hoyningen-Huene 1993을 볼 것. 키처(P. Kitcher)의 *The Advancement of Science*(1993)는 공약불가능성 문제의 몇 가지 측면을 포함하여 혁명과 진보에 관한 쿤의 가장 영향력 있는 논증들 중 약간에

대해 철저한(그리고 때로 어려운) 비판적 논의의 글들을 담고 있다. 키처는 또한 쿤의 커다란 역사적 예들 몇 가지에 대해 재분석하고 있다. Doppelt 1978는 표준의 공약불가능성에 대해 명료하게 논의한 책이다.

제7장

라카토슈, 라우든, 파이어아벤트, 틀

7.1 『구조』 이후

쿤의 책이 출판된 이후의 시기는 과학을 이해하려는 모든 분야에서 격렬하고도 때로는 격앙된 토론의 시기였다. 이 장에서는 과학에 대해 이 무렵 전개된 다른 어떤 철학적 설명들을 논의할 텐데, 이 설명들 모두는 쿤과 상호작용하거나 쿤에 대한 반응으로 전개된 설명들이다.

그 다음에는 잠시 숨을 고르고, 앞 장들에서 기술한 사상들에서 몇 가지 일반적 유형을 살필 것이다.

첫째, 우리는 임레 라카토슈(Imre Lakatos)의 견해를 살펴볼 것이다. 라카토슈의 주요 기여는 연구 프로그램(research program)이라는 관념이었다. 연구 프로그램은 쿤의 (넓은) 의미에서 패러다임과 유사하지만, 중요한 차이가 있다. 즉 우리는 주어진 어떤 시기에 어떤 과학 분야에서 하나 이상의 연구 프로그램을 발견하기를 기대한다. 그렇기 때문에 과학적 변화의 대규모 과정은 연구 프로그램들 사이의 경쟁으로 이해되어야 한다는 것이다.

이 견해가 곧 전개될 사상이었다는 것은 앞 장들의 내용에서 분명해

져야 한다. 과학 분야들이 보통 임의의 시간에 작동하는 오직 하나의
패러다임만을 갖는다는 쿤의 주장은 『구조』가 처음 출판되었을 때 곧
바로 비판을 받았다. 라카토슈는 패러다임 비슷한 더 큰 단위들이 현재
진행되는 방식으로 나란히 경쟁한다는 과학상을 전개한 최초의 사람이
었다. 라카토슈 자신이 이 사상에 대해 전개한 내용은 문제들을 가지고
있으며, 이 문제들은 매우 독특한 특징을 갖는 일반적인 철학적 프로그
램 내에 끼워져 있었다. 라카토슈의 연구가 나온 직후 또 다른 철학자
래리 라우든(Larry Laudan)은 라카토슈와 기본 착상은 같지만 우수한
버전의 사상을 만들어냈다.

　라카토슈와 라우든을 살핀 후에 우리는 20세기 과학철학의 야생인
(the wild man) 파울 파이어아벤트(Paul Feyerabend) 쪽으로 시선을
돌린다.

　파이어아벤트는 이 책에서 논의하는 논쟁들에 기여한 사람들 가운데
가장 논란이 되는 극단적 인물이었다. 나는 그를 "그" 야생인이라고 불
렀는데, 비록 그 분야에서 파이어아벤트 외에 다른 다양한 야생인들 —
그리고 야생여인들 — 이 있었다 할지라도 그렇다. 그러나 논쟁에서 파
이어아벤트의 목소리는 유일무이하게 야생적이었다. 그는 "인식론적
무정부주의", 즉 방법 규칙과 정상적인 과학적 행동을 "어떻게 해도 좋
다"(anything goes)는 식의 자유분방한 태도로 대치해야 한다는 견해
를 옹호했다.

　쿤, 라카토슈, 파이어아벤트는 모두 서로 영향을 주고받았으며, 자신
들 사상 약간을 (어쩌면 쿤에게 미친 라카토슈의 많은 영향을 제외하
면) 서로에 대한 반응으로 전개하였다. 파이어아벤트는 자신의 가장
중요한 저작(1975)이 라카토슈에게 보내는 일종의 편지로 쓴 것이라고
말했지만, 라카토슈는 그 응답을 받기 전인 1974년에 죽었다.

7.2 라카토슈와 연구 프로그램

라카토슈는 남다른 삶을 살았다. 헝가리에서 태어난 그는 제2차 세계 대전 동안에 나치의 점령에 저항하는 세력의 일원이었다. 전쟁 후 그는 정치에 종사했다가 스탈린 정권에 의해 3년이 넘는 기간 동안 투옥되었다. 그는 헝가리를 떠나 영국으로 건너갔는데, 결국은 포퍼와 함께 연구한 런던 정경대학에서 생을 마감했다. 가끔 그는 과학에 관한 자신의 주된 사상이 포퍼 견해에 함축되어 있거나 포퍼 견해의 한 측면이라고 주장하곤 했다. 비록 이 말에 일말의 진실이 있다 할지라도 라카토슈의 사상은 그 자체로 살피는 것이 더 낫다.

쿤의 작업에 대한 라카토슈의 반응은 경악이었다. 그는 쿤의 영향력을 파괴적인 — 이성을 파괴하고, 궁극적으로 사회에 위험한 — 것으로 보았다. 라카토슈가 보기에 쿤은 과학적 변화를 근본적으로 비이성적인 과정, 즉 "군중심리"(1970, 178면)의 문제로 제시했는데, 이 과정은 이유들이 있음에도 불구하고 소리가 가장 크고, 가장 활동적이며, 수가 가장 많은 목소리들이 널리 보급되는 과정이다. 앞의 두 장에서 쿤에 대해 내가 제시한 해석은 매우 다르다. 이 해석에서 쿤은 과학을 세계를 탐사하기 위한 거의 기적 같이 잘 조직된 기구로 보았다. 혁명들에서 발견되는 무질서한 에피소드들조차도 전체가 기능하는 데 긍정적 역할을 한다고 여긴 쿤과 달리 라카토슈는 쿤의 그림에서 무질서를 위험한 혼돈에 지나지 않는 것으로 보았다. 그러나 라카토슈는 또한 그 그림에서 쿤이 제시한 역사적 논증들의 힘도 보았다. 그래서 그의 기획은 쿤이 가한 타격에서 과학의 합리성을 구하는 것이었다.

라카토슈는 과학사와 과학철학의 관계에 관해 깜짝 놀랄 정도로 이상한 몇 가지 견해를 가졌다. 라카토슈는 역사적 사례연구가 과학에 대한 철학적 견해들을 평가하는 데 사용되어야 한다고 논했다. 좋다. 거기까지는. 그러나 그는 우리가 역사적 에피소드에 대한 "합리적 재구성"을 써야 한다고도 말했는데, 여기서 과학자들의 결정은 가능한 한 합리적인 것으로 보이도록 이루어진다. 그렇다면 우리는 그 합리적 재구성이 실제로 진행된 일에 대한 정확한 기술이 아닌 지점을 별도로 (또는 각주를 통해) 지적해야 한다. 그래서 각주가 정보를 정확히 전하는 한 과거에 일어난 일을 고의로 잘못 나타내는 것은 괜찮다(Lakatos 1970, 138n, 140n을 볼 것). 가장 문제가 되는 것은 주요 논의에서 우리가 과학적 결정을 합리적으로 보이도록 만드는 이야기를 자아낼 수 있다는 것이다. 나는 이 생각이 왜 철학자들에게서 나온 더 많은 당혹감과 비판에 맞닥뜨리지 않는지 결코 이해하지 못했다(Hacking 1983 은 단호한 예외이다).

그렇지만 이 모든 것 사이에서 라카토슈는 과학의 체제에 대해 매우 영향력 있었던 견해를 전개했다. 이 견해는 과학적 연구 프로그램의 방법론(methodology of scientific research programs)으로 알려져 있다 (비록 그는 영국식으로 "programmes"로 쓰고 있긴 하지만).

라카토슈에게 연구 프로그램은 대략 쿤의 (넓은 의미의) 패러다임과 유사하다. 앞에서 말했듯이 큰 차이는 보통 주어진 어떤 시기에 분야당 하나 이상의 연구 프로그램이 있다는 것이다. 라카토슈에 따르면, 연구 프로그램들 사이의 경쟁은 우리가 실제로 과학에서 발견하는 것이며, 합리성과 진보에 필수적이기도 하다. 이 견해는 물리학에서 사회과학에 이르기까지 모든 과학에 적용되었다.

연구 프로그램은 역사적 실재이다. 그것은 시간이 지나면서 진화한다. 연구 프로그램은 서로 관계된 이론들의 두름을 포함할 것이다. 나중 이론들은 앞선 이론들의 문제에 대한 반응으로 전개된다. 라카토슈가 보기에 쿤에게는 경험적 변칙 현상과 다른 문제들이 있음에도 불구하고 연구 프로그램을 잠시 생존시키는 것이 일반적이고 정당화 가능한 일이다. 어떤 연구 프로그램 내의 연구자들은 전형적으로 그 프로그램에 대해 어느 정도 헌신한다. 그들은 무언가가 잘못되었다고 해서 곧바로 그 프로그램의 기본 사상들을 거부하지 않는다. 오히려 그들은 그 문제를 처리하기 위해 자신들의 이론을 수정하려 한다. 그렇지만 쿤의 경우처럼 라카토슈에게도 연구 프로그램들은 때로 폐기된다. 그래서 과학적 변화에 대한 완전한 이론은 두 가지 다른 종류의 변화를 고려해야 한다. (1) 개별 연구 프로그램들 내의 변화, (2) 어떤 과학 분야 내의 연구 프로그램들 집단 수준에서의 변화.

라카토슈의 견해에서 연구 프로그램은 두 가지 주된 구성요소를 갖는다. 첫째, 연구 프로그램은 견고한 핵(hard core)을 포함한다. 이것은 그 연구 프로그램에 본질적인 기본 사상들의 집합이다. 둘째, 연구 프로그램은 보호대(protective belt)를 포함한다. 이것은 견고한 핵을 실제 현상에 적용하는 데 사용되는 덜 근본적인 사상들의 집합이다. 실제로 시험될 수 있는 과학이론의 자세하면서도 구체적인 버전들은 보호대의 사상과 결합된 견고한 핵의 사상들을 포함할 것이다.

예컨대 18세기 뉴턴주의의 물리학 연구 프로그램은 견고한 핵으로 뉴턴의 세 가지 운동법칙과 그의 중력법칙을 가지고 있다. 뉴턴주의의 보호대는 시간이 지나면서 변할 것이며, 어떤 시간에 물질에 관한 정밀한 사상들, 우주의 구조에 관한 견해, 그리고 견고한 핵과 실재 현상을 연결하는 데 사용되는 수학적 도구들을 포함할 것이다. 생물학에서 19세기 다윈주의의 연구 프로그램은 서로 다른 생물 종들이 혈통에 의해 연결되어 있고, 가계도(또는 어쩌면 매우 적은 수의 개별 가계도들)를 형성한다고 주장하는 견고한 핵을 가지고 있다. 생물 종의 변화는 대부분 이차적 역할을 하는 진화의 다른 어떤 원인들과 함께 자연선택이 선호하는 작은 변화들의 축적에서 기인한다. 19세기 다윈주의의 보호대는 어떤 종이 어떤 종과 밀접한 관계가 있는지에 관한 좀 더 정밀한 사상들, 유전에 관한 사상들, 변이, 경쟁, 자연선택에 관한 사상들, 지구상의 유기체의 분포에 관한 사상들 등등의 계속 변하는 집합으로 이루어진다.

이제 우리는 과학적 변화에 대한 라카토슈의 원리들에 도달한다. 먼저 연구 프로그램들 내의 변화를 살펴보기로 하자. 첫 번째 규칙은 변화가 보호대에 대해서만 이루어질 뿐 견고한 핵에 대해서는 절대로 이루어지지 않는다는 것이다. 두 번째 규칙은 보호대에 대한 변화가 전진적(progressive)이어야 한다는 것이다. 여기서 라카토슈는 포퍼의 사상을 차용했다. 전진적 프로그램은 그 적용을 점점 더 큰 사례들 집합으로 부단히 확장하고, 그 프로그램이 현재 다루는 사례들을 좀 더 정밀하게 다루려 애쓴다. 전진적 연구 프로그램은 그 예측력을 계속해서 증가시키는 데 성공하는 프로그램이다. 이와 대조적으로 어떤 연구 프로그램에 대해 이루어진 변화가 현존하는 문제를 가리는 데 이바지할 뿐 그 연구 프로그램을 새로운 사례에 성공적으로 확장시키지 못한다면 그 연구 프로그램은 **퇴행적**(degenerating)이다. 쿤과 마찬가지로 라카토슈는 모든 연구 프로그램이 언제라도 변칙 현상, 즉 해결되지 않은 경험적 문제들에 직면한다고 가정했다. 퇴행적 연구 프로그램은 변칙 현상을 다루려는 시도에서 뒤떨어지거나 가까스로 명맥을 유지하는 프로그램이다. 전진적 프로그램은 논박을 받아넘기며, 또한 자신을 새로운 현상을 다루도록 확장한다. 라카토슈는 원리적으로 우리가 어떤 연구 프로그램이 얼마나 빠르게 전진하고 있는지를 측정할 수 있다고 생각했다.

이제 라카토슈의 체계에서 고차 수준의 변화, 즉 어떤 과학 분야에서 나타나는 연구 프로그램들 집단 수준에서의 변화를 살펴보기로 하자.

각각의 분야는 주어진 어떤 시간에 연구 프로그램들의 집단을 가질 텐데, 이 프로그램들 중에서 어떤 것은 급속히 전진적이고, 또 어떤 것은 서서히 전진적이며, 또 어떤 것은 퇴행적이다. 당신은 라카토슈에게는 다음 규칙이 뻔하다고 생각할 수도 있을 것이다. "가장 전진적인 연구 프로그램을 선택하라." 그 규칙은 과학자들이 자신들의 전체 분야를 살피는 결정 절차를 확립하게 할 것이고, 누가 합리적 결정이나 비합리적 결정을 내리고 있는지 결정할 방식을 제공할 것이다. 그러나 그것은 라카토슈가 말했던 것이 아니다.

라카토슈에게는 어떤 연구 프로그램이 퇴행적일 때 어떤 기간 동안 잠깐 그 프로그램을 보호하는 것이 승인될 수 있다. 그 프로그램은 복구될 수도 있다. 이것은 심지어 또 다른 연구 프로그램이 그 연구 프로그램을 추월했을 때의 사례이다(Lakatos 1971). 과학사에는 일시적인 안 좋은 시기에서 회복된 연구 프로그램들의 사례가 담겨 있다. 그래서 합리적인 사람은 초조하게 기다리면서 회복되기를 희망할 수 있다. 그렇다면 얼마나 오랫동안 기다리는 것이 합리적인가? 라카토슈는 말하지 않는다.

파이어아벤트는 이 지점에서 라카토슈를 급습했다(1975). 그에게는 라카토슈의 전체 이야기에서 이 대목이야말로 아킬레스건이었다. 만일 라카토슈가 이성적인 과학자가 언제 한 연구 프로그램을 포기하고 다른 연구 프로그램으로 교체해야 하는지를 말해주는 규칙을 제시하지 않는다면, 합리적 이론 선택에 대한 라카토슈의 설명은 완전히 공허하다.

그렇다면 연구 프로그램들 사이에서 결정을 처리하는 법을 말해주는 세 번째 규칙이 있는가? 실은 없다. 라카토슈는 퇴행적 연구 프로그램에 머물겠다는 결정이 위험성이 높은 결정이라고 말했다(1971). 그래서 라카토슈는 이성적인 과학자가 위험성 높은 상황을 기꺼이 견디려고 하는 경우에만 퇴행적 연구 프로그램에 머물라고 조언할지도 모르겠다. 라카토슈가 사람들마다 합당하게 위험에 대해 매우 다른 태도를 지닐 수 있다고 본 것은 올바르다. 그러나 라카토슈는 그의 이론에서 틈새를 메우기 위해 그 제안을 끝까지 추구하지 않았다. 라카토슈의 과학 철학에서 질서와 방법론적 엄격성의 이 엄청난 외양은 이 결정적 요점에 관해 명확한 무언가를 말하지 않았기 때문에 많이 손상된다. 파이어아벤트가 라카토슈 견해에서 그 수사적 힘과 실재 사이의 어울리지 않는 결합을 본 것은 올바른 것이었다. 뿐만 아니라 때로 라카토슈 기획의 전체 목적은 과학의 에피소드들을 합리적인 것으로 소급적으로 기술하는 방식을 제공하는 것이었던 것처럼 보인다.

이 대목은 근저에 있는 태도에서 라카토슈와 쿤의 커다란 차이를 강조하기에 좋은 지점이다. 쿤은 패러다임에 함축되어 있는 공유 표준과 위기 후에 길을 찾아 나아가는 과학의 능력에 대해 도중에 어느 정도 불안하게 암중모색을 해야 한다는 사실에도 불구하고 깊은 신뢰를 가지고 있다. 쿤에게는 일단 우리의 과학상에서 어떤 신화들을 제거하고 나면, 우리에게 남겨진 그림은 근본적으로 건전하다. 다시 말해서 쿤은 함축적인 공유 가치의 수중에 남겨진 과학을 신뢰한다. 이와 달리 라카토슈는 과학의 전체 기획이 방법론적 규칙에 의해 안내되기를 원한다 —또는 그는 적어도 우리가 그런 종류의 이야기를 말할 수 있어야 한다는 것을 필요로 한다.

라카토슈의 견해에서 그런 식의 기이함에 대해서는 더 고민하지 말자. 대신 우리는 과학의 구조에 대한 그의 그림이 무언가 유용한 요소가 있는가 하고 물을 수 있다. 일단 이렇게 묻고 나면, 경쟁하는 연구 프로그램들이라는 기본 착상은 유용한 착상임이 분명하다고 생각된다. 이것이 진행되고 있는 일에 대해 패러다임에 기초한 쿤의 견해보다는 훨씬 더 정확한 기술인 것처럼 보이는 어떤 분야들이 확실히 있다. 심리학은 분명한 예이다. "진화심리학"에서의 현재 연구는 라카토슈 비슷한 어떤 의미에서 연구 프로그램과 많이 닮아 보인다(Barkow, Cosmides, and Tooby 1992).

우리는 또한 쿤 같은 이야기와 라카토슈 같은 이야기의 혼합가능성을 생각해볼 수도 있을 것이다. 생물학에서 우리는 종종 매우 기본적인 원리들에 관한 합의도 발견하지만, 약간 저차적 수준에서는 연구 프로그램들 사이의 경쟁도 발견한다. 아주 넓게 살펴보면, 진화생물학은 단일 패러다임에 가까운 어떤 것, 즉 다윈주의와 유전학의 조합이라고 할 수 있는 "종합이론"을 포함할 수도 있다. 그러나 저차 수준의 일반성 견지에서 우리는 서로 경쟁하는 연구 프로그램들을 발견하는 것처럼 보인다. "분자진화 중립이론"은 자연선택이 아니라 무작위 과정에 의거해 분자 유전학적 수준에서의 변이와 변화를 이해하려는 연구 프로그램이다(Kimura 1983). 이 연구 프로그램은 종합이론의 핵심 주장들과는 양립가능하지만, 그 종합이론을 개체군 내에서의 유전적 변이에 적용할 때의 어떤 표준적 방식들과 상충한다.

중립이론의 경우와 또한 다른 사례들에서 우리가 발견하는 것은 생물학 주류에서 "분리되고", 얼마나 많은 것을 설명할 수 있는지 알아보기 위해 수십 년 간 탐구된 연구 프로그램이다. 그런 다음에는 결국 그 연구 프로그램의 한계에 도달할 수 있고, 그 시점에서야 누그러져서 주류로 복귀한다. 그것이 바로 중립이론의 경우에서 일어난 일처럼 보이는 것이다.

이제 우리는 과학에서 서로 다른 다양한 대규모 과정들을 기술하는 도구를 갖게 된다. 어떤 분야들은 지배적인 패러다임과 쿤 식의 정상과학을 가질 수 있다. 또 어떤 분야들은 서로 경쟁하는 연구 프로그램들을 가질 수 있고, 어떤 분야들은 매우 일반적인 패러다임에다가 주기적으로 분리해서 떨어져 나가는 저차 수준의 연구 프로그램들을 가질 수 있다(여기서 나는 "연구 프로그램"이라는 용어가 때로 어떤 단일 분야에서 경쟁하지 않는 서로 다른 접근방식들을 기술하는 데 사용되기도 한다는 사실을 지적하지 않을 수 없다).

나는 과학이 실제로 어떻게 작동하는지를 기술할 때 연구 프로그램이라는 관념의 유용성을 논의하고 있다. 이 개념을 이용하는 규범적 이론의 가능성도 있다. 그러나 나는 라카토슈의 틀 내에서 그 관념을 더 따라가지는 않을 것이다. 그 주제는 다음 절에서 다시 다룰 것이다.

라카토슈에 대한 논의를 마치기 전에 마지막으로 한 가지를 강조할 것이다. 앞의 몇 장에서 나는 항구적인 열린 마음과 비판을 요구했던 포퍼와, 패러다임의 기본 사상에 대한 완강한 헌신을 찬성했던 쿤을 대비시켰다. 이것은 쿤과 포퍼의 근본적 불일치를 나타내는 표준적 방식이다. 그렇지만 여기서 약간은 좀 더 복잡한 점이 있다. 이미 말했듯이, 라카토슈는 자신의 사상 중 많은 것이 포퍼의 견해에 함축되어 있다고 보았다. 그리고 우리는 실제로 포퍼에게서 최초의 곤란한 징후가 나타날 때 이론을 버려서는 안 되고, 대신 이론이 자신들의 문제를 극복할 수 있는지 알아보기 위해 처음에는 보호되어야 한다는 것을 승인하는 내용의 구절들을 발견할 수 있다(Popper 1963, 49면; 1970, 55면). 그렇다면 이 점에서 포퍼와 쿤은 실제로 차이가 전혀 없는가? 또는 차이가 훨씬 덜한가? 포퍼가 그의 가장 기본적인 사상 하나에서 손을 뗐는가? 꼭 그런 것은 아니다. 포퍼가 이 문제에 관한 쿤의 논증(1970)을 직접 대면하게 되었을 때 그는 자신의 견해와 쿤의 견해의 차이를 흐리는 쪽을 선택하지 않았다. 그는 때로 쿤 식의 정상과학이 존재하지만 그것은 전혀 쿤이 말한 것만큼 일반적이지는 않다고 말했다. 그리고 좀 더 중요한 것은 그가 그것을 장려해서는 안 되는 나쁜 것으로 간주했다는 사실이다.

7.3 라우든과 연구 전통

『진보와 그 문제들』(*Progress and Its Problems*, 1977)이라는 제목의 흥미로운 책에서 래리 라우든은 기본 구조가 라카토슈와 유사하지만 라카토슈보다 훨씬 나은 견해를 전개했다. 라카토슈와 마찬가지로 라우든은 쿤이 과학을 비합리적 과정, 즉 과학적 결정이 "기본적으로 정치적이고 선전적인 업무"(1977, 4면)인 과정으로 기술했다고 생각했다. 쿤에 대한 이 해석은 (다시 한 번 말하지만) 부정확하다. 그러나 라우든은 또한 역사적 사례에 대한 쿤 논의의 힘을 인정했다. 라카토슈처럼 라우든은 어떤 과학 분야에서 패러다임 비슷한 것들이 공존하면서 서로 경쟁할 수 있다고 주장하는 견해를 전개하고 싶어 했다. 그는 이 그림의 동기가 되는 많은 사례를 과학사에서 제시했으며 그래서 우리는 연구 프로그램이라는 관념 쪽으로 나아가고 있다. 그러나 이해하기 쉬운 차별화의 일환으로 라우든은 대규모 단위의 과학적 작업을 연구 프로그램이 아니라 "연구 전통"(research traditions)이라 불렀다.

라우든과 라카토슈의 차이는 단순히 용어상의 문제가 아니다. 연구 전통에 대한 라우든의 기술은 라카토슈의 설명보다 더 이치에 닿는다. 라카토슈는 어떤 연구 프로그램 내의 이론들 계열을 논리에 의해 매우 긴밀하게 연결된 것으로 보았다. 그래서 각각의 새로운 이론은 그 연구 프로그램에서 이전 이론보다 더 넓은 적용 영역을 갖는 것으로 가정되었으며 라카토슈에게 견고한 핵은 절대 변하지 않는다. 라우든의 경우에 연구 전통 내에서 하나로 묶인 이론들은 좀 더 느슨하게 관계되어 있다. 그래서 견고한 핵의 안팎에서 사상들의 어떤 움직임이 있을 수 있다. 게다가 라우든에게는 나중 이론이 이전 이론보다 좁은 영역을 떠맡는 일과 관련하여 이상하거나 나쁜 점은 전혀 없다. 때로는 이론의 퇴거가 필요하다. 라우든의 경우에 이론은 한 연구 전통과 관계를 끊고 다른 연구 전통들에 흡수될 수 있다. 예컨대 사디 카르노(Sadi Carnot)의 초기 열역학 사상은 열을 유체("열소")로 본 연구 전통 내에서 전개되었지만, 이 사상은 얼마 안 있어 열을 물질의 운동으로 본 경쟁 연구 전통에 인계되었다.

라우든의 설명에서 또 다른 중요한 혁신은 이론의 승인과 추구에 대한 그의 구별이다.

여기서 지금까지 논의한 철학들은 과학자들이 이론에 대해 가질 수 있는 딱 한 종류의 태도를 인정하는 경향을 보여왔다. 보통 이론에 대한 과학자의 태도는 믿음 비슷한 어떤 것으로 취급되었다. 물론 믿음은 다양한 정도로 나타날 수 있다. 그래서 조심스럽게 주장되는 믿음이 있는가 하면 확고하게 주장되는 믿음도 있다. 과학자들은 종종 조심스러운 믿음만을 가질 것이다 — 그리고 종종 그래야 한다. 그러나 여기서 여전히 기본 착상은 다양한 정도로 나타난다 하더라도 하나의 기본적인 종류의 태도 — 믿음 또는 그 비슷한 어떤 것 — 가 있다는 것이다. 라우든은 과학에서 발견되는 이론과 연구 전통에 대해 두 가지 다른 종류의 태도, 즉 승인과 추구가 있다고 논했다. 승인은 믿음에 가깝다. 그래서 어떤 것을 승인한다는 것은 그것을 옳은 것으로 취급한다는 것이다. 그러나 추구는 다르다. 추구는 어떤 생각이 옳음직하다는 확신 이외의 다른 이유로 그 생각을 가지고 일을 하면서 그 생각을 탐구하기로 결정하는 일을 포함한다. 결정적으로 우리가 명확히 승인하지 않는 어떤 생각을 추구하는 일이 합리적일 수 있다. 누군가는 만일 그 생각이 옳다면 그것은 대단히 중요한 일이면서 그 생각에 대한 연구가 커다란 이득을 가져올 것이라고 믿는 이유가 있을 수도 있다. 누군가는 비록 그 생각이 옳음직하지 않다 할지라도 그 생각은 탐구되어야 하며, 자신이 그렇게 할 채비가 가장 잘 되어 있는 사람이라고 생각할 수도 있다. 어떤 사람이 어떤 과학적 생각을 가지고 연구하는 데 대해 가질 수 있는 여러 가지 다른 이유들의 전체 무리가 있다.

  라우든은 승인과 추구의 구별을 과학에서 합리적 결정에 대한 그의 설명에 끼워 넣는다. 그는 라카토슈가 제시하지 못했던 꽤 예리한 어떤 규칙들을 제시할 수 있었다. 라우든의 경우에 문제 해결에서 현재 최고의 진보 속도를 갖는 연구 전통을 추구하는 것은 언제나 합리적이다 (1977, 111면). 그러나 그것은 우리가 그 연구 전통의 기본 사상을 승인해야 한다는 것을 의미하지 않는다. 이론과 사상의 승인가능성은 변화의 속도에 의해서가 아니라 현재 전체적인 문제 해결 능력의 수준에 의해 측정된다. 우리는 최고의 문제 해결 능력 수준을 갖는 이론들을 (아마 조심스럽게) 승인해야 한다. 그래서 과학자는 주류의 연구 전통에 있는 사상들을 승인하지만 엄청난 진보 속도를 갖는 좀 더 가장자리의 연구 전통에서 연구하는 쪽으로 이끌릴 수도 있을 것이다.

  이와 같은 어떤 규칙에 대해서는 그 규칙이 어떤 사람을 잘못된 길로 들어서게 하는 사례들에 대해 생각하는 일이 가능할 것이다. 어떤 연구 전통이 지금 당장은 낮은 진보 속도를 갖지만 곧 속도를 낼 수 있다고 생각할 좋은 이유가 있다면 어떻게 되는가? 이것은 라카토슈를 주저하

게 만들었던 종류의 가능성이다. 라우든은 분명히 승인과 추구의 구별
이 이런 종류의 문제에 대해 도움이 되기를 희망했으며, 실제로 그 구
별은 그렇게 도움이 된다. 그러나 그는 다양한 모든 종류의 운 나쁜 상
황을 포함하여 가능한 모든 상황을 처리할 규칙을 끌어내려 하지는 않
는다. 여기서 우리는 과학철학의 목적에 관한 일반적 문제에 부딪히게
된다. 왜냐하면 과학철학이 어떤 종류의 원리를 추구해야 하는지가 매
우 불명료하기 때문이다. 어떤 사람들은 라우든처럼 세련된 규칙이라
할지라도 절차 규칙을 추구하는 일은 그저 잘못이라고 생각한다. 그러
나 라우든은 연구 전통들 사이의 경쟁이라는 관념을 이용하여 꽤 인상
적인 규범적 과학이론을 제시할 수 있었다고 말하는 것이 공정하다.

　라우든의 이론은 인상적이었지만, 이 장에서 논의한 두 이론 사이에
는 흥미로운 틈새가 있는데, 어떤 독자들은 이미 그 틈새를 떠올렸을
것이다. 라카토슈와 라우든은 둘 다 과학자가 어떤 분야에서 다양한 연
구 프로그램에 주목하다가 어떤 연구 프로그램에 가담할 것인지 결정
하는 상황에 흥미가 있었다. 그러나 그들 중 누구도 물은 것 같지 않아
보이는 물음이 있다. 즉 그 답은 주어진 연구 프로그램에서 얼마나 많은
사람이 이미 작업하고 있는가에 달려 있는가? 라카토슈와 라우든은 둘
다 자신들의 이론이 다른 이론들에 비해 훨씬 더 우수하다면 모든 사람
을 똑같은 연구 프로그램에서 작업하도록 지도하는 것이 멋진 일일 것
이라고 생각했던 것처럼 보였다. 그러나 아마 그것은 잘못일 것이다.
과학은 해당 분야를 여러 **프로그램**에 걸게 만드는 어떤 종류의 메커니즘
에 의해 더 잘 기능할 수도 있다. 그것은 과학철학이 다룰 전혀 다른 물
음, 즉 다양한 연구 프로그램에 걸쳐 있는 연구자들의 최선의 분포는
무엇인가라는 물음을 시사한다.

　이 새로운 물음에 접근하는 두 가지 다른 방식이 있다. 한 가지 방식

은 개인적 선택을 살펴보는 것이다. 사람들이 두 프로그램에 걸쳐 이미 분포되어 있는 방식을 감안하면 내가 연구 프로그램 2가 아니라 연구 프로그램 1에서 작업하는 것이 이치에 닿는가? 연구 프로그램 1은 초만원인가? 어쩌면 라카토슈와 라우든은 이 물음은 자신들의 기획이 그린 그림에 이기적인 목표를 끌어들일 것을 요구하는 것 같기 때문에 자신들의 기획과 관련이 없다고 생각했을 수도 있다. 그러나 우리는 이 문제를 다른 방식으로 접근할 수도 있다. 우리는 경쟁하는 연구 프로그램들 사이에서 사람들의 어떤 분포가 과학을 위해 최선인가라고 물을 수 있는 것이다.

흥미롭게도 쿤은 특히 『구조』이후에 그의 연구(예컨대 1970)에서 이 문제를 잘 알고 있었다. 이런 점은 쿤이 보통 과학에서 패러다임들 사이에 진행 중인 경쟁이 발견된다고 생각했기 때문에 아이러니컬하다. 그러나 쿤은 과학의 강점 중 하나가 특히 위기 동안에 과학자들마다 서로 다른 선택을 하게 함으로써 위험을 분산시키는 능력에 있다고 말했다. 라카토슈와 라우든은 이 문제에 대해 철저한 탐구를 할 수 있는 좋은 위치에 있었지만 그렇게 하지 않았다(또한 Musgrave 1976를 볼 것). 이 물음이 예리하게 철학적으로 표면화된 것은 좀 더 최근에 이르러서였다. 이 문제는 제11장에서 자세히 다룰 것이다.

7.4 어떻게 해도 좋다

이제 쿤 이후 논쟁에서 가장 논란이 되고 모험적 인물인 파울 파이어아벤트를 살필 차례이다. 이 책에서 다루는 많은 핵심 인물처럼 파이어아벤트는 오스트리아에서 태어났다. 그는 제2차 세계대전 중에 독일 보병대에 소속되어 전투에 참가했다가 부상을 당했다. 전쟁 후 그는 과학에서 철학으로 전환했으며, 결국은 캘리포니아대학교 버클리캠퍼스에 진출해 거기에서 생애의 대부분을 학생들을 가르치면서 보냈다. 파이어아벤트는 처음에 포퍼에게서 영향을 받았는데, 1950년대에 1년 간 포퍼와 함께 연구했다. 그러나 1960년대 초 무렵 그는 나중에 유명해진 모험적 견해로 옮겨가고 있었다. 그와 쿤은 서로 중대한 영향을 주고받았다(라카토슈와 라우든 다음으로 파이어아벤트를 논의할 때 나는 이 책의 연대순 편제에서 이탈하고 있다).

그렇다면 악명 높은 그의 사상은 무엇이었는가? 시작은 세 마디로 압축할 수 있다. 어떻게 해도 좋다(anything goes). 파이어아벤트의 가장 유명한 저작은 1975년 책 『반방법』(*Against Method*)이었다. 여기서 그는 "인식론적 무정부주의"를 주장했다. 인식론적 무정부주의자는 과학에서 모든 규칙과 구속 체계에 반대한다. 위대한 과학자들은 이용가능한 모든 발견과 설득 기법을 기꺼이 이용하는 기회주의적이고 창조적인 사람들이다. 과학에서 방법 규칙을 확립하려는 모든 시도는 이 창조성에 구속의 옷을 입히는 결과를 낳을 뿐이다. 우리가 과학사를 살피게 되면 이 사실을 알 것이라고 파이어아벤트는 말했다. 위대한 과학자들은 언제나 철학자들이 규정하려 할 수 있는 가장 기본적인 방법론적 규칙조차도 자진해서 깨뜨려왔다. 우리가 상상력과 진보를 방해하지 않을 것이라고 확신할 수 있는 유일한 규칙은 이것이다. 즉 어떻게 해도 좋다.

자신의 입장을 옹호하면서 파이어아벤트는 과학적 언어와 관찰의 심리에 관한 다양한 사상을 이용했다. 쿤과 마찬가지로 그는 경쟁하는 과학이론들이 종종 언어적으로 공약불가능하다고 생각했다(앞의 제6.3절을 볼 것). 그는 과학에서 관찰이 이론적 가정들로 오염되며, 그래서 이론에 대한 중립적 시험을 생각할 수 없다고 논했다. 이 논증들은 과학적 언어에 관한 사변적 사상에 기초를 두었으며, 그다지 설득력이 없다. 좀 더 흥미로운 그의 논증들은 두 종류이다. 이 논증들은 과학사, 그리고 과학이 자유와 인간 복지에 어떻게 관계되는지에 관한 좀 어려운 물음에 직접 마주치는 것 모두를 포함한다.

제멋대로 나뒹구는 이 사상들의 동물원을 구경하기 전에 우리는 파이어아벤트가 『반방법』서두에서 제시했던 경고를 염두에 둘 필요가 있다. 그는 독자가 그 책의 논증들을 파이어아벤트의 "깊은 확신"을 표현하는 것으로 해석해서는 안 된다고 말했다. 대신 그 논증들은 "단지 합리적인 방식으로 사람들을 멋대로 부려먹는다는 것이 얼마나 쉬운 일인지를 보여준다"(1975, 32면). 인식론적 무정부주의자는 이성을 불안하게 하기 위해 그 이성을 이용하는 "첩보원"과 비슷하다. 또 다시 우리는 저자에게서 우리가 읽고 있는 것을 신뢰하지 말라는 말을 듣는다. 이 말을 어떻게 생각해야 할지 알기는 어렵지만, 나는 파이어아벤트의 주장들을 분류하여 그의 "깊은 확신"을 나타내는 주장들을 구분하는 것이 가능하다고 생각한다. 파이어아벤트의 가장 깊은 확신은 과학이 인간 창조성의 측면이라는 것이었다. 그래서 과학적 사상과 과학적 변화는 그런 용어들로 평가되어야 한다.

『루틀리지 철학백과사전』(Routledge Encyclopedia of Philosophy, 1998)의 그에 대한 항목에서 마이클 윌리엄스(Michael Williams)는 우리가 파이어아벤트를 낡은 회의적 전통, 즉 섹스투스 엠피리쿠스와 몽테뉴가 대표하는 회의적 전통의 늦은 대표자로 생각할 것을 제안하는데, 이 전통에서 회의주의자는 "어떤 사상도 명확하게 확립된 것으로 간주하지 않으면서 모든 방식의 경쟁하는 사상들을 조사하여 서로 대치시킨다." 이것은 유용한 비교지만 그 이야기의 부분일 뿐이다. 다른 부분을 포착하기 위해서는 우리는 파이어아벤트와 동성애 행위로 영국에서 투옥되었던 19세기 극작가이자 소설가이자 시인 오스카 와일드 (Oscar Wilde)를 비교할 수도 있다. 와일드는 지식과 사상에 관해 이상하고 역설적인 주장을 표현하는 것을 좋아했던 사람이다("나는 믿을 수 없는 것인 한 무엇이라도 믿을 수 있다"). 그러나 역설들 배후에는 명확한 메시지가 있었다. 와일드에게 사상에 대한 가장 중요한 종류의 평가는 미적 평가이다. 책이나 사상은 부도덕하거나 불경한 것처럼 보일 수 있지만, 그것이 아름답다면 가치가 있다. 다른 표준들 ― 도덕적, 종교적, 논리적 ― 이 자유로운 예술 발전에 방해가 되는 것을 절대 허용해서는 안 된다. 나는 이것이 파이어아벤트의 견해에 가깝다고 주장한다. 과학을 포함하여 모든 지적 작업에서 중요한 것은 창조성과 상상력의 자유로운 발전이다. 이것을 방해하는 것은 어떤 것도 허용되면 안 된다.

파이어아벤트가 가치와 창조성에 초점을 맞춘 일은 다른 사람들에 대한 그의 해석에도 지침으로 작용했다. "전문가를 위한 위안"(Consolations for the Specialist, 1970)은 그가 쿤에 대해 가장 지각력 있는 비판자 중 한 사람임을 보여준다. 대부분의 과학철학자는 쿤의 과학관에서 걱정스러운 무질서를 발견했다. 파이어아벤트는 정반대의 것, 즉 과학자들이 질서 있고 기계적이게 되라는 자극을 발견했다. 파이어아벤트는 쿤이 정상과학의 정신이 멍해질 정도의 기계적 절차와 훌륭한 정상과학자를 산출한다고 생각했던 엄격한 교육을 찬미하는 것으로 보았다. 그는 쿤이 전문화, 편협함, 비정통 사상의 배제 쪽으로 흐르는 20세기 과학의 최악의 경향을 장려하는 것으로 보았다.

파이어아벤트는 쿤 이야기의 "보이지 않는 손" 측면, 즉 개인적 편협함이 과학에서 결국은 잘 되는 방향으로 가는 모든 것이라고 논증하려는 쿤의 시도를 인정했다. 제5장 뒷부분에서 나는 쿤의 논의에서 기술적인 것과 규범적인 것을 구별하기가 종종 어렵다고 말했다. 파이어아벤트는 쿤의 저작에서 이 애매성을 은근히 독자에게 가장 세속적 유형의 과학에 대한 긍정적 그림을 심어주려는 고의적인 수사적 장치로 보았다. 파이어아벤트에게는 쿤이 장려했던 사고방식 또한 과학적 작업의 도덕적 귀결에 대한 관심의 결여로 이끄는 것이다.

파이어아벤트는 또한 쿤이 역사에서 정상과학의 역할에 관해 사실적으로 틀렸다고 주장했다. 파이어아벤트에 따르면, 패러다임은 쿤이 기술했던 종류의 지배력을 발휘하는 데 거의 성공하지 못한다. 언제나 새로운 사상을 시도하는 상상력 풍부한 개인들이 있다.

파이어아벤트는 때로 묘사되듯이 "과학의 적"이 아니었다. 그는 어떤 종류의 과학의 적이었다. 파이어아벤트에 따르면, 17세기에 과학은 자유와 창조성의 친구였으며, 로마 가톨릭교회의 쓸모없는 지배력에 영웅적으로 반대했다. 그는 이 시기의 과학적 모험, 특히 갈릴레이의 모험을 칭찬했다. 그러나 갈릴레이의 과학은 오늘날의 과학이 아니다. 파이어아벤트에게는 과학이 자유의 동맹자가 되는 것에서 적이 되기까지의 과정을 겪었다. 과학자들은 그들의 훈련을 벗어나면 아무것도 할 수 없는 "인간 개미들"로 변하고 있다(1975, 188면). 그리고 사회에서 과학의 우세는 인간을 "매력이나 유머 없이 비참하고, 불친절하고, 독선적인 기계장치"로 전환시킨다. 『반방법』을 맺는 면에서 그는 사회가 언젠가 하나의 참 종교의 지배력에서 자유로워졌어야 했던 것처럼 이제 오만한 과학적 체제의 억압적 지배력에서 자유로워져야 한다고 선언한다.

7.5 철학을 괴롭히는 역사에 의거한 논증

이제 파이어아벤트 저작에서 아마 가장 핵심적이라고 할 수 있는 논증을 살펴보기로 하자. 이 논증은 역사에 의거한 논증이다.

『반방법』대부분은 17세기 초에 아리스토텔레스주의 적수들에 반대하는 갈릴레이의 논증들에 대한 논의가 차지하고 있다(제1.5절을 볼 것). 갈릴레이는 태양이 지구를 도는 것이 아니라 지구가 태양 주위를 돈다는 코페르니쿠스의 주장이 문자 그대로 옳다는 것을 옹호하려 했다. 갈릴레이가 직면해야 했던 것들 중 하나는 움직이는 지구에 반대하여 제시된 뻔한 경험으로부터의 논증들 집합이었다. 예컨대 탑에서 공을 떨어뜨렸을 때 코페르니쿠스의 견해에 따르면 그 공은 공중에 있는 동안에 탑이 (거대한 원을 따라) 상당한 거리를 움직였음에도 탑 바로 아래에 떨어진다. 운동에 대한 우리의 일상적 경험은 모두 지구가 정지되어 있다는 것을 암시한다. 이런 논증들은 아리스토텔레스의 지혜나 성경에 나오는 사도들의 격언에 의거한 논증들이 아니다. 그것들은 우리가 매일 관찰하는 것에 의거한 논증들이다. 만일 철학에서 정말이지 경험주의가 무언가 힘이 있다면, 그것은 17세기 사람들이 갈릴레이에 대항해 지구가 움직이지 않는다고 믿을 훌륭한 이유를 가졌다는 것을 수반한다고 파이어아벤트는 주장한다.

물론 갈릴레이는 그 논증들을 거부했다. 『두 개의 주요 우주 체계에 관한 대화』(*Dialogue concerning the Two Chief World Systems*, [1632] 1967)에서 갈릴레이는 참을성 있게 코페르니쿠스의 모델이 운동에 대한 일상적 경험들과 양립가능하다는 것을 보여주려 한다. 만일 지구가 움직이고 있다면, 탑에서 떨어뜨린 공은 혼합된 종류의 운동을 갖는다. 그 공은 지구를 향해 떨어지지만, 또한 탑과 마찬가지로 거대한 원 안에서 움직이고 있다. 운동에 대한 우리의 일상적 지각은 탑과 공이 모두 원 운동을 하는 경우와 둘 다 원 운동을 하지 않는 경우를 구별할 수 없다.

갈릴레이는 그 논증들의 뇌관을 제거하지만, 이 일이 쉽다고 주장하지 않는다. 뿐만 아니라 그는 "순수 지성의 힘을 통해 자신들의 감각을 감각가능한 경험이 분명히 반대임을 보여주는 것에 대하여 이성이 자신들에게 말한 것에 유리하도록 왜곡하는" 코페르니쿠스와 다른 사람들에 경탄한다(Feyerabend 1975, 101면에서 인용).

파이어아벤트에 따르면, 갈릴레이가 했어야 하는 것은 세계에 대한 다른 종류의 관찰적 기술, 즉 외견상의 운동에 대한 기술들이 코페르니쿠스의 가설과 양립가능하게 되는 기술을 창조하는 것이었다. 그래야만 코페르니쿠스주의의 논증들이 그럴듯해진다. 이 사례와 다른 사례들에서 과학이 했어야 하는 것은 가장 기본적인 관찰적 기술에까지 스며든 낡은 세계관의 속박요건들을 헤치고 나아가는 것이었다. 파이어아벤트에게는 과학이 종종 관찰의 교훈을 따르기가 아닌 도전하기의 문제이다.

여기서 우리가 보는 것은 파이어아벤트가 도처에 있는 것으로 간주하는 어떤 것의 단순한 사례이다. 철학자들에게 소중한 종류의 매우 기본적인 경험주의 원리는 17세기 사람들이 지금 우리가 옳다고 생각하는 과학적 이론에서 멀리 떨어져 있다고 지적할 것처럼 보인다. 철학자는 과학이 어떻게 위대한지에 관해 관찰적 자료에 감응하기 때문이라며 자신만만하게 일반론들을 내뿜는다. 그러나 역사는 철학자가 그토록 좋아하는 원리들이 결정적으로 중요한 시기 이전의 사람들에게 그 원리들을 적용한다면 우리를 잘못된 방향으로 조종할 것임을 시사한다.

파이어아벤트의 저작들에서 모든 과장된 표현, 고의적 도발, 농담, 모욕, 난폭한 진술을 통해 볼 때 이런 형태의 논증은 끊임없는 도전적 위협으로 작용한다. 17세기 초의 위대한 시험에 실패하지 않는 방법의 원리, 확증의 척도, 과학적 전략의 일람이 있는가? 갈릴레이가 촉구했던 재사고의 중요성, 그리고 그에게 반하는 이야기를 하는 일상적 경험의 커다란 비중을 살펴보라. 이런 점들을 감안하면, 과학이 어떻게 작동하는지에 대한 모든 전통적인 철학적 설명, 특히 경험주의의 설명은 갈릴레이에 걸기보다는 아리스토텔레스주의자들에게 붙으라고 가르쳤을까? 이것이 바로 과학철학을 괴롭히는 파이어아벤트의 논증이다.

　그렇지만 파이어아벤트는 옹호될 수 없는 원리, 즉 "따라서 모든 상황에서 우리의 성향을 이성에 반하게 하는 것을 권할 만한데, 왜냐하면 그것으로부터 과학이 이득을 얻을 수 있기 때문이다"(1975, 156면)는 원리로까지 대규모로 지나치게 확장한다. 파이어아벤트는 어떤 원리나 규칙이 잘못될 수 있기 때문에 우리가 그것을 완전히 무시해야 한다고 주장한다. 그 주장은 분명히 얼빠진 주장이다. 당신이 가려고 계획한 곳에 당신을 데려다주도록 예정된 기차를 잡는 방책은 잘못될 수 있는 방책이다. 그 기차는 충돌 사고가 날 수도 있다. 또는 만일 다른 기차를 잡는다면, 당신은 도중에 당신 삶의 동반자를 만날 수도 있다. 거기까지는 모든 것이 가능하지만, 이성적인 어떤 사람도 이런 가능성들을 당신이 가려고 하는 곳에 가도록 예정된 기차를 잡는 것이 최선이라는 규칙을 불신하기에 충분한 것으로 간주하지 않는다. 이성적 행동의 일상적 규칙에 대한 모든 적용은 어떤 결과가 개연적이거나 전형적인지와 어떤 결과가 부자연스럽거나 있음직하지 않은지에 관한 판단들을 미리 가정한다. 때로 우리는 이 다른 결과들의 가망성에 정확한 수치를 부여할 수도 있지만, 그렇게 하지 않는 경우가 종종 있다. 때로 우리는 우리를 안내할 비공식적 판단에 의존한다. 이성적 행동에서는 어떤 것도 보증되지 않지만, 어떤 방책과 규칙들은 이런 점에도 불구하고 정당화될 수 있다(제14장에서 논의할 믿음과 행위에 대한 현대의 베이스주의 이론은 바로 이 생각에 기초를 두고 있다). 그리고 일상적 행동에 대해 옳은 것은 과학에 대해서도 옳다. 어떤 규칙이 나쁜 귀결로 이끌 수도 있다는 단순한 가능성은 증명하는 것이 거의 없다. 어떤 원리를 의심할 근거를 갖기 위해서는 우리는 단순한 가능성 이상의 것이 필요하다. 과학은 온갖 종류의 이상한 결정으로부터 "이득을 얻을 수 있지만", "그럴 수 있다"는 것으로는 충분하지 않다.

그래서 우리는 이 문제에 대한 파이어아벤트의 처리에서 좋은 논증과 나쁜 논증의 혼합을 보게 된다. 철학자가 17세기 아리스토텔레스주의자들에 찬성하고 갈릴레이에 반대하는 결과를 낳는, 우리가 좋아하는 이론 선택의 원리를 갖는 일의 이상함을 무시하는 것은 어리석은 일일 것이다. 그 예는 용감한 철학자나 무시할 정도로 과학사에서 아주 중요하지만 충분히 다듬어진 철학이론들이 그릇된 결정을 내린다는 것은 전혀 분명하지 않다. 앞의 제7.4절에서 논의한 라우든의 규칙들을 다시 생각해보라. 그 규칙들은 아마 우리를 여기로 어느 정도 잘 오게 해줄 것이다. 이 규칙들은 적어도 문제 해결능력의 증가 속도 때문에 갈릴레이의 프로그램을 추구하라고 말해줄 것이다. 그리고 거기에 맞추어 갈릴레이의 견해를 승인하는 것은 합리적인 것이 될 것이다.

7.6 다원주의와 미친 사람들의 두서없는 지껄임

파이어아벤트에게는 과학은 다양한 대안의 사상과 관점들로부터 이득을 얻는다. 과학에서 다원주의와 다양성에 관한 파이어아벤트의 사상을 살펴보자.

쿤과 라카토슈에 관한 1970년 논문에서 파이어아벤트는 과학을 안내해야 할 두 가지 일반 원리를 제안했다. 우리는 파이어아벤트의 견해에서 "규칙은 깨지기 위해 만들어진다"는 것을 염두에 두어야 한다. 그러나 그 원리들은 논의할 가치가 있다.

파이어아벤트는 첫 번째 규칙을 "고수의 원리"(principle of tenacity)라 불렀다. 이 원리는 처음에 문제가 있다 하더라도 매력적인 이론들을 고수하고, 그 이론들에게 잠재력을 펼칠 기회를 허용하라고 말해준다.

그것이 시작이지만, 만일 모든 사람이 이 규칙을 따른다면 정말이지 변하는 것은 아무것도 없게 될 것이다. 그래서 파이어아벤트는 두 번째 원리, 즉 "증식의 원리"(principle of proliferation)를 추가한다. 이 원리는 새로운 이론을 만들고 새로운 사상을 제안하라고 말해준다.

쿤은 새로운 사상의 증식이 위기를 기다려야 한다고 말한다. 그러나 왜 내내 새로운 사상을 제창해서는 안 되는가? 이렇게 해서 우리는 과학에 대한 파이어아벤트의 이상적 그림에 도달한다. 우리는 즐겁게 자신들의 이론을 개발하고, 또한 새로운 이론을 생각해내려는 사람들의 집단을 가지고 있다. 현존하는 사상들을 발전시키는 데는 상상력 없이 단조로운 작업이 필요하지만, 이것이 상상력이 풍부한 작업을 방해해서는 안 된다.

파이어아벤트는 자신이 철학자이자 정치이론가 존 스튜어트 밀(John Stuart Mill)을 따르고 있다고 주장했다. 고전적 저서 『자유론』(On Liberty, [1859] 1978)에서 밀은 사회가 다양한 사상과 삶의 방식들로부터 이득을 얻는다고 논했다. 새로운 이론들의 끊임없는 증식은 많은 선택권을 찾아서 최상으로 널리 보급하는 "사상들의 시장"을 만든다. 과학이 별난 사상들의 원천에서 이득을 얻을 수 있는 방식에 대

한 파이어아벤트의 기술 — "미친 사람들의 두서없는 지껄임"(1975, 68
면) — 은 이 시장에 투입되는 것들에 대한 기술로서 의도된 것이었다.
(또한 Lloyd 1997를 볼 것). 파이어아벤트는 만일 우리가 적어도 잠정
적으로라도 현재 우리의 관점 밖으로 나가려 한다면 그때 비로소 우리
가 종종 겨우 그 관점의 한계를 지각할 수 있을 것이라고 논했다. 우리
가 보통 무비판적으로 가정하는 사상에 대한 참신하고 외부적인 관점
에 도달하는 일은 종종 진보의 시작이다. 우리가 보통 관찰가능한 사실
을 포함하여 "확립된 사실"로 간주하는 것은 종종 편견과 구식 사상에
적재되어 있고, 그것에 오염되어 있다. 따라서 외부적 관점의 원천은
무엇이든 존중되어야 한다. 대안의 이론들, 심지어 대규모 문제에 대한
이론들조차도 이런 종류의 외부적 관점을 제공할 수 있다.

  익숙한 가정에 도전할 때 외부적 관점의 필요성에 관한 이 생각은 흥
미롭다. 그리고 사상들의 시장이라는 생각은 매우 설득력이 있다. 그러
나 파이어아벤트의 설명은 매우 중요한 어떤 것을 빠뜨린 것처럼 보인
다. 그리고 이러한 누락은 "사상들의 시장" 신조에 대한 그의 설명의
토대를 무너뜨린다.

  파이어아벤트의 그림에서 빠져 있는 것은 사상들의 거부와 제거를
위한 어떤 규칙이나 메커니즘이다. 파이어아벤트는 우리가 따를 경우
에 모든 분야에서 논의되는 다양하면서도 계속해서 증가하는 과학적
사상들의 축적으로 이끌 비결을 제시한다. 어떤 사상은 아마 따분해질
것이고, 그래서 삭제될 수도 있다. 그러나 그것과 별도로 어떤 사상을
고려 대상에서 제거할 방식이란 없다. 그래서 곧바로 다음 물음이 절박
한 물음으로 다가온다. 우리가 이 이론들 중 하나를 실제적 문제에 적
용해야 할 때 우리는 무엇을 하기로 되어 있는가? 다리를 건설해야 할
때 우리는 어떻게 해야 하는가? 우리는 어떤 생각들을 이용해야 하는

가? 가장 "창조적인" 생각은 확실히 아니다! 파이어아벤트는 이 물음에 대해 결코 만족스러운 답을 제시하지 않았다.

만일 우리가 과학으로부터 실제로 원하는 것이 생생하고 상상력 있는 토론으로 채워진 공동체를 갖는 것이라면, 과학적 행동에 대한 파이어아벤트의 비결은 적당하다. 그러면 과학은 예술과 매우 유사한 것이 될 것이다. 그러나 만일 과학의 역할의 부분이 실제적 문제를 해결하도록 우리를 안내하는 것이라면, 파이어아벤트의 비결은 완전히 잘못 인도하는 것처럼 보인다. 만일 과학이 문제에 적용되어야 한다면, 과학에서 선택 메커니즘, 즉 어떤 사상들의 거부에 대한 메커니즘이 있어야 한다. 대안들의 증식은 과학의 부분이며, 또 다른 부분은 대안들 사이에서의 선택이다.

예컨대 지난 몇 년 사이에 남아프리카공화국의 타보 음베키(Thabo Mbeki)는 에이즈의 원인에 관한 극단적 생각들에 대한 관심을 보여주었다. 이 생각들에 따르면, 에이즈의 원인으로 주류 과학이 확인한 바이러스 HIV는 비교적 중요하지 않거나 아예 무해한 것으로 간주된다. 그에 대해 쏟아진 세찬 비판에 대한 응답으로 음베키는 때로 자신이 단지 이론들에 대한 사심 없는 의문과 다양한 가능성에 대한 탐구에 흥미가 있을 뿐이라고 말해 왔다. 확실히 그것은 적절한 과학적 태도이다? 이 응답은 솔직하지 못하다고 하여 제대로 비판을 받았다. 과학은 대안들의 고안을 필요로 하지만, 다양한 선택지를 가지치기해서 어떤 선택지들은 버리는 메커니즘도 필요하다. 공중보건 맥락에 과학적 생각을 적용할 때면 이 선택 과정은 최고로 중요해진다. 그렇다면 우리는 에이즈가 체액을 통해 전염된 바이러스가 원인이라는 잘 지지된 견해를 과학으로부터 받아들여야 하고, 이 견해를 정책과 행동의 지침으로 삼아야 한다.

앞에서 언급했던 루틀리지 백과사전 항목에서 마이클 윌리엄스는 되
돌아볼 때 파이어아벤트가 어떻게 보이는지에 관해 다음과 같이 말한
다. "그의 견해들 중의 어떤 것이 어떤 철학자들에게 과장을 한다는 인
상을 줄 수 있는 반면에, 그 견해의 일반적 취지는 오늘날의 통념으로
보이는 어떤 요구를 하고 있다." 나는 거의 정반대의 개요를 말할 것이
다. 파이어아벤트의 몇몇 개별 조각이 통념에 가까운 어떤 것이 되는
반면에, 그의 작업의 일반적 취지는 어떤 원리를 포함하는데, 이 원리
는 분명히 그르기 때문에 여전히 비통념적이다. 이 원리는 우리가 과학
의 사회적 역할을 예술의 사회적 역할에 대해 우리가 생각하는 것과 똑
같은 방식으로 생각해야 한다는 원리이다. 그러나 오히려 상상력과 창
조성은 과학의 한 측면이지 유일한 측면이 아니다.

7.7 현황 파악하기: 틀과 두 수준 과정 과학이론

이 절에서는 앞의 몇 장들에 걸쳐 여러 차례 나타났던 일반적 주제를
논의할 것이다. 이 절은 이 책의 중심을 이루는 연대순 이야기에서 "중
간 휴식시간"이다.

내가 논의할 주제는 20세기 철학 내내 계속해서 울려 퍼진 주제이
며, 계속해서 중요한 주제이다. 나는 그 주제를 과학적 변화, 또는 좀
더 일반적으로 개념적 변화에 관한 견해들 사이의 구별로 소개할 것이
다. 그 구별은 한 수준 과정 이론과 두 수준 과정 이론의 구별이다. 만일
과학적 변화를 이해하고자 한다면, 우리는 두 수준에서 나타나는 서로
다른 유형의 변화와 함께 과학에서 두 "수준"을 인정해야 할까? 좀 더
정확하게 말해서 우리는 과학적 변화를 (1) 일반적 틀이 제공하는 경계

선 내에서 이루어지는 변화와 (2) 틀 자체의 수준에서의 변화를 포함하는 것으로 보아야 할까?

대안은 두 수준이나 두 층위, 또는 두 종류의 변화에 대한 질적 구별이 없는 통일된 설명을 제시하는 것이다.

포퍼와 쿤의 대치 또한 생생한 대비로 이용할 수 있다. 포퍼에게는 과학적 변화가 언제나 똑같은 과정 — 추측과 논박의 순환 과정 — 을 포함한다. 이것은 우리가 세부적인 것들에 대해 작은 변화의 수준에서 보는 것이면서 또한 세계관의 근본적 변화의 수준에서 보는 것이기도 하다. 이와 대조적으로 쿤에게는 과학에서 질적으로 다른 두 종류의 변화가 있다. 그래서 패러다임 내의 변화와 패러다임들 사이에서의 변화는 근본적으로 다른 과정을 포함한다. 패러다임(넓은 의미에서)은 여기서 관련된 의미로 틀의 명료한 예다. 틀 내의 변화는 그 틀이 제공하는 원리들에 의해 안내된다. 틀은 이 원리들을 제공하기 때문에 틀 사이의 이동은 좀 더 문제가 되고, 기술하기가 어려우며, 종종 무질서하다.

꽤 명료하고 생생한 또 다른 대비로 옮겨가보자. 이 대비는 카르납과 콰인의 대비이다. 카르납은 후기철학에서 언어적 틀(linguistic framework)이라는 용어를 사용했는데, 이 틀들 내에서 이루어진 이동과 틀들 사이에서 이루어진 변화를 구별했다. 틀의 근본을 이루는 원리들은 명시적으로 진술되면 분석문장으로 나타날 것이다. 틀 내에서 이루어진 이동은 종합적 주장에 대한 평가와 시험을 포함한다. 카르납에게는 많은 대안의 틀이 가능하며, 사람들은 그것들 사이에서 교대로 왔다 갔다 할 수 있다. 그렇지만 이러한 교대는 틀 내에서 이루어진 이동과는 다른 종류의 과정을 포함한다. 틀들 사이에서 이루어진 이동은 특수한 사실적 결과에 민감하지 않다. 그 이동은 그 틀의 전체적 유용성에 대한 어떤 종류의 실용적 평가에 민감하다. 만일 한 틀이 작동하지 않는 것처럼 보인다면, 우리는 다른 틀을 시도한다. 카르납의 틀은 쿤의 틀보다는 "더 연하다"(thinner). 카르납의 틀은 과학적 원리가 아니라 그저 기본적인 언어적·논리적 규칙들을 포함할 뿐이다.

"경험주의의 두 가지 독단"(Two Dogmas of Empiricism)과 다른 곳에서 콰인은 언어와 지식에 대한 이 두 층위 견해에 대하여 반대 논증을 펼쳤다. 콰인에게는 크건 작건 우리의 믿음체계에 대해 이루어지는 모든 변화는 믿음의 망에 대해 똑같은 종류의 전체론적 땜질을 포함한다. 우리는 가능한 한 적은 변화를 만들고, 우리의 세계관을 가능한 한 단순하게 유지함으로써 경험을 수용한다. 틀 내의 변화와 틀 사이의 변화의 구별이란 없다.

우리는 한 수준 과정 견해와 두 수준 과정 견해 사이에서 어떻게 결정할 수 있을까? 20세기 철학에서 많은 사람이 콰인의 전체론에 설득되었다. 이 논증들은 매우 일반적인 고찰에 기초를 둔 것이지 과학에서 특수 에피소드들의 역사에 기초를 둔 것이 아니었다. 콰인의 가장 강력한 논증은 과학적이면서 선결문제 요구의 오류를 범하지 않는 방식으로 틀 내의 변화와 틀 사이의 변화의 구별을 구획할 방법이 없다는 그의 주장인 것으로 보인다.

그렇지만 쿤은 실제 과학 사례에서 정상과학과 혁명적 변화를 구별하는 문제를 가지고 있지 않았다. 그는 두 과정을 명료한 역사의 사실로 보았다. 그리고 쿤은 이 구별을 인정함으로써 중요한 통찰을 하게 되었다고 주장할 수 있다. 최근에 마이클 프리드먼(Michael Friedman, 2001)은 이 점에서 쿤이 옳고 콰인이 틀렸다고 논했다. 만일 틀이라는 관념과 두 종류의 변화의 구별을 이용하여 실제 과학적 에피소드들에 접근한다면, 우리는 과학이 어떻게 진화해왔는지에 대해 좀 더 잘 이해할 수 있게 될 것이다. 두 종류의 개념적 변화의 구별에 의거해서는 우리가 잘 이해할 수 없다는 콰인의 주장은 두 종류의 변화를 인정하기 위해 우리가 해야 할 것에 대해 지나치게 엄격한 생각에 기초를 두고 있는 것처럼 보인다.

두 수준 과정 견해에 대한 콰인의 부정이 정당화가능한가? 1982년 콰인을 옹호하면서 토머스 리케츠(Thomas Ricketts)는 콰인이 두 수준 과정 견해를 어떻게 거부할 수 있을지에 대해 좀 더 자세히 말하려 한다. 어떤 과학자가 실험실에서 실제로 일련의 기초적 원리를 파악하고, 이 원리들이 그의 틀을 형성한다고 주장한다고 해보자. 그 과학자는 실험실의 원리들이 변할 수 있지만 특별한 과정에 의해 변할 것이라고 말한다. 확실히 콰인은 그 경우에 두 수준 과정 견해를 승인해야 할까? 아마 그렇지 않을 것이다. 과학자는 실험실에서 어떤 원리들을 파악하고 그 원리들이 다르다고 말하지만, 만일 시험의 전체론적 성격에 관해 콰인이 올바르다면 과학자가 자신의 믿음들을 변경하는 실제 과정은 모두 똑같은 종류의 과정일 것이다. 긴장과 예기치 않은 관찰을 피하기 위해 조정하는 실제적 과정은 변하는 생각들이 실험실에서 파악된 것이건 아니건 간에 그 정도까지 진행된다. 틀 내에서 이루어진 이동이 "사실들에 의해 안내되고", 틀에 대해 이루어진 이동이 "단지 실제적"이라는 것은 의미가 없다. 어떤 믿음에 대해 이루어진 모든 변화는 전체 망에 대해 똑같은 종류의 땜질의 결과이다.

그래서 과학적 변화의 두 수준 과정 성격이 착각에 지나지 않는지를 알아내려고 하면서 우리는 다시 한 번 시험과 확증에 관한 근본적 물음 쪽으로 이끌린다. 나는 이런 문제들에도 불구하고 과학적 변화의 두 수준 과정 이론이라는 생각이 확실히 특정 사례들에 대해 연구하는 사람들에게 유용했던 것처럼 보인다고 말해야 할 것이다. 쿤과 함께 우리에게는 다른 종류의 두 수준 과정 견해를 가진 사람들로 라카토슈와 라우

든이 있다. 이 장에서 말했듯이 우리는 다른 종류의 과학 분야들을 구
별하기 위해 쿤과 라우든의 서로 다른 이론을 이용할 수 있다. 어떤 분
야들은 쿤 식의 패러다임에 의해 안내되고, 어떤 분야들은 연구 프로그
램들 사이의 진행 중인 경쟁을 포함한다. 또 다른 분야들은 두 이론의
혼합 형태가 될 수도 있다. 이 구별은 확실히 유용한 구별처럼 보인다.
그리고 콰인과 그의 동료들은 이와 같은 사례에서 유용성이 궁극적인
조정 요인임을 인정할 것이다.

　이 전체적 영역은 최근까지 생생한 논의의 주제였으며, 해야 할 말이
많이 있다. 임마누엘 칸트의 유령이 전체 논의를 위협하는데, 칸트는
추상적인 개념적 틀이 경험적 탐구를 안내하기 위해 작용한다는 정밀
한 견해를 최초로 전개한 철학자였기 때문이다([1781] 1998). 칸트에
따르면, 우리가 세계에 미치는 기본 틀은 고정되어 있고, 모든 정상적
인간을 통해 보편적이다. 우리는 그 틀을 결코 벗어날 수 없다(그리고
벗어날 수 있다 해도 원하지 않을 것이다). 20세기를 통하여 많은 철학
자는 "개념적 도식"이나 틀이라는 관념이 호소력이 있음을 발견했지
만, 이 도식들이 변할 수 있는 것이며, 여러 문화에 걸쳐 보편적인 것은
아니라고 주장했다. 다음 장에서 논의하는 극단적 사상 중 어떤 것들은
개념적 도식의 역할에 관한 칸트의 생각과 대안의 도식들이 가능하다
는 상대주의적 견해를 결합한 것으로 보일 수 있다.

　모든 과학철학자가 "두 수준 과정" 견해나 "한 수준 과정" 견해를 갖
는 것으로 깔끔하게 분류될 수 있는 것은 아니다. 파이어아벤트는 흥미
로운 경우이다. 그는 언어적이고 우주론적인 틀의 심리적 힘을 인정했
지만, 상상력 있는 사람이 틀의 한계에 저항할 수 있다고 주장했다. 포
퍼 또한 틀이라는 전체 관념을 사고와 지식을 속박한다고 하여 거부했
는데, 그는 그 관념을 "틀의 신화"라 불렀다. 파이어아벤트는 틀을 신

화적인 것으로 보지 않았지만, 그 한계를 거부하고 극복할 수 있다고 생각했다.

이 문제에 대한 또 다른 흥미로운 반응은 피터 갤리슨(Peter Galison)의 저작(1997)에서 보인다. 우리가 과학에서 종종 발견하는 것은 과학적 분과를 이루는 여러 가지 다른 요소에서의 근본적 변화가 서로 보조를 맞추는 것이 아니라는 것이라고 갤리슨은 주장한다. 쿤이 이론적 사상, 방법, 표준, 관찰 자료에서의 동시적 변화가 있는 과정을 기술한 반면에, 갤리슨은 물리학 안에서는 실험적 전통에서의 근본적 변화가 이론의 근본적 변화와 비동시적으로 이루어지는 경향이 있다고 논한다. 이것은 대규모 과학의 이 다른 측면들이 지닌 부분적 자율성 때문이다. (기구 사용은 그러나 그 자체의 변화 속도와 원인을 가진 또 다른 전통이다). 그래서 커다란 이론적 변천은 우리가 동시에 변하지 않는 같은 분야의 다른 측면들을 기대할 수 있다는 사실로 인해 좀 더 잘 제어할 수 있게 될 것이다. 분열은 칸트의 모델에서보다 더 국소적으로 일어나며, 변천된 것들을 질서 있게 유통시키기 위해 그 분야에서 이용가능한 자원이 많이 있다. 어떤 과학 분야의 역사는 몇 가지 다른 종류의 것들의 "이음매들"을 보여주지만, 이 이음매들은 서로 일렬로 정돈되어 있는 것이 아니다. 그 결과 전체로서의 구조는 더 강해진다.

갤리슨의 그림은 서로 다른 종류의 과학적 변화 사이의 관계에 관해 생각할 선택지가 많다는 것을 보여준다. 우리는 한 수준 과정 진영(포퍼, 콰인, 그리고 어떤 의미에서 파이어아벤트)과 두 수준 과정 진영(카르납, 쿤, 라카토슈, 라우든, 프리드먼) 사이의 단순한 선택이 있다고 생각해서는 안 된다. 상황은 좀 더 복잡하다. 그리고 서로 다른 종류의 틀마다 다른 역할을 갖는다 ─ 우리는 칸트의 보편적인 개념적 틀이 라우든의 연구 전통 중의 하나와 똑같은 역할을 갖는다고 생각해서는 안 된다! 매우 다른 종류의 것들이 있다. 나는 또한 사람들을 틀을 수정하는 것으로 보는 두 수준 과정 견해와 사람들을 틀 사이에서 도약하는 것으로 보는 두 수준 과정 견해 사이의 구별에 관해서는 아무 말도 하지 않았다(어쩌면 결국은 아무런 차이가 없을 수도 있다). 어쨌든 개념적 변화에 대한 두 수준 과정 견해에 대한 도입과 비판은 과학과 지식에 관한 지난 100년 간의 생각에서 되풀이되는 주제였다.

더 읽을거리

라카토슈의 가장 유명한 저작은 Lakatos and Musgrave, *Criticism and the Growth of Knowledge*(1970)에 수록된 그의 긴 논문이다. 또 다른 핵심 논문은 Lakatos 1971이다. Cohen, Feyerabend, and Wartofsky 1976는 그의 작업에 관한 논문 선집이다.

파이어아벤트의 가장 유명한 저작은 *Against Method*(1975)이지만, 그의 초기 논문들 또한 흥미롭다(Feyerabend 1981에 수록됨). 그의 후기 책들은 *Science in a Free Society*(1978)가 약간 흥미로운 부분들이 있긴 하지만 별로 훌륭하지 않다. *The Worst Enemy of Science*(Preston, Munévar, and Lamb 2000)는 파이어아벤트에 관한 논문 선집이다. Horgan 1996은 또 다른 중요한 대담 내용을 담고 있다.

라카토슈-파이어아벤트 관계는 Motterlini 1999에 자세히 기록되어 있다.

틀에 대한 카르납의 가장 유명한 논문은 "Empiricism, Semantics, and Ontology"(1956)인데, 이 책은 카르납의 표준으로는 쉽게 읽을 수 있는 논문이다. 콰인의 주제들 중의 어떤 것을 계속해서 추구한 "개념

적 도식들"에 대한 또 다른 (어렵지만) 매우 영향력 있는 논의는 Da-
vidson 1984이다.

제8장

과학사회학으로부터의 도전

8.1 철학을 넘어서서?

20세기 후반기에 과학에 관한 사상은 유동 상태였다. 극단적 선택지를 포함하여 선택지들이 급격히 늘었다. 앞 장에서 우리는 이 발전들 중의 어떤 것을 과학철학 측면에서 살폈다. 철학에 접경한 분야들에서도 똑같은 현상이 — 어쩌면 훨씬 더 많이 — 발견된다. 그것이 바로 이 장의 한 가지 주제이다. 나는 과학사회학에 초점을 맞출 텐데, 그것은 이 분야가 철학과 격렬하게 상호작용하기 시작했던 분야이기 때문이다. 똑같은 문제들 약간이 과학사에서도 나타났지만, 때로 과학철학에 대한 대치 학문, 또는 "후계 학문"으로 자신을 설정했던 것은 바로 사회학이었다(Bloor 1983).

8.2 로버트 머턴과 "낡은" 과학사회학

과학은 사회적 기획이다. 그렇다면 우리가 이 사실을 이해하기 위해 관심을 기울여야 할 한 분야는 사회학, 즉 인간의 사회적 구조에 대해 일반적으로 연구하는 학문 분야인 것처럼 보인다.

"과학사회학"(sociology of science)은 20세기 중반에 발생하였다. 이 분야는 잠시 과학철학과 거의 상호영향을 주고받지 않았다. 이 분야의 창시자이자 오랫동안 핵심 인물이었던 사람은 로버트 머턴(Robert Merton)이었다.

"머턴주의의 과학사회학"은 기본적으로 사회학을 과학의 구조 및 그 역사적 발전에 적용한 주류 사회학이다. 1940년대에 머턴은 그가 과학의 "규범들"이라 불렀던 것 — 과학 공동체들을 지배하는 기본 가치들의 집합 — 을 분리했다. 이 규범들은 보편주의, 공유주의, 공평무사주의, 조직적 회의주의이다. 보편주의는 어떤 사람의 개인적 속성과 사회적 배경이 그 사람의 생각의 과학적 가치와 무관하다는 생각이다. 공유주의는 과학적 사상과 결과의 공동 소유권을 포함한다. 누구라도 자신의 연구에 임의의 과학적 사상을 이용할 수 있다. 그래서 프랑스인이 영국인이 낸 결과를 이용하지 못하도록 금지되어 있지 않다. 공평무사주의의 규범은 머턴의 후기 사상 때문에 의심스러워지지만, 기본 착상은 과학자들이 개인적 이득이 아니라 공동의 과학적 기획의 이득을 위해 행동해야 한다는 것이다. 조직적 회의주의는 사상들에 대해 책임을 떠맡는 대신 공동체 전체에 걸쳐 그 사상들에 도전하고 그 사상들을 시험하는 일이다(머턴은 때로 그의 규범 목록에 겸손을 추가했지만, 그 규범은 덜 중요하다).

네 가지 규범은 과학에 대한 머턴의 설명의 한 부분이다. 머턴은 1957년 처음 출판된 유명한(그리고 놀랄 만큼 읽기 쉬운) 논문에서 또 다른 거창한 생각을 추가했다. 이것은 과학에서 보상 체계에 대한 머턴의 설명이다. 머턴은 기본적으로 과학적 보상으로 통용되는 것이 인정,

특히 어떤 생각을 고안해낸 최초의 사람에 대한 인정이라고 주장했다. 이것이 과학에서 인정되는 유일한 재산권이라고 머턴은 주장했다. 일단 어떤 생각이 발표되고 나면, 그 생각은 공유주의 규범에 따라 공동의 과학적 재산이 된다. 최상의 경우에 과학자는 다윈주의, 플랑크 상수, 보일의 법칙 같은 사례에서 보는 것처럼 그 생각이 자신의 이름을 따라 명명됨으로써 보상을 받는다.

머턴은 과학사가 우선권 논쟁, 종종 아주 신랄한 우선권 논쟁들로 채워져 있다는 사실 때문에 인정의 중요성이 명백해진다고 논했다. 그리고 그 논쟁에 관련된 인물들이 언제나 질투심 많은 실패자라는 말은 꺼내지 말자. 갈릴레이는 그의 여러 가지 생각을 인정받기 위해 필사적으로 싸웠다. 뉴턴은 중력에 대한 역제곱 법칙을 놓고 후크와 싸웠고, 라이프니츠와는 미적분 계산체계를 놓고 싸웠다. 그 유형은 17세기에서 오늘날까지 비슷하게 계속되었다. 최근 1983년 HIV의 발견을 놓고 미국인 로버트 갤로(Robert Gallo)와 프랑스인 룩 몽타니에(Luc Montagnier) 사이의 논쟁에서 보는 것처럼 국가에 대한 충성심도 종종 한 요인으로 작용한다. 이러한 일반적 경향에는 약간의 예외도 있다. 가장 유명한 것은 19세기에 자연선택에 의한 진화론을 놓고 찰스 다윈과 알프레드 월리스(Alfred Wallace) 사이에서 두 사람이 논쟁을 벌이지 않고 보였던 엄청나게 점잖고 신사다운 태도였다. 그러나 두 과학자가 같은 시기에 어떤 생각을 놓고 부딪치는 것처럼 보이는 보통 유형은 우선권 싸움이다. 머턴이 말하듯이 이 논쟁들에서 보이는 도덕적 열정은 직접 관련이 없는 사람들 쪽에서 볼 때도 기본적인 공동체 표준들이 작동하고 있음을 시사한다.

머턴은 과학의 보상 체계가 대부분 독창적 사고를 장려하도록 기능하는데, 이것은 좋은 것이라고 주장했다. 그러나 그 기구는 불발할 수도 있는데, 특히 보상에 대한 욕구가 과학자의 정신에서 다른 모든 것을 압도할 때 그렇다. 그로 인해 나타나는 주요 "일탈된" 행동은 사기, 표절, 명예 훼손, 비방이다. 이런 것들 가운데 사기는 매우 드물고, 표절은 좀 덜 드물며, 명예 훼손과 비방은 매우 흔하다고 주장했다. 사기는 대체로 과학자들에 의한 엄격한 내부 단속 때문에 드문데, 이런 단속은 부분적으로 그들 자신의 야심에서 생기기도 하지만 조직적 회의주의에서 생기기도 한다. 표절은 어쩌다 일어나지만, 일탈 행동의 가장 통상적인 배출구는 경쟁자들에 대한 명예 훼손과 비방이다. 좀 더 정확히 우리가 발견하는 것은 과학의 보상 구조와 관계가 있는 특별한 형태의 비방, 즉 표절에 대한 비난이다. 이것은 실제 도둑질보다 엄청나게 더 흔하다. 두 과학자가 동시에 어떤 생각을 발견하는 것처럼 보일 때 내 발견은 합법적인 반면에 Z 교수가 같은 시기에 매우 유사한 어떤 것을 털어놓았다는 것은 우연이 아니라고 넌지시 말하는 것은 쉽고 종종 효과적이다. 무엇보다도 Z 교수는 몇 달 전 내가 몇 가지를 언급하는 동안에 열심히 주의를 기울이고 있었고, 내가 가르친 대학원생 한 명을 궁지에 몰아넣고 우리가 그 문제를 어떻게 다루었는지를 알아내고 싶어 했다… 등등. Z 교수, 또는 Z의 동료들은 종종 같은 방법으로 응수할 것이다.

머턴은 또한 과학에서 기본적 보상이라고 할 수 있는 종류의 인정이 소수의 과학자에게만 주어질 것이라는 사실에 대해 신랄하게 논의하고 있다. 모든 사람이 보상을 얻기에 충분할 정도의 법칙과 상수들은 존재하지 않는다. 그 결과는 출판에 대한 열중 같은 온건한 형태의 일탈이다. 세계를 뒤흔들 정도의 획기적 발견을 산출하기를 기대할 수 없는 평범한 연구자들에게는 출판이 진짜 인정의 대체물이 된다.

출판에 대한 열중이 확실히 실재하긴 하지만(그리고 과학 못지않게 철학에서도 실재하긴 하지만), 나는 머턴의 분석이 이 점에서 전혀 올바르지 않다고 주장한다. 또 다른 $e = mc^2$을 산출하기를 기대할 수 없는 과학자들(그리고 철학자들)은 그래도 종종 똑같이 정밀한 문제에 대해 연구하는 사람들의 작은 공동체에서 실제 지위를 가질 것이다. 작은 동료들 공동체에서조차 인정은 동기의 중요한 원천일 수 있다. 정상 과학에 대한 쿤의 분석은 이 사실을 인정했다. 그리고 적어도 최근에 출판에 대한 열중을 설명할 때 대학 당국과 생산성을 측정하려는 단순한 방식에 대한 대학 당국의 욕구가 확실히 어떤 역할을 한다.

머턴의 편집 발행인 노먼 스토어러(Norman Storer)는 머턴의 네 가지 규범을 "모터"처럼 생각하고, 보상 체계가 그 모터를 작동하게 만드는 "전기"인 것처럼 생각할 것을 제안한다(Merton 1973). 그 규범들은 사회적 행동의 구조를 기술하며, 보상 체계는 사람들을 이 활동에 참여하도록 동기를 부여하는 것이다. 그러나 그 이야기의 두 부분 사이에 어떤 관계가 있는지는 그리 분명하지 않다. 머턴 자신이 지적했듯이, 보상 체계는 규범들에 대한 긴장 상태에 있을 수 있다. 사실상 나는 보상 체계에 대한 머턴의 분석을 제시하고 나면 공평무사성 규범에 무엇이 남아 있는지 알지 못한다. 우리는 공평무사성이 아니라 특별한 **종류**의 야심과 이기심을 갖는 것처럼 보인다.

이 책에서 앞의 논의들은 또한 머턴의 "조직적 회의주의"의 가능한 문제들을 암시한다. 조직적 회의주의라는 이 생각에는 분명히 올바른 어떤 것이 있으며, 경험주의의 단순한 진술과 똑같은 종류의 직관적 호소력도 있다. 그러나 우리는 기초 믿음들을 수정하려는 너무 많은 자발성이 과학에 혼돈상태를 조장한다고 주장하는 칸트의 논증에 직면해야 한다. 우리가 과학에서 발견하는 것은 회의적 태도와 신뢰, 열린 마음과 독단적 태도 사이의 미묘한 균형이다.

여전히 우리는 머턴의 분석에서 과학의 구조에 대한 이론을 위한 좋은 유형을 본다. 우리는 개별 과학자들에게 동기를 부여하는 보상과 유인책에 대한 기술을 가지고 있으며, 이 개별 행동들이 어떻게 과학의 고차적인 사회적 특징을 산출하는지에 대한 설명을 가지고 있다. 우리는 제11장에서 이 생각으로 되돌아올 것이다.

머턴의 사회학은 종종 "낡은" 과학사회학 스타일, 즉 거의 30년 전에 용도 폐기된 과학사회학 스타일로 보인다. 그러나 여기에는 몇 가지 좋은 생각이 있으며, 특히 보상에 대해 다룰 때 그렇다. 그리고 머턴 전통의 과학사회학은 우리가 새로운 연구방식들에서 발견하는 것보다 덜 극적이고 이를 덜 악물긴 하지만 여전히 계속되고 있다.

8.3 강한 프로그램의 발흥

1970년대에 과학사회학은 변화하고, 팽창했으며, 좀 더 야심적이 되었다. 종종 "낡은" 연구와 "새로운" 연구를 구별하는 표준적 방식이 있었고, 낡은 연구는 전체로서의 과학의 사회적 구조와 사회적 위치를 기술하고 싶어 했지만, 특수한 과학적 믿음들을 사회학적 용어로 설명하려 하지 않았다. 새로운 연구방식은 과학자들이 왜 그들이 믿는 것을 믿는지, 왜 그들이 행동하는 대로 행동하는지, 시간이 지나면서 과학적 사고와 실제가 어떻게 변하는지를 설명하기 위해 사회학적 방법을 사용하려 했다.

그러한 표준적 기술은 일말의 진실을 담고 있다. 그러나 더 새로운 과학사회학 또한 일반적 규범, 특히 합리성 규범들에 매우 관심을 가지고 있었으며 최근의 과학사회학은 또한 과학적 이론이 어떤 것인지에 대해서도 다른 견해를 가지고 연구했다. 머턴은 적어도 자신의 연구 중 어떤 것에서 과학적 이론에 대해 논리 경험주의에 가까운 견해 — 이론은 기본적으로 예측적 일반진술들의 그물망이다 — 를 가정했다. 새로운 사회학은 쿤, 시험에 관한 전체론, 공약불가능성, 관찰에 관한 새로운 사상, 과학적 언어에 관한 다양한 사변적 견해들을 받아들였다. 사실상 이 생각들은 일종의 "반실증주의적 꾸러미"를 이루는데, 이 꾸러미는 사회학자들뿐만 아니라 많은 역사가, 여성주의 비판자들, 그리고 20세기 후반에 과학에 관심을 가진 다른 사람들도 승인했다.

사회학자들은 어떤 철학자들을 환영했지만, 그들은 자신들의 작업을 과학에 관한 전통적인 많은 철학적 사상과 충돌시키려 했다. 어떤 사람들은 사회학을 과학철학, 즉 삐쩍 말라 쓸데없는 신화들로 채워진 분야를 대치하는 것으로 생각했다. 가장 말랐고 추상적인 논리 실증주의자들은 나쁜 녀석들이 되었고, 결국은 죽은 백인 남자들(Dead White Males)의 전형 사례가 되었다.

이 새로운 형태의 과학사회학에서 가장 유명한 기획은 과학적 지식사회학의 강한 프로그램(strong program)이다. 이 기획은 1970년대에 배리 반스(Barry Barnes)와 데이비드 블루어(David Bloor)가 (어느 정도) 선봉에 서서 스코틀랜드 에든버러에 기반을 둔 학제적 연구 집단이 발전시켰다. 강한 프로그램의 핵심 생각은 "대칭 원리"(symmetry principle)인데, 이 원리는 모든 형태의 믿음과 행동에 대해 똑같은 종류의 설명을 이용해 접근해야 한다고 주장한다. 특히 우리는 옳다고 생각하는 믿음과 그르다고 생각하는 믿음에 대해 전혀 다른 종류의 설명을 제시해서는 안 된다. 어떤 사상에 대한 우리 자신의 평가는 우리가 그 사상의 역사와 사회적 역할을 설명하는 방식에 아무런 영향을 미치지 못한다.

　과학에 적용하면 대칭 원리는 과학적 믿음이 다른 종류의 믿음과 똑같은 일반적인 종류의 힘들의 산물이라고 말해준다. 과학자들은 오로지 자료와 논리에만 주의를 기울이는, 순수하고 사심 없는 사상가들의 어떤 특별한 품종이 아니다. 모든 종류의 사람은 믿음을 규제하는 사회적으로 확립된 국지적 규범들 — 주장들을 지지하고, 불일치를 처리하며, 누가 귀 기울일 만하고 누가 무시될 만한지를 알아내는 규범들 — 이 있는 공동체에서 산다. 이 규범들은 종종 명시적으로 진술된 규칙이 아니라 부지불식간에 작용하는 습관들일 것이다.

　과학자들은 특이한 종류의 국지적 공동체에서 작업하는 사람들이다. 이 공동체는 높은 위신, 긴 훈련과 입회, 소문난 나쁜 유행 선택, 값비싼 장난감들로 특징지어진다. 그러나 사회학자들에 따르면, 이 공동체는 그래도 인간의 창조물인 국지적 규범들에 의해 믿음들이 확립되고 옹호되며, 사회적 상호작용에 의해 유지되는 여전한 공동체이다. 사회학자들은 종종 다른 공동체에서 발견되는 믿음들을 경시하지만, 이처럼 깔보는 태도는 그 과학 공동체의 국지적 규범들의 부분이다. 그것은 게임 규칙의 하나이다.

　그 결과 우리는 과학자들이 유전자가 DNA로 구성된다고 믿게 된 이유를 설명하는 종류의 요인이 다른 공동체들이 그들과 매우 다른 믿음들 — 예컨대 가뭄이 어떤 지역 신의 악의에서 기인한다는 어떤 종족 공동체의 믿음 — 에 이른 방식을 설명할 때 사용하는 것과 똑같은 종류의 요인임을 인정해야 한다. 두 경우에 믿음들은 논증과 정당화의 국지적 규범들의 배치에 의해 그 공동체에서 확립되고 유지된다. 규범들 자체는 종족 공동체와 과학자들 공동체 사이에서 다르지만, 두 경우에 모두 똑같은 일반적 원리가 적용된다. 가장 중요한 것으로, 우리는 국지적 공동체 규범들이 통하는 다른 믿음들을 설명할 때 그 설명이 갖지 않는 과학적 믿음에 대한 설명의 특별한 역할을 실재 세계에 부여해서는 안 된다.

강한 프로그램은 또한 특수한 과학적 이론들, 그리고 그 이론들과 사회적 환경과의 관계를 분석하려 했다. 이 작업은 특히 논란이 되었다. 그 작업의 목적은 어떤 과학적 믿음들을 과학자들의 정치적 "이해"와 사회 속에서 그들의 지위에 의거해 설명하려는 것이었다.

예컨대 도널드 매켄지(Donald MacKenzie, 1981)는 현대 통계학에서 가장 중요한 사상 중의 어떤 것의 발전은 이 도구들이 인간의 진화와 그 사회적 귀결에 관한 19세기 영국인의 사고에서 했던 역할에 의거해 이해되어야 한다고 논했다. 그러한 연결은 부분적으로 우생학 프로그램, 즉 어떤 사람들은 번식시키고 어떤 사람들은 번식을 억제시킴으로써 인간 진화에 영향을 미치려는 시도에 의해 진행되었다. 매켄지는 생물학적, 수학적, 사회적 사상들의 체계가 야심차고 개혁주의적인 영국 중산층의 "이해"와 잘 맞아떨어졌다고 논했다. 그래서 그는 한편으로 특정한 과학적·수학적 사상들의 인기와 다른 한편으로 광범위한 정치적 요인 사이에 어떤 종류의 연결을 주장하고 있었다. 이 연결은 어떤 종류의 연결이라고 가정되는가? 매켄지는 신중했다. 특정한 과학적 사상들과 그 사상들의 정치적 맥락 사이에 연결이 이루어질 때 과학사회학은 과학적 사고가 정치적 요인들에 의해 단순하게 결정된다고는 주장되지 않는다고 재빨리 말한다. 때로 "반영하다" 같은 은유적 용어가 사용되어 과학적 사상은 어떤 사회 집단의 "이해를 반영할" 것이라는 식으로 말한다. 확실히 때로 어떤 과학적 사상의 인기가 어떤 사회 집단에 이득이 된다는 것이 보일 것이다. 그러나 이 이득은 그 과학적 사상의 인기를 설명하는 것으로 가정되는가, 그렇지 않은가? 만일 그렇다면, 그 설명은 제한적이긴 해도 인과적 설명이 되어야 하는가, 아니면 다른 어떤 종류의 설명이 되어야 하는가? 이것이 어느 정도 불명료함의 원천이었지만, 복잡한 사회 체계에서 인과적 분석의 문제는 종종 매우 어렵다. 그런데 어떤 종류의 설명은 바로 그러한 설명을 의도한다.

과학적 사상과 "이해"에 관한 이 연구는 전통적인 철학자들과 역사가들의 반감을 샀지만, "나이 먹은 사람들"에게만 반감을 산 것이 아니었다. 쿤조차도 그것에 대해 비판적이었다. 비록 과학과 더 넓은 정치적 맥락을 묶으려는 사람들이 언제나 쿤의 작업을 인용하긴 했지만, 『구조』는 과학에 미치는 "외부의" 정치 생활의 영향에 관해 말한 것이 별로 없었다. 쿤은 과학 "내부의" 정치 ─ 누가 교과서를 쓰고, 어떤 문제들이 높은 우선권을 갖는지를 누가 결정하는지 ─ 를 분석했다. 그러나 그는 폭넓은 정치적 영향들로부터 과학적 결정을 분리시키는 것을 과학의 강점으로 보았다. 영웅으로서의 지위에도 불구하고 쿤은 그의 뒤를 따라 나타난 좀 더 극단적인 과학사회학을 좋아하지 않았다.

강한 프로그램은 종종 상대주의와 연관되기도 한다. 많은 사회학자가 이 꼬리표를 승인했지만 우리는 조심할 필요가 있다. 상대주의에 대해 떠도는 정의는 아주 많아서 사회학자들이 받아들이는 의미의 상대주의가 해설자와 비판자들이 사용하는 것과 똑같을 필요가 없기 때문이다. 여기서 중요한 형태의 상대주의는 합리성, 증거, 정당화의 표준들과 관계가 있다. 기본적으로 이 맥락에서의 상대주의는 믿음의 정당화를 지배한다고 할 자격이 있는 단일 표준들 집합이 없다고 주장한다. 그런 표준들의 적용가능성은 우리의 상황이나 관점에 달려 있다(또한 용어해설과 제6.3절을 볼 것). 이런 의미에서 강한 프로그램은 상대주의가 되기 쉽다. 강한 프로그램은 과학이 모든 국지적 규범을 넘어서 확장되는 특별한 권위를 갖지 않는다고 주장한다. 대신 과학적 믿음을 지배하는 규범과 표준들은 오직 내부로부터만 정당화될 수 있으며, 그 말은 다른 비과학적 규범들에 대해서도 옳은 말이다. 과학이 지배하는 사회 안에서 사는 우리는 "과학은 실제로 세계에 관해 배우는 최선의 방식이다"고 말하지 않을 수 없다는 것을 발견할 것이다. 그러나 강한 프로그램에 따르면, 그렇게 말하는 것은 단지 우리의 국지적 규범들의 표현일 뿐이다. 모든 국지적 규범과 개념적 체계 바깥의 관점을 취해 이 개념적 체계나 이 국지적 규범들 집합은 실제로 최선의 것, 즉 우리를 세계에 최고로 잘 적응시키는 것이라고 말하기를 기대할 수 있는 사람은 아무도 없다.

그래서 그 분야 내의 어떤 차이들에도 불구하고 강한 프로그램은 믿음과 정당화에 관한 상대주의적 입장의 표현이라고 말하는 것이 공정하다.

상대주의자들의 유명한 문제는 상대주의를 제 자신에 적용할 때이다. 그 문제는 여러 가지 해결책이 있지만, 분명히 혼란스러운 상태에 얽혀들게 할 수 있다. 유감스럽게도 그것이 바로 과학사회학에서 일어났던 일이다. 그 분야의 원리들을 제 자신에 적용하는 것은 그 분야를 내리눌렀던 끝없는 논의들로 이끌었다. 만일 모든 믿음이 똑같은 종류의 사회적 요인들에 의거해 설명되어야 하고, 어떤 국지적 규범들 집합도 외부의 관점에서 볼 때 "실제로" 우월하다고 판단할 수 없다면, 과학사회학의 이론들은 어떻게 되는가? 이 문제는 "반사성 문제"(problem of reflexivity)라고 불리게 되었다. 대부분 과학사회학자들은 자신들의 주장이 자신들의 사상에 대해 옳다는 것을 승인했다. 그들은 자신들의 이론이 국지적인 사회적 규범들에 따라서 정당화될 뿐이라는 것을 승인했다. 이러한 결론은 괜찮지만, 전체 쟁점은 끝없는 방법론적 고민과 공상으로 이끌었다.

이 절에서 나는 머턴 이후에 특수하고 극적인 과학사회학 가닥에 초점을 맞추어왔다. 그러나 "강한 프로그램"이 깨끗하고 명확한 꾸러미인 것처럼 쓰는 것이 쉽다 할지라도, 그 프로그램은 잡다하게 많은 요소를 포함했다. 그리고 강한 프로그램은 이 시기에 발전한 유일한 종류의 과학사회학도 아니었다. 강한 프로그램이 1970년대에 과학에 대한 이전의 설명들을 밀어제쳤던 것처럼, 1980년대에는 다른 설명들이 강한 프로그램을 밀어제쳤다.

8.4 『리바이어던』과 라투르

이 절은 최근 과학사회학에서 가장 유명한 두 저작을 살펴볼 것이다.

첫 번째는 순수 사회학이 아니라 사회학 정보에 밝은 한 편의 역사서인데, 스티븐 섀이핀(Steven Shapin)과 사이먼 섀퍼(Simon Schaffer)의 『리바이어던과 공기펌프』(*Leviathan and the Air Pump*, 1985; 나는 이 책을 『리바이어던』으로 줄여서 부를 것이다)라는 책이다. 이 책은 강한 프로그램을 옹호하지 않지만, 종종 강한 프로그램의 생각을 세련되게 발전시킨 것으로 보인다. 이 책은 사실상 다양한 진영이 각자 자신들의 생각이라고 주장하는 경향을 보였을 정도로 아주 폭넓게 높은 평가를 받았다.

두 번째 저작은 그보다는 좀 더 논란이 된다. 이 책은 과학사회학에서 일어났던 변천의 측면에서 중요했는데, 바로 브뤼노 라투르(Bruno Latour)와 스티븐 울가(Stephen Woolgar)의 『실험실 생활』(*Laboratory Life*, 1979)이다. 이 책은 『리바이어던』 이전에 출판되었으며, 그 글쓰기 스타일에서 선구적 저작으로 유명하다.

『리바이어던』은 17세기 영국에서 실험과학의 발흥을 논의한다. 이것은 과학에 대한 이해에서 아주 중요한 사례, 즉 과학이 갖는 사회적 구조를 확립하고 특히 이 구조를 명료하게 설명할 때 과학의 역사적 역할에 아주 중요한 사례로 보인다. 그 책은 새로운 실험과학의 선도자 로버트 보일과 토머스 홉스 사이의 논쟁에 초점을 맞춘다. 홉스는 지금은 주로 정치철학자로 기억되지만(새이핀과 섀퍼가 자신들 책의 제목으로 언급한 홉스의 1660년 책『리바이어던』은 그런 종류의 저작이다), 과학적 논쟁들에도 종사했다. 보일과 홉스 사이의 싸움은 "과학 대 종교"나 그 비슷한 어떤 것이 아니었다. 그것은 어떤 특정한 과학적 쟁점들, 그리고 과학적 연구와 입론의 적절한 형태에 대한 싸움이었다. 이 싸움은 보일이 우세했다.

새이핀과 섀퍼에 따르면, 이 시기에 산출된 것, 그리고 특히 보일의 작업에서 산출된 것은 경험을 이론적 탐구와 관계 맺게 하는 새로운 방식이었다. 보일과 동료들은 무엇이 조직적 탐구와 논쟁의 주제여야 하는지, 그리고 이 논쟁들이 어떻게 해결되어야 하는지에 대해 새로운 그림을 전개하였다. 1660년 보일의 무리가 창설한 런던 왕립협회는 새로운 연구방식을 제도적으로 구현하게 되었다. 보일의 연구방식은 17세기 후반에 과학의 유일한 모델이 되지는 않았지만, 영국에서는 특별히 하나의 매우 중요한 모델이 되었다. 이 시기의 다른 유럽 나라들 사이의 과학적 "스타일"에는 꽤 확고한 어떤 차이들이 있다(그리고 많은 사람이 이 차이들이 완전히 사라진 것이 아니라고 말할 것이다).

보일은 실험적 "사실 문제"에 대한 공적인 협동적 탐구와 다른 종류의 연구를 예리하게 구별하려 했다. 실험 결과에 관해 인과적 가설을 제안하는 일은 언제나 사변적이며, 아주 조심스럽게 행해져야 한다. 신학적 · 형이상학적 문제는 실험적 연구와 완전히 차단되어야 한다.

논쟁이 조절되고 생산적일 수 있는 특정 영역을 구획하면서 보일은 과학적 논증이 사회적 질서와 양립가능하다는 것을 보여주기를 바랐다. 17세기 영국은 내전을 겪었으며, 유럽 역사에서 이 전체의 시기는 아주 추상적인 신학적 물음들조차도 심각한 불안으로 이끌 수 있는 것처럼 보이는 시기였다. 그래서 의견의 불일치와 논쟁을 조절하는 법 — 과도하게 혼돈에 빠져드는 것을 중단시키는 법 — 의 문제에 대해 많은 관심이 있었다. 섀이핀과 섀퍼에 따르면, 보일은 실험적 기질을 가진 자신의 동료 집단을 대체로 사회에서 질서와 갈등 해소의 모델로 보았다.

보일은 연구를 조직하는 새로운 방식만 제창한 것이 아니었다. 그는 또한 새로운 담화 방식도 제창했다. 즉 질문을 던지고 답하며, 반론을 다루며, 합의에 도달하는 새로운 방식도 제창했다. 이 점은 우리가 보일이 "진공" 같은 핵심 용어들을 다룰 때 볼 수 있다고 섀이핀과 섀퍼는 논한다. 진공의 존재는 17세기에 논쟁의 핵심 주제였는데, 아리스토텔레스 물리학은 진공이 존재할 수 없다고 주장했지만, 다양한 노선의 실험은 어쩌면 진공이 존재할 수 있다는 것을 시사했다. 보일의 실험적 연구에는 유리 용기에서 공기를 명백히 모두 또는 거의 모두 뺄 수 있는 펌프의 사용이 포함되었는데, 이 연구에서 그 다음에는 실험들이 수행될 수 있었다. 섀이핀과 섀퍼는 보일이 실제로는 진공에 관한 표준적 물음에 답하려 한 것이 아니었다고 논한다. 대신 그는 진공에 관한 물음을 그의 실험 장치와 접촉시키는 방식으로 다시 해석하고 있었다. 비판자들은 보일의 펌프가 그들이 던지려 했던 물음들을 해결할 수 없다고 불평할 수 있고, 실제로 불평했다. 보일의 전략은 이 물음들을 실험적 연구의 주제가 될 수 있는 다른 물음들로 교묘하게 대치하는 것이었다. 낡은 물음들 — 절대적인 순수 진공이 존재할 수 있는지 같은 — 은 제어할 수 없는 끝없는 논쟁을 산출하는 방식으로 설정되었었다.

새이핀과 새퍼는 루트비히 비트겐슈타인(Ludwig Wittgenstein)의 (후기) 철학에서 따온 용어들로 자신들의 견해를 제시한다. 비트겐슈타인은 과학사회학에서 많은 사람에게 영향을 미쳤기 때문에 관련된 사상을 잠시 정리해볼 가치가 있다. 논리와 언어에 관한 비트겐슈타인의 전기 사상은 논리 실증주의에 영향을 미쳤다. 그의 후기 사상, 특히 『철학적 탐구』(Philosophical Investigations, 1953)는 매우 달랐으며, 20세기 후반의 사상에 엄청난 영향을 미쳤다. 이 후기 사상은 이론보다는 "반이론"(anti-theory)이다. 그것은 철학적 문제가 언어 병리현상에서 생긴다는 것을 보여주려는 시도이다. 철학은 일상적 언어 사용과 일종의 언어적 실패 사이의 미묘한 변천에서 생기는데, 여기서 실제로 부정합한 물음들은 의미가 있는 것처럼 보일 수 있다. 비트겐슈타인은 잘못 인도된 이 언어적 탈선들을 진단해 종지부를 찍고 싶어 했다. 그는 어떤 것에 대한 이론들을 표현하는 것을 피했지만, 그의 사상들 중 어떤 것은 과학사회학을 포함하여 다양한 영역의 이론들에서 사용될 목적으로 개작되었다(Bloor 1983).

두 가지 관념이 특히 인기가 있다. 비트겐슈타인에게 "삶의 형태"(form of life)는 기본적인 버릇, 행동, 가치 집합 비슷한 어떤 것이다. 행위와 결정이 어떤 삶의 형태 안에서는 의미가 있을 수 있지만, 전체로서의 삶의 형태는 외적으로 정당화될 수 없다. 그것이 바로 사람들 집단이 사는 방식이다. 비트겐슈타인은 사회학자와 인류학자들이 연구하는 문화적 변화의 종류에 별로 관심이 없었으며, 그에게 삶의 형태가 어떤 종류의 "단위"인지는 분명하지 않다. 그러나 사회학자들은 자신들이 연구하는 집단들의 종류에 맞추기 위해 그 개념을 각색해왔다.

비트겐슈타인에게서 끌어낸 두 번째 거창한 개념은 "언어게임"

(language game)이라는 개념이다. 언어게임은 어떤 삶의 형태에 기여하고 그 안에서 의미가 있는 언어적 습관 유형 비슷한 어떤 것이다. 비트겐슈타인은 낱말과 문장에 언어가 사용되는 방식을 결정하는 그것들의 특수한 의미(아마 정신적 심상들)가 부여되는 언어 그림을 반대한다. 대신 비트겐슈타인은 우리가 사회적으로 유지되는 유형의 언어 사용을 언어의 "의미"에 대해 존재하는 모든 것으로 생각해야 한다고 주장했다. 새이핀과 새퍼는 "진공" 같은 핵심 용어들에 대한 보일의 처리가 새로운 언어게임을 확립했다고 논한다. 이 언어게임은 새로운 삶의 형태, 즉 실험과학이라는 삶의 형태에서 중요한 핵심 요소였다.

이 대목에서 당신은 논리 실증주의자들과 과학적 언어를 경험의 유형에 의거해 분석하려는 그들의 시도를 기억할 것이다. 실험과학에 기여하기 위해 개발된 언어게임이라는 관념은 실증주의적 관념과 다른가? 다르다. 논리 실증주의자들은 올바른 의미이론이 유의미한 모든 언어가 늘 경험의 유형들을 기술한다는 것을 보여줄 것이라고 주장했다. 새이핀과 새퍼에 따르면, 보일은 언어를 사용하는 새로운 방식을 설정하고 있었다. 그래서 보일은 어쩌면 제2장에서 간단히 언급했던 물리학자 브리지먼(Percy Williams Bridgman)의 "조작주의"와 더 연관이 있을 수 있다. 브리지먼(1927)은 과학자들이 각각의 용어가 경험적 시험과 직접적 연관을 갖는다는 것을 확보하도록 자신들의 언어 사용을 개혁할 것을 촉구했다.

그런 것들이 『리바이어던과 공기펌프』의 핵심 사상들이다. 그러나 그 책의 또 다른 특징, 즉 좀 더 문제가 되는 특징에 관해 얼마간 더 말할 필요가 있다.

새이핀과 새퍼는 보일과 다른 과학자들이 사실들의 제조에 종사하고 있다고 주장한다. 일상적 담화에서 "사실들의 제조"라는 구절은 사기

임을 가리키는 것으로 간주되겠지만, 그것은 섀이핀과 섀퍼가 염두에
두는 것이 아니다. 그들에게는 사실들의 제조와 관련하여 나쁜 것이 전
혀 없다. 그들은 우리가 사실이 일반적으로 발견되는 것이 아니라 만들
어진다는 생각에 익숙해지기를 원한다. 이것은『구조』제10장에서 과
학적 혁명 기간에 세계가 변한다고 말하는 쿤의 주장을 생각나게 만든
다. 이런 용어를 사용하는 많은 다른 사람들처럼 섀이핀과 섀퍼는 세계
로부터의 수동적인 정보 수용자로서의 과학자 상을 거부하고 싶어 한
다. 그러나 수동성에 대한 부정은 이런 종류의 담화를 요구하지 않으
며, 종종 곤란한 상황으로 이끈다. 예컨대『리바이어던』말미에서 "만
듦"(making)에 대한 논의 때문에 섀이핀과 섀퍼는 진짜 혼동을 포함하
는 방식으로 그들의 전체적 결론을 내린다. 그들은 "우리가 아는 것에
대해 책임이 있는 것은 우리 자신이지 실재가 아니다"(1985, 344면)라
고 말한다. 이것은 그릇된 이분법의 고전적인 예이다. 우리만 또는 실
재만 인간 지식에 대해 "책임이 있지" 않다. 대충 답을 해보면 둘 다 인
간 지식에 대해 책임이 있다는 것이다. 지식은 둘 사이의 상호작용을
포함하기 때문이다. 이런 표현조차도 불완전하다. 인간 지식은 실재의
부분이며, 실재와 유리되거나 실재 바깥에 있는 어떤 것이 아니다. 그러
나 대략적으로 말해서 지식을 이해하기 위해서는 우리에게 인간의 사
고, 언어, 사회적 상호작용에 대한 이론과 이러한 인간의 능력들이 우리
바깥의 세계와 연결되는 방식에 대한 이론이 둘 다 필요하다.

　　이제 과학사회학에서 두 번째 유명한 저작인 라투르와 울가의『실험
실 생활』(1979)을 살펴볼 차례이다. 1970년대 중엽 프랑스 사회학자
브뤼노 라투르는 샌디에고 솔크연구소의 분자생물학 실험실을 방문하
여 거기서 2~3년을 보냈다. 그는 분자생물학에 관해 아는 것이 거의
없는 매력적인 관찰자로서 그곳에 갔다. 라투르가 거기 있는 동안에 그

실험실은 나중에 노벨상을 수상한 연구를 진행했다. 그들은 인간의 성장 조절에 관련된 호르몬의 화학적 구조를 발견했다. 라투르는 그 실험실 작업에 대한 기술로서 스티븐 울가와 함께 『실험실 생활』을 썼다.

그들의 설명에서 라투르와 울가는 어떤 과학 조각에 대한 정상적 기술이 초점을 맞추는 것을 대부분 무시했다. 그들은 호르몬에 대한 우리의 지식 상태를 무시했다. 그들은 그 분야의 실험적 방법을 통해 대안의 화학적 구조들을 구별할 수 있는 방식들을 무시했으며 새로운 발견이 생물학 나머지에 맞춰지는 방식을 무시했다. 대신 라투르는 일부러 피상적이고 독립적인 방식으로 그 실험실을 살폈다. 그 실험실은 한 쪽 끝에서는 화학약품, 작은 동물, 다량의 백지가 들어오고, 다른 쪽 끝으로는 인쇄된 작은 종잇조각들 — 학술지 논문과 전문 보고서들 — 이 나가는 일종의 기계였다. 두 가지 사이에서 엄청난 양의 "처리과정"(processing), 즉 대량의 날 자료를 복잡하게 완성된 제품으로 전환시키는 처리과정이 진행되었다(그림 8.1을 볼 것).

라투르는 이 처리과정을 과학적 주장들을 받아들이고 그 주장들을 둘러싼 "지지"(support)의 구조를 구축하며, 마침내 그 주장들이 사실로 간주되도록 하기 위한 것으로 보았다. 이 처리과정에서 핵심 단계는 어떤 것을 사실로 전환시킬 때 포함된 인간의 작업을 숨기는 일이다. 그래서 어떤 것을 사실로 전환한다는 것은 그것이 인간의 산물이 아니라 자연에 의해 직접적으로 주어진 것처럼 보이게 만든다는 것이다.

『실험실 생활』은 대성공이었다. 많은 사람에게 그 책은 청량제, 즉 위트와 상상력이 뿜어 나오게 하는 책인 것처럼 보였다. 다른 저작들과 함께 그 책은 그 분야의 변화를 촉진시켰다. 강한 프로그램은 조야(粗野)한 것처럼 보였다. 강한 프로그램은 자연이 그저 과학 공동체의 정신에 새겨 넣은 과학적 믿음에 대한 설명들을 제거하고 싶어 했다. 그

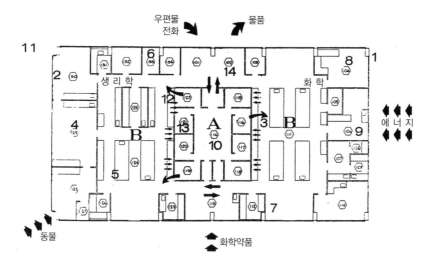

그림 8.1

라투르와 울가의 설명에 따른 실험실(브뤼노 라투르와 스티브 울가의 『실험실 생활: 사회적 사실의 구성』(1986)에서 따옴. 프린스턴대학교 출판사의 허가를 얻어 재인쇄)

러나 어쩌면 강한 프로그램은 이것을 똑같이 조야한 그림으로 대치하고 있었는데, 이 그림에서는 사회적·정치적 "이해"가 과학 공동체에 자신을 새긴다. 이것은 강한 프로그램에 대해 별로 공정한 해석이 아니다. 사회학자들은 마치 그들이 전통적인 과학철학을 희화화했던 것처럼 희화화되고 있었던 것이다! 어떤 사람들은 이 대목에서 정의를 볼 것이다. 라투르는 또한 과학사회학에서 다른 글쓰기 스타일을 고무시켰는데, 이 스타일은 파악하기 어렵고, 자의식적이며, 문예적이라고 기술될 수 있는 스타일이다.

프랑스의 철학, 사회학, 기호학에서 차용한 라투르의 연구방식은 때로 "행위자 연결망"(actor-network) 이론이라 불린다. 사회학자가 하는 것은 과학적 작업의 내적 역학의 미세한 구조, 특히 확립되어온 것에 관한 논쟁과 협상을 연구하는 것이다. 사회학자는 전체로서의 사회의 "압력"이나 "이해"를 당연시하는 것으로 이야기를 시작하지 않으며, "자연"이나 실재 세계도 당연시되지 않는다. 대신 "사회"와 "자연"은 둘 다 과학적 논쟁들 해결의 원인이 아니라 산물로 보인다(Latour 1987). 전통적인 경험주의 철학이 과학을 "자료가 운전하는"(data-driven) 것으로 보고, 강한 프로그램이 과학을 "이해관계가 운전하는"(interest-driven) 것으로 본 경우에서 라투르는 과학적 작업 자체를 운전자로 본다.

라투르의 견해에서 과학적 논쟁에서 한 쪽이 성공하고 다른 쪽은 실패하는 이유를 설명할 때 우리는 절대로 자연 자체에 의거한 설명을 제시하면 안 된다. 양쪽 다 자신들이 사실들과 잘 맞는 쪽이라고 주장할 것이다. 그러나 한 쪽이 이길 때 그쪽 버전의 "사실들"은 도전에서 면제된다. 라투르는 이 마지막 단계를 과학적 작업에 의해 사실이 창조되거나 구성되는 과정으로 기술한다.

여기서 라투르의 작업에는 많은 불명료성과 함께 흥미로운 전략이 있다. 라투르는 우리가 과학에서 논쟁의 역학을 매우 정밀한 방식으로 살피게 한다. "진리", "자연", "사실들"에 호소함으로써 하게 되는 사회적 역할은 무엇인가? 사람들은 논쟁의 해결 이전에, 논쟁 중에, 논쟁 이후에 이런 용어들을 어떻게 사용하는가? 이런 물음들은 훌륭한 물음들이다. 우리가 "진리"와 "자연"이라는 개념들에 대해 가질 수 있는 한 종류의 이해는 그 개념들이 논증과 토론에서 자원들로 사용되는 방식에 대한 이해이다.

이런 종류의 탐구는 사람들이 자신들이 실재하는 것으로 간주하는 것을 결정하는 방식에 관해 많은 것을 말해줄 수 있지만, 이것은 과학적 논쟁의 해결이 참으로 실재하는 것을 결정한다는 것을 의미하지 않는다. 그렇지만 라투르는 자신의 작업을 소개할 때 이 구별을 하기를 거부한다. 이것은 어느 정도 매우 비정통적인 철학적 입장들에 대한 그의 관심 탓인 것처럼 보인다. 그러나 때로 이 구별에 대한 그의 무시는 그저 용감하고 도발적인 그의 글쓰기 스타일(프랑스의 지적 생활에서 흔한 스타일) 문제인 것처럼 보인다.

잘 알려져 있다시피 혁명은 자기 자식들을 먹어치우는 습관이 있다. 비록 라투르가 종종 강한 프로그램을 추방하거나 잘 소화시킨 것으로 보인다 할지라도, 그 프로그램은 프랑스의 위산에 어느 정도 저항을 보여주고 있었다. 라투르에 대한 인상적인 공격서는 강한 프로그램주의자 데이비드 블루어(David Bloor, 1999)가 최근에 출판하였다. 블루어의 논문은 라투르의 불명료한 기획이 좀 더 세련되고 호소력 있는 선택지인 것처럼 보였던 사실에 대해 분노를 발산하고 있다. 블루어는 강한 프로그램으로 되돌아갈 것을 촉구하며, 그 프로그램을 "실재의 구성"에 관한 부주의한 언급을 피하는 방식으로 제시한다. 블루어는 예외이다. 과학사회학은 이 문제를 조심스럽게 다루는 경우가 거의 드물었기 때문이다. 그리고 비록 내가 강한 프로그램이 미래에 나아갈 길임을 의심한다 할지라도, 과학에서 사회적 역할을 인정하는 일이 사고와 실재의 관계에 대한 이상한 전도를 요구하지 않는다고 주장한 블루어는 올바르다.

극단적인 연구와 좀 더 신중한 연구 모두에서 20세기 후반 과학사회학은 과학에 대해 별난 그림을 제시하는 것처럼 보였다. 이 그림은 과학이 전적으로 인간의 집단적 선택과 사회적 이해에 의해 조절되는 그림이다. 과학을 작동하게 만드는 것은 협상, 갈등 해결, 위계, 권력 불평등이다…. 그 그림에서 탐구 대상이 되는 세계의 실재적 구조에 대한 과학적 믿음의 감응성을 위한 자리는 없는 것처럼 보인다. 사회학자들은 종종 물론 실재 세계가 우리가 믿는 것에 대해 어떤 속박 요건들을 부과한다는 것을 승인한다. 그러나 어떤 사람이 할 수 있는 어떤 특수

관찰은 언제나 믿음이나 이론 변화를 안내할 수 없을 정도로 많은 재해
석, 재고, 여과, 협상을 한다고 가정된다. 과학에서 사태가 일어나게 만
드는 것 — 사람들이 다른 이론이 아니라 한 이론을 믿게 만드는 것 —
은 사회적 힘들의 상호작용이다.

더 읽을거리

머턴의 연구를 수록한 표준 모음집은 *The Sociology of Science*(1973)
이다. 강한 프로그램의 발흥에서 핵심적인 저작은 블루어의 *Knowledge
and Social Imagery*(1976)이다. 또한 Barnes, Bloor, and Henry 1996
을 볼 것. Shapin 1982은 과학사회학자들이 행한 역사적 연구에 대한
훌륭한 개론서다. 상대주의 문제에 대해서는 Barnes and Bloor 1982와
그 모음집에 있는 다른 논문들을 볼 것(Hollis and Lukes 1982).

 섀이핀은 매우 흥미로운 다른 어떤 저작, 특히 *A Social History of
Truth*(1994)와 함께 『리바이어던』의 논증을 추구했다. 라투르의 다른
유명한 책으로는 *Science in Action*(1987), *The Pasteurization of
France*(1988), *We Have Never Been Modern*(1993)이 있다.

제9장

여성주의와 과학학

9.1 "과학은 정치적이다"

20세기 후반기에는 과학과 정치의 관계가 새로운 종류의 탐구 대상이 되었다. 어느 정도 과학의 전체적 이미지가 변했는데, 특히 인문학에서 그랬다. 여기서 일반론은 위험하지만, 우리는 지난 300년 동안 대부분을 통해 과학이 서양사회에서 진보적이고, 반권위주의적이며, 이미 확립된 사상과 제도에 도전하여 그것들을 붕괴시킬 수 있는 것으로 간주되었다고 말할 수도 있을 것이다. 이 견해는 18세기 "계몽주의" 시기에 가장 생생하다. 진보적 힘으로서의 과학에 대한 확신은 지금 "계몽 가치"라 불리는 것의 한 측면이다. 과학에 대한 이러한 문화적 이미지에 대해서는 언제나 예외가 있었는데, 예컨대 19세기 낭만주의 안에서, 그리고 어떤 마르크스주의 사상에서 예외가 있었다. 그러나 지적 문화의 다양한 부분들에서는 20세기 후반에 과학에 대한 태도에서 커다란 변화가 있었다. 냉전이 이러한 변화의 결정적 원인이었지만, 다른 흐름들 또한 작용했다.

과학은 대신 "현상"(status quo)을 유지하는 힘으로 보이게 되었는데, 특히 정치적 불평등과 관련해서 그렇게 보였다. 자신을 보수적이 아니라 진보적이라고 생각하는 정치 쪽에서는 많은 사람이 과학을 명백히 "자유민주주의" 사회들에서조차 교묘한 형태의 배제와 억압을 강화하도록 작동하는 대규모의 여러 촉수를 가진 정치 구조의 부분으로 취급하기 시작했다. 과학의 반권위주의적 이미지는 대체로 그저 "훌륭한 선전"으로 보였고 과학이라는 제도 자체는 어떤 개인들을 포함시키고 또 어떤 개인들은 배제하는 숨겨진 특징들로 꽉 차 있는 것으로 보였다.

많은 사람은 과학적 제도들과 정치권력 사이의 연관을 보여줌으로써 과학이 정치적 중립성에서 나온 특별한 권위를 누리는 정치 바깥의 제도가 아니라 "과학은 정치적이다"라는 것이 분명해질 것이라고 생각했다. 과학에 정치가 삽입되어 있음을 드러내는 일은 또한 교육, 의료, 그리고 중요한 다른 여러 영역의 사회 정책에 관한 물음과도 관계가 있을 것이다.

이 새로운 태도의 가장 중요한 구현은 과학에 대한 여성주의적 비판들과 여성주의적 과학철학들의 발전에서 발견된다. 그것이 바로 이 장의 첫 번째 부분의 주제이다. 두 번째 부분은 과학을 이해하는 또 다른 새로운 연구방식, 즉 "과학학"(Science Studies)으로 알려진 학제적 분야의 성장을 살펴본다.

9.2 이성의 남자

과학에 관한 여성주의적 사고는 다양한 운동을 형성한다. 이 운동은 아마 과학이 남자와 여자 사이의 불평등을 영속화하는 구조의 부분이었다는 생각에 의해 하나로 통합될 것이다. 과학 자체, 그리고 과학과 지식에 관한 주류의 이론화 작업은 사상가, 인식자, 지적 시민으로서의 여성을 "이류" 지위에 남아 있게 하는 데 도움이 되어 왔다(과학에 대한 여성주의적 논의들에 관한 이 일반론조차도 예외들이 있다). 여성주의적 분석에 따르면, 사회는 이것 때문에 고통을 당해 왔으며, 그래서 과학 자체도 고통을 당하게 되었다. 그래서 어떤 종류의 개혁이 필요하다. 적당한 종류의 개혁이 무엇인가 — 여러 과학에 좀 더 많은 여성을 포함시키자는 것과 비슷한 제안에서부터, 과학에서 특정한 종류의 여성 "목소리"를 장려해야 한다는 주장을 거쳐, 서양 문화에서 과학이 가진 두드러진 지위를 과학에서 박탈해야 한다는 주장에 이르기까지 — 에 대해서는 의견의 불일치가 있다. 과학에 관한 여성주의적 사고는 종종 과학사회학의 연구와 동맹을 맺었으며, 쿤, 파이어아벤트, 비트겐슈타인 또한 도움이 되는 것으로 보였다. 어떤 여성주의자들은 프로이트의 정신분석과 좀 더 불행한 동맹을 맺었다.

우리는 과학에 관한 여성주의적 철학 사상과 좀 더 기본적인 여성주의적 정치 사상을 구별해야 한다. 여성주의 일반은 정치적 권리, 경제적 신분, 사회적 지위와 관련하여 양성 사이의 불평등을 이해하고 그것과 싸우려 한다. 이것은 과학에 대해서도 단순하게 적용할 수 있다. 여성들은 높은 명망을 누리는 다른 작업 분야들에서 배제되었듯이 과학에서의 삶에서도 오랫동안 배제되거나 저지되었다. 이것은 단순한 기회의 평등 문제, 즉 정책(소수집단 우대정책의 적절성 같은)에 관해 의문을 제기하지만 과학철학 자체에 대해서는 문제를 제기하지 않는 문제이다.

다른 여성주의적 연구는 과학에 관한 철학적 쟁점들에 관여했다. 그 연구는 서로 겹치는 세 가지 가닥에 의거해 분류할 수 있을 것이다. 한 가닥은 사상사와 과학사에서 여성주의적 분석이다. 두 번째 가닥은 특정한 과학 분야와 이론, 특히 사회과학, 생물학, 의학에서의 여성주의적 분석이다. 세 번째 가닥은 여성주의적 인식론, 즉 합리성, 지식, 그리고 다른 기초적인 인식론적 개념들을 여성주의적 관점에서 분석하려는 시도이다. 여기서 나는 그 연구가 인식론과 관계가 있을 때 과학의 사회적 구조에 대한 분석을 포함시킨다.

나는 그러한 전통에서 꽤 일찍이 쓰인 책인 제네비브 로이드(Genevieve Lloyd)의 『이성의 남자』(*The Man of Reason*, 1984)를 논의하는 것으로 시작할 것이다. 로이드는 지식과 합리성에 관한 관념들의 역사적 뿌리를 분석하고, 인식론에 대한 결론을 끌어낸다. 특히 우리와 관련이 있는 논의는 그 책의 앞부분 장들에서 발견되는데, 여기서 그녀는 플라톤, 아리스토텔레스, 데카르트, 베이컨 같은 인물들을 살핀다. 그 책은 내가 공통 유형이라고 생각했던 것을 예증한다. 로이드는 사상사에서 매우 흥미로운 — 때로 강력한 — 이야기를 말한다. 그러나 이러한 역사적 사실들이 인식론에 대해 어떤 귀결을 갖는지 알아내기란 더 어렵다.

로이드는 이성과 지식에 관한 사상의 초기 발전이 남성성과 여성성의 관계에 관한 견해에 크게 영향을 받았다고 논한다. 이성 개념은 서양철학에서 합리성과 남성성을 연상시키고, 여성의 정신을 합리성과 대비되는 일련의 심리적 특성과 연상시키는 방식으로 진화했다.

로이드에 따르면, 이러한 사고 유형의 핵심 원천은 여성성과 자연 사이의 낡은 연상이다. 땅은 다산적이고, 여성적이며, 생명의 원천이다. 이러한 연상에 의해 정신과 자연의 관계에 관한 사상은 남성과 여성의 관계에 관한 모델이 되었다. 양성 간의 관계는 또한 정신 자체의 다른 측면들 — 지각과 사고, 이성과 감정 — 사이의 관계에 관한 이론 구성에 대해 모델을 제공했다. 그 결말은 유럽에서 과학과 철학의 초기 발전에 자양분을 제공한 사상들이 여러 가지 다른 형태로 이성과 남성성 사이의 연상을 통합시켰다는 것이다. 그리고 여자다움이라는 관념의 발전은 여자다움과 이성의 대치로 구체화되었는데, 여자다움은 수용성, 직관, 감정 이입, 감정과 연상되었다.

로이드가 든 제일 좋은 예는 17세기 영국 사상가 프랜시스 베이컨의 사례인데, 베이컨은 새로운 경험적 탐구 방법, 그리고 그 방법이 인류에게 미칠 희망에 관해 광범위하게 글을 썼다. 베이컨은 지식에 대한 고대 그리스의 그림을 성찰(contemplation)이라고 하여 공격했다. 베이컨에게는 진정한 지식이 자연에 대한 제어로 나타난다. "그래서 아는 것이 힘이다." 그러나 베이컨이 이 생각을 발전시키면서 그는 여성적인 것으로서의 자연에 대한 이미지를 보유했다. 정신과 자연 사이의 관계에 대한 그의 모델은 결혼 모델, 즉 인식자(남자)와 자연(여자)사이의 결혼 모델이었다. 남자에 의해 진행되는 것으로서의 훌륭한 결혼의 특징은 세계에 대한 성공적 지식의 특징과 대응한다. 그렇다면 훌륭한 남편은 어떤 존재인가? 훌륭한 남편은 존중을 받지만, 책임 또한 확고하고 명확하다. 자연에 접근하는 과학자는 그녀를 존중하고 자제하면서 접근해야 한다. 그러나 제어는 확실히 필요하다. "자연은 그녀의 자연스러운 자유를 누릴 때보다 학문의 손아귀에서 그 학문의 압력을 받을 때 자신의 비밀을 더 충분하게 드러낸다." 그리고 "혼인 소파"에서 일어나는 일의 산물은 인류의 개선을 위해 유용한 지식이 될 것이다 (Lloyd 1984, 11~12면에서 인용. 다른 어떤 여성주의자들은 로이드가 했던 것보다 베이컨에 대해 훨씬 더 거칠게 다루었다. Harding 1986을 볼 것).

이와 같은 사례들은 남자와 여자의 관계에 관한 견해가 이성과 지식

에 관한 사상의 발전에 중요한 자원이었음을 암시한다. 어려운 문제이
긴 하지만, 이러한 연상들이 근대 초기에 여성의 삶과 과학이 밟은 길
모두에 영향을 미쳤다는 것은 확실히 그럴듯해 보인다. 더 어려운 문제
는 이러한 역사적 사실들이 지금 우리에게 갖는 철학적 귀결이 무엇인
가 하는 것이다. 아직도 진행 중인 은유들에 새겨진 이 낡은 연상들의
찌꺼기를 발견하는 것은 어렵지 않다. 간단한 사례를 고른다면, 과학자
들은 어떤 현상이 특수한 어떤 분석 방법을 "낳을" 것인지 아닌지에 관
해 끊임없이 언급한다.(비록 모든 사람에게는 아니지만) 내 귀에는 이
은유가 언제나 이성을 정복하려는 것의 울림이었다. 그러나 이런 은유
들이 오늘날 사회나 과학에 많은 영향을 미쳤는지는 좀 더 어려운 쟁점
이다.

  이블린 폭스 켈러(Evelyn Fox Keller)는 여기에 진짜 문제가 있다고
생각한 한 여성주의자이다. 그녀는 우리가 물려받은 일반적인 과학 상
이 과학에 입문하는 여성들에게 진짜로 영향을 미쳤다고 주장한다. 그
여성 과학자는 "비진정성"(inauthenticity)과 "타도"(subversion) 사이
에서 선택을 해야 한다. 진정성 개념은 실존철학에서 끌어낸 난해한 개
념이지만, 켈러는 자신의 요점을 유비를 들어 설명한다. "확실히 비진
정성이 여성차별주의적 농담을 하는 남성들에 합류함으로써 여성이 겪
는 대가인 것과 마찬가지로, 이와 똑같이 비진정성은 가부장 남편을 모
델로 하는 과학자 상을 인지하는 여성이 겪는 대가이다"(2002, 134~
35면).

9.3 영장류학 사례

이제 많은 사람이 과학의 특수 부분에서 성이 하는 역할의 명료한 좋은 예로 보는 사례를 살펴보기로 하자. 좀 더 구체적으로, 이 사례는 종종 연구자의 성이 사상의 발전에 영향을 미쳤던 사례, 즉 과학이 그 분야에서 여성의 역할 증대로부터 이득을 본 사례로 보인다. 그 예는 침팬지나 비비 원숭이 같은 인간이 아닌 영장류의 사회적 행동, 특히 성적 행동에 대한 연구와 관계되어 있다. 이런 현상들은 영장류학과 행동생태학 분야에서 (약간 강조점을 달리하면서) 연구된다.

이러한 생물학 부분들은 처음에 영장류의 성생활에 대해 암컷들이 다소 수동적인 것으로 보이는 그림을 발전시켰다. 사회생활, 그리고 특수하게는 성생활은 수컷들이 조절하는데, 때로는 잔인하게 조절하는 것으로 간주되었다. 그 그림은 진화생물학의 어떤 중요한 "고급이론"의 조각들과 연결되었다. 비록 전부는 아니지만 많은 동물에서 수컷의 번식 성공 속에서 개체를 통한 많은 변이가 있는데, 암컷의 번식 성공에서는 변이가 덜하다. 이것은 한 수컷이 원리적으로 많은 수의 암컷을 임신시킬 수 있다는 사실의 귀결이다. 종종 이야기되는 것처럼 "정자는 싸다." 암컷의 번식 성공은 많은 동물에서 임신의 고비용으로 인해 제한된다.

양성 간의 이런 반대칭은 그런 것이 발견되는 유기체에서 진화적으로 대단히 중요하다. 그러나 이 반대칭은 종종 그 결과가 다른 요인들에 의해 수정될 수 있는 많은 방식을 고려하지 않고 다소 단순한 유형의 설명에서 사용되었다. 초기 영장류학에서 그 현상은 수컷의 성적 행동이 자연선택에 의해 훌륭하게 연마되어온 것인 반면에, 암컷의 성적 행동은 그렇지 않다고 주장하는 견해를 지지하는 것으로 간주되었는

데, 왜냐하면 암컷은 번식 성공에 영향을 훨씬 덜 미칠 수 있었기 때문
이다.

사라 블래퍼 흐디(Sarah Blaffer Hrdy, 2002)에 따르면, 이 그림은
1970년대에 바뀌기 시작했다. 주의 깊게 관찰을 해보니 암컷 영장류가
훨씬 더 능동적이고 복잡한 역할을 한다는 사실이 드러났다. 많은 암컷
영장류는 우리가 낡은 그림에 기초하여 기대했던 것보다 상당히 다른
종류의 성적 접촉을 포함하여 정교한 성생활을 한다는 것이 명백해졌
다. 암컷들은 수컷의 행동에 대해 미묘한 유형의 조작에 종사하며, 그
조작의 많은 것이 자식에 대한 수컷의 행동에 영향을 미치는 쪽으로 향
할 수 있다. 수컷의 교배 성공의 높은 잠재적 변화가 행동의 진화에 대
해 커다란 영향을 미친다는 기본적인 이론적 착상은 여전히 성립하지
만, 지금은 이 요인과 다른 요인들, 특히 암컷이 이용할 수 있는 전략들
사이의 상호작용에 대해 훨씬 더 세련된 그림이 있다.

영장류학 내에서 이러한 사고 변화는 적어도 대략적으로 그 분야에
여성들이 쇄도한 일과 일치했다. 영장류학은 사실상 여성의 존재가 유
별나게 강한 과학 분야 중 하나이다. 그렇다면 그 분야에서 사람들의
의견을 바꾸는 데 여성의 존재가 어떤 역할을 했는가? 흐디에 따르면
(그리고 내가 말했던 다른 사람들에 따르면), 이러한 여성 출현의 증가
가 암컷 영장류 행동에 관한 사람들의 견해를 바꾸는 데 중대한 역할을
했다는 생각은 영장류학 안에서는 꽤 일상적으로 승인된다. 흐디는 영
국보다는 미국에서 이 견해가 더 많이 승인된 것 같다는 말을 보탠다
(2002, 187면). 흐디 자신은 이 쟁점에 관해 다소 신중한 편이지만, 자
신과 같은 여성 연구자들이 남성 동료들이 했던 것보다는 암컷 영장류
에 공감하고 그것들의 세세한 행동을 좀 더 면밀하게 관찰하는 경향이
있었음을 암시한다.

9.4 여성주의 인식론

이제 여성주의 인식론, 더 정확히 말해 과학을 다루는 여성주의 인식론 부분을 좀 더 면밀히 살펴보기로 하자. 이 부분은 다양하면서도 때로 어려운 분야이다. 이 부분은 과학이 증거를 다루고 이론을 평가하는 방식을 비판하는 기초로 여성주의 이론을 이용하는 작업을 포함한다. 이 부분은 또한 과학의 사회적 구조와 조직에 대한 여성주의의 비판을 포함하는데, 여기에서는 사회적 구조가 인식론적 쟁점에 영향을 미친다. 가장 야심찬 것으로는 어떤 여성주의 인식론자들이 이성, 증거, 진리 같은 근본 개념들조차도 암암리에 성차별적이라고 논해 왔다는 것이다. 여성주의 인식론은 또한 비판을 넘어서서 개혁 ― 세계에 관해 알아내는 일에서 과학을 더 잘 하게 하는 법(만일 그 목표가 그대로 유지된다면), 그리고 과학을 사회적으로 더 책임 있게 만드는 법 ― 에 관해 제안을 하기도 한다.

여기서 선택지 중 몇 가지를 논의하면서 나는 샌드라 하딩(Sandra Harding, 1986, 1996)이 사용한 몇 가지 분류 범주를 수정할 것이다. 하딩은 과학에 대한 여성주의의 비판을 세 종류로 구별한다. 최초로 나타났으면서 논란이 가장 적은 비판을 그녀는 자발적인 여성주의적 경험주의라고 부른다. 이 비판은 과학적 연구에서 나타나는 편향과 다른 문제들을 비판하기 위해 여성주의적 관점을 이용하려는 기획이지만, 과학의 전통적 이상, 방법, 규범들에 도전하지 않는 방식으로 그렇게 하려는 기획이다.

하딩의 두 번째 범주는 철학적인 여성주의적 경험주의이다. 아마 이 진영 내에서는 헬렌 롱기노(Helen Longino)의 저작(1990)이 가장 영향력이 있을 텐데, 아래에서 논의할 것이다. 여기서 이 범주에 속하는 기획의 목적은 과학과 지식에 관한 전통적 관념을 수정하고 개선하는 것이지만, 이 기획은 가장 기초적인 경험주의적 주제에 대해서는 충실한 채로 그렇게 하려고 한다. 상대주의는 피해야 한다. 한 가지 희망은 특수한 과학적 실행에 대해 좀 더 세련된 비판들이 그런 결과를 낳을 것이라는 것이다.

세 번째 범주를 나는 극단적인 여성주의 인식론이라 부를 것이다. 이 집단 내에서는 두 가지 주된 접근방식을 구별할 수 있다. 하나는 하딩이 여성주의적 포스트모더니즘이라고 부르는 접근방식이다. 이 연구는 상대주의를 받아들이는 경향이 있다. 서로 다른 성, 서로 다른 인종집단, 서로 다른 사회경제적 계급의 성원들은 세상을 근본적으로 달리 본다. 이처럼 서로 다른 관점을 초월해 세계에 대한 단 하나의 "옳은" 기술이라는 관념은 유해한 착각이다.

두 번째 극단적 접근방식은 입장 인식론(standpoint epistemology)이다. 이것은 상대주의적 견해가 아니며, 그것보다는 더 야심차다. 입장 인식론은 탐구자나 인식자가 처한 "상황성"(situatedness) ― 그들의 물리적 본성, 위치, 세상에서의 지위 ― 의 역할을 강조한다. 기본 착상은 전통적 인식론이 "상황성"을 탐구자의 잠재적 문제로 본 반면에 실제로는 그것이 강점일 수 있다는 것이다. 입장이론은 특별한 관점, 즉 사회에 의해 억압받거나 "주변화된" 사람들의 관점에서만 볼 수 있는 어떤 사실들이 있다고 주장한다. 주변부에 있거나 최하층에 있는 사람들은 다른 사람들이 할 수 없는 방식으로 기본 원리들 ― 과학 분야들과 정치 논의 모두에서 ― 에 대해 비판할 것이다. 과학은 이러한 특별한 관점을 가진 사람들이 전개하는 사상을 좀 더 진지하게 받아들임으로써 이익을 얻을 것이다. 이 견해는 주변인이 다른 사람들이 파악하는 것보다 중요한 사실들에 대해 실제로 더 잘 파악하는 것으로 보이기 때문에 상대주의적 입장이 아니다.

  여성주의 인식론에서 주된 논쟁 한 가지는 철학적인 여성주의적 경험주의 형태의 견해와 좀 더 극단적인 견해, 특히 입장 인식론 사이에서 벌어졌다. 좀 더 극단적인 선택지를 찬성하는 논증들은 설득력이 없었다. 입장이론은 주변인들의 경험이 특별한 가치를 갖는다고 주장한다. 만일 그 말이 올바르다면 이 가치는 어떤 종류의 가치인가? 롱기노가 주장하듯이 우리가 주변적 관점을 가장 중요하거나 신빙성 있는 것으로 다루는 일을 정당화할 일반적인 종류의 우선권은 있을 것 같지 않다. 만일 어떤 사실들이 주변인과 억압 받고 있는 사람들에게 더 잘 보인다면, 다른 사실들은 확실히 특권을 가진 사람들에게 더 잘 보일 것이다. 주변인의 경험은 토론과 논의에서 특별한 종류의 입력 자료로 가치가 있을 가능성이 매우 높다. 그래서 여기서 올바르게 생각하는 방식은 다른 관점을 가진 사람들이 기여하는 다른 사상들의 "풀"(pool)에 의거하는 것이다. 롱기노는 그런 결과를 낳는 그림이 수정된 형태의 경험주의라고 논한다.

  롱기노는 이 수정된 견해를 "맥락적 경험주의"라고 부른다. 이것은 사회적 상호작용의 역할을 강조하는 형태의 경험주의이다. 롱기노는 합리성과 비합리성을 구별할 수 있기 위해서는 우리가 사회집단을 기본 단위로 받아들여야 한다고 논한다. 과학은 서로 다른 관점을 반영하는 다양한 선택지 풀에서 이론들을 선택하는 정도만큼 합리적이며, 비판적 대화에 의해 강압 없이 합의에 이르는 선택을 한다. 그 풀에서 사상들의 다양성은 그 논의에 참가한 사람들의 다양한 배경에 의해 장려된다. 인식론은 좋은 공동체 수준의 절차와 나쁜 절차를 구별하려 하는 분야가 된다.

  만일 이것이 여성주의 사상과 인식론을 통합하는 올바른 방식이라면, 그것은 꽤 오래된 전통을 따르는 방식이다(롱기노가 부정하려 하지 않을 것처럼). 제7장에서 보았듯이 파울 파이어아벤트는 과학 공동체들에서 다양성을 유지하는 것이 중요하다고 논했다. 그리고 엘리자베스 로이드가 주장하듯이, 파이어아벤트는 존 스튜어트 밀에게서 나온 노선의 논증을 확장하여 극단화하고 있었다(Lloyd 1997). 밀에게는 다양성이 활발한 "사상들의 시장"을 통해 사회적 · 지적 진보에 생 자료를 제공한다.

관점의 다양성이 비판적 논의를 개선한다는 생각은 분명히 호소력이 있다. 뒤섞인 성의 역할은 롱기노 같은 작가들이 승인하듯이 별개의 문제이다. 현대 서양 사회에서 남자와 여자가 과학과 관련 있으면서 서로 다른 종류의 관점을 갖는다는 말이 실제로 옳은가? 여성주의자는 다른 차이들, 특히 계급 차이와 인종 차이가 성 차이만큼 많은 영향을 미치거나, 심지어 그 이상으로 영향을 미친다는 것을 승인한다. 그러나 많은 여성주의자는 지적 다양성이라는 커다란 수프에서 성 차이에서 기인하는 명확한 어떤 "양식"(patterning)이 있기를 기대한다.

그래서 우리는 여성들이 이론을 구성하거나 추론을 할 때 그들의 다른 경험에서 나온 다른 스타일을 갖기를 기대할 수 있을까? 확실히 여성들이 다른 관점을 갖는 경향이 있는 어떤 사실들이 있을 것이다. 여자이거나 남자임의 물리적 경험은 삶의 어떤 측면들이 경험되는 방식에 차이를 만들 것이다. 그리고 적어도 가까운 미래에 여자 아이와 남자 아이의 초기 교육과 문화 적응 또한 이러한 효과를 가져 올 것이다. 그러나 우리는 이것을 넘어선 주장을 하는 데 신중해야 한다. 여성의 경험이나 관점이 과학적 논쟁에 문제가 될 가능성이 높은 방식으로 남성의 경험이나 관점과 체계적으로 다른지 아닌지는 훨씬 더 어려운 문제이다. 여기서 단순한 일반론에 빠져들 위험이 있다.

이 문제는 우리를 앞 절에서 논의한 몇 가지 쟁점으로 되돌려놓는다. 어떤 상황에서는 어떤 과학 분야에서 발견되는 특수 편향이나 선택권의 무시가 성에 기인한다고 주장하는 논증이 있을 수 있다. 영장류학은 이 논증이 진지하게 받아들여진 한 영역이다. 이 영역을 넘어서서 여성 과학자들에게 발견되는 독특한 사고방식 그리고 세계와 상호작용하는 방식이 있다고 논할 수도 있다. 만일 그렇다면 이것은 부분적으로 여성이 생각하기 쉬운 독특한 방식에서 기인하는 것일 수도 있고, 또한 부분적으로 남성이 지배하는 분야에서 여성의 상황과 경험에서 기인하는 것일 수도 있다. 유명한 예는 유기체 게놈 안에서 자리를 옮겨 다니는 "도약 유전자"(jumping genes)를 발견한 유전학자 바바라 매클린톡(Babara McClintock)에 관한 이블린 폭스 켈러의 저작이다. 도약 유전자 관념은 한동안 매우 이상한 가설로 간주되었지만, 결국은 매클린톡이 옳은 것으로 판명되었다. 매클린톡은 유전학에서 아주 많이 국외자였으며, 켈러 또한 매클린톡이 그녀의 남성 동료들과는 다른 스타일의 과학을 할 수 있게 해주는 "유기체에 대한 느낌"을 가졌다고 논한다(1983). 켈러는 여기서 자신의 주장들을 펼칠 때 다소 신중한 편이다. 그래서 그녀는 과학에서 남성의 작업과 여성의 작업 사이에 "예리한 차이"가 있다고 주장하고 싶어 하지 않는다(2002, 134면). 그러나 그녀는 어떤 체계적 차이가 있을 것이라고 생각하는 것처럼 보인다. 그렇지만 "유기체에 대한 느낌"이 예가 될 가능성이 높다는 주장에 대해서는 많은 사람이 반대할 것이다. 이러한 심리적 특성이 많은 훌륭한 생물학자에게서 발견되면서도 성과 아무 관계가 없는 사례를 만들 수 있기 때문이다. 여성주의자들 자신(켈러를 포함하여) 또한 과학적 사고에 대한 여성의 기여를 고정관념화하는 데 기여할 가능성에 관해 매우 경계한다. ("우리는 이 팀을 위해 여자가 필요해 짐. 그래야 누군가가 이 반

응들에서 일어날 수 있는 전체론적으로 서로 연결된 내용을 이해할 거
야!")

여기서 나는 남성과 여성 사이의 "이론적 스타일"의 가능한 차이를
논의했다. 또 다른 가능성은 여성이 과학 공동체에 대해 다른 종류의
사회적 상호작용을 산출하는 경향이 있으리라는 것이다. 여성주의자들
은 때로 여성이 전체적으로 남성보다 덜 경쟁적이고 더 협동적이라고
주장해왔는데, 비록 지금은 많은 여성주의자가 이런 식의 단순한 일반
화를 피하고 싶어 한다 할지라도 그렇다(Miner and Longino 1987).
만일 본성에서 이러한 어떤 차이가 있다면, 그 차이는 과학에 대해 중
요한 귀결을 가질 것이다. 다음 장은 과학 내에서 협동과 경쟁의 관계
에 대해 자세히 논의할 것이며, 그래서 그 다음에 성 차이 문제로 되돌
아올 것이다.

9.5 과학학, 과학전쟁, 소칼의 날조

이 장과 앞 장의 주요 주제 한 가지는 과학에 대한 일반적 이해에 기여
하려고 애쓰는 분야들의 범위에 대한 끊임없는 확장이었다. 내가 자세
히 논의한 두 가지 예는 과학사회학(제8장)과 여성주의적 비판(이 장)
이다. 이 확장은 물론이고 학문 간의 경계가 흐릿해진 일도 있었다.
1980년대에는 많은 연구자가 이러한 추세를 받아들이고, 과학을 연구
하는 새로운 연구방식을 만들기로 결정했는데, 이 연구방식은 "누구의
물음이 누구의 것인지" 걱정하지 않고 서로 다른 많은 분야에 의존한
다.

그렇게 해서 생긴 분야는 일반적으로 "과학학"(Science Studies)으로

알려진다. 다양한 학문 분야의 혼합에는 역사, 사회학, 철학뿐만 아니라 문화인류학, 고전학, 경제학, 문예이론의 어떤 부분들, 여성주의 이론, 그리고 기호학, 문화 연구, 비판이론과 같은 좀 더 주변적인 분야들도 포함되었다. 과학학의 목적은 과학이 어떻게 발전하고, 어떻게 작동하며, 과학이 하는 역할이 무엇인지에 대한 이해에 기여할 수 있는 어떤 분야를 어느 정도 일으키는 것이다. 최근에 과학과 다른 것으로서의 기술(technology)에 대한 연구가 하나의 목표로 명시적으로 추가되었다.

이러한 재조직화의 결과는 (어떤 사람들이 희망했을 수 있듯이) 대대적인 획기적 진전이 아니었으며, 재앙(그런 방식으로 보일 수 있었던 이유는 아래에서 설명할 것이다)도 아니었다. 과학에 관한 최근 생각의 역사는 이 영역에서 타가수정, 차용, 공동 연구를 하기에 좋은 기회들이 있다는 것을 보여준다. 그러나 분야들 간의 경계가 실제로 사라질 가능성은 높지 않다. 철학자, 역사가, 사회학자, 문예이론가는 저마다 세계를 약간 달리 본다. 그래서 우리는 물론 가장 착실하고 뒤얽힌 역사적 연구에서부터 브뤼노 라투르를 루돌프 카르납처럼 보이게 만드는 거친 공상의 비상에 이르기까지 과학학 내에서 연구 스타일들의 혼합을 발견한다. 그렇지만 나는 전체로서의 그 분야에서 독특한 어떤 경향과 강조점들이 있음을 부정하고 있지 않다. 그 점은 이 장 말미에서 논의할 것이다.

과학학에서 가장 논란이 되는 연구 약간은 "포스트모더니즘"(post-modernism)으로 알려진 인문학의 유명한 운동과 동맹을 맺는다(Harvey 1989, Lyotard 1984). 포스트모더니즘은 건축에서 예술, 역사, 언어철학에 이르기까지 사상과 기획들의 가족이다. 여기서 우리와 관련 있는 주제는 표상(representation)과 의미와 관계가 있다. 포스트모더니즘은 인문학에서 최근 전통의 부분인데, 이 전통은 언어가 세계의 대상이나 상황을 표상하거나 "나타내는"(stand for) 데 사용되는 체계로 분석되어야 한다는 생각에 반대한다. 이러한 반표상주의적 언어관은 20세기 후반 다른 인문학 분야들은 물론이고 문예이론에도 많은 영향을 미쳤다. 포스트모더니즘은 그러한 사고 노선의 눈부신 생성물이다.

때로 포스트모더니스트들은 우리가 바로 지금 역사적으로 특별한 시기에 살고 있다고 주장하는 것처럼 보인다. 우리는 기호의 표상적 역할이 새로운 역할로 대치되는 시기에 산다. 우리가 사는 기호와 언어의 바다, 그리고 정치와 소비자 문화에서 그것들의 역할은 기호와 대상 사이의 일상적인 표상적 관계의 토대를 무너뜨렸다. 우리 삶에서 기호의 역할을 이해하려 할 때 정확성, 지시, 진리 같은 개념을 적용하는 것은 더 이상 유용하지 않다. 모든 기호 배후에는 진짜 대상이 아니라 또 다른 기호가 놓여 있다. 다른 때에는 포스트모더니즘은 극단적 형태의 상대주의를 옹호하고, 때로는 일종의 회의주의와 무위무책주의(do-nothingism)를 옹호하며, 언어와 실재가 관계된 방식에 관한 터무니없는 형이상학적 견해를 찬성하는 엄청나게 불명료한 방식인 것처럼 보인다.

과학학은 포스트모더니즘과 인문학의 다른 모험적 사상들로부터 환영을 받는 쪽이었다. 그것은 착실한 과학사가가 그들의 착실하고 엄격한 연구를 중단했다는 것을 의미하지 않았다. 과학학은 다채로운 존재물이기 때문이다. 그렇지만 과학에 대한 새로운 연구방식과 인문학에서의 불명료한 추세 사이의 관계는 과학학이 갖게 된 이미지에 영향을 미쳤다. 그리고 때마침 반발이 일어났다.

반발은 과학학, 그리고 좀 더 일반적으로 인문학에서의 최근 연구 모두에 대한 공격 형태로 나타났다. 반발들 중 어떤 것은 과학 자체 내에서 일어났는데, 과학자들은 더 넓은 문화에 제시된 과학 상에 놀랐다. 그러나 열띤 항의의 소리 대부분은 학계와 교육계 내에서 해설자들이 커다란 비판 경향을 띠었다는 사실에서 기인했다. 그 지각은 과학 자체가 위협을 받고 있다는 것이었다.

그렇게 해서 생긴 충돌은 "과학전쟁"(Science Wars)으로 알려지게 되었으며, 과학학, 그리고 이 장에서 다룬 다른 연구는 중요한 전쟁터가 되었다. 이러한 연구에 대한 공격들 중 어떤 것은 정치사회적 사상에서 보수주의 쪽에서 나왔다. 학교와 대학 모두에서 "전통적" 교육의 옹호자들은 서양 문화의 보물과 가치의 전달이 대학의 급진 좌파 교수단과 학교의 유약한 행정가들로 인해 무너질 것을 우려했다. 인문학은 뒈졌으며, 이제 과학이 "그저 특별한 자격 없이 지식에 접근하는 또 다른 방식"이라고 지껄이는 끝없는 상대주의적 푸념에 의해 과학까지도 난파시키려 하고 있었다.

비록 이런 싸움들 중 어떤 것이 단순한 정치적 구조를 지니고 있었다 할지라도, 가장 영향력 있고 흥미로운 에피소드는 그런 구조를 지니고 있지 않았다. 1994년 미국 물리학자 앨런 소칼(Alan Sokal)은 『소셜 텍스트』(Social Text)라 불리는 문예정치지에 논문을 투고했는데, 이 잡지는 과학에 관한 특별판을 발행하고 있었다. 그 논문은 과학학의 급진적 연구에 대한 패러디였다. 그 논문은 최근 수리물리학에 함축된 진보적인 정치적 가능성을 논의하기 위해 포스트모더니즘의 특수 용어를 사용했다. 그 논문의 제목은 "경계를 넘어서: 양자 중력의 변형 해석학을 위하여"(Transgressing the Boundaries: Toward a Transformative Hermeneutics of Quantum Gravity)로 포스트모더니즘 스타일 감각을 제시한다. 그 논문의 논증은 완전히 엉뚱하고, 종종 아주 재미난 것이었다. 소칼의 목적은 그 논문이 승인되어 잡지에 게재될 것인지 알아보는 것이었다. 이 일은 그 분야가 모든 지적 표준을 상실했으며, 어울리는 전문용어를 사용하고 적당한 정치적 감정을 표현하는 것이면 무엇이든 출판할 것임을 보여주는 것이라고 소칼은 믿었다.

『소셜 텍스트』는 그 논문을 발행했고(Sokal 1996b), 소칼은 학문생활과 무관한 잡지(슬프게도 적어도 지금은 폐간된) 『링구아 프랑카』(*Lingua Franca*, 1996a)에서 자신의 날조를 폭로했다. 그 소동은 학계에 널리 울려 퍼졌으며, 신문의 기사거리로도 등장했다. 소칼의 공격을 효과적으로 만들었던 것들 중 하나는 그가 보수 정치의 관점에서 글을 쓴 것이 아니었다는 사실이다. 그는 자신을 좌파가 길을 잃어버렸다고 느꼈던 좌파 지식인으로 소개했다. 최신 유행하는 프랑스 철학과 문예이론의 유혹의 말은 좌파, 그리고 좀 더 일반적으로 "진보" 정치를 과학과의 초기 동맹에서 딴 길로 꾀어내 쓸데없고 허세부리는 수렁에 빠뜨렸다.

영어권 세계의 많은 철학자는 소칼의 날조가 정당하다고 느꼈다. 비록 영어권 철학이 과학에 관해 급진적 사상을 산출했다 할지라도, 그 철학은 대부분 포스트모더니즘과 프랑스에 영향을 받은 다른 문예-철학적 운동들을 승인하지 않았다. 이 시기에 아마 모든 인문학을 통틀어 가장 유명한 인물이라고 할 수 있는 자크 데리다(Jacques Derrida)는 그 철학 체제에서 결코 받아들여진 적이 없었으며, 많은 사람이 그를 사실상 협잡꾼으로 간주했다. 철학자들은 명료한 입론에 대한 철학적 요구 때문에 자신들의 학술지들이 "날조-증명"이었다고 생각했다(나는 이러한 확신이 시험되었는지 알지 못한다).

인근 분야들의 수십 년에 걸친 생기 있는 연구 때문에 건조하고 지루해 보였던 어떤 주류 과학철학자들은 의기양양했다. 1996년 과학철학회(Philosophy of Science Association) 모임에서 원로 물리학철학자

애브너 시모니(Abner Shimony)가 회장 연설을 했다. 시모니의 연설은 계몽 가치들, 즉 과학, 민주주의, 합리성, 평등, 세속주의의 가치들을 재주장한 것이었다. 시모니는 소칼을 급진 과학학의 어리석음을 폭로한 그의 연구를 들어 "계몽주의의 영웅"이라고 불렀다.

비록 어떤 철학자들은 정당하다고 느꼈지만, 또 어떤 철학자들은 손상을 입었다고 느꼈다. 시모니의 연설 후 이어진 토론 시간에 다른 저명한 두 명의 과학철학자 아서 파인(Arthur Fine)과 필립 키처(Philip Kitcher)는 여러 학문 분야들 사이의 틈을 메우고 대화를 정착시키면서 소비한 몇 년 후에 소칼의 연구가 모든 것을 다시 양극화할 가능성이 높다고 한탄했다. 이러한 두려움은 종종 어떤 분야들 사이에 불신이 있었기 때문에 제법 합당했다. 철학자들은 모든 지적 표준을 상실했다는 믿음에서 이웃 분야들의 연구에 주의를 기울이는 일을 중단할지도 모른다. 다른 쪽에서 사회학자들은 철학의 저변에 깔린 보수주의가 다시 드러났다고 생각할 가능성이 높았다. 그래서 결국 그들은 독선적인 철학자들이 소칼의 싸구려 탄환 발사에 동조했다고 말할 것이다.

과학학은 소칼의 날조 사건에 심각한 타격을 입지는 않았지만, 지속적인 어떤 효과들이 있었다. 앞에서 강조했듯이 그 분야는 언제나 다양했는데, 비록 국외자에게 비치는 이미지가 때로 아주 위험성이 높은 연구가 지배했다 할지라도 그렇다. 뜻을 알 수 없는 특수 전문용어가 실려 있고 불명료한 글쓰기를 하는 것에 대해 지금은 덜 관용적이다. 이것은 좋은 일이며, 소칼이 말했던 것을 반가워할 충분한 이유이다. 과학학이 어떻게 행해져야 하는가에 관한 내적 고민은 과도한 것이지만, 소칼 이전에도 충분히 과도했다. 좀 더 중요한 것은 서로 다른 분야들 사이의 간격이 극적으로 넓어질 것이라는 두려움은 현실화되지 않았다는 것이다.

나는 과학학 내에서 과학과 문화의 "직설적" 역사와 가장 "뒤틀린" 문예 분석의 혼합을 강조해왔다. 그러나 그 분야는 어떤 일반적 경향들을 나타낸다. 한 가지 경향은 특히 여기서 논의하는 문제와 관련이 있다. 과학학은 과학이론들과 세계의 구조 사이의 관계에 의거해 과학적 변화의 유형을 설명한다는 생각에 대하여 다소 적대적이다. 쿤과 제8장에서 논의한 사회학적 연구는 여기서 영속적인 표시를 남겼다. 과학학이 가장 단호하게 거부한 설명은 이론의 인기에 대해 정확성이나 설명력에 의거한 설명이다. 이론의 가치에 대한 우리의 현재 평가에 의거해 그 이론의 역사적 역할을 설명하는 일은 나쁜 과오로 간주된다. 그리고 좀 더 일반적으로, 과학학은 과학이론들이 이미 존재하는 세계 자체의 구조와 어떻게 관계되어 있는가에 의거해 그 과학이론들을 살핀다는 전체 생각을 미심쩍어한다. 그로부터 발생하는 결과는 과학학이 제공하는 과학에 대한 설명에서의 간격이다. 과학 자체의 사회적 구조를 기술한 후에도 우리는 또한 그 사회적 구조와 산물이 과학적 활동이 이루어지는 더 큰 자연세계와 어떻게 연관되는지를 이해할 필요가 있다. 이 문제는 앞으로 나올 장들의 주제 중 하나가 될 것이다.

더 읽을거리

켈러와 롱기노의 *Feminism and Science*(1996)와 자넷 쿠러니(Janet Kourany)의 *The Gender of Science*(2002)는 둘 다 유용한 논문 선집이다. 후자는 꽤 포괄적이며, 제9.3절에서 내가 이용한 흐디의 논문을 수록하고 있다. 흐디의 책 *The Woman That Never Evolved*(1999)는 그녀의 사상에 대해 좀 더 상세히 논의하고 있는 책이다. 도나 하라웨이

(Donna Haraway)의 *Primate Visions*(1989)는 여성주의 관점에서 영장류학에 대해 매우 상세한 역사적 · 사회학적 논의를 담고 있는 책이다. 또 다른 흥미로운 여성주의적 사례 연구로는 여성의 오르가슴 진화 이론들에 관한 엘리자베스 로이드의 저작(1993)을 볼 것.

하딩의 *The Science Question in Feminism*(1986)과 롱기노의 *Science as Social Knowledge*(1990)는 과학에 적용했을 때 여성주의 인식론에서 가장 영향력 있는 책들 가운데 두 권이다. *Monist*는 1994년 여성주의 인식론에 대한 특별판을 간행했다.

마리오 비아기올리(Mario Biagioli)의 *The Science Studies Reader*(1999)는 그 분야 연구의 다양성을 예증하는 좋은 논문 선집이다. 과학전쟁에 대해서는 파울 그로스와 노먼 레빗(Paul R. Gross and Norman Levitt)의 *Higher Superstition*(1994)을 볼 것. 이 책은 블루어, 라투르, 섀이펀, 섀퍼, 하딩, 롱기노, 그리고 이 장들에서 논의한 다른 여러 사람들에 대한 비판을 담고 있다. 또한 노레타 코트(Noretta Koertge)의 *A House Built on Sand*(1998)를 볼 것. 소칼의 날조 사건은 *Lingua Franca* 편집인들이 편집한 (그 이름의) 책(2000)의 주제이다. 월드와이드웹에도 소칼의 날조 사건에 관해 대량의 자료가 있다. 특히 소칼의 사이트 http://physics.nyu.edu/faculty/sokal/을 볼 것.

제10장

자연주의 철학: 이론과 실제

10.1 자연주의란 무엇인가?

과학철학은 어떤 종류의 이론을 전개해야 하는가? 논리 경험주의자들은 이 물음에 대해 명확한 답을 가지고 있었다. 즉 과학철학은 무엇보다도 과학의 논리에 관여한다는 것이다. 1970년대 중반 무렵 이 견해는 완전히 무너졌다. 많은 사람은 철학이 생기를 잃고 과학과 무관하게 된것이 아닌지 의심했다. 앞 장에서 보았듯이 이러한 상황으로 인해 다른분야들이 과학철학의 전통적 영역 중 어떤 것을 합병하려는 시도를 하게 되었다. 만일 철학자들이 과학이 작동하는 방식에 관해 유용한 것을아무것도 말할 수 없다면, 대신 다른 사람들이 그 일을 할 것이다.

많은 철학자가 과학철학이 논리적 분석을 넘어서 나아가야 했다는데 동의하게 되었지만, 대신 어떤 일을 행해야 하는지에 대해서는 덜일치했다. 이 장에서는 이 물음에 대해 점점 더 인기가 있는 한 가지답, 즉 자연주의(naturalism)를 살펴본다.

자연주의는 종종 "철학은 과학과 연속되어 있어야 한다"는 말로 정리된다. 이 슬로건은 멋지게 들리지만, 실제로 무엇을 의미하는지 알기란 어렵다. 자연주의자들은 철학이 다른 분야들과 예리하게 분리되어야 한다는 생각을 거부한다. 특히 자연주의자들은 과학이론과 철학이론 사이에 어떤 종류의 밀접한 연관이 있어야 한다고 주장하지만, 이 연관이 어떤 것이 되어야 하는지에 대해서는 모두가 의견을 같이하지는 않는다. 철학에 대한 자연주의적 사고방식은 실제에 있어서 무엇을 의미하는가? 그것은 슬로건과 꼬리표 이상의 어떤 것인가? 이 장에서는 자연주의 일반을 기술한 다음, 예를 통해 자연주의적 연구방식을 설명할 것이다. 다음 장 역시 같은 노선을 따라 논의를 계속할 것이다. 그리고 이 시점부터는 이 책은 앞 장들의 지침으로 삼았던 연대순 구조에서 이탈하기 시작한다. 이 책 나머지는 연대순보다는 주제에 의해 편성된다.

방금 나는 자연주의자들이 철학은 과학과 연속되어 있어야 한다고 주장하지만 이 연속성이 무엇인지에 대해서는 의견을 같이하지 않는다고 말했다. 아마 자연주의에 대한 더 유용한 정리는 철학이 철학적 물음에 답하는 데 도움을 받기 위해 과학의 결과를 이용할 수 있고, 과학철학 자체에서도 이런 일을 할 수 있다는 생각이 곧 자연주의라고 말하는 것이다.

다른 많은 철학적 관점에서 볼 때 과학에 관한 이론을 구성할 때 과학적 사상을 이용한다는 것은 악순환을 포함한다. 우리는 애초에 우리가 탐구하고 평가하려고 하는 과학적 사상들의 신빙성을 어떻게 가정할 수 있을까? 확실히 우리는 과학의 가장 일반적인 특징을 기술하고 과학적 방법의 무결성을 평가하려 할 때 과학 바깥에 서 있어야 한다.

우리가 좀 더 안전한 외부의 관점에서 과학철학을 해야 한다는 생각은 종종 **토대론**(foundationalism)이라는 이름으로 불린다. (이 용어는 때로 다른 생각들을 나타내기 위해서도 사용된다.) 토대론은 과학철학을 할 때 특수한 과학적 사상의 정확성에 관해 아무런 가정도 하지 말 것을 요구한다. 이것은 우리의 철학이론이 확립되기 전에 과학적 연구의 격위가 의심스럽기 때문이다. 따라서 자연주의를 기술하는 한 가지 방식은 그것이 철학의 토대론과 반대된다고 말하는 것이다.

자연주의자들은 과학에 대해 일반적인 철학적 토대를 제공하려는 기획이 언제나 실패할 운명이라고 생각한다. 그들은 또한 철학적 토대는 어쨌든 과학이 필요로 하는 어떤 것이 아니라고 생각한다. 대신 우리는 우리가 하는 대로 과학적 관념에 의존한다면 지식과 과학이 어떻게 작동하는지에 대한 적합한 기술을 전개하기를 희망할 수 있을 뿐이다. 그리고 그렇게 해서 나오는 지식과 과학에 대한 기술은 더 이상 과학이론들 자체보다 확실하거나 안전한 것이 되지 못할 것이다.

자신을 자연주의자라고 부르는 대부분의 철학자는 그러한 개관에 동의할 것이다. 그렇지만 그 다음부터는 많은 의견의 불일치가 있다. "자연주의"는 광범위한 사람들이 자신들에 대한 꼬리표로 매력이 있다고 판단하는 낱말 중 하나이다. 엘리엇 소버(Elliot Sober)가 말하고 싶어 하듯이, 그 용어는 우리의 이론들이 "인공적 성분 없음"을 포함한다는 것을 암시한다. 샴프 제조업자들처럼 철학자들은 언제나 자신들의 산물을 "자연적"이라고 부르고 싶어 할 것이다. 그래서 운동으로서의 자연주의는 그 용어의 남용으로 인해 궁지에 빠지고, 진부한 말로 분해될 위험이 있다. 이러한 위험에도 불구하고 "자연주의"는 내가 나 자신의 철학적 작업 대부분에 대해 사용하는 꼬리표이며, 이 책의 나머지를 통해 나는 종종 자연주의가 과학철학의 핵심 문제를 해결하는 데 최선의 희망임을 암시할 것이다.

10.2 콰인, 듀이, 그 밖의 사람들

현대 자연주의 철학은 어디에서 유래했는가? 현대 자연주의의 탄생은
종종 W. V. 콰인(W. V. Quine)의 논문 "자연화된 인식론"(Epistemol-
ogy Naturalized, 1969)이라고 말한다. 콰인의 연구는 확실히 여기서
매우 중요하지만, 우리는 현대 자연주의를 전적으로 콰인에게서 유래
한 것으로 생각해서는 안 된다. 미국 철학자 존 듀이(John Dewey)는
보통 실용주의자로 생각되지만, 생애 후반부(대략 1925년 이후)에 그
의 철학은 어떤 형태의 자연주의이다. 어떤 영역에서는 듀이 형태의 자
연주의가 콰인의 자연주의보다 낫다. 그러나 듀이의 철학은 20세기 후
반부에 무시되었으며, 콰인이 단연 자연주의에 가장 영향을 많이 미쳤
던 인물이다(한때 콰인은 듀이를 초기 자연주의자로 인정했지만, 콰인
전문가들은 이것을 진짜 영향의 표시가 아니라 공손한 태도로 간주한
다).

　콰인의 논문 "자연화된 인식론"은 몇 가지 주장을 했다. 그는 먼저
철학자들이 과학적 지식의 "토대"를 제시해야 한다는 생각을 공격했
다. 이 점에 관한 콰인의 주장은 자연주의적 철학의 핵심이 되었다. 그
러나 콰인은 좀 더 극단적인 주장도 했다. 그는 인식론적 물음이 과학
적 심리학의 물음과 아주 밀접하게 묶여 있어서 인식론이 조금도 독특
한 분야로 생존해서는 안 된다고 주장했다. 대신 인식론은 심리학으로
흡수되어야 한다. 콰인의 견해에서 인식론자들이 정말로 중요성을 지
닌 채로 던지는 유일한 물음은 심리학 자체에 의해 가장 잘 대답되는
물음이다. 철학자들은 심리학이 결국은 믿음들이 어떻게 형성되고, 그
믿음들이 어떻게 변하는지에 대한 순수 과학적 기술을 제공할 것을 기
대해야 하고, 그 이상을 물어서는 안 된다.

이런 형태의 자연주의는 나와 다른 많은 사람이 반대하는 자연주의로, 이 반대는 아마 놀랄 일은 아닐 것이다. 콰인은 믿음과 지식에 관한 물음에 흥미가 있는 철학자들이 가게를 닫고 집에 가야 한다고 주장하고 있는 것 같기 때문이다. 과학자들이 과학적 연구에 대해 포퍼가 제시한 영웅적 기술에 열광하는 것과 마찬가지로, 많은 철학자는 (우리가 심리학 학위를 받고 심리학과로 옮기지 않는 한) 우리가 할 중요한 일이 없다는 콰인의 주장에 대해 냉담한 태도로 전환한다. 그러나 계속해서 봉급이 나오기를 원하는 일과 별도로 여기에는 더 심층의 문제가 있다.

다른 형태의 자연주의에서는 과학자들이 제기하는 종류의 물음과 구별되는 철학적 물음 같은 것이 있다. 자연주의자는 과학이 철학적 물음을 과학적 물음으로 대치해야 한다고 생각하지 않고도 과학이 철학적 물음에 대한 답에 기여할 수 있다고 생각할 수 있다. 그것이 바로 내가 옹호하는 형태의 자연주의이다. 이 형태의 자연주의는 콰인이 1969년 논문에서 기술한 종류의 자연주의와 대비된다. 거기서는 과학을 답의 원천은 물론이고 물음의 유일한 원천으로 생각한다.

만일 우리가 철학적 물음이 중요하고, 또한 과학자들이 제기하는 물음과 다른 경향이 있다고 생각한다면, 인식론을 심리학이나 다른 과학들로 대치하는 것을 기대할 이유가 없다. 과학은 철학을 대치하는 것으로서가 아니라 철학의 자원으로 사용된다.

자연주의적 철학에 적절하지만 과학 자체 내에서는 직접 다루지 않는 이런 물음의 예로는 어떤 것이 있을 수 있을까? 많은 자연주의자는 **규범적 물음** — 가치판단을 포함하는 물음 — 이 여기서 중요한 예라고 주장해왔다. 만일 인식론이 심리학으로 흡수된다면, 우리는 믿음이 실제로 어떻게 형성되는지에 대해 훌륭한 기술을 얻을 수도 있겠지만, 분명히 우리는 어떤 믿음 형성 메커니즘이 좋은 것이고, 어떤 믿음 형성 메커니즘이 나쁜 것인지 들을 수 없을 것이다. 또한, 우리는 증거를 어떻게 다루어야 하는지, 그리고 우리가 좋은 논증과 나쁜 논증을 어떻게 구별할 수 있는지와 관계 있는 인식론적 물음을 다룰 수 없게 될 것이다. 그런 물음들은 철학에서 핵심적으로 중요하다. 그 자연주의자에게는 이런 물음들이 종종 심리적 메커니즘에 관한 사실 그리고 우리의 정신과 세계 사이에 존재하는 연관에 의존할 것이다. 그러나 그 자연주의자는 실제로 이런 물음들에 답하려는 것이 철학의 임무로 남게 될 것을 기대한다. 과학들 자체는 다른 쟁점들에 관여하는 경향이 있다.

"규범적 자연주의"라는 용어는 종종 인식론의 규범적 측면을 보유하고 싶어 하는 자연주의적 견해를 나타내는 데 사용된다. (그 용어는 래리 라우든[1987]이 만들었다. 또한 Kitcher 1999를 볼 것). 이 대목에서 나는 또한 비록 콰인의 원래 논의가 인식론에서 규범적 물음의 자리를 남기지 않는 것처럼 보였을지라도 말년의 그는 규범적 자연주의에 더 가까이 감으로써 자신의 견해를 수정했다는 사실을 지적하지 않을 수 없다(Quine 1990).

규범적 자연주의는 전통적 인식론으로부터 대대로 우리에게 전해 내려온 규범적 물음 중 (전부는 아니지만) 많은 것을 수용한다. 그러나 이러한 가치판단을 내리는 일의 기초는 무엇인가? 믿음을 형성하는 좋은 방책과 나쁜 방책 사이의 구별의 기초는 무엇인가? 이 대목에서 규범적 자연주의는 가치를 사실의 세계에 위치시키는 어렵고 오래된 문제의 한 측면에 직면한다. 이런 문제에도 아랑곳하지 않고 자연주의자들은 종종 단순한 답을 선택해왔다. 인식론에 적절한 가치판단은 도구적 방식으로 만들어진다는 것이다.

의사 결정에 대한 철학적 논의에서 어떤 행위의 목표가 무엇이든 간에 그 행위가 행위자가 추구하고 있는 목표를 달성하는 좋은 방식이라면 그 행위는 도구적으로 합리적이라고 한다. 도구적 합리성에 따라 행위를 평가할 때 우리는 목표가 어디에서 나오는지, 또는 그 목표가 적당한 목표인지 염려하지 않는다. 우리는 그저 그 행위가 행위자가 욕구하는 결과를 달성할 가능성이 높은지 물을 뿐이다. 그리고 만일 어떤 행위 A가 B에 대한 수단으로 사용된다면, A가 행위자를 B로 이끌 가능성이 높은지 아닌지는 사실적 문제이다. 그래서 행위 A가 그 행위자에게 도구적으로 합리적인지 아닌지도 사실적 문제이다.

합리성의 한 종류가 도구적 합리성이라고 말하는 것은 논란의 여지가 없다. 이 합리성이 유일한 종류의 합리성이라고 말하는 것이 훨씬 더 논란의 여지가 있다. 어떤 규범적 자연주의자들은 도구적 합리성이 인식론과 관련된 유일한 종류의 합리성이라고 생각한다. 어떤 사람의 궁극적 목표가 정당화가능한지를 평가하는 문제는 거부되거나(그러한 평가가 있을 수 없기 때문에) 다루어지지 않는다.

앞에서 나는 1920년대와 1930년대에 존 듀이의 연구가 좋은 형태의 자연주의를 기술하고 적용한다고 말했다. 듀이가 인식론적 규범과 가치 물음을 다룬 것은 그 견해의 한 가지 장점이다. 1938년 책 『논리학』(*Logic*)에서 듀이는 지금 규범적 자연주의로 불릴 수 있는 형태의 견해를 전개한다. 그는 자신의 인식론에서 "좋은" 추론과 "나쁜" 추론의 주장이 우리가 "좋은" 경작과 "나쁜" 경작에 관한 주장을 이해하는 것과 똑같은 방식으로 의도된다고 말한다(1938, 103~4면). 누구나 어떤 경작 기법들이 농부가 가진 보통 종류의 목표를 달성하는 데 다른 경작 기법들보다 낫다는 것을 의식한다고 그는 말한다. 서로 다른 경작 결정의 있음직한 귀결은 사실적 문제이며, 우리는 경험으로부터 이 귀결에 관해 배운다. 우리가 현재 좋은 방법으로 간주하는 경작 방법들은 완전한 것이 아니며, 미래에 더 개선될 수 있을 것이다. 그러나 이런 종류의 가치판단을 내리는 일과 관련하여 철학적 문제는 없다. 듀이는 인식론의 가치판단에 대해서도 똑같은 것이 성립한다고 말한다.

나는 여기서 규범적 물음의 역할에 초점을 맞추어왔지만, 이 물음은 인식론에 "자양분을 주는" 과학들에 반대되는 것으로서 인식론에 속하는 유일한 종류의 물음이 아니다. 철학자들이 제기하는 또 다른 종류의 물음 집합은 한편으로 세계에 대한 우리의 상식적이거나 일상적인 견해와 다른 한편으로 세계에 대한 과학적 그림 사이의 관계와 관계되어 있다. 두 그림 사이에는 어떤 종류의 결합(또는 잘못된 결합)이 존재하는가? 우리는 인식론에서 이런 종류의 물음을 발견한다. 즉 인간 지식에 대한 상식적이거나 일상적인 그림과 세계와의 진정한 접촉에 대한 과학적 기술 사이에 어떤 관계가 존재하는가?

이런 종류의 물음에 답하기 위해서는 우리는 일상적 그림과 과학적 그림 모두를 간명한 방식으로 정리한 다음, 그 그림들을 비교해야 한다. 최근 몇 십 년 동안 자연주의적 철학에서 가장 빨리 움직이면서 가장 흥미로운 부분 중 하나는 자연주의적 심리철학이었다. 인간 정신에 대한 일상적 그림과 그 내용물(사고, 믿음, 욕구, 기억)은 심리학이나 신경생물학에서 나온 정신에 대한 그림과 어떻게 비교되는가?

자연주의자를 계속해서 압박하는 또 다른 철학적 물음 집합은 서로 다른 과학들 사이의 관계와 연관이 있다. 다양한 과학들은 각각 경험적 연구에 기초하여 세계가 어떻게 생겼고, 어떻게 작동하는지에 대해 우리에게 조각들을 제시한다. 그러나 그 조각들은 깔끔하게 서로 잘 맞는 경향이 있는가, 아니면 그것들 사이에 잘못된 결합이나 긴장이 있는가? 철학자는 가끔 모든 조각이 서로 맞는 방식에 대한 공관(共觀)적 조망을 얻기 위해 헬리콥터에 오름으로써 인접 과학들 사이의 관계를 순찰한다. 이것은 특수한 과학적 사상들에 대해 철학적 비판을 초래할 수 있지만, 그 비판은 우리의 전체적인 과학적 그림의 관점에서 이루어진다.

그래서 이제 나는 내가 승인하는 형태의 자연주의를 요약할 수 있다. 철학에서 자연주의는 우리가 철학적 탐구를 인간과 우주에서의 그 지위에 대해 현재 최상의 과학적 그림이 제공하는 관점에서 시작할 것을 요구한다. 우리는 이 그림에서 시작하며, 그 그림을 사용할 자격에 대해 과학 바깥에서 일반적 정당화를 제시하려 하지 않는다. 우리가 의존하는 과학은 물론 완전히 확실한 것이 아니며, 결국은 변할 것이다. 그런데 우리가 답하려 하는 물음은 과학에서 도출될 필요가 없다. 우리의 물음은 종종 믿음, 정당화, 지식의 본성에 관한 다소 전통적인 철학적 물음들이다. 과학은 철학의 대치물이나 철학 의제의 원천이 아니라 철학적 물음을 해결할 자원이다.

나는 내가 철학자들이 행한 모든 연구가 이런 의미에서 자연주의적이라고 주장하고 있지 않다는 것을 지적해야 한다. 특히 철학은 지적 문화에서 오랫동안 또 다른 색다르면서도 유용한 역할에 기여해왔다. 철학은 참신한 사변적 사상들에게 과학적으로 유용하게 될 수 있는 지점에서 발전할 수 있는 기회를 줌으로써 그 사상들의 "부화기"로 작용해왔다. 학문으로서의 철학에는 다른 역할들도 있다. 철학은 종종 사실상 좀 느슨한 조직과 제한 없는 의제설정으로부터 이익을 얻는다. 우리는 어떤 새로운 사상, 문제, 연구방식이 나타날지 결코 알지 못한다. 그러나 우리가 인식론 같은 분야들에서 거창한 문제를 해결하기를 기대할 수 있는 한 자연주의는 아마 올바른 연구방식일 것이다.

그렇다면 자연주의적 과학철학에서 우리는 어떤 물음들을 다루어야 할까? 제1장으로 되돌아가 보면, 나는 이 책의 모습을 갖추게 만든 두 물음 집합을 구별했었다. 우리는 (1) 인간이 그들 주변의 세계에 대해 지식을 얻는 방식에 대한 일반적 이해와, (2) 과학 혁명으로부터 이어져 내려온 연구와 세계에 대한 다른 종류의 탐구를 다르게 만드는 것에 대한 이해에 도달하려고 해야 한다. 이렇게 간단하게 정리하는 것이 시작이지만, 이제 나는 좀 더 자세히 그 내용을 채울 수 있다.

과학에서 관찰의 역할에 대한 자연주의적 탐구는 관찰과 실험이 과학을 세계의 진짜 구조에 감응하도록 만든다는 익숙한 생각을 지지하는가? 라투르를 포함하여 어떤 과학사회학자들의 연구를 이해하는 한 가지 방식은 그 연구가 세계에 대한 이 "감응성"(responsiveness) 개념에 대해 아무런 역할을 부여하지 않으면서 과학적 변화에 대한 이론을 제안하는 것으로 보는 것이다. 그와 같은 견해는 정확히 어디에서 잘못되었는가? 원리적으로 우리가 "과학"이라고 부르는 것처럼 보이지만 세계에 대한 진정한 감응성이 없는 제도가 있을 수 있다. 실험은 값비싼 "선전" 실행에 지나지 않을 것이며, 이론들은 파벌들 간의 협상 과정에 의해 변할 것이다. 그렇다면 우리는 우리의 과학이 이와 같은 것이 아니라는 것을 어떻게 아는가? 이 문제를 해결하기 위해서 우리는 어떤 "원리적" 물음과 "실제적" 물음을 구별할 필요가 있다. 인간 사고와 지각의 본성은 원리적으로 과학적 믿음이 세계의 진짜 구조에 감응해 만들어질 수 있다는 것을 허용하는가? 설령 이것이 원리적으로 가능하다 할지라도, 실제 과학 공동체는 이 감응성이 실제로 나타나게 만드는 방식으로 작동하는가?

우리가 실제로 과학이 세계에 대해 감응한다는 생각을 옹호할 수 있다고 해보자. 그렇다면 성공적인 이론들은 세계와 어떤 **종류**의 접촉을 달성하는가? 우리가 우리의 이론에 대해 설정하는 목표로 진리를 생각하는 것은 익숙한 일이다. 그래서 좋은 이론이란 세계를 옳게 표상하는 이론이다. 그러나 전통적 진리 개념은 여기서 정합적이고 유용한 개념인가? 그 개념은 정말이지 과학적 진보를 이해하는 데 도움이 되는가? (쿤은 도움이 안 된다고 믿었다.) 자연주의자는 "귀납 논리", 또는 증거에 대한 일반 이론이라는 관념을 어떻게 이치에 닿게 할 수 있을까? 만일 우리가 강력하고 가치 있어 보이는 과학적 사고나 과학 공동체의 특징들을 분리시킬 수 있다면, 이런 특징들은 어떻게 하면 보호되고 강화될 수 있을까? 우리가 저항하거나 바꾸려 할 수 있는, 자기 논박적이거나 유해한 과학의 특징들이 있는가?

이런 형태의 자연주의가 이 책의 나머지 장들을 안내할 것이다. 그러나 앞에서 강조했듯이 사람들이 자연주의적이라는 꼬리표를 붙이기 좋아하는 다른 견해도 많이 있다. 그리고 과학에 대해 자연주의 기치(旗幟) 아래 수행되지 않은 철학적 논의들조차도 다양한 사상의 원천에 좀 더 감응해왔다. 유익할 수 있는 종류의 정보에 대해 넓어진 이 관점은 최근 철학의 주목할 만한 특징이었다. 어떤 철학자들은 그 결과가 혼란스럽고 애매한 많은 조각들이 난무하고, 너무 많은 방향에서 철학 쪽으로 반쪽짜리 진출을 했다고 생각한다.

10.3 관찰의 이론 적재성

이 절에서는 1960년대에 전개되어 현재까지 계속되고 있는 논쟁에 초점을 맞출 것이다. 그 논쟁은 과학에서 관찰의 역할에 관한 것인데, 종종 "관찰의 이론 적재성"(theory-ladenness of observation)에 관한 논쟁이라 불린다. 아주 간단히 표현하면 그 논쟁은 이론들 사이에서 선택을 할 때 관찰적 증거가 정보의 편향되지 않은 중립적 원천일 수 있는지, 아니면 이 역할을 갖지 못하게 하는 방식으로 관찰이 이론적 가정에 의해 "오염되는" 경향이 있는지와 관계가 있다. 그 문제는 경험주의적 견해를 전개하고 싶어 하는 사람들에게 특히 중요하다. 앞의 몇 장에서 논의한 종류의 극단적인 과학이론들의 옹호자들은 종종 관찰의 이론 적재성을 주류 경험주의에 반대하는 강력한 논증으로 보아 왔기 때문이다.

그래서 그 논쟁이 중요하다. 이 장에서 그 논쟁을 논의하는 이유는 자연주의적 관점에서 접근한다면 이 논쟁을 해결하는 것이 훨씬 더 쉬워지기 때문이다. 이 쟁점은 자연주의적 철학이 실제에 있어서 어떻게 작동하는지에 대한 좋은 예증 사례를 제공한다.

우리의 주제는 관찰이다. 그런데 여기서 "관찰"은 세계에 대한 모든 종류의 감각적 접촉, 모든 종류의 지각을 포함하도록 매우 넓은 방식으로 이해된다. 경험주의자들은 관찰이 세계에 관한 지식의 원천이라는 데 동의해왔다. 경험주의 운동 내의 많은 불일치에도 관찰은 일반적으로 이론 중립적인 것으로 보였다. 이 중립성, 즉 편향의 부재는 종종 관찰이 불일치를 해결하는 "객관적" 방식이라는 주장의 기초이다.

관찰의 "이론 적재성" 논증들이 특히 핸슨(N. R Hanson), 쿤, 파이어아벤트의 저작에서 전개되었던 것은 바로 이러한 배경에 반대해서였다. 이 논증들은 여러 가지가 혼합되어 있지만 의도하는 결말은 분명하다. 즉 관찰은 관찰적 판단이 관찰자의 이론적 믿음에 의해 영향을 받기 때문에 이론(또는 패러다임 같은 더 큰 단위)을 시험하는 편향되지 않은 방식으로 기능할 수 없다는 것이다. 그러므로 과학에서 관찰의 역할에 관한 전통적 경험주의자들의 견해는 그르다.

이미 말했듯이 이 논증들은 여러 가지의 혼합물이다. 때로 그 논증들은 관찰 보고의 언어에 관한 것이고, 때로는 심리적 현상으로서의 관찰에 관한 것이며, 때로는 관찰로부터 결과하는 믿음에 관한 것이고, 때로는 이 모든 것에 관한 것이다. 그리고 그 논증들에서 논의되는 현상 중 어떤 것들이 중요하면서 도전적인 것인 반면에, 또 어떤 것들은 그렇지 않다. 어떤 논증들은 논리 실증주의를 괴롭힐 뿐인 반면에, 또 어떤 논증들은 극단적 회의주의나 극단적 상대주의 이외의 과학에 관한 가능한 모든 견해를 괴롭힌다.

좀 더 해가 없는 논증들에서 시작해보자. 때로 관찰은 이론이 안내한다는 주장이 있는데, 이는 이론이 과학자들에게 어디에서 찾고 무엇을 찾을 것인지 말해주기 때문이다. 이 말은 옳지만, 분별 있는 경험주의자라면 일찍이 누구도 그것을 부정하지 않았다. 이 사실은 과학자들이 악의를 갖고 어디에서 관찰이 이루어질 수 있을지를 찾는 것을 거부하고 있지 않는 한 이론에 대한 시험으로 작용하는 관찰의 능력에 영향을 미치지 않는다. 모든 경험주의자는 그것을 근본적인 과학적 절차의 붕괴로 간주할 것이다.

다른 때에는 과학자들이 어떤 관찰을 진지하게 받아들여야 할지 결정하기 위해 이론적 가정을 사용해야 한다고 주장된다. 명백한 어떤 관찰이 다양한 종류의 오작동이나 잘못을 포함할 수도 있으며, 그래서 경시될 수 있다. 이론 선택에 영향을 미치는 관찰은 어떤 자료들이 경시되는 과정을 통해 "여과된다." 이론적 믿음이 이 여과 과정에 영향을 미치기 때문에 여기서 편향의 가능성이 있다.

그런 문제들은 실재하는 것이다. 그렇지만 그런 문제들과 연루되어 있는 것은 제2장 뒷부분에서 소개했던 시험에 관한 전체론이다. 철학자들은 시험과 확증에 대해 새로운 이론을 전개하려고 하기 때문에 여전히 이 문제를 풀려고 시도하고 있다. 이런 문제들에 대해 일반적 해결책이 없는 경우에 어떤 답 조각들이 제시될 수 있다. 어떤 이론 조각에 대한 관찰의 관련성에 영향을 미치는 이론적 가정들 자체는 별도로 시험될 수 있다. 우리는 낮은 수준의 어떤 권고들에 따르는 모험을 해 볼 수도 있을 것이다. 그렇게 되면 아마 결정적 시험에서는 과학자들이 관찰을 버리는 데 좀 더 주저해야 할 것이다. 그러나 이 영역에서도 어떤 상식 조각들이 유익하고, 어떤 조각들이 시시하며, 어떤 조각들이 단호히 틀렸는지를 알기란 어렵다.

관찰에 관한 또 다른 논증 집합은 언어와 관계되어 있다. 어떤 과학자가 어떤 경험을 할 때 그는 이 경험을 말로 표현함으로써 비로소 과학과 관련 있도록 만들 수 있다. 이때 사용되는 어휘와 정말이지 무구해 보이는 용어의 의미는 그 과학자의 이론적 틀에 영향을 받을 것이다. 따라서 어떤 언어에서 낱말 의미들 사이의 상호 연관이 주어지면, 현상에 적용될 때 완전히 "이론에 자유로운"(theory-free) 언어의 부분은 없다.

이 논증의 어떤 버전들은 이론적 관념을 사용하거나 가정하는 언어의 부분들과 예리하게 구별되는 것으로서의 순수 관찰언어에 대한 논리 실증주의자의 이상에 대해서만 문제를 야기하기 때문에 지속적 중요성은 없다. 때로 경험주의에 대한 비판자들은 한때 관찰언어가 어떤 의미에서 "이론적"임이 증명되었는데, 그것이 그 논증의 결말이며, 경험주의는 죽은 것처럼 글을 쓴다. 이것은 잘못이다. 이 문제와 좀 더 현대적인 형태의 경험주의의 관련성을 알아내려고 할 때 모든 것은 관찰언어에 어떤 종류의 이론들이 영향을 미치는지와 이 영향의 본성에 달려 있다. 예컨대 아마 관찰적 보고는 진짜 과학적 이론의 시험이 결코 영향을 받지 않게 될 정도로 저차 수준인 "이론들"을 가정할 것이다. 우리는 우리가 대상들을 살피고 있지 않을 때에도 그 대상들이 자기의 모양을 그대로 유지하고 있다는 가정을 어떤 의미에서 "이론적인" 것으로 생각할 수 있지만, 관찰 보고에 미치는 이 가정의 효과는 보통 과학에서 시험과 관련하여 문제가 되지 않는다.

그러나 관찰 보고가 시험 대상이 되는 종류의 이론에 의해 영향을 받는다는 것을 보여줄 수 있다고 해보자. 예컨대 파이어아벤트는 17세기에 운동에 대한 무구해 보이는 기술이 이런 식으로 이론적인 배경 가정들에 영향을 받았다는 것을 보여주려 하였다. 이것은 문제인 것처럼 보인다. 그러나 이런 종류의 영향은 철학적으로 중요할 수도 있고 중요하지 않을 수도 있다. 이론은 그 이론을 시험하는 관찰 보고 능력에 이러한 영향을 미치지 않으면서 관찰을 표현하는 데 사용되는 개념들에 도움이 될 수도 있다. 이론 T가 선호하는 개념들에 의거해 기술된 모든 결과가 이론 T에 유리한 관찰 보고이지는 않을 것이다. 포퍼에 대한 논의로 되돌아가 보면, 나는 선캄브리아기 암석에서 토끼 화석의 관찰이 진화론에 상당한 충격이 될 것이라고 언급했다(제4.6절). 우리가 "나는 선캄브리아기 암석에서 토끼 화석을 보았다"를 생물학과 지질학 이론이 매우 많이 "적재된" 관찰 보고로 간주한다고 해보자. 어떤 사람은 이론이 너무 많이 적재되어 있어서 그것은 전혀 관찰 보고가 아니라고 말하고 싶어 할 수도 있을 것이다. 그러나 이런 점에도 불구하고 그 보고는 여전히 진화론에 상당한 충격이 될 것이다.

그래서 우리가 과학에서 시험에 대해 단순한 반증주의 견해를 지녔다고 상상해보라. 관찰 보고들이 어떤 이론에서 도출된 개념들을 사용해 표현된다는 사실이 어떤 추측에 대해 "아니오"라고 말하는 자연의 능력에 영향을 미치지 않는다는 것은 분명하다. 단순한 반증주의는 과학에서 시험에 대해 적합한 견해가 아니지만, 그 사실은 요점을 제시하는 데 문제가 되지 않는다. 요점은, 관찰적 어휘에 미치는 이론의 영향이 그 자체로 이론에 대한 편향되지 않은 시험으로 작동하는 것을 막지 않는다는 것이다.

내가 살필 이론 적재성 논증들의 마지막 측면은 가장 중요하다. 쿤과 다른 사람들은 어떤 사람이 하는 경험들 자체가 이론을 포함하여 그들의 믿음에 영향을 받는다고 주장해왔다. 이론을 평가할 때 관찰 보고의 사용, 그리고 그 보고의 언어적 형태만 영향을 받는 것이 아니라 지각적 경험 자체도 영향을 받는다. 과학의 관찰 과정에는 이론이 역할을 하지 않는 단계가 없다.

이런 논증을 제시할 때 쿤과 다른 사람들은 20세기 중반의 심리학 연구 결과를 이용하는 것을 좋아했다. 이 연구는 지각에 대한 "수동적" 견해를 논박하고, 지각이 능동적이고 지성적이라고 주장하는 견해로 대치하는 것으로 간주되었다. 심리학자들은 망막에 대한 자극의 유형이 세계의 대상들에 의해 야기될 수 있는 다수의 방식을 강조했다. 만일 다수의 가능성이 있다면, 선택을 하는 시각체계는 이론적 가정을 사용해야 한다(Gregory 1970).

이런 종류의 이론 적재성 논증은 제리 포더(Jerry Fodor)가 "관찰 다시 생각하기"(Observation Reconsidered)라는 제목의 1984년 논문에서 매우 설득력 있게(그리고 매우 재미있게) 공격했다. 그 논증에 대한 내 응답은 대체로 그의 논증을 따라 간다. 관찰 언어에 미치는 이론의 영향의 경우처럼, 모든 것은 어떤 이론들이 관찰에 영향을 미치고, 그 이론들이 어떻게 영향을 미치는지에 달려 있다.

포더는 종종 심리학 교과서들에서 논의된 종류의 지각적 착각에 대한 논의를 통해 어떤 이론 적재성 논증들에 대해 형세를 전환시켰다. 그림 10.1에 그려진 뮐러-라이어 착시 현상을 생각해보라. 두 직선은 위 직선보다 아래 직선이 길다고 보기 쉽지만 길이가 같다. 심리학에 따르면, 착시는 시각적 입력 자료의 처리 과정에서 무의식적으로 배경

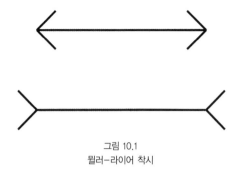

그림 10.1
뮐러-라이어 착시

가정을 사용하는 데서 초래된다. 사람들은 이 결과를 지각에서 이론 적
재성의 한 종류를 보여주는 것으로 간주해왔다. 우리가 깨닫지 못하지
만 세계에 관한 우리의 일반적이고 함축적인 믿음들이 우리가 보는 것
에 영향을 미치고 있다는 것이다.

　그러나 그 다음에 포더는, 비록 착시가 무의식적 이론의 효과로 산출
되는 것처럼 보인다는 것이 옳다 할지라도, 어떤 이론이나 배경지식 조
각들이 지각에 아무런 영향도 미치지 않는 것처럼 보인다고 지적한다.
가장 주목할만한 것은 그 착시가 그것이 착시라는 지식에 의해, 또는 착
시이론에 대한 지식에 의해 영향을 받지 않는다는 것이다. 그러한 배경
지식 조각들은 착시를 사라지게 만들지 않는다. 우리는 지각 메커니즘
이 어떤 이론들에게서는 영향을 받고 어떤 이론들에게서는 영향을 받
지 않는 상황에 처한 것처럼 보인다. 그리고 이런 영향을 미치는 이론
들은 과학적인 고급 이론이 아니다. 그 이론들은 세계의 물리적 얼개에
관한 저차 수준의 가정들 집합 — 공간의 3차원적 성격, 외견상의 크기
에 미치는 거리의 효과 등 — 이다.

　포더는 그의 논증을 지각에 대한 설명과 다른 어떤 임무들에서 모듈
을 가정하는 심리학의 연구 프로그램과 연결시킨다(Fodor 1983). 모
듈은 정신적 장치의 자동적이고 본유적인 조각들인데, 이 조각들은 자

료를 무의식적으로 처리하고, 어떤 사람의 배경지식의 고정된 부분집합을 이용한다. 지각에서 모듈은 출력을 "중앙의" 인지 메커니즘들에 발송한다. 이 중앙 메커니즘들은 무엇이 그 관찰과 관계가 있는지 알아낼 때 어떤 사람의 이론이나 사상 모두와 접촉한다. 그래서 비록 관찰에 반응하는 나중 단계들이 원리적으로 어떤 사람이 가질 수 있는 모든 이론에 영향을 받는다 할지라도, 지각 모듈의 출력은 그런 영향을 받지 않는다. 그 모듈의 작동―어떤 사람에게 사태가 어떻게 보이는지를 결정하는―은 그 사람이 이런저런 이론을 승인하는지 아닌지에 의해 편향되지 않는다.

포더가 말하듯이, 이것은 시험에서 관찰의 역할과 관련된 문제 전체를 해결하지는 못한다. 설령 관찰 자체가 앞에서 주장했듯이 과학이론에 대한 헌신에 의해 편향되지 않는다 할지라도, 여전히 어떤 사람이 관찰을 어떻게 다루는지의 문제가 있다. 그 문제는 우리를 시험에 관한 전체론으로 되돌려놓는다.

모든 문제가 해결된 것은 아니지만 우리는 진보를 이루어왔다. 그리고 나는 이러한 논의가 과학철학에 대한 자연주의적 연구방식에 분명히 지지 근거를 제공한다고 생각한다. 관찰은 심리학과 정신분석학 같은 분야에서 연구하는 자연적 현상이다. 그런 학문들은 어떤 지각 메커니즘들이 서로 비슷하고, 우리가 이런 메커니즘들을 통해 세계와 어떤 종류의 연결을 갖는지를 말해준다. 자연주의적 철학자들은 이런 결과를 관찰이 과학에서 일반적으로 어떻게 작동하는지 알아내는 데 이용할 수 있다.

관찰에 관해 우리가 답해야 하는 두 가지 물음 집합이 있다.

1. 관찰은 얼마만큼 세계에서 일어나는 일에 관해 옳은 믿음을 형성

하는 신빙성 있는 방식인가? 보통의 인간 감각을 이용하는 관찰이
언제 신빙성 있고, 언제 신빙성이 없는가?

2. 관찰은 과학에서 우리가 시험하려고 하는 종류의 경쟁이론들 사
이에서 중립적인가? 매우 다른 이론들에 언질을 주는 사람들이 관
찰된 것에 관해 일치할 수 있는가? 다시 말해서 관찰은 이론 선택
에 대해 상호주관적 기초를 제공하는가?

이 두 문제 집합은 다르지만 복잡한 방식으로 서로 연결되어 있다. 예
컨대 만일 우리가 보통의 인간 감각이 정상적인 조건에서 매우 신빙성
있다고 생각할 이유를 가지고 있다면, 우리는 다양한 사람들이 정상적
인 조건에서 같은 것을 살피고 있을 때 그들이 일치하기를 기대할 수 있
다. 이 주장은 좀 더 제한할 수 있지만 기본 착상은 명료하다. 모든 정
상적 인간이 공유하는 신빙성 있는 감각은 일치된 내용을 전달하기를
기대할 수 있다. 그러나 우리가 신빙성 없이도 광범하게 일치할 수 있
다는 것 또한 가능하다. 우리는 모두 똑같은 방식으로 착각할 수도 있
기 때문이다. 어떤 철학자들은 색깔 지각이 이와 같은 것이라고 생각해
왔다. 색깔은 실제로는 세계에서 "저기에"(out there) 있는 것이 아닌
데, 설령 우리가 모두 그런 방식으로 경험한다 할지라도 그렇다.

관찰이 경쟁하는 이론들 사이에서 중립적인지 평가하기 위해서는 포
더가 1984년 논문에서 제시하는 증거가 이 평가와 관련이 있다. 그의
논증들이 어느 정도 설득력이 있긴 하지만, 여기서 중요한 것은 지각에
대한 "모듈"이론이 궁극적으로 올바른지가 아니다. 중요한 것은 어떤
종류의 과학적 증거가 그 문제를 해결하는 데 적절한지를 아는 것이다.
과학 공동체에서 관찰이 경험주의를 위협하는 방식으로 이론적 차이들
에 영향을 받는지 알아내기 위해서는 우리는 어떤 지각 메커니즘들이

서로 비슷하고, 그 메커니즘들이 모든 정상적 인간에게서 유사한 경향이 있는지, 그리고 고차 수준의 과학적 믿음들이 관찰 과정에서 어떤 역할을 하는지 알아낼 필요가 있다. 이런 종류의 증거 자체는 관찰이 세계에서 일어나는 일에 관해 옳은 믿음을 형성하는 신빙성 있는 방식인지 아닌지를 해결하지 못한다. 그러나 그것은 심리학과 정신분석학이 체계적으로 탐구할 수 있는 어떤 것이다.

우리의 지각적 메커니즘은 저차 수준의 이론들 자체가 옳지 않으면서 지각을 신빙성 있게 만드는 방식으로 저차 수준의 이론들을 사용할 수 있다는 것에 주목할 필요가 있다. 우리가 평가하고 있는 것은 관찰보고 자체의 신빙성이다. 우리는 우리의 뇌에 유클리드 기하학 비슷한 어떤 것을 끼워 넣을 수 있는데, 이것은 우주에 대해 엄밀하게 옳지는 않지만 우리가 거의 언제나 옳은 관찰판단에 이르게 하는 방식으로 사용된다. 우리가 공간을 해석할 때 지니는 유클리드 식 습관이 아인슈타인이 일반 상대성이론에서 했던 것처럼 공간은 유클리드 기하학에 엄밀하게 맞는다는 과학적 믿음을 수정하지 못하게 막지 않는다는 사실에 주목할 필요가 있다.

나는 이 절을 관찰의 역할에 대해 자연주의적 연구방식을 따르는 형태의 경험주의를 개관하기 시작함으로써 마무리할 것이다. 이것은 이 책 나머지에서 되풀이해서 나타나는 주제일 것이다.

우리는 과학에서 관찰의 역할은 무엇인가라고 묻는다. 이 물음에 답하려면 우리는 먼저 사회학적인 과학적 활동 유형들에서 관찰의 실제 역할을 이해할 필요가 있다. 관찰은 과학의 자원으로서 어떻게 사용되는가? 관찰은 논쟁을 해결하는 데 어떻게 사용되는가? 그런 다음 우리는 관찰에 대한 과학적 연구에서 나온 결과를 제공할 수 있다. 우리는 관찰이 제공하는 세계와의 연관 종류가 주어지면, 그리고 과학에서 관

찰의 역할이 주어지면, 과학 자체는 세계와 어떤 종류의 접촉을 갖는가
라고 묻는다. 만일 관찰이 이론을 실재와 접촉하게 만드는 통로라면,
그 통로는 어떤 종류의 통로인가? 그것은 우리가 관찰과 지각을 다루
는 경험과학들에 의존함으로써 비로소 답할 수 있는 물음이다.

  만일 과학에 관한 경험주의가 이 물음에 대한 답들에 의해 옹호된다
면, 그 경험주의는 전통적 형태와 다른 형태의 경험주의일 것이다. 관
찰은 우리의 정신과 세계 사이에 이루어지는 어떤 형태의 물리적 접촉
이다. 이 접촉은 진화의 산물이며, 진화의 역사 및 우리의 구조와 우리
환경의 구조 사이의 우연적 관계 때문에 어느 정도가 됐건 그것이 갖는
신빙성을 갖는다. 과학은 우리의 정신과 세계 사이의 이 접촉을 활용하
려는 시도이며, 과학은 또한 세계에 대한 우리의 관계에서 비롯되는 한
계가 동기로 작용한다. 다시 말해 우리는 세계의 많은 것을 일상적 관찰
을 통해 파악할 수 없기 때문에 과학을 필요로 한다. 과학은 이론적 사
상을 받아들이고 그것을 관찰에 노출시키는 방식을 발견하려고 함으로써
작동한다. 과학적 전략은 사상들을 해석하고, 그것들을 주변의 개념적
틀들에 끼워 넣은 다음, 이 노출이 우주에 관한 가장 일반적이고 야심
찬 가설들의 경우에서도 가능하게 되는 방식으로 그것들을 발전시키는
것이다. 그러한 견해는 일종의 경험주의인데, 나는 우리가 그런 종류의
경험주의에 대해 낙관적일 수 있다고 생각한다. 이것은 어떤 의미에서
자연주의를 일차적인 것으로 하는 형태의 경험주의이다. 경험주의적인
철학 사상의 이점은 철학에만 의거해서는 보이거나 확립되지 않는다.

더 읽을거리

자연주의적 철학의 역사는 Kitcher 1992에서 논의된다. 콘블리스(Hilary Kornblith)의 *Naturalizing Epistemology*(1994)는 콰인의 고전적인 논문을 포함하여 그 주제에 관한 좋은 논문 선집이다. 듀이의 가장 중요한 자연주의적 저작은 *Experience and Nature*(1929)이다. 칼레바우트(Werner Callebaut)의 *Taking the Naturalistic Turn*(1993)은 면담을 토대로 자연주의에 대해 색다르게 탐구하고 있는 책이다. 자연주의자인 그의 생각 또한 어떤 경우에 약간 색다르다. 규범적 자연주의에 대해서는 Laudan 1987을 볼 것. 심리철학에서 자연주의적 저작의 좋은 예로는 Dennett 1978, Fodor 1981, Stich 1983, Dretske 1988를 볼 것.

관찰에 관한 포더의 1984년 논문은 철학 잡지 *Philosophy of Science*에서 폴 처치랜드(1988)가 한 응답의 주제이다. 포더 또한 똑같은 문제에 대해 응답했다. 또한 Bishop 1992을 볼 것. 과학철학에서 심리학에 의존하는 "인지적" 접근방식을 이용하여 다른 다양한 문제를 다루고 있는 것으로는 Giere 1988를 볼 것.

제11장

자연주의와 과학의 사회적 구조

제너럴 모터스 사에게 좋은 것이 언제나 국가에 좋은 것은 아니지만, 일단 과학
이 제대로 이해되고 나면 개인 과학자에게 좋은 것이 대체로 과학에게도 좋은 것
임이 드러난다.

데이비드 헐, 『과정으로서의 과학』

11.1 과정으로서의 과학

전통적 경험주의는 과학의 사회적 구조를 무시했다. 그래서 자연주의
적 철학은 이러한 잘못을 피하려고 해왔다.

위 인용구의 출처인 데이비드 헐(David Hull)의 엄청난 대저 『과정
으로서의 과학』(*Science as a Process*, 1988)은 헐이 몇 십 년에 걸쳐 생
물학자들을 관찰하고 그들과 상호 교류하면서 보낸 것의 산물인데, 이
생물학자들은 계통분류학(systematics)을 연구하는 생물학자 공동체,
다시 말해 유기체의 분류를 연구하는 생물학자 공동체였다.

헐의 이야기는 과학과 과학자 둘 다에 대한 꽤 상식적인 그림에서 시

작한다. 과학자들은 다른 많은 사람들이 그렇듯이 세계에 관해 호기심을 가지고 있는데, 개별 과학자들은 이러한 호기심을 충족시키게 만드는 사회적 구조 속으로 들어가 경험적 시험에 의해 그 호기심을 충족시킨다. 여기까지는 헐의 이야기가 많은 것을 말해주지 않는다. 그러나 헐은 그 다음에 과학을 특별하게 만드는 것이 한편으로 개별 과학자의 동기나 목표와, 다른 한편으로 전체로서의 과학의 목표 사이의 특이하게 좋은 관계라고 논한다.

과학은 근본적으로 협동적 기획인가, 아니면 근본적으로 과학자들이 개인적 출세를 위해 애쓰는 경쟁적 기획인가? 헐(그리고 또한 머턴)에 따르면, 과학은 협동과 경쟁의 조합으로 진행된다. 어느 쪽도 근본적이지 않으며, 과학의 특별한 특징은 둘 사이의 상호작용에서 기인한다. 이 상호작용은 과학에서 발견되는 보상 체계와 그 보상 체계가 작동하는 맥락에서 생긴다.

헐은 개별 과학자들의 주된 직업적 동기가 인정 욕구라고 논한다. 그리고 인정의 한 종류, 즉 이용(use)은 이 동기와 가장 관련이 있다. 과학자들은 다른 과학자들이 자신의 연구를 이용할 때 자신에게 공을 돌리면서 이용해주기를 원한다. 여기서 헐은 그 자신이 인정하듯이 분명히 머턴에 가깝다. 제8장에서 보았듯이, 머턴은 과학에서 인정이 기본적 보상이라고 주장했다. 그렇지만 어떤 차이들이 있을 수 있다. 헐은 이용되는 우리의 아이디어를 갖고 싶은 욕구를 강조한다. 반면에 머턴은 어떤 아이디어를 최초로 생각해낸 사람으로 인정받음을 강조한다. 이런 것들은 종종 함께 나타나지만 항상 그런 것은 아니다. 머턴이 아니라 헐의 견해에서는 만일 어떤 과학자의 아이디어 버전이 특별히 편리하기 때문에 이용된다면, 그 버전은 최초가 아니라 해도 진짜 보상으로 간주된다. 헐에게는 이용되고 인용되는 것이 다른 어떤 것보다 문제가 된다.

헐이 보기에 과학의 독특한 특징을 야기하는 것은 특별한 맥락에서 작동하는 이 보상 체계이다. 각각의 과학자는 이전 연구자들로부터 자신 분야의 사상과 방법을 물려받는다. 물론 개별 과학자가 그 분야에 혁명을 일으킬 수도 있지만, 혁명적 연구조차도 물려받은 맥락에서부터 시작한다. 개별 과학자들은 협동과 신뢰 체계에 발을 들여놓지 않고서는 중요한 어떤 것도 할 수 없다. 당신은 다른 사람들의 연구를 이용하지 않고는 당신 자신의 연구로 기여할 수 없다. 그리고 당신이 하고 있는 것에 대해 지지 근거를 제공하는 방식으로 다른 사람들의 연구를 이용하기 위해서 당신은 인용 근거를 제시할 필요가 있다. 그래서 이용되는 연구를 하려는 욕구는 다른 사람들의 연구를 이용하는 일과 인용하는 일을 요구한다. 과학자들은 지지 근거를 위해 공로를 교환하며, 다른 사람들이 자신들에게도 똑같이 할 것이라는 희망에서 그렇게 한다. 이러한 주고받기는 일차적으로 선의의 문제가 아니다(비록 그것이 한 요인일 수 있다 할지라도). 그것은 특별한 종류의 자기이익 추구에서 나오는 결과이다.

과학에 대한 전통적 기술은 종종 결과의 반복가능성(replicability)을 강조한다. 어떤 결과가 한 실험실에서만 산출될 수 있는 것처럼 보인다면 그 결과는 신뢰할 만하지 않다. 그러나 헐이 강조하듯이, 이러한 반복과 검사를 많이 할 시간이 있는 사람은 아무도 없다. 실제로 일어나는 검사는 이용되는 연구를 갖고자 하는 욕구의 귀결이다. 다른 사람들이 이용할 연구를 하기 위해서는 당신은 당신이 의존하는 연구가 신뢰될 수 있는 것임을 확실히 할 필요가 있다. 그래서 결과를 검사해 반복하려고 시도하는 사람들은 종종 그들이 그런 사상에 의존할 수 있는지 알 필요가 있는 사람들일 것이다. 엄격한 검사에 종사할 동기가 있는 또 다른 종류의 사람은 새로운 연구에 의해 자신의 연구가 불신 받거나 덜 중요해지는 연구를 한 사람일 것이다. 헐은 또한 과학에서 사기가 공공의 복지에 영향을 미치지 않는 경우에서조차 절도보다도 훨씬 더 심각한 범죄인 이유가 바로 이런 종류의 요인들과 관계가 있다고 논한다. 절도나 표절의 경우에 해를 입는 사람은 절도당한 사람밖에 없다. 그러나 사기 사례가 발견될 때 그 사기 연구를 이용한 모든 과학자는 그 주제에 관한 자신들의 연구가 신빙성 없는 것으로 간주되고, 자신들의 연구가 이용되지 않을 것이라고 판단할 것이다.

그래서 자신의 연구가 이용되기를 원하는 욕구는 과학의 다른 많은 특징—정교한 인용망, 다른 사람들의 결과에 대한 실재적이지만 선별적인 검사, 사기와 절도의 상대적 심각성—을 산출한다. 그리고 비록 이 체계가 가끔 잘못 작동한다 할지라도 헐은 일반적인 결과가 개별 연구자들의 행위와 전체로서의 과학의 목표 사이의 조화로운 관계라고 논한다. 협동과 팀워크는 통상적이며 가설은 면밀하게 조사된다. 게으른 사변과 위조 연구는 저지되고, 아이디어들은 자유롭게 공유된다(비록 출판 가능한 형태가 되기 전까지는 공유되지 않는다 할지라도). 그 조직에서 말단에 있는 사람들이 산출하는 연구도 진지하게 취급된다(특히 자신의 프로젝트가 유익하거나 해로울 수 있는 사람들에 의해).

많은 철학자와 과학자가 상상력 있는 목소리와 비판적 목소리, 사변적 목소리와 빈틈없는 실제적 목소리 사이의 대화로서의 과학에 대한 그림에 매력을 느껴 왔다. 포퍼가 한 예이다. 이것은 호소력 있는 그림이지만, 왜 이 대화가 실제로 나타나야 하는가? 헐은 메커니즘을 제시하려 한다. 그리고 그 메커니즘의 핵심 부분은 서로 다른 사람들을 가로지르는 역할 배분이다. 포퍼와 대조적으로 헐은 개별 과학자들이 자신의 연구에 대해 조심스러운 회의적 태도를 취할 필요가 없다고 논한다. 다른 사람들도 그들 자신을 위해 그렇게 할 것이다.

제6장으로 돌아가 보면, 나는 과학에 대한 쿤 설명에서 "보이지 않는 손" 구조를 논의했다. 나는 애덤 스미스(Adam Smith)의 유명한 시장 경제 옹호를 유비로 들었는데, 애덤 스미스는 시장에서 상호 영향을 주고받는 이기적 개인들의 집단이 모든 사람에게 좋은 결과를 산출하는 경향이 있다고 논했다. 과학에 대한 쿤의 분석은 어떤 정도의 개인 수준의 독단적 태도를 전체로서의 과학 수준에서 개방성에 기여하는 것으로 본다. 스미스와 쿤의 견해에서 우리는 개인 수준의 속성과 전체의 속성 사이에 놀랄 정도의 설명적 관계를 갖는다. 과학에 대한 헐의 그림은 이런 경우들과 어느 정도 유사성이 있지만, 그가 말하듯이 그가 말하는 이야기에서 그 손은 실은 감추어지거나 "보이지 않는" 것이 아니다. 개인 수준 속성과 집단 수준 속성의 관계는 그렇게 의외의 것이 아니다.

지금까지 우리는 과학에서 보상과 동기의 구조의 귀결을 살펴보았다. 그러나 왜 과학자들은 헐이 기술하는 방식으로 자신들의 연구가 이용되기를 원하는가? 이 물음은 또 다른 물음, 즉 왜 헐이 기술하는 사회적 구조가 세계를 이해하기를 원했던 다양한 여러 공동체를 통해 그토록 드물게 나타났는가라는 물음과 관계되어 있다.

헐은 자신이 호기심과 인정 욕구 모두가 꽤 기본적인 인간 동기라고 가정한다고 말한다. 그러나 나는 과학에서 발견되는 특정한 종류의 공로에 대한 욕구가 확실히 좀 더 생소하다고 주장한다. 우리가 처한 것처럼 보이는 상황은 기본적인 인간 욕구가 과학의 내적 문화에 의해 이용이라는 형태로 매우 특수한 인정 욕구로 구체화되는 상황이다. 좀 더 정확히 말해 우리는 여기서 어떤 구체화와 어떤 선택 둘 다를 기대해야 한다. 과학적 보상 체계가 만족스럽다고 판단하지 않는 개인들은 대학원을 절대 마치지 못할 수도 있기 때문이다.

헐과 머턴은 둘 다 여기서 좀 더 폭넓은 문화적 특징들의 가능한 역할을 살핀다. 근대과학은 개인적 경쟁과 공로라는 관념들에 대해 편했던 유럽 사회들에서 발전했다. 과학에서 발견되는 보상 체계는 꽤 이른 고안물이었다. 17세기에 프랑스 한림원(French Academy)이 설립되었을 때 그 회원들은 처음에 공동의 방식으로 공로를 다루려 했지만, 이 방식은 작동하지 않았고, 그래서 그들은 재빨리 좀 더 개인주의적 접근 방식으로 바꾸었다. 능숙한 제1서기 헨리 올덴버그(Henry Oldenberg) 아래서 런던 왕립협회는 사람들에게 공로를 할당하고 그들의 아이디어를 공유하는 것을 장려하기 위해 『회보』(Proceedings)에 신속하게 출판하는 것을 이용했다. 익명의 논문 심사위원단을 포함하기도 했던 올덴버그의 체계는 기본적으로 오늘날까지 이어져 내려왔던 체계이다.

헐의 사상에 대한 이 개관에서 나는 그의 주된 논증 중 하나를 아직 언급하지 않았다. 헐은 생물학으로부터 파생된 의미에서 과학적 변화를 진화적 과정으로 기술하려 한다. 과학은 생물 개체군과 마찬가지로 변이와 선택 과정을 통해 변한다. 과학에서 개별 사상들은 유전자가 복제되는 것과 비슷한 방식으로 복제되며 사상들의 서로 다른 복제 비율은 그 사상들의 뇌에서의 현현과 과학 공동체의 공적인 표현 체계(책, 학술지, 컴퓨터)의 귀결이다. 과학적 변화는 어떤 사상들이 복제 투쟁에서 다른 사상들을 압도하는 과정이다.

변이와 선택의 생물학적 과정과의 명백한 유비를 통해 과학적 변화를 이해한다는 생각은 여러 저자들이 시도해왔다(Toulmin 1972; Campbell 1974; Dennett 1995). 제4장에서 보았듯이 포퍼의 과학관 또한 자연선택에 의한 진화와 유사성이 있는데, 비록 포퍼는 이 유사성을 염두에 두고 시작한 것이 아니라 할지라도 그렇다.

비록 과학과 다윈주의 진화론 사이의 유비가 사람들이 계속해서 다시 생각해보곤 하는 어떤 것이라 할지라도, 그 유비는 아직까지 새로운 통찰을 많이 산출하지 못했다. 우리는 문화적 변화를 진화 체계로 기술하려는 다른 많은 시도에서도 똑같은 결과를 발견한다. 그래서 대단히 폭넓은 과정들이 진화생물학을 차용하는 방식으로 기술될 수 있지만, 보통 이 실습은 우리가 전에 몰랐던 문화적 과정들에 관해 어떤 것도 가르쳐주지 않는다. 생물학적 개체군은 그것들을 이해하려 할 때 진화론의 추상적 개념들이 도움이 되게 만드는 특별한 특징들을 가지고 있다. 이러한 특징들을 결여하는 다른 체계들은 좀 억지로 신발을 신기는 방식으로 진화론 용어들로 기술될 수 있지만, 우리는 그렇게 해서 많은 것을 얻는 것 같지 않다.

그것은 진화와 과학적 변화 사이의 유비가 흥미로운 유비가 되지 못하게 막지 않는다. 그 유비는 과학에 대한 새로운 이론의 기초가 되지 않고도 흥미로울 수 있다.

11.2 키처와 과학적 분업

나는 과학의 사회적 구조에 관한 자연주의적 연구의 두 번째 예로 옮겨 가는데, 이 예는 필립 키처(Philip Kitcher)의 연구에서 따온 예이다.

제7장에서 나는 연구 프로그램들 사이의 경쟁에 관한 라카토슈와 라우든의 견해를 논의했다. 그들은 둘 다 경쟁이론들을 개발하고, 어쩌면 경쟁 방법들을 옹호하는 연구자 팀들 사이의 경쟁에 기초한 과학 그림을 제시했다. 이 그림은 과학의 어떤 부분들을 어느 정도 잘 다루는 것처럼 보인다. 라카토슈와 라우든은 둘 다 이 상황에서 과학적 행동에

대한 규범적 규칙을 제시하는 일에 흥미가 있었다. 그러나 그때 내가 받아쳤듯이 그 문제에 대해 그들이 다룬 방식에는 틈새가 있었는데, 그들은 개인들에 의한 합리적 선택을 생각하고 있었다. 우리는 과학 공동체의 관점에서 그 상황을 살펴볼 수도 있으며, 그래서 전체로서의 과학 공동체에 대해 경쟁하는 연구 프로그램들을 통틀어 연구자들의 최선의 배분은 무엇인가라고 물을 수 있다.

키처는 이 문제를 자세히 다룬다(1990, 1993). 그는 이 물음을 던짐으로써 시작한다. 당신이 과학을 "위로부터" 통치하는데, 경쟁하는 연구 프로그램들에 자원을 배분해야 한다고 해보자. 특수한 어떤 과학 분야에서 당신은 똑같은 문제에 대해 두 가지 다른 접근방식이 채택되는 것을 발견한다. 연구 프로그램 1이 연구 프로그램 2보다 유망해 보이지만, 궁극적으로 어떤 접근방식이 효과가 있을지는 아무도 알지 못한다. 그렇지만 전자가 성공하는 반면에 후자는 실패하거나, 둘 다 실패하거나 둘 중 하나임이 분명하다. 당신은 과학적 문제가 해결될 승률을 극대화하기 위해 자원들을 어떻게 배분해야 하는가?

답은 분명히 그 경우의 세세한 내용들에 달려 있을 것이다. 그러나 아주 폭넓은 상황에서 최선의 접근방식은 한 선택지에 모든 자원을 배분하고 다른 선택지에 아무것도 배분하지 않는 것은 아닐 것이다. 한 프로그램이 다른 프로그램보다 뻔히 유망해 보이는 경우들에서조차 종종 어느 정도의 "양쪽에 걸기"(bet-hedging)가 권할만하다. 현명한 "과학 통치자"는 종종 자원 대부분을 더 나은 연구 프로그램에 배분하지만, 일부 자원은 대안 프로그램에 배분할 것이다.

이 이상의 것을 말하려면 우리는 그 상황을 수학적으로 나타낼 필요가 있는데, 그것이 바로 키처가 한 일이다. 그 상황의 결정적으로 중요한 특징은 한 프로그램이 다른 프로그램보다 유망한 정도, 그리고 각각의 연구 프로그램이 더 많은 자원의 추가에 어떻게 반응하는지를 기술하는 수학적 함수들일 것이다. 간단한 사례가 있다. 두 연구 프로그램 모두 좀 더 많은 연구자들이 그 프로그램들에 추가됨에 따라 점점 더 성공 가능성이 높아지지만, 두 경우 모두에서 "한계수익률의 감소"(de-creasing marginal return)가 있다고 해보자. 연구자들이 프로그램에 더 많이 추가됨에 따라 각각의 추가 연구자는 성공할 승률에 대한 차이를 점점 덜 만들게 된다. 그러면 우리는 한 프로그램에 모든 연구자를 투입하는 일이 종종 왜 최적의 자원 배분이 되지 않을 것인지를 알 수 있다. 일정 시점 이후에 어떤 프로그램에 더 많은 연구자를 추가하는 일은 거의 효과가 없으며, 이 사람들은 대안의 프로그램에서 연구하게 하는 것이 더 나을 것이다. 전체 연구자 풀이 작고 유망성의 전체적 차이가 크지 않은 한, 한 프로그램에 일부, 다른 프로그램에 일부를 할당하는 것이 연구자들을 최선으로 배분하는 것이 될 것이다.

자원 배분이 위로부터 통제될 수 있다면 그것이 바로 우리가 원할 법한 것이다. 하지만 물론 이것은 보통 일이 작동하는 방식이 아니다. 이제 개별 과학자들이 어떤 프로그램에서 연구할 것인지를 스스로 선택하고 있다고 해보자. 키처가 던지는 다음 물음은 다음과 같다. 과학에서 어떤 종류의 개별적 보상 체계가 전체로서의 과학에 이익이 되는 연구자 배분을 산출하는 경향을 띨 것인가? 어떤 종류의 보상 체계가 "위로부터의 통치자"가 원할 법한 것과 똑같은 연구자 배분을 산출하는 경향을 띨 것인가?

별 효과가 없을 한 가지 선택지는 얼마나 많은 연구자가 있는지와 상관없이 결국 성공한 프로그램에서 연구한 모든 사람에게 일정하게 정해진 보상을 제시하는 방식일 것이다. 그 체계는 모든 사람을 좀 더 유망한 프로그램을 선택하도록 유도할 것이며, 그 공동체는 한 가지 사업에 모든 것을 걸게 될 것이다. 또 다른 접근방식은 그 공동체가 문제를 해결할 전체적 승률에 의거해 최대 이익을 산출하는 선택을 한 것에 대해 개인들에게 보상을 하는 방식일 것이다. 이 접근방식은 원리적으로는 효과가 있겠지만, 실제 과학 공동체들에 대해 현실성 있는 보상 체계인 것 같지 않다. 그래서 세 번째 선택지가 있다. 우리는 성공하는 연구 프로그램에서 연구한 개인들에게만 보상을 하지만, 그 프로그램을 선택한 모든 연구자에게 "파이"를 똑같이 나눈다. 그래서 개인이 받는 보상은 그들 자신의 선택뿐만 아니라 얼마나 많은 다른 개인들이 같은 프로그램을 선택했는지에도 달려 있을 것이다.

이 세 번째 보상 체계가 두 선택지를 넘어서서 연구자들의 좋은 배분을 산출할 것이라고 키처는 주장한다. 우리는 왜 그런지 알 수 있다. 일단 한 프로그램이 초만원이 되고 나면, 개인은 그 프로그램에 합류할 유인 동기가 거의 없다. 왜냐하면 이익을 낸다 해도 파이가 너무 많은 사람들에게 나누어지기 때문이다. 비록 다른 프로그램이 성공 가망성이 덜하다 할지라도, 만일 그 프로그램이 정말로 성공한다면 보상을 나눌 연구자들은 더 줄어들 것이다. 그래서 자신의 "기대이익"(expected payoff)을 최대화하고 싶은 개인은 종종 덜 유망한 프로그램을 선택할 이유를 갖게 될 것이다. 이런 식으로 이기적인 개인의 선택이 전체 공동체에 좋은 결과를 산출할 것이다. 그리고 키처는 이 보상 체계가 우리가 실제로 과학에서 발견하는 체계에 (단순화해서 볼 때) 꽤 가깝다고 주장한다. 여기서 "파이"는 현금이 아니라 위신이다.

키처의 이야기는 명확한 "보이지 않는 손" 구조를 가지고 있다. 우리는 공동체에 좋은 결과를 산출하기 위해 결합하는 이기적인 개인적 행동들을 가지고 있다. 이 결과는 개인들이 흥미를 갖지 않거나 의식하지도 못하는 결과일 수 있다.

　키처의 연구는 최근 마이클 스티븐스(Michael Stevens, 2003)가 계속해서 추구했다. 스티븐스는 키처가 성공적인 연구 프로그램의 모든 연구자가 일정하게 정해진 파이를 나누어 갖는 보상 체계에 관해 너무 낙관적이라는 것을 보여준다. 비록 이 보상 도식이 공동체 관점에서 꽤 좋은 연구자들 배분을 산출하는 경향이 있다 할지라도, 그 체계는 종종 최선의 배분을 산출하지는 않을 것이다. 당신이 어떤 프로그램에 가담할 것인지 선택하고 있다고 해보자. 비록 당신의 가담이 좀 더 유망한 프로그램의 성공 승률에 거의 또는 전혀 차이를 만들지 못한다 할지라도 당신이 그 프로그램에 가담하는 것이 최선이 되는 경우들이 있다. 다른 사람들이 그 프로그램에 좋은 성공 승률을 부여해왔으며, 당신의 가담은 파이의 동등한 분배에 대한 좋은 기회를 당신에게 제공하는데, 비록 당신이 대안 프로그램에 가담했다면 당신의 노력이 더 생산적이었을 것이라 할지라도 그렇다. 대안 프로그램에 가담했다면, 당신은 그 문제를 해결하는 그 공동체의 전체적 승률에 진짜 차이를 만들었을 수 있다. 그래서 키처의 보상 도식에서는 일종의 "무임승차"가 장려된다.

　스티븐스는 또 다른 보상 도식이 공동체를 위해 더 좋은 것이면서 동시에 과학의 실제 상황에 더 가깝다고 논한다. 이 도식은 개인이 가담하는 특정 프로그램에 그가 기여한 것에 비례해서 개인에게 보상을 배분한다. 이익은 연구 프로그램이 과학적 문제를 해결하는 경우에만 주어지며, 파이는 성공적인 프로그램에서 연구한 사람들 사이에서 불평등하게 나누어진다. 초기에 가담해 그 프로그램의 성공 승률에 커다란 차이를 만든 연구자들은 늦게 가담해 거의 차이를 만들지 못한 연구자들보다 더 많은 보상을 받는다.

　여기에 추가할 수 있는 좀 더 세세한 내용이 분명히 많이 있다. 나는 그저 복잡한 모델의 가장 단순한 부분을 소개했을 뿐이지만 전체적 그림은 명료하다. 헐, 키처, 스티븐스, 그리고 그 밖의 사람들은 과학에서 개인적 유인 동기와 공동체 수준의 성공 사이의 관계를 살피고 있다. 그 논증 — 헐이 아주 무디게 만들었지만 다른 사람들이 찬성한 — 은 과학이 전체로서의 공동체에 좋은 결과를 산출하기 위해 개인의 에너지들을 조화시키는 특별히 효과적인 방식을 발견해왔다는 것이다.

11.3 사회적 구조와 경험주의

앞 장 말미에서 나는 철학에 대한 자연주의적 연구방식에 기초를 둔 형태의 경험주의를 개관하기 시작했다. 과학은 인간들이 경험을 통해 갖는 세계와의 접촉을 활용하려 하는데, 세계에 관한 가설을 개발하고 평가하는 데 이 접촉을 이용함으로써 그렇게 한다. 이런 의미에서 우리는 과학을 물음에 답하고 우리가 무엇을 믿어야 할지 알아내기 위한 전략으로 생각할 수도 있다. 아주 제한된 정도로 이 전략은 고독한 개인이 수행할 수 있지만, 그렇게 해서 나온 결과는 과학의 독특한 특징들에는 거의 없는 어떤 것이다. 과학의 힘은 과학적 연구의 누적적이고 조화된 본성에서 볼 수 있다. 과학에서 각각의 세대는 이전에 나왔던 연구자들의 연구에 기초를 두며, 각각의 세대는 공동 연구와 공개적 토론을 통해 에너지들을 조직화한다. 이 사회적 조직은 과학적 전략이 사회집단 수준에서 기능하는 것을 허용한다. 사변적 목소리와 비판적 목소리 사이의 대화는 개인 과학자의 사고방식에 내면화된 어떤 것이 아니라 문자 그대로 대화일 수 있다. 이 사회집단에는 전체로서의 그 집단이 증거에 대한 유연성과 감응성을 보유하고 있다고 한다면 특별히 열린 마음을 갖지 않은 어떤 개인들 — 자신의 사상에 몹시 몰두하고 있는 사람들 — 도 포함될 수 있다.

그렇다면 우리는 이런 식으로 행동하는 개인들의 공동체에 어떻게 도달하는가? 우리는 적절한 보상 체계와 또한 다양한 외부의 후원을 필요로 한다. 필요한 것 중 어떤 것은 뻔한 것이다. 과학자들은 부유한 아마추어들에게 모든 것을 맡기려 하지 않는 한 생계를 꾸릴 필요가 있다. 전체로서의 사회는 의문을 던지는 일과 제한 없는 탐구를 허용해야 한다. 이런 요인들이 뻔한 것이긴 하지만 아마 다른 필요들이 더 민감한 요인들일 것이다. 머턴이나 헐 같은 사람들의 연구는 과학이 특수한 종류의 내적 문화와 보상 체계를 필요로 한다는 것을 암시한다. 경쟁과 협동 사이의 정교한 균형은 쉽게 얻어지지 않는다. 그러나 여기서 대답되지 않은 많은 물음이 있다. 과학은 오늘날 우리가 발견하는 것과 약간 다른 보상 체계를 가지고 똑같이 잘, 또는 더 잘 작동할 수도 있지 않을까? 우리는 시장에 기초한 서양 사회들에서 발견되는 격렬하면서 종종 이기주의적인 경쟁을 실제로 필요로 하는가? 경쟁적인 개인주의적 사회를 좋아하는 사람들은 그렇다고 말하고 싶을 것이다. 그들은 다른 어떤 것도 과학적인 사회적 행동의 귀중한 유형을 산출할 수 없다고 생각할 것이다. 개인주의와 경쟁을 싫어하는 사람들, 즉 좀 더 공산주의적이거나 사회주의적인 사회를 선호하는 사람들은 아니오라고 말할 수도 있다. 그들은 다른 보상 체계와 덜 경쟁적인 분위기에서 똑같이 잘, 또는 더 잘 할 수 있기를 희망할 것이다.

여기가 바로 과학에 대한 어떤 여성주의적 논의들이 관련이 있는 대목이다. 어떤 여성주의자들은 과학의 경쟁적이고 개인주의적 문화가 여자보다는 남자의 기질에 더 잘 맞는다고 주장한다. 이것은 주류 과학의 문화 안에서 성공하려는 많은 여성의 능력에 영향을 미친다. 만일 실재하는 것이라면, 이 배제는 인식론적 귀결을 가질 것이다. 여성이 과학에 사고와 탐구의 다른 "스타일"을 가져오며, 과학은 이런 종류의 다양성으로부터 이익을 얻는다는 말 또한 옳다고 해보자. 그 경우에 (그리고 여기서처럼 "만일"이란 말로 가정하는 것이 많은 경우에) 과학의 경쟁 문화는 과학적 사고에서 민감한 종류의 획일성을 산출하는 경향이 있을 것이며, 과학적 논의에 귀중한 종류의 입력 자료가 투입되는 빈도를 줄일 것이다.

그래서 우리는 과학에서 개인 수준 이익과 집단 수준 이익 사이의 조화에 대한 헐의 무딘 주장이 과장된 주장일 수 있는 몇 가지 방식이 있음을 안다. 여기서 헐 자신이 든 예 중 하나는 흥미롭다. 헐은 성공적인 과학자들의 기질과 지도 스타일에 대한 사회학자들의 연구를 논의하고 확장한다. 그 자료는 우리 자신의 아이디어에 대한 정력적인 신앙, "진정한 신자"의 적극성이 적어도 어떤 분야들에서는 유용할 수 있음을 시사한다. 헐은 학생과 동료들의 자세한 조사를 통해 미국에서 유명한 어떤 20세기 심리학자들의 기질을 탐구했던 사회학적 연구를 언급한다. 한 가지 대비는 특히 흥미로운데, 그것은 스키너(B. F. Skinner)와 톨먼(E. C. Tolman)의 대비이다. 스키너와 톨먼은 둘 다 심리학에서 "행동주의" 전통에 있었다. 그들은 심리학이 실험적이고, 계량적이고, 행동에 면밀하게 초점을 맞추기를 원했다. 그러나 이 연구방식의 스키너 판은 거의 터무니없을 정도로 엄밀했던 반면에, 톨먼의 연구방식은 좀 더 유연했다. 톨먼은 또한 온건하고, 편견이 없으며, 생각이 깊은 사람이었다. 스키너는 독단적이고 강력하게 밀어붙이는 스타일이었다. 그리고 스키너는 십자군 같은 열정으로 톨먼보다 훨씬 더 많은 영향을 미쳤다. 물론 우리는 기질이 성공에서의 이러한 차이를 설명하는 데 어떤 역할을 하는지 확실히 알 수 없지만, 그 자료는 시사해주는 바가 있다(그리고 헐은 그 자신의 좀 더 소규모 연구에서 비슷한 결과를 발견했다).

그래서 강력히 밀어붙이는 태도와 열정적인 연구가 개인들에게 잘 작동한다고 해보자. 이것이 과학에 대해 좋은 결과를 가져오는 경향이 있는가? 이 경우에 반대 견해에 유리한 좋은 논증이 만들어질 수 있다. 만일 스키너가 아니라 톨먼이 20세기 중반 심리학을 지배했다면, 그 분야에 훨씬 더 좋았을 것이라고 나는 추측하며, 많은 심리학자도 이에 동의할 것이다(톨먼의 사상 중 어떤 것들이 현재 부활하고 있다[Roberts 1998]). 나는 방금 전 여성주의적 반론이 제기한 가능한 문제들, 그리고 스키너와 톨먼 사례가 예증하는 가능한 문제들이 과학에서 경쟁과 협동의 현재 균형으로부터 얻은 이익들에 대해 지불할 작은 대가라고 헐이 응답할 수 있지 않을까 생각한다.

우리는 또한 과학의 내적 문화가 고정불변의 것이 아님을 염두에 두어야 한다. 머턴, 쿤, 헐, 키처 같은 사람들의 사상이 17세기에서 20세기에 이르는 과학을 기술할 수도 있지만, 변화가 일어난 낌새가 있다고 보아야 할 것이다(Ziman 2000). 과학자들은 보통 자신들의 연구를 통해 부자가 되기를 희망하지 않았다. 인정, 특히 동료들의 인정이 대안 형태의 보상이었기 때문이다. 그러나 몇몇 해설자는 커다란 재정적 보상이 지금은 특히 생명공학 같은 영역에서 과학자의 삶의 훨씬 더 가시적인 특징이 되기 시작했다고 지적해왔다. 쿤은 외부의 정치경제적 삶에서 파생되는 추진과 유인책으로부터 과학자를 차단하는 것이 과학의 강점의 핵심 원천이었다고 경고했지만 우리는 과학의 사회적 구조가 얼마나 허약해질 수 있는지 알지 못한다.

어쨌든 이 장과 앞 장은 자연주의적 과학철학의 주요 주제 몇 가지를 소개했다. 자연주의자들은 철학적 분석과 다른 학문들로부터의 입력자료를 결합함으로써 우리가 결국은 과학이 어떻게 작동하는지, 그리고 과학이 세계에 대해 우리에게 어떤 종류의 연관을 제시하는지에 대한 완전한 그림을 얻기를 희망한다. 이 마지막 문제 — 과학이 우리가 거주하는 실재 세계에 대해 제시하는 연관 — 는 종종 과학사회학과 과학학이 잘못 다루어왔다. 그것이 바로 다음 장의 주제이다.

더 읽을거리

헐의 과학이론에 대한 평가로는 *Biology and Philosophy*, volume 3 (1988)의 논평들을 볼 것. 또한 Sterelny 1994를 볼 것.

여기서 키처의 주저는 *The Advancement of Science*(1993)이다. 이 장에서 논의한 모델은 좀 더 단순한 형태로 Kitcher 1990에서 제시된다. 솔로몬(Miriam Solomon, 2001)은 과학사의 많은 예를 통해 "사회학적 경험주의"를 자세히 옹호한다.

사회적 구조와 인식론에 대한 좀 더 일반적 논의로는 Goldman 1999을 볼 것. 다운즈(Stephen M. Downes, 1993)는 어떤 자연주의자들이 과학의 사회적 본성을 충분히 진지하게 받아들이지 않는다고 논한다. Sulloway 1996는 과학 혁명에서 개성과 기질의 역할에 대해 매우 모험적으로 논의하고 있는 책이다.

제12장

과학적 실재론

12.1 이상한 논쟁들

과학은 무엇을 기술하려 하는가? 물론 세계다. 그것은 어떤 세계인가? 우리의 세계, 즉 우리 모두가 살고 있고 그것과 상호작용하는 세계이다. 현재 우리의 과학에서 우리가 매우 놀랄만한 어떤 잘못을 범하고 있지 않는 한 우리가 지금 살고 있는 세계는 다른 무엇보다도 전자, 화학적 원소, 유전자들로 이루어진 세계이다. 1000년 전의 세계도 전자, 화학적 원소, 유전자들의 세계였는가? 그렇다. 비록 그때로 되돌아가 보면 아무도 그것을 몰랐다 하더라도.

그러나 전자 개념은 특정한 역사적 맥락에서 일어났던 논쟁과 실험들의 산물이다. 만일 누군가가 서기 1000년에 "전자"라는 낱말을 말했다면, 그것은 아무것도 의미하지 않았을 것이다 — 또는 적어도 지금 그것이 의미하는 것을 확실히 의미하지 않았을 것이다. 그렇다면 우리는 어떻게 서기 1000년의 세계가 전자들의 세계였다고 말할 수 있을까? 우리는 말할 수 없다. 대신 우리는 전자의 존재를 세계에 대한 우리의 개념화에 의존적인 것으로 간주해야 한다.

위 두 문단은 지난 50년 동안 끊임없이 진행되어왔고, 철학사에 더 깊숙이 뻗쳐 있는 과학에 관한 논쟁의 한 부분을 간추려 말하고 있다. 어떤 사람들에게 첫 문단에서 만들어진 주장들은 엄청나게 혼란에 빠진 사람만이 부정할 수 있을 정도로 너무 뻔한 것이다. 세계와 그것에 관한 우리의 생각은 별개의 것이잖은가! 다른 사람들에게는 두 번째 문단의 논증들이 첫 번째 문단의 단순해 보이는 주장들에 매우 잘못된 어떤 것이 있음을 보여주는 것이다. 우리의 이론이 사고나 지각과 완전히 독립적으로 존재하는 실재 세계를 기술한다는 생각은 잘못이며, 이 생각은 과학사 및 사회에서 과학의 지위에 관한 다른 주장들과 연결된 소박한 철학적 견해이다.

이런 문제들은 이 책에서 몇 차례 제기되었다. 제6장에서 우리는 패러다임이 변할 때 세계 역시 변한다는 쿤의 주장을 살펴보았다. 제8장에서는 라투르가 자연이 과학적 논쟁 해결의 "산물"이라고 주장하는 것을 발견했다. 나는 그런 주장들을 비판했지만, 이제 이론과 실재가 어떻게 연관되는지에 대해 좀 더 자세한 설명을 제시할 차례이다.

12.2 과학적 실재론에 다가가기

이 책에서 옹호하는 입장은 어떤 형태의 과학적 실재론(scientific realism)이다. 과학적 실재론자는 과학이 우리가 살고 있는 세계의 진짜 구조를 기술하려 한다고 말하는 것이 정말로 의미가 있다고 생각한다. 그렇다면 과학적 실재론자는 과학이 이 목적을 달성하는 데 성공한다고 생각하는가? 그것은 좀 더 복잡한 문제이다.

과학적 실재론을 정확하게 정식화하는 일은 시간이 걸릴 것이다. 그리고 그것을 시작하는 최선의 방식은 과학을 잠시 무시하고, 먼저 "실재론자" 태도에 대한 좀 더 일반적인 기술을 추구하는 것이다.

"실재론"(realism)이라는 용어는 철학에서 엄청나게 다양한 방식으로 사용된다. 그래서 이 용어는 매우 신중하게 다루어야 할 용어이다. 논쟁의 한 전통은 우리가 거주하는 것처럼 보이는 세계에 대해 우리의 기본적 태도가 어떤 것이어야 하는지와 관계가 있다. 단순한 상식적 견해는 세계가 우리가 그것에 관해 생각하는 것과 상관없이 존재하면서 우리 주변의 저기에 있다는 것이다. 그러나 이 단순한 생각은 몇 번이고 되풀이하여 도전을 받아 왔다. 한 노선의 논증은 우리가 그런 종류의 세계에 관해 결코 어떤 것도 알 수 없다고 주장한다. 이 논쟁은 과학철학으로 이월되어왔다.

우리는 어떻게 하면 "상식적" 실재론의 입장에 대한 좀 더 정확한 정식화를 제시할 수 있을까? 출발점은 보통 실재가 사고와 언어에 "독립적"이라는 생각이다(Devitt 1997). 이 생각은 적절하지만 주의 깊게 이해되어야 한다. 사람들의 사고와 말은 물론 어떤 방식으로 세계 위를 떠다니는 가외의 것이 아니라 세계의 실제 부분들이다. 그리고 사고와 언어는 세계에서 아주 중요한 인과적 역할을 한다. 생각하고, 이야기하고, 이론화하는 일의 주된 이유 한 가지는 우리 주변의 사물들에 영향을 미쳐 그것을 바꾸는 법을 알아내는 것이다. 모든 다리나 백열전구는 이런 현상의 예이다. 그래서 세계가 사고로부터 독립되어 있다는 식의 실재론 진술은 약간의 제한을 가해야 한다. 다음은 내 정식화이다.

상식적 실재론: 우리 모두는 공통의 실재에서 사는데, 실재가 사고, 이론, 그리고 다른 기호로 이루어지거나, 또는 그것들에 의해 인과적으로 영향을 받는 경우를 제외하면, 이 실재는 사람들이 그것에 관해 생각하고 말하는 것과

독립적으로 실존하는 구조를 가지고 있다.

실재론자는 우리 모두가 세계에 관해 서로 다른 견해를 가질 수 있고, 세계에 관해 서로 다른 관점을 가질 수 있다는 것을 승인한다. 그럼에도 불구하고 우리는 모두 여기 같은 세계에서 살고 있고, 그 세계와 상호작용하고 있다. 이제 과학을 포함하는 문제들로 되돌아가보자.

12.3 과학적 실재론의 진술

과학적 실재론은 어떻게 정식화되어야 하는가? 한 가지 가능성은 과학적 실재론자를 세계가 최고로 잘 확립된 과학이론들이 기술하는 방식대로 실제로 존재한다고 주장하는 것으로 보는 것이다. 우리는 실제로 전자, 화학적 원소, 유전자 등이 존재한다고 말할 수도 있다. 과학이 기술하는 세계는 실재 세계이다. 마이클 데빗(Michael Devitt)은 자신의 입장을 이런 식으로 표현하는 과학적 실재론자의 예이다(1997).

내 접근방식은 다를 것이다. 나는 바스 반 프라센(Bas van Frassen)과 다른 사람들에 동의하는데, 이들은 과학적 실재론자 입장을 우리의 현재 과학이론들의 정확성에 의존하는 방식으로 표현하는 것이 잘못이라고 주장한다. 만일 우리가 과학적 실재론을 지금 과학이 인정하는 대상들의 실제 실존성을 주장함으로써 표현한다면, 우리의 현재 이론들이 그른 것으로 판명될 경우에 과학적 실재론 또한 그를 것이다.

우리가 최고로 잘 확립된 이론들이 틀린 것으로 판명될 가능성을 걱정해야 하는가? 데빗은 우리가 과학의 미개척 분야에서 사변적 사상에 관한 실재론에 물려 들어가지 않는 한 걱정할 필요가 없다고 생각한다.

다른 사람들은 이러한 확신이 역사적 보고에 대한 무시를 보여준다고 생각한다. 우리는 언제나 과학의 잘 확립된 부분들이 미래에 곤란한 상황에 처할 진짜 가능성을 인정해야 한다는 것이다.

현재 과학에 대해 갖는 확신의 올바른 수준에 관한 이 커다란 물음을 우리는 어떻게 결정해야 하는가? 내 제안은 우리가 여기서는 결정을 하지 않는다는 것이다. 대신 우리는 이 물음과 과학적 실재론의 물음을 구별해야 한다. 과학적 실재론자의 입장은 우리의 현재 이론들의 신빙성에 관한 여러 가지 다른 태도와 양립가능하다. 우리는 전체로서의 과학의 기획에 관한 주장으로 표현되는 과학적 실재론의 정식화를 원한다.

다음 물음으로부터 한 가지 복잡한 문제가 생긴다. 과학적 실재론자는 또한 상식적 실재론자이어야 하는가? 과학이 상식적 실재론이 그르다는 것을 말해주는 일이 — 원리적으로 — 가능한가? 그 문제는 현대 물리학의 기초이론 중 하나인 양자역학의 난문제들에 의해 생생해진다. 양자역학에 따르면, 물리계의 상태는 부분적으로 측정 행위에 의해 결정된다. 양자역학에 대한 어떤 해석들은 이것을 인간 사고와 물리적 실재 사이의 관계에 관한 상식적 실재론의 생각에 문제를 야기하는 것으로 본다. 양자역학에 대한 이 해석들은 매우 논란이 된다. 많은 다른 철학자들과 마찬가지로 나는 앞으로의 연구가 결국은 그런 해석들이 완전히 틀렸다는 것을 보여주기를 조용히 희망하고 있다. 그러나 그것은 여기서 문제가 되는 것의 요점이 아니다. 요점은 이것이다. 우리는 과학이 상식적 실재론과 상충할 가능성을 허용해야 하는가? 만일 과학적 실재론이 상식적 실재론을 가정한다고 말한다면, 우리는 과학이 어떤 말로 끝내는가와 상관없이 세계에 대해 일상의 분별없는 그림을 붙들고 있는 일에 물려 들어가는 것처럼 보인다. 그러나 만일 우리가 과학적 실재론을 상식적 실재론에서 떼어낸다면, 과학의 목적이 어떻게 실재 세계를 기술하는 것인가에 관한 일반적 주장을 정식화하기가 어려워진다.

그 문제에 대한 내 응답은 사고와 실재 사이의 예기치 않은 비상식적 관계의 가능성을 자유롭게 허용하도록 상식적 실재론을 수정하는 것이다. 앞에서 정식화한 상식적 실재론은 사고와 실재의 나머지 사이에 인과적 연결의 가능성을 허용했다. 과학이 가정하는 연결이 인과적 연결인지 아닌지를 말하기는 종종 어렵다. 그러니 실재론이 승인하는 사고와 실재 사이의 관계들 집합을 넓혀보기로 하자. 그러면 과학은 새로운 사례들을 추가할 것이다. 우리는 과학에 더 감응하도록 상식적 실재론을 수정하고 있기 때문에 이 수정은 자연주의적 수정이다.

> 자연화된 상식적 실재론: 우리 모두는 공통의 실재에서 사는데, 실재가 사고, 이론, 그리고 다른 기호로 이루어지는 경우를 제외하면, 그리고 실재가 과학이 드러낼 수 있는 방식들로 사고, 이론, 그리고 다른 기호들에 의존적인 경우를 제외하면, 이 실재는 사람들이 그것에 관해 생각하고 말하는 것과 독립적으로 실존하는 구조를 가지고 있다.

일단 이 수정안을 만들고 나면, 상식적 실재론을 과학적 실재론의 부분으로 포함시키는 것이 합리적이다. 다음은 과학적 실재론에 대해 내가 선호하는 진술이다.

과학적 실재론

1. 자연화된 상식적 실재론
2. 과학의 한 가지 실제적이고 합리적인 목적은 실재가 어떻게 생겼는지에 대해 정확한 기술들(그리고 다른 표상들)을 제시하는 것이다. 이 기획은

관찰불가능한 실재의 측면에 대한 정확한 기술을 제시하는 일을 포함한다.

이런 의미에서 나는 과학적 실재론자이다.

이 정식화에 대해서는 몇 가지 해설이 필요하다. 첫째, 항목 2는 과학의 한 가지 목적이 세계의 구조를 표상하는 것이라고 말한다. 여기서 이 말은 이것이 과학의 유일한 목적이라는 것을 전혀 함의하지 않는다. 다른 목적들도 있을 수 있다. 그리고 어떤 특수 이론들 ― 심지어 전체 연구 프로그램들 ― 은 다른 목적에 기여하기 위한 방식으로 개발될 수도 있다.

둘째, 나는 "실제적이고 합리적인 목적"이라고 말했다. 이 말의 첫 번째 부분은 적어도 실제 과학적 연구의 좋은 부분 배후의 목표에 관한 주장이다. 두 번째 부분은 과학자들이 그들의 이러한 목표를 이루는 데 착각을 하거나 비이성적이지 않다고 주장한다.

나는 그들이 얼마나 자주 성공할지는 말하지 않는다. 과학적 실재론에 대한 내 진술의 어떤 부분도 우리의 현재 특수한 과학이론들을 찬성하고 있지 않다. 어떤 과학 영역에서는 우리가 우리의 현재 견해에서 대단히 잘못될 수 있다는 것을 상상하는 것이 어렵다. 우리가 결핵의 원인이 박테리아이고, 화학적 결합이 원자에서 외각 전자들의 상호작용을 통해 일어난다고 믿는 일에서 틀릴 수 있다고 상상하기는 어렵다. 그래도 과학적 실재론에 대한 내 진술은 낙관적 해석과 비관적 해석 둘 다의 가능성을 포착하기 위한 것이다. 낙관적인 과학적 실재론자는 과학이 세계의 기본 구조와 세계가 어떻게 작동하는지를 드러내는 데 성공한다는 것을 우리가 확신할 수 있다고 생각한다. 비관적 선택지는 좀 더 신중한 편이며, 약간 회의적이기까지 하다. 비관적인 과학적 실재론자는 연약한 우리의 정신이 올바른 이론에 도달하는 것이 매우 어렵고, 증거는 종종 오도적이며, 우리는 너무 빠르게 지나치게 확신하는 경향이 있다고 생각하는 사람일 것이다.

그래서 세계가 어떻게 작동하는지를 실제로 이해할 가망에 대해 과학적 실재론 내에서도 다양한 태도가 가능하다. 그 태도들은 다양하긴 하지만 한계도 있다. 과학적 실재론에 대한 내 진술은 세계에 대한 정확한 표상을 제시하는 일이 과학의 합리적 목적이라고 말한다. 만일 누군가가 우리가 올바른 이론에 도달하는 것이 그저 불가능하다고 생각한다면, 그렇게 하려고 하는 것이 어떻게 과학의 합리적 목적이 될 수 있는지를 알기란 어렵다. 그래서 내가 이해하는 방식의 과학적 실재론과 양립가능한 비관주의에는 한계가 있다. 다시 말해서 극단적 비관주의는 과학적 실재론과 양립가능하지 않다. 나는 포퍼를 이러한 한계에 근접했지만 실제로 그 한계에는 이르지 못한 사람으로 생각한다.

비록 실재론에 대한 쿤의 가장 유명한 논의가 패러다임이 변할 때 세계도 변하는 방식에 관한 그의 악명 높은 주장이라 할지라도, 다른 때에는 그는 비관적인 과학적 실재론자와 더 비슷해 보인다. 이런 경우로 볼 수 있는 구절들이 있는데, 그 구절들에서 쿤은 세계가 그저 아주 복잡해서 우리의 이론이 언제나 결국은 곤란한 상황에 처하게 될 것이다 ─ 그리고 이것은 패러다임과 독립적인 세계에 관한 사실이다 ─ 고 생각하는 것처럼 보인다. 우리는 자연을 "상자들"에 "강제로 넣으려" 하지만, 자연은 저항한다. 모든 패러다임은 결국은 실패할 운명에 처해 있다. 이러한 회의적인 실재론적 견해가 쿤의 "변하는 세계" 입장보다 더 정합적이고 더 흥미롭다.

"과학적 실재론"의 제목 아래 펼쳐진 최근 철학적 논쟁의 많은 것이 실은 우리가 세계를 정확히 표상하려는 과학의 열망에 관해 비관적이어야 하는지 낙관적이어야 하는지에 대한 논의였다(Psillos 1999). 어떤 사람들은 우리가 언제나 우리의 현재 견해가 틀린 것으로 판명되기를 기대해야 할 정도로 과학 내에서 — 특히 물리학 내에서 — 근본 사상들이 너무 자주 바뀌어왔다고 주장한다. 때로 이 논증은 "비관적인 메타귀납"(pessimistic meta-induction)이라 불린다. 여기서 "메타"(meta)라는 접두사는 오도적인데, 왜냐하면 그 논증은 귀납들에 관한 귀납이 아니기 때문이다. 오히려 그 논증은 설명적 추리들에 관한 귀납과 더 비슷하다. 그러니 그 논증을 이제 "과학사에 의거한 비관적 귀납"이라 부르기로 하자. 비관주의자들은 플로지스톤과 열소처럼 우리가 지금은 실존하지 않는 것으로 생각하는, 이전에 가정된 이론적 대상들의 긴 목록을 제시한다(Laudan 1981). 낙관주의자들은 한때 의문시되었지만 지금은 우리가 명확하게 실존한다고 생각하는 이론적 대상들 — 원자, 세균, 유전자 같은 — 의 긴 목록으로 응수한다.

이런 논쟁들은 그것들이 극단적 비관주의를 확립하겠다고 위협하는 경우에만 비로소 여기서 옹호하는 종류의 과학적 실재론을 위협하는 능력을 갖는다. 하지만 그 논쟁들은 극단적 비관주의를 지지하지 않는다. 과학에서 극적인 변화의 역사를 감안하면 우리는 현재 우리의 이론들에 대해 어느 수준의 확신을 가져야 하는가? 우리는 이 물음이 오로지 역사적 실적에 의해 해결될 물음이라고 생각해서는 안 된다. 우리는 가설을 구성하고 이론을 시험하는 우리의 방법이 시간이 지나면서 개선되어왔다고 믿을 이유가 있을 수도 있다. 그러나 그 문제에 대해서는 확실히 역사가 흥미로운 자료를 제시해줄 것이다.

우리는 과학의 서로 다른 영역들에서 다른 수준의 확신, 그리고 또한 다른 종류의 확신을 가질 좋은 이유를 발견할 수도 있다. 어난 맥멀린(Ernan McMullin, 1984)은 우리가 실재의 궁극적 구조를 다루는 물리

학의 부분들을 모든 과학의 모델로 생각하지 말 것을 올바르게 촉구했
다. 기초물리학은 우리가 가장 접촉하기 힘든 대상들, 즉 우리의 정신
이 다루기 위해 적응한 영역에서 가장 멀리 떨어진 대상들을 다루는 곳
이다. 기초물리학에서 우리는 종종 해석하기가 어려운 강력한 수학적
형식체계를 발견하는데 이런 사실들은 우리가 조심해야 할 근거가 된
다. 낙관주의자인 경우에는 우리는 다른 사람이 아니라 우리 이론의 어
떤 특징들에 관해 낙관할 근거가 있을 수도 있다. 맥멀린, 그리고 또한
존 워럴(John Worrall, 1989)은 우리가 기초물리학에 대해 가져야 하
는 확신이 세계의 저차 수준의 구조적 특징들이 우리의 모델과 방정식
에 의해 신빙성 있게 포착되어왔다는 확신이라는 생각의 버전들을 발
전시켜왔다. 그것은 특별한 종류의 확신이다.

　기초물리학 경우와 관련 있는 그러한 모든 요인은 분자생물학의 경
우에는 적용되지 않는다. 분자생물학에서 우리는 가장 낮은 수준으로부
터 멀리 떨어진 대상들, 즉 우리가 다양한 종류의 접촉을 하는 대상들
을 다룬다. 우리는 해석하기 어려운 강력한 수학적 표현체계를 발견하
지 않는다. 이 분야의 역사 또한 우리가 생물 분자들이 어떻게 작동하
고, 이 분자들이 생명 과정에서 어떻게 작동하는지에 대한 지식을 꾸준
히 축적하고 있다고 주장하는 견해를 뒷받침한다. 그래서 분자 생물학
에 대해 가져야 할 올바른 태도를 알아내려고 하는 일은 이론물리학에
대한 올바른 태도를 알아내려고 하는 일과 같지 않다.

　실재론자들은 때로 과학적 이론의 성공으로부터 진리에 이르는 일반
적 논증이 있다고 주장한다. 실재론은 과학의 성공을 기적으로 만들지
않는 유일한 과학철학이라고 때로 주장된다(Smart 1968; Putnam
1978). 이 노선의 논증은 실재론을 옹호하는 것으로서는 별로 인상을
주지 못했다. 실재 세계는 분명히 이론의 성공과 실패에 영향을 미치는

어떤 역할을 할 것이다. 이론은 부분적으로 그것이 사용하고 탐구하는 세계와의 관계 때문에 일을 잘하거나 못할 것이다. 그러나 이론과 실재의 연결이 특히 단기적으로나 중기적으로 성공을 산출할 수 있는 많은 종류의 방식이 있다. 세계에 대한 정확한 표상은 유일한 방식이 아니다. 이론들은 서로 벌충할 수 있는 오류를 포함할 수 있다. 그리고 이론들은 그것들이 가정하는 종류의 사물이 결정적으로 중요한 지점에서 올바른 **구조**를 가지고 있다고 한다면 그것들에 관해 틀렸음에도 불구하고 성공적일 수 있다. 라우든이 사용한 간단한 예가 있다. 사디 카르노 (Sadi Carnot)는 열이 유체라고 생각했지만, 이런 사실에도 불구하고 열역학의 기본 아이디어 몇 가지를 정확하게 알아냈다. 유체의 흐름은 그의 잘못이 별로 문제가 되지 않을 정도로 분자들 사이의 운동에너지 이동에서 나타나는 유형과 충분히 유사했다. 실재론자들은 과학에서의 성공이 이론의 진리성 쪽을 직접적으로 또는 애매하지 않게 지시한다는 생각을 버릴 필요가 있다.

나는 내가 상황을 이런 방식으로 설정하는 이유가 명료해지기를 바란다. 많은 문헌이 과학적 실재론자들이 현재 이론들과 과학사에 관해 낙관적이어야 한다고 주장해왔다. 나는 그 문제를 그런 식으로 표현하는 것에 저항했다. "과학적 실재론"이라는 용어에 관해 너무 많이 논쟁하는 것은 의미가 없지만, 그 문제들을 내가 조직하는 방식으로 했을 때 생기는 이점이 있다. 내가 과학적 실재론이라 부르는 것은 꽤 명확한 그렇다/아니다 선택이다("꽤 명확한"에 대해서는 제12.7절을 볼 것). 이것은 또한 근본적인 철학적 문제들에 관한 선택이기도 하다. 잘 확립된 과학이론에 관해 올바른 수준의 낙관주의를 갖는 것에 관한 물음은 쉽게 정리할 수 있는 간단한 답을 갖고 있는 물음이 아니다. 거기서 우리는 서로 다른 과학 분야, 서로 다른 종류의 이론, 서로 다른 종류의 성공, 서로 다른 종류의 낙관주의를 구별할 필요가 있다. 많은 경우에 우리는 확실히 낙관적이어야 할 좋은 이유를 갖지만, 단순한 슬로건들은 신뢰해서는 안 된다.

과학적 실재론에 대한 나의 정식화에 대해 한 가지를 더 언급할 필요가 있다. 나는 과학이 우리에게 "실재가 어떻게 생겼는지에 대한 정확한 기술과 다른 표상들"을 제시하려 한다고 말했다. 이 말은 매우 넓은 의미를 띠게 되어 있는데, 왜냐하면 서로 다른 과학들이 사용하는 서로 다른 종류의 많은 표상이 있기 때문이다. 어떤 철학자들은 실재론자에게 과학의 주요 목표는 진리라고 생각한다. 그렇게 되면 좋은 이론은 옳은 이론이다. 그래서 그들은 실재론을 과학이 옳은 이론을 제시하려 한다고 말함으로써 정식화하기를 원할 수도 있다. 그러나 진리와 허위 개념은 표상이 언어 형태로 나타나는 경우에만 쉽게 적용할 수 있다. 언어적 표상 외에 과학은 종종 현상을 기술하기 위해 수학적 모델과 다른 종류의 모델을 사용한다. 과학적 주장은 또한 도표를 이용해 표현될 수도 있다. 그래서 나는 "정확한 표상"이라는 용어를 옳은 언어적 기술, 그것들이 가정한 방식으로 실재와 닮은 그림이나 도표, 세계의 측면들과 올바른 구조적 유사성을 가진 모델 등을 포함하도록 넓게 사용한다. 나는 이 장 마지막 절에서 이런 문제들을 다시 다룰 것이다.

12.4 전통적 경험주의로부터의 도전

과학적 실재론은 지금은 인기 있는 입장이지만, 끊임없이 비판과 도전에 직면해왔다. 아주 영향력 있는 철학자 중 많은 사람이 앞 절에서 기술한 종류의 과학적 실재론에 적어도 잘못된 어떤 것이 있다고 생각해왔다. 지금까지 이 책에서 논의한 철학자들에 대해 간단히 정리해보자. 논리 실증주의는 대부분 과학적 실재론에 반대했다. 쿤은 모호했고, 언제나 일관적이지는 않았지만, 대체로 반대했다. 라투르를 포함하여 많은 과학사회학자는 확실히 반대했다. "귀납의 새로운 수수께끼"를 고안한 굿맨도 과학적 실재론에 반대했다. 과학적 실재론이 무엇인지에 대한 나의 진술에 영향을 준 반 프라센도 그 견해를 거부한다. 라우든 역시 마찬가지다. 파이어아벤트는 평가하기가 어렵다. 포퍼는 과학적 실재론에 찬성한다. 앞의 두 장에서 논의한 실재론자 중 많은 사람이 과학적 실재론자(포더, 헐, 키처를 포함하여)지만 모두는 아니다.

위에 거론한 비판자들은 과학적 실재론이 무엇이 잘못되었는지에 대해서는 의견이 일치하지 않는다. 나는 다양한 형태의 반대를 세 가지 넓은 군으로 나눌 것이다. 실재론에 대한 비판자들은 그들이 실재론자들과 다른 만큼이나 그들 사이에서도 서로 다르다.

첫째, 과학적 실재론은 종종 전통적 형태의 경험주의에 의해 도전을 받아 왔다. 이 책에서 나는 과학적 실재론과 어떤 종류의 경험주의를 둘 다 옹호하겠지만, 이러한 동맹이 항상 쉬운 것은 아니다. 실제로 실재론에 관한 논쟁의 한 쪽은 종종 실재론과 경험주의 사이의 논쟁으로 불린다.

전통적 경험주의자들은 상식적 실재론과 과학적 실재론 둘 다에 대해 걱정하는 경향이 있는데, 그들은 종종 지식과 관계가 있는 이유로 그렇게 걱정한다. 만일 우리의 사고나 감각을 넘어서서 실존하는 실재 세계가 있다면, 도대체 우리는 그 세계에 관한 어떤 것을 어떻게 알 수 있을까? 경험주의자들은 감각이 사실적 지식의 유일한 원천을 제공한다고 믿는다. 많은 경험주의자는 우리 자신을 실재론자가 언질을 주는 종류의 "실재 세계"와 접촉을 하는 것으로 간주하기에는 감각적 증거가 충분히 훌륭하지 않다고 생각해왔다. 그리고 당신이 실재 세계가 실존한다고 말하면서 동시에 우리가 무엇이 됐건 그 세계에 관해 결코 어떤 지식도 가질 수 없다고 말하는 입장에 있는 것은 이상해(내 생각에 불합리한 것은 아니라도) 보인다.

논리 실증주의자들은 그들의 언어이론에 의거해 이 문제를 개작한다. 논리 실증주의 전성기에 "외부 세계의 실재성"에 관한 전통적인 철학적 물음들은 무의미하고 공허한 것으로 간주되었다. 그래서 "과학과 실재 사이의 관계"에 대한 대부분 논의에 대해 논리 실증주의자의 태도는 논쟁의 어느 쪽도 유의미한 어떤 것을 말하고 있지 않으며, 전체 논의는 시간 낭비라는 것이다.

어떤 형태의 논리 실증주의는 "현상주의적" 사상에 전념하기도 했는데, 이 사상은 모든 유의미한 문장이 감각만을 언급하는 문장으로 번역될 수 있다는 것이다. 만일 현상주의가 옳다면, 우리가 실재하는 외부 대상에 관해 주장하는 것처럼 보일 때 우리가 언급하는 것은 우리 감각들에서 나타나는 유형들뿐이다. 논리 경험주의와 연관된 종류의 견해이면서 언어에 관한 좀 더 전체론적인 어떤 경험주의적 견해들도 똑같은 귀결을 갖는다. 설령 번역이 가능하지 않다 할지라도, 언어의 본성 때문에 우리는 우리 감각 너머의 세계의 구조를 기술하기를 희망할 수 없다. 언어와 사고만으로는 거기까지 "도달할" 수 없다. 나는 많은 20세기 경험주의가 이 견해의 어떤 버전을 고수했다고 믿는다(비록 이 책에 대한 어떤 해설자들이 이 주장에 이의를 제기하긴 했지만).

최근 실재론과 경험주의 사이의 긴장은 종종 "증거에 의한 이론의 미결정"(underdetermination of theory by evidence)이라는 주제 아래 논쟁을 벌이는 형태로 전개되었다. 경험주의자들은 우리의 모든 실제적 증거와 양립가능한 다양한 대안 이론, 그리고 어쩌면 우리의 모든 가능한 증거와 양립가능한 다양한 대안 이론이 있을 수 있다고 주장한다. 그래서 우리는 다른 이론에 비해 이 이론을 선택하고, 그 이론을 세계가 실제로 존재하는 방식을 표상하는 것으로 간주할 훌륭한 경험적 근거를 결코 갖지 못한다. 이것은 우리를 과학이론들에 관해 가져야 하는 올바른 수준의 낙관주의에 관한 앞 절의 논의로 되돌려놓는다. 나는 공정한 정도의 비관주의와 양립가능한 방식으로 과학적 실재론을 표현했지만, 미결정 문제는 그 자체로 중요하다(또한 제15.2절과 15.3절을 볼 것).

12.5 형이상학적 구성주의

나는 "형이상학적 구성주의"라는 용어를 쿤과 라투르의 견해를 포함한 견해들 군을 나타내기 위해 사용한다. 이 견해들은 어떤 의미에서 우리가 세계를 과학적 이론화에 의해 창조되거나 구성되는 것으로 간주해야 한다고 주장한다. 쿤은 패러다임이 변할 때 세계 역시 변한다고 말함으로써 이 주장을 표현하였다. 라투르는 자연(실재 세계)이 논쟁의 해결에서 과학자들이 내리는 결정의 산물이라고 말함으로써 그 견해를 표현한다. 넬슨 굿맨은 또 다른 예이다. 그는 새로운 언어와 이론들을 고안할 때 우리가 새로운 "세계들"도 창조한다고 주장한다(1978). 형이상학적 구성주의자에게는 과학이론이 사고와 독립적으로 실존하는 것으로서의 세계를 기술하는 것이 정말이지 가능하지 않은데, 왜냐하면 실재 자체가 사람들이 말하고 생각하는 것에 의존적이기 때문이다.

이런 견해들은 언제나 해석하기가 어려운데, 왜냐하면 이런 견해들을 문자 그대로 해석했을 때 아주 이상해보이기 때문이다. 우리가 그저 새로운 이론을 구성함으로써 어떻게 세계를 만들 수 있을까? 아마 쿤, 라투르, 굿맨은 그냥 어떤 종류의 은유를 사용하고 있는 것인가? 아마 그럴 것이다. 쿤은 때로 그 물음에 대해 다른 견해, 즉 일종의 회의적 실재론을 표현했는데, 그는 자신의 입장을 명료하게 하기 위해 애썼다. 그러나 굿맨 같은 철학자들이 이 물음에 관해 질문을 받았을 때 그들은 일반적으로 자신들의 주장이 단순한 은유적 주장이 아니라고 주장했다 (Goodman 1996, 145면). 그들은 제12.3절에서 내가 기술한 종류의 과학적 실재론에 아주 잘못된 어떤 것이 있다고 생각한다. 그들은 좋은 대안을 기술하는 것이 어렵다는 것을 인정하지만, 우리가 이론과 실재 사이의 관계를 표현하기 위해 "구성" 개념이나 그 비슷한 어떤 것을 사용해야 한다고 생각한다.

이런 생각들 중의 어떤 것은 임마누엘 칸트 견해의 수정판으로 볼 수 있다([1781] 1998). 칸트는 "본체"의 세계와 "현상"의 세계를 구별하였다. 본체계는 그 자체로 존재하는 세계이다. 이 세계는 우리가 믿지 않을 수 없지만 그것에 관해 결코 어떤 것도 알 수 없는 세계이다. 현상계는 우리에게 나타나는 대로의 세계이다. 현상계는 인식가능하지만, 부분적으로 우리의 창조물이다. 현상계는 우리의 정신의 구조와 독립해서 실존하지 않는다.

과학적 실재론을 부정하고 싶지만 온건한 방식으로 부정하고 싶은 철학자들에게는 이런 종류의 그림이 종종 호소력 있는 것처럼 보였다. 호이닝엔휴엔(Hoyningen-Huene, 1993)은 우리가 쿤의 견해를 칸트의 견해와 유사한 것으로 해석해야 한다고 주장해왔다. 실재론 논쟁들에 대한 마이클 데빗의 분석에서는 다양한 철학자를 고의로 또는 무심코 칸트의 유형을 따르는 것으로 본다. 데빗에 따르면, 구성주의적 반실재론은 칸트의 그림과 일종의 상대주의, 즉 서로 다른 사람이나 공동체마다 경험에 자신들의 개념을 부과함으로써 서로 다른 "현상계들"을 창조한다는 생각을 결합함으로써 작동한다. 이 상대주의적 사상은 칸트의 원래 견해의 부분은 아니었다. 칸트에게는 모든 인간이 똑같은 개념 틀을 사용하며, 그 문제에서는 선택의 여지가 없다.

칸트의 그림은 때로 우리가 믿는 것을 제한하는 실재 세계가 있지만, 우리가 이 세계를 알거나 표상하는 것을 허용하지 않는 방식으로 그렇게 제한한다는 생각을 고수하는 방식으로 보인다. 이런 방책은 종종 솔깃하게 만드는 점이 있지만, 그렇게 해서 나오는 결과는 도움이 되지 않는다. 실재에 대한 우리의 접촉을 이해하는 일은 어렵지만, 우리와 실재 세계 사이에 "현상계"라 불리는 가외의 층을 추가하는 일은 아무것도 달성하지 못한다.

"사회 구성주의"(social constructivism)라는 용어는 종종 대략 내가 형이상학적 구성주의라 부르고 있는 견해와 똑같은 종류의 견해를 나타내기 위해 사용된다. 그러나 "사회 구성주의"는 또한 좀 더 온건한 사상들을 나타내는 데도 사용된다. 만일 어떤 사람이 우리가 우리의 이론이나 대상들의 분류를 만들거나 구성한다고 주장한다면, 그 주장은 과학적 실재론에 반대되는 것이 아니다. 우리는 우리의 사상이나 분류를 실제로 "구성한다." 자연은 그런 사상이나 분류를 우리에게 쉽게 건네주지 않는다. 그러나 과학적 실재론자는 사상이나 이론을 넘어서서 실재의 나머지도 있다고 주장한다.

제8장에서 보았듯이 과학사회학 같은 분야에서는 사상의 구성과 실재의 구성을 명시적으로 구별하지 않는 불행한 전통이 있다. 그처럼 이상하게 들리는 사상들의 정식화를 장려해온 이 분야들은 무엇에 관한 일을 하는 분야인가? 여러 가지 이유가 있지만 나는 여기서 메타사회학 — 과학사회학에 대한 사회학 — 을 감행해볼 것이다. 이런 분야들에

서의 많은 작업은 완전히 틀린 것으로 보이는 특정 **나쁜 견해**를 반대하고 싶은 욕구를 중심으로 하여 조직되었다. **나쁜 견해**는 실재가 수동적인 정신에 도장을 찍듯이 새겨 넣음으로써 사고를 결정한다고 주장한다. 실재는 "직접적인 강제적 힘"으로 과학적 믿음에 작용한다(Shapin 1982, 163면). 그런 그림은 어떤 대가를 치르더라도 피해야 한다. 그런 그림은 종종 그를 뿐만 아니라 정치적으로 해롭기까지 한데, 왜냐하면 인간의 사고에 대해 수동적이고 소극적인 견해를 제시하기 때문이다. 전통적인 많은 철학이론은 암암리에 이 **나쁜 견해**에 물려 들어간 것으로 해석된다. 이것이 논리 실증주의를 반동적이고, 압제자에 도움을 주고 등등의 방식으로 기술하게 된 한 가지 원천이다.

이것으로부터 결과하는 것은 사람들이 가능한 한 그 **나쁜 견해**로부터 멀리 떨어지려는 경향이다. 이것은 사람들에게 정신과 세계 사이의 관계에 대한 그 **나쁜 견해**의 주장을 뒤집어 단순한 정반대 주장을 하도록 장려한다. 그래서 우리는 이론이 실재를 구성한다는 사상에 이르게 된다.

어떤 사람들은 명시적으로 전통적 그림의 "정반대" 사상을 받아들이는 반면에(Woolgar 1988, 65면), 또 어떤 사람들은 상황을 좀 더 애매하게 남겨둔다. 그러나 그 분야 안에서 사람들에게 이러한 진술들을 하면서 너무 멀리까지 나아가지 못하게 저지하는 압력은 거의 없다(Bloor 1999는 흥미로운 예외이다). 실제로 **나쁜 견해**에 대해 좀 더 온건한 부정 견해를 표현하는 사람들은 그 분야 안에서 자신들을 비판받기 쉬운 상태로 남겨놓게 된다. 그 결과는 한 가지 오류 — 실재가 수동적인 정신에 자신을 새겨 넣는다는 견해 — 를 다른 오류, 즉 사고나 이론이 실재를 구성한다는 견해로 맞바꾸어 놓은 문헌이 나오게 되었다는 것이다.

12.6 반 프라센의 견해

내가 논의할 과학적 실재론에 대한 마지막 형태의 반대는 좀 더 온건하면서 조심스러운 형태를 취하고 있다. 이것은 바스 반 프라센(1980)의 입장이다. 반 프라센의 사상은 경험주의 전통 안에 있지만, 언어이론이나 심리이론에 기초를 두고 있지 않다. 대신 반 프라센은 과학의 적절한 목적과 관련하여 실재론과 부딪힌다. 그래서 그의 반실재론은 이 장에서 옹호한 종류의 과학적 실재론에 대한 직접적인 부정이다. 이것은 우연이 아닌데, 왜냐하면 과학적 실재론에 대한 나의 정식화가 그의 견해에 영향을 받았기 때문이다.

실재론에 대한 논의에서 "도구주의"(instrumentalism)라는 용어는 다양한 반실재론적 견해를 언급하기 위해 사용된다. 때로 이 용어는 앞에서 논의한 종류의 전통적인 경험주의 입장을 나타내기 위해 사용되기도 한다. 그러나 이 용어는 때로 다른 방식으로 사용되는데, 나는 이 방식이 더 적당하다고 생각한다. 이런 의미의 도구주의에 따르면, 우리는 과학이론을 우리가 경험을 다루는 것을 돕는 장치로 생각해야 한다. 실재 세계를 기술하는 일이 불가능하다고 말하는 것이 아니라 도구주의자는 어떤 이론이 세계에 대한 옳은 기술인지, 또는 전자가 "정말이지 실제로 실존하는지"를 걱정하지 말라고 촉구할 것이다. 만일 어떤 이론이 우리에게 훌륭한 예측을 할 수 있게 해준다면, 우리는 그 이상 무엇을 물을 수 있을까? 만일 우리가 관찰할 수 있는 것에 대해 올바른 답을 제시해주는 이론을 가지고 있다면, 우리는 경우에 따라 이 올바른 답이 이론과 세계 사이의 좀 더 심층적인 어떤 "결합"에서 비롯되는 결과가 아닌지 궁금해 하는 자신을 발견할 수도 있을 것이다. 그러나 우리는 결코 이 물음에 대한 답을 알기를 기대할 수 없다. 그러니 그 물음이 과학에 대해 어떤 관련성을 갖는가? 상당수의 과학자가 특히 물리학에서 도구주의적 견해를 표명해왔다. 이론적 대상의 "진정한 실재성"에 관한 물음들이 실제적 관련성이 없기 때문에 우리가 이런 물음들을 무시해야 한다는 생각은 철학에서 실용주의 전통의 한 가닥과도 연결되어 있다(Rorty 1982).

이런 입장의 정밀한 버전은 반 프라센에 의해 완성되었다(1980). 반 프라센은 자신의 견해를 기술하는 데 "도구주의"라는 용어를 사용하지 않는다. 대신 그는 자신의 견해를 "구성적 경험주의"(constructive empiricism)라고 부른다. "구성적"이라는 용어는 흔히 전혀 의미를 갖지 않는 것처럼 보일 정도로 너무 많은 사람이 사용하며, 그래서 나는 이 용어를 제12.5절에서 논의한 견해들을 나타내는 것으로 예정해두었다. 나는 반 프라센의 견해를 어떤 형태의 도구주의적 연구방식으로 보지만, 그것을 뭐라고 부를 것인지는 별로 문제가 되지 않는다.

우리가 이론에 대해 요구해야 하는 것은 이론이 세계의 관찰가능한 부분들을 정확하게 기술한다는 것뿐이라고 반 프라센은 주장한다. 이런 일을 해내는 이론은 "경험적으로 적합하다." 경험적으로 적합한 이론은 또한 실재의 숨겨진 구조를 기술할 수도 있지만, 그런 일을 하는지 않는지는 과학에 대해 전혀 중요하지 않다. 반 프라센에게는 이론이 많은 시험을 통과하고 잘 확립되게 될 때 그 이론에 대해 지녀야 할 올바른 태도는 특별한 의미에서 그 이론을 "승인하는" 것이다. 어떤 이론을 승인한다는 것은 (1) 그 이론이 경험적으로 적합하다는 것을 (잠정적으로) 믿고, (2) 또 다른 문제들에 관해 생각할 때, 그리고 그 이론을 확장해 세련되게 다듬으려 할 때 그 이론이 제공하는 개념들을 사용한다는 것이다.

요점 1과 관련하여 어떤 이론이 경험적으로 적합하기 위해서는 그 이론은 우리가 아직 탐구하지 못한 현상을 포함하여 그 영역 내에서 나타나는 관찰가능한 모든 현상을 기술해야 한다. 여기서 귀납과 확증의 익숙한 문제들 약간이 나타난다. 요점 2와 관련하여 반 프라센은 과학자들이 자신들의 이론 "안에서 살게" 된다는 것을 인정하고 싶어 한다. 과학자들은 새로운 현상을 탐구할 때 그 이론의 세계상을 이용한다. 도구주의의 어떤 버전들은 이 사실을 의미 있게 하기 위해 애쓴다. 그러나 반 프라센은 과학자가 어떤 이론이 옳은지에 관해서는 불가지론자로 남아 있으면서도 그 이론의 "안에서 살" 수 있다고 말한다.

반 프라센의 견해와 내가 앞에서 개관했던 형태의 과학적 실재론 사이에서 우리가 어떻게 결정할 수 있을까?

먼저 우리는 두 입장이 상충한다는 것을 확실히 할 필요가 있다. 나는 과학의 한 가지 목적이 관찰불가능한 부분들을 포함하여 세계에 대한 정확한 표상을 제시하는 것이라고 말했다. 반 프라센은 "과학은 경험적으로 적합한 이론을 제시하려 한다"(1980, 12면)고 말한다. 여기까지는 두 견해가 양립가능한 것처럼 보인다. 어떤 경우에 과학은 경험적 적합성만을 목표로 할 수 있지만, 다른 경우에는 세계의 숨겨진 구조를 표상하는 것을 목표로 할 수도 있기 때문이다.

그리고 이것은 실재론자가 가져야 할 올바른 태도이다. 다양한 이유와 다양한 상황으로 인해 과학자가 경험적 적합성에 관해 확신을 하게 될 때조차도 세계의 관찰되지 않은 구조에 대한 이론의 적용과 관련하여 신중하거나 태연한 것은 이치에 닿는 일일 수 있다.

그래서 반 프라센은 과학자들이 어떤 환경에서 어떤 이론들에 대해 합리적으로 가질 수 있는 태도를 기술해왔다. 그러나 반 프라센은 과학이 단지 경험적 적합성만을 목표로 해야 한다고 생각한다.

많은 사람이 주장해왔듯이 반 프라센의 견해가 곤경에 처하는 한 지점은 세계의 관찰가능한 부분과 관찰불가능한 부분 사이의 구별이다. 실재론자들은 관찰가능한 것과 관찰불가능한 것 사이에는 예리한 경계선이 아니라 연속성이 있다고 주장해왔다(Maxwell 1962). 어떤 것들은 나무처럼 육안으로도 관찰할 수 있다. 아주 작은 소립자들처럼 다른 것들은 관찰불가능하며, 그것들이 관찰가능한 것들의 행태에 미치는 영향에 의거해서 추리된 존재성을 가질 뿐이다. 그러나 명료한 사례들 사이에서 우리는 많은 불명료한 사례도 갖는다. 만일 당신이 망원경을 사용한다면 그것은 관찰인가? 광학현미경은 어떤가? X선 기기는 어떤가? MRI 촬영은? 전자현미경은? 실재론자는 관찰가능한 것과 관찰불가능한 것의 구별이 모호하며, 과학이 표상하려 하는 것에 관해 일반적 결론을 뒷받침하기에는 올바른 종류의 구별이 아니라고 생각한다.

반 프라센은 관찰가능한 것과 관찰불가능한 것의 구별이 모호하다는 것을 승인하며, 관찰불가능한 것에 관해 "비실재적인" 것은 전혀 없다는 것을 승인한다. 그는 또한 우리가 경계선에 관해 과학 자체로부터 배운다는 것을 승인한다. 그래도 그는 과학이 — 세계의 관찰가능한 부분에 관해 옳은 주장을 만듦으로써 — 경험적 적합성에만 관계되어 있다고 주장한다. 그러나 이 견해는 옹호될 수 없다. 반 프라센은 과학이 이 특수한 경계선을 넘어서서 세계의 구조를 기술하려 하는 것이 결코 합리적이지 않다고 말하고 있다. 우리가 "관찰"보다 좀 더 넓은 개념에 기초하여 약간 다른 경계선을 기술한다고 해보자. 만일 어떤 것이 관찰가능하거나, 그 존재가 관찰가능한 것으로부터 매우 신빙성 있게 추리될 수 있다면, 그것은 탐지가능한(detectable) 것이라고 말하기로 하자. 반 프라센의 관찰가능성 개념과 마찬가지로 과학 자체는 우리에게 어떤 것들이 탐지될 수 있는 것인지 말해준다. 이런 의미에서 당과 DNA 같은 여러 가지 중요한 분자들의 화학 구조는 관찰가능한 것은 아니지만 탐지가능하다. 그렇다면 어째서 과학은 세계의 관찰가능한 특징은 물론이고 탐지가능한 특징에 대해 정확한 표상을 제시해서는 안 되는가? 어째서 과학은 복잡한 당의 분자 구조가 어떻게 생겼는지를 말해주려 해서는 안 되는가?

어쩌면 탐지가능한 구조에 관한 우리의 믿음은 관찰가능한 구조에 관한 믿음만큼 신빙성이 없을 것이다. 만일 그렇다면, 우리는 이론들이 세계의 탐지가능한 구조가 어떻게 생겼는지를 말해주는 것으로 받아들일 때 좀 더 신중할 필요가 있다. 그러나 그것은 문제가 되지 않는다. 우리는 자주 조심할 필요가 있기 때문이다.

"탐지가능한"과 관련하여 그토록 특별한 것은 무엇인가? 물론 아무것도 없다. 우리는 대상과 구조를 훨씬 더 넓은 범주로 정의할 수 있는데, 이 범주에는 탐지가능한 것들에다가 존재성이 알맞은 신빙성을 가진 관찰들로부터 추리되는 것들이 포함된다. 과학은 왜 이 경계선 너머에 있는 것을 알아내려고 하기 전에 멈추어야 하는가? 우리가 세계의 그런 특징들에 관한 우리의 믿음에 대해 훨씬 더 신중할 필요가 있을지 모르겠지만, 그것은 아무런 문제가 되지 않는다.

당신은 그 논증이 어떻게 진행되는지 알 수 있다. 실재론자 관점에서 볼 때 과학이 합리적으로 말해주려 할 수 있는 세계의 특징과 과학이 합리적으로 말해주려 할 수 없는 세계의 특징 사이의 구별을 표시하는 경계선은 없다. 세계에 관해 배움에 따라 우리는 또한 우리가 신빙성 있는 정보를 가질 수 있기를 기대할 수 있는 세계의 부분들이 어떤 것인지에 관해 점점 더 배우게 된다. 그리고 과학이 우리가 신빙성 있는 정보를 얻기를 희망할 수 있는 세계의 모든 측면을 기술해서는 안 될 이유란 없다. 우리가 한 영역에서 다른 영역으로 이동함에 따라 우리는 종종 우리의 확신의 수준을 조정해야 한다. 때로 특히 이상한 난문제들

로 가득 찬 이론물리학 같은 영역에서 우리는 적어도 일시적으로 반 프
라센 비슷한 어떤 태도를 채택할 이유가 있을 수도 있다. 그러나 반 프
라센 종류의 경험적 적합성이 과학의 유일한 목적이라고 생각하는 것
은 잘못이다.

12.7 표상, 모델, 진리(선택 절)

나는 제12.3절에서 소개한 문제에 대해 더 논의함으로써 이 장을 마무
리할 것이다. 나는 과학적 실재론을 과학이 우리에게 세계에 대한 "정
확한 표상"을 제시하려 한다고 말함으로써 정식화했다. 20세기 철학에
서 이 주제에 대한 대부분의 논의는 이론을 문장들 집단으로서의 언어
적 대상으로 다루었다. 그래서 사람들이 이론이 실재와 어떤 종류의 관
계를 갖는지 알아내려 할 때 그들은 언어철학의 개념들에 의존했다. 특
히 진리(truth)와 언급(reference) 개념이 강조되었다. 좋은 과학이론은
옳은 이론이다. 그렇다면 우리는 어떤 이론들이 옳은지를 어떻게 결정
할 수 있는가? 만일 "전자"라는 낱말이 전자들을 언급한다면 전자는
실존한다. 우리는 과학이론의 어떤 용어가 어떤 것을 언급하는지를 어
떻게 결정하는가? 진리와 언급 개념을 통해 우리는 다양한 문제를 다
룰 수 있게 되었다.

　진리와 언급에 대한 이러한 강조는 좋지 않은 생각일지도 모른다. 생
각해보아야 할 몇 가지 문제가 있다. 한 가지 문제는 과학이 사용하는
"표상적 전달수단"(representational vehicles), 즉 표상적 매개물과 관
계가 있다. 과학은 언어, 즉 일상언어나 일상언어를 전문적으로 확장한
언어의 문장들을 사용하여 세계에 관한 가설을 표현한다. 그러나 다른

경우에 과학은 다른 종류의 표상적 전달수단을 사용한다. 과학에서 많은 가설은 모델(models)을 사용해 표현된다. 수학적 모델의 경우를 생각해보라. 수학적 모델은 세계의 실제 체계의 핵심 특징들을 표상한다고 가정되는 추상적인 수학적 구조를 가지고 있다. 그러나 수학적 모델이 어떻게 세계를 표상하는 데 성공할 수 있는지를 생각할 때 진리, 허위, 언급 등의 언어적 개념들은 유용한 것 같지 않다. 모델은 세계에 대해 언어에서 발견되는 것과는 다른 종류의 표상 관계를 갖는다. 좋은 모델은 그 모델이 "표적으로 삼는" 체계에 대해 아마 추상적인 종류의 어떤 유사성 관계를 갖는 모델이다(Giere 1988). 이 생각의 세부사항을 다 채워 완성하기란 어렵다.

과학에서 모델의 역할은 20세기 말 철학에서 중요한 주제가 되었다(Suppe 1977). 어떤 철학자들은 모델 관념을 모든 이론이 과학에서 어떻게 작동하는지에 대해 다른 기술을 제시하기 위해 사용해야 한다고 주장했다. 그러나 과학의 모든 것이 세계를 표상하기 위해 똑같은 "전달수단"을 사용한다고 생각하는 것은 잘못이다. 우리는 모든 과학에 대해 언어에 기초한 분석을 모델에 기초한 분석으로 대치해서는 안 된다. 우리가 과학에서 발견하는 것은 서로 다른 다양한 표상적 전달수단들이다.

다윈의 『종의 기원』을 생각해보라. 다윈의 책은 세계에 관한 일련의 가설을 담고 있는데, 이 가설들은 정교한 논증들로 뒷받침되면서 어느 정도 일상언어를 사용해 표현되었다. 그러나 모든 과학이 이와 같지는 않다. 다윈이 다루고 있는 주제들조차도 지금은 달리 다루어진다. 자연선택이 어떻게 생물 개체군을 변화시키는지에 대한 최근의 논의는 수학적 모델 형태로 표현되는 경향이 있다. 이 모델들도 물론 글로 쓰인다. 그것들은 수학적 기호체계를 사용해 표현되는데, (예컨대) 실재 세계에서 어떤 현상이 그 모델에 의해 표상되는지 말해주는 주석으로 보충되어야 한다. 그러나 우리는 수학적 모델이 세계와 관계되는 방식에 대한 분석에 대해 일상언어로 표현된 가설이 세계와 관계되는 방식에 대한 분석과 똑같은 개념들을 사용할 것을 기대해서는 안 된다.

과학에서는 모든 모델이 수학적인 것은 아니다. 좀 더 일반적으로 우리는 모델을 두 구조 사이의 추상적 유사성에 의거해 또 다른 구조를 표상하려고 하는 구조로 생각할 수도 있다. 때로 그 목적은 익숙한 것을 모델로 삼음으로써 익숙하지 않은 것을 이해하려는 것일 수도 있다 (원자에 대한 보어의 초기 "태양계" 모델에서처럼). 그러나 언제나 일이 이런 식으로 진행되지는 않는다. 추상적인 수학적 모델은 실제 체계의 부분들 사이에 실존하는 의존 관계를 표상하기 위해 다목적의 정밀한 틀을 사용하려는 시도로 생각될 수도 있다. 수학적 모델은 하나의 변수를 다른 변수들의 함수로 다룰 텐데, 이 다른 변수들은 다시 다른 변수들의 함수이다…. 이런 식으로 의존 구조의 복잡한 망이 표상될 수 있다. 그렇게 되면 주석에 의해 그 모델에서 의존 구조는 실제 체계에서 실존하는 의존 구조를 표상하는 것으로 취급될 수 있다.

수학적이건 아니건 모델은 과학적 연구에서 중요한 종류의 유연성을 가지고 있다. 다양한 사람이 같은 모델을 사용하면서 그것을 달리 해석할 수 있다. 한 사람은 그 모델을 예측 장치, 즉 그 모델의 내적 작용이 실제 세계와 어떻게 관계되는지에 신경을 쓰지 않고도 당신이 특정한 입력 자료를 투입하면 출력을 제공하는 어떤 것으로 사용할 수도 있다. 또 다른 사람은 같은 모델을 연구되는 실제 체계 내부의 의존 구조에 대한 매우 정밀한 그림으로 취급할 수도 있다. 그리고 이 두 극단 사이에 여러 가지 다양한 태도가 가능하다. 그래서 또 다른 사람은 그 모델을 어떤 특징들을 표상하지만, 실제 체계에서 진행되는 일에 대해 불과 얼마 안 되는 특징을 표상하는 것으로 취급할 수도 있다.

모델과 언어로 표현된 이론의 차이는 과학에서 진보를 이해하는 데 중요할 수 있다. 지금은 폐지된 많은 낡은 이론은 그 이론의 많은 것이 옳았는지, 그리고 그 이론의 용어들이 무언가를 언급했는지 물었을 때 실패한 이론처럼 보일 수 있다. 그러나 때로 우리가 낡은 이론을 역할을 바꾸어 모델로 간주한다면, 우리는 그 모델이 우리의 현재 이론들의 관점에서 볼 때 올바른 구조의 일부를 지녔다는 것을 발견한다. 워럴(Worrall, 1989)은 19세기 물리학으로부터 다양한 "에테르" 이론들을 사용한다. 그 이론들은 에테르가 실존하지 않는다 해도 훌륭한 구조적 특징들을 가졌기 때문이다.

과학철학에서 진리와 언급에 대한 강조를 비판하면서 나는 서로 다른 종류의 분석을 요구하는 표상적 전달수단들의 역할을 강조했다. 어떤 사람들은 우리가 언어를 다루고 있을 때조차도 진리와 언급 개념이 사용하기에 좋지 않은 개념일 수 있다는 말을 덧붙일 것이다.

어떤 철학자들은 어떤 이론을 옳다고 부르는 것이 그 이론이 세계와 특별한 연관을 갖는다고 주장하는 것이라고 생각한다. 전통적으로 이 연관은 대응 관계로 기술되었다. 그 용어는 일종의 "그림그리기"(pic-turing)를 암시하기 때문에 오도적일 수 있는데, 그림그리기는 현대 진리이론들이 제안하는 것이 아니다. 그러나 이 첫 번째 선택지는 옳은 이론과 세계 사이에 어떤 종류의 특별하고 가치 있는 관계가 있다고 주장한다. 만일 그렇다면, 과학적 언어 및 그것과 실재와의 관계를 분석할 때 우리는 진리 개념을 사용할 수 있다. 다른 사람들은 진리 개념이 이런 종류의 사용에 적절치 않다고 주장한다. "옳다"는 낱말은 언어와 세계 사이의 실제 연관을 기술하는 것이 아니라 다른 사람들에 대한 우리의 의견의 일치나 불일치를 나타내기 위해 사용하는 낱말이다(Horwich 1990). 과학사회학에서는 블루어(1999)가 이런 종류의 입장을 옹호해왔다.

이 장에서 나는 진리에 관해 신중하게 다루었다. 나는 과학이 이론에 대해 갖는 목표를 기술하기 위해 "정확한 표상"이라는 넓은 개념을 사용했다. 어떤 사람들은 기호가 언어이든 모델이든 사고이든, 또는 그 밖의 무엇이든 간에 기호와 세계 사이의 진짜 관계로서의 표상 관념조차도 틀렸다고 주장한다. 그런 주장은 극단적 입장처럼 들릴 것이며, 실제로 그렇다. (이 주장은 예컨대 포스트모더니스트들이 한 주장이다.) 그러나 기호에 관한 어떤 이론들이 익숙한 표상 관념을 보유하고 어떤 이론들이 보유하지 않는지 알아내는 것은 어렵다.

더 읽을거리

과학적 실재론의 부활에 중요한 역할을 한 저작에는 잭 스마트(Jack Smart)의 *Philosophy and Scientific Realism*(1963)과 힐러리 퍼트넘 (Hilary Putnam)이 *Mind, Language, and Reality*(1975)에서 모아 놓은 다양한 논문이 포함된다. 또한 Maxwell 1962를 볼 것.

자렛 레플린(Jarrett Leplin)의 *Scientific Realism*(1984)은 그 문제에 관한 매우 훌륭한 논문 선집이다. 그 책에 수록된 보이드(Boyd)의 논문은 선택지들에 대해 유용하게 개관을 하고 있는데, 이 개관은 여기서 내가 제시한 것과는 중요한 차이가 있다. 보이드는 또한 과학적 실재론에 대해 영향을 많이 미친 옹호도 하고 있다. 데빗의 *Realism and Truth*(1997)는 상식적 실재론과 과학적 실재론을 둘 다 옹호한다. Psillos 1999는 그 논쟁을 매우 자세하게 다루고 있다.

실재론과 성공 사이의 관계에 대한 또 다른 논의로는 Stanford 2000 를 볼 것. 양자역학이 제기하는 문제에 관해서는 Albert 1992를 볼 것. "**나쁜 견해**"의 회피가 어떻게 과학사회학의 모습을 형성했는지에 대한 좀 더 자세한 논의는 Godfrey-Smith 1996, 제5장을 볼 것.

처치랜드와 후커(Churchland and Hooker)의 *Images of Science* (1985)는 반 프라센에 관한 훌륭한 논문 선집이다.

Kitcher(1978)는 과학적 언어에서 의미와 언급의 문제 및 실재론에 대한 그 귀결과 씨름한다. 이 문제에 관해서는 또한 Bishop and Stich 1998를 볼 것. Lynch 2001은 진리 문제에 관한 최신 논문 선집이다.

과학에서 모델의 역할에 대해서는 풍부한 문헌이 있다(Suppe 1977). 철학에서 "모델"이라는 낱말의 보통 사용이 과학 자체에서 발견되는 사용과 다르기 때문에 때로 혼동이 생긴다(용어해설을 볼 것). 그래서 "모델에 의거해 과학을 분석"하기를 원하는 사람들마다 종종 마음속에 매우 다른 임무를 생각한다(Downes 1992). 그 문제에 대해 유용하면서 흥미롭게 다루고 있는 한 책은 기어리(Ronald N. Giere)의 *Explaining Science*(1988, 제3장)이다. Hesse 1966는 이 문제에 대한 초기 논의로 유명한데, 그렇지만 이 책은 "모델"의 또 다른 의미에 초점을 맞추었다.

Fine 1984와 Hacking 1983은 과학적 실재론에 대해 영향력 있는 저작들인데, 여기서 논의한 견해와는 다소 다른 견해를 옹호한다.

제13장

설명

13.1 왜 그런지 알기

과학은 우리를 위해 무엇을 하는가? 제12장에서 나는 어떤 형태의 과학적 실재론을 옹호했는데, 그 견해에 따르면 과학의 목적은 세계의 진짜 구조를 기술하는 것이다. 과학은 세계가 어떻게 생겼는지 알려주려 하며, 종종 그렇게 알려주는 데 성공한다. 그러나 과학이 왜 그런 일들이 일어나는지를 알려준다고 생각하는 것 또한 일반적이다. 우리는 과학으로부터 어떤 일이 일어나는지뿐만 아니라 왜 일어나는지도 배운다. 과학은 명백히 기술하려고 하는 것은 물론이고 설명하려고 한다. 그래서 우리는 새로운 문제에 직면하는 것처럼 보인다. 과학이론이 어떤 것을 설명한다는 것은 정말이지 무엇인가? 어떤 의미에서 과학은 존재하는 것과 일어나는 것에 대한 단순한 기술에 반대되는 것으로서 현상에 대한 이해를 우리에게 제공하는가?

과학이 왜 그런 일이 일어나는지에 대한 설명을 목표로 한다는 생각은 때로 철학자들에게 의심을 불러일으켰으며, 과학자 자신들에게도 의심을 불러일으켰다. 그러한 불신은 강한 경험주의적 견해들 내에서는 꽤 흔히 있는 일이다. 경험주의자들은 종종 과학을 가장 근본적으로 경험을 예측하기 위한 규칙 체계로 보아 왔다. 과학이론들의 가외 목표로 설명이 제시되면 경험주의자들은 신경질적인 상태가 된다.

　이 설명 문제와 확증과 증거를 분석하는 문제 사이에는 복잡한 관계가 있다(제3장 14면). 희망은 종종 이 문제들을 별도로 다루는 것이었다. 증거 이해하기가 문제 1이다. 이 문제는 어떤 과학이론이 옳다고 믿을 증거를 갖는다는 것이 무엇인지를 분석하는 문제이다. 설명 이해하기는 문제 2이다. 여기서 우리는 적어도 지금은 우리가 이미 우리의 과학이론들을 선택했다고 가정한다. 우리는 우리의 이론들이 어떻게 설명을 제공하는지 알아내고 싶다. 원리적으로는 우리는 이런 종류의 구별을 할 수 있다. 그러나 그 문제들 사이에는 밀접한 연관이 있다. 문제 2에 대한 해결책은 우리가 문제 1을 해결하는 방식에 영향을 미칠 수 있다. 과학자는 종종 이론이 당혹스러운 현상에 대해 훌륭한 설명을 낳는 것처럼 보이기 때문에 그 이론을 택한다. 제3장에서 설명적 추리는 자료 집합으로부터 그 자료를 설명할 구조나 과정에 관한 가설에 이르는 추리로 정의되었다. 이런 생각은 귀납추리에 대한 전통적인 철학적 생각(특수 사례들로부터 일반진술에 이르는 추리)에서보다는 과학에서 훨씬 더 흔한 것처럼 보인다. 이것은 설명을 분석하는 문제와 증거를 분석하는 문제 사이에 밀접한 연관이 있음을 시사한다.

　설명에 관한 문헌은 매우 풍부하지만, 이 책에서는 이런 문제들을 회오리 바람 취급할 것이다. 그 한 가지 이유는, 내가 과학철학이 설명 문제에 대해 잘못된 방식으로 접근해왔다고 생각하기 때문이다. 그 말은 어느 정도까지는 이 책의 많은 주제에 대해서도 옳다. 과학철학에는 잘못된 일탈이 많이 있었다. 그러나 설명의 경우에 나는 그 오류가 꽤 명료하게 드러났다고 생각한다. 그 오류는 제13.3절에서 기술할 것이다.

그래서 이 책에서 제시되는 견해들 약간은 어느 정도 비정통적이다.

13.2 설명에 대한 엄호법칙 이론의 흥망

나는 경험주의 철학자들이 때로 과학이 일어나는 일을 설명한다는 생각에 대해 불신해왔다고 말했다. 논리 실증주의가 한 예이다. 실증주의자들은 설명이라는 관념을 때로 세계에 대한 심오한 형이상학적 통찰에 도달한다는 생각 — 그들과 아무 관계가 없는 생각 — 과 연결시켰다. 그러나 논리 실증주의자와 논리 경험주의자들은 과학이 설명을 한다는 생각과 화해를 했다. 그들은 "설명"을 자신들의 경험주의적 그림에 맞는 억제된 방식으로 해석함으로써 그렇게 했다.

그 결과는 설명에 대한 엄호법칙(covering law, 법칙포섭) 이론이었다. 이 이론은 20세기 대부분 동안 과학적 설명에 관한 지배적인 철학 이론이었다. 지금은 죽었지만 그 견해의 흥망은 교훈적이다.

설명에 대한 엄호법칙 이론은 논리 경험주의 철학의 중심을 차지하게 된 논문(1948)에서 칼 헴펠(Carl Hempel)과 파울 오펜하임(Paul Oppenheim)이 처음으로 자세히 전개했다. 몇 개의 전문용어에서 시작해보기로 하자. 설명이 어떻게 작동하는지에 관해 언급할 때 피설명항(*explanandum*)이란 무엇이 됐건 설명이 되는 것이다. 설명항(*explanans*)이란 설명을 하는 것이다. 만일 우리가 "왜 X인가?"라고 묻는다면, X는 피설명항이다. 만일 우리가 "Y 때문에"라고 답한다면, Y는 설명항이다.

엄호법칙 이론의 기본 착상은 단순하다. 가장 근본적으로 어떤 것을 설명한다는 것은 논리적인 논증에서 그것을 도출해내는 법을 보여준다는

것이다. 피설명항은 그 논증의 결론이 될 것이고, 전제는 설명항들이
다. 좋은 설명은 무엇보다도 좋은 논리적 논증이어야 하지만, 그 외에
전제들이 자연법칙을 기술하는 진술을 적어도 하나 포함해야 한다. 그
법칙은 그 논증에 실제로 기여해야 한다. 다시 말해 단순히 덧붙여지는
어떤 것일 수 없다(물론 설명이 가장 충분한 의미에서 좋은 설명이 되
기 위해서는 전제들 또한 옳아야 한다. 그러나 여기서 첫 번째 임무는
진술들이 옳다면 현상에 대해 어떤 종류의 진술들이 좋은 설명을 제공
할 것인지를 기술하는 것이다).

어떤 설명(과학과 일상생활 모두에서)은 특수한 사건을 설명하는 반
면에, 어떤 설명은 일반적 현상이나 규칙적 현상을 설명하려 한다. 예
컨대 우리는 1929년에 미국 주식시장이 붕괴되었다는 특수 사실을 그
시기의 배경 조건들에 대해 작용하는 경제 법칙들에 의거해 설명하려
할 수도 있다. 그리고 우리는 또한 유형을 설명할 수도 있다. 뉴턴은 종
종 케플러의 행성의 운동 법칙을 태양계의 배치에 관한 가정들과 결합
된 좀 더 기초적인 역학법칙에 의거해 설명한 것으로 보인다. 두 경우
모두에 엄호법칙 이론은 이런 설명들을 전제로부터 결론을 끌어내는
논증에 의거해 표현할 수 있는 것으로 본다. 설명을 표현하는 논증 약
간은 연역적으로 타당하겠지만, 이것이 모든 경우에 요구되지는 않는
다. 엄호법칙 이론은 어떤 좋은 설명들이 비연역적 논증(논리 경험주
의자의 넓은 의미에서 "귀납"논증)으로 표현될 수 있다는 것을 허용하
려 하였다. 만일 우리가 어떤 특수 현상을 취해 전제에 법칙을 포함하
면서 결론에 높은 개연성을 부여하는 논증에 그것을 끼워 넣을 수 있다
면, 이것은 그 현상에 대해 좋은 설명을 산출한다.

엄호법칙 이론을 정확하게 정식화하려는 시도가 맞닥뜨리는 세부적
인 문제가 많이 있었다(Salmon 1989). 그 문제들은 비연역적 논증의

경우에 더 어려웠으며, 또한 특수 사건보다는 유형을 설명하는 경우에 더 어려웠다. 여기서 나는 전문적인 문제들에 관해 걱정하지는 않을 것이다. 엄호법칙 이론의 기본 착상은 간단명료하다. 어떤 것을 설명한다는 것은 전제에서 어떤 법칙을 이용하는 종류의 논리적 논증에서 그것을 어떻게 도출하는지 보여준다는 것이다. 어떤 것을 설명한다는 것은 자연법칙에 대한 우리의 지식이 주어지면 그것이 예상되는 것임을 보여준다는 것, 즉 그것이 놀라운 것이 아님을 보여준다는 것이다.

엄호법칙 이론의 경우에는 설명과 예측 사이에 별 차이가 없다. 어떤 것을 예측하기 위해서는 우리는 논증을 구성해 그것이 예상된다는 것을 보여주려 하는데, 비록 그것이 일어날 것인지를 아직 확실히 알지 못한다 하더라도 그렇다. 어떤 것을 설명할 때 우리는 그것이 이미 일어났다는 것을 알고, 법칙을 포함하는 논증을 이용해 그것이 예측될 수 있었다는 것을 보여준다. 이 대목에서 당신은 "자연법칙"이 어떤 것이라고 가정되는지 궁금해 할 수 있을 것이다. 이것은 논리 경험주의를 괴롭힌 주제였고, 지금도 계속해서 다른 모든 사람을 괴롭혀 오고 있다. 그러나 "자연법칙"은 아주 거창한 어떤 것으로 가정되지 않았다. 그것은 사건들의 흐름에서 일종의 기본적 규칙성, 기본 유형이라고 가정되었다(이 문제에 대해서는 제13.4절에서 다시 다룬다).

비록 여기서 내가 "엄호법칙 이론"이라는 표현을 사용하긴 하지만, 그 이론의 또 다른 이름은 설명에 대한 "D-N 이론"이나 "D-N 모델"이다. "D-N"은 "법칙-연역적"(deductive-nomological)을 나타내는데, 여기서 "법칙적"(nomological)이라는 낱말은 법칙을 의미하는 그리스어 *nomos*에서 파생된 낱말이다. "D-N"이라는 용어는 이미 말했듯이 좋은 설명을 하는 논증이 꼭 연역논증일 필요가 없기 때문에 혼동을 줄 수 있다. 그래서 "D-N"은 실제로는 어떤 엄호법칙 설명들, 즉 연역적 설명들만을 가리킨다.

이것으로 엄호법칙 이론에 대한 나의 정리는 끝난다. 이제 나는 이 이론이 무엇이 잘못되었는지 쪽으로 옮겨간다. 이것은 우리가 논쟁을 결판내는 논증에 가까운 어떤 것을 지닌 경우이다. 비록 엄호법칙 이론과 관련해서 제기된 유명한 문제가 많이 있지만, 가장 설득력 있는 문제는 보통 반대칭 문제(asymmetry problem)라 불린다. 그리고 반대칭 문제의 가장 유명한 실례는 깃대와 그림자 사례이다.

우리가 맑은 날 그림자를 드리우고 있는 깃대를 가지고 있다고 해보자. 누군가가 묻는다. 그림자가 왜 X미터 길이인가? 엄호법칙 이론에 따르면, 우리는 깃대 높이, 태양의 위치, 광학법칙, 기초적인 어떤 삼각법으로부터 그림자의 길이를 연역함으로써 그 그림자에 대해 좋은 설명을 제시할 수 있다. 우리는 법칙과 환경이 주어지면 왜 그 그림자의 길이가 그만큼으로 예상되는지를 보여줄 수 있다. 그 논증은 심지어 연역적으로 타당하게 만들 수 있다. 여기까지는 좋다. 문제는 다른 방향에서도 그만큼 좋은 논증을 진행할 수 있다는 것이다. 깃대 높이(+ 광학과 삼각법)으로부터 그림자 길이를 연역할 수 있는 것과 마찬가지로, 우리는 그림자 길이(와 똑같은 법칙들)로부터 깃대 높이를 연역할 수 있다. 논리적으로 말하면 두 방향에서 똑같이 좋은 논증이 진행될 수 있다. 그리고 어느 쪽이든 다른 것에 관한 정보를 제공할 수 있다. 그러나 우리는 두 방향에서 똑같이 좋은 설명을 진행할 수는 없는 것처럼 보이는데, 비록 엄호법칙 이론은 우리가 그렇게 할 수 있다고 말한다 할지라도 그렇다. 깃대와 태양에 의거해 그림자 길이를 설명하는 것은 훌륭하지만, 그림자와 태양에 의거해 깃대 길이를 설명하는 것은 훌륭하지 않다(적어도 이 깃대가 매우 특이한 깃대 — 어쩌면 특수한 그림자를 유지하기 위해 제 자신의 길이를 조절하도록 설계된 깃대 — 가 아닌

한 훌륭하지 않다).

여기서 우리가 발견하는 것은 설명이 일종의 방향성을 갖는다는 것이다. (전부는 아니라도) 어떤 논증들은 방향이 뒤집힐 수 있고, 논증으로서 좋게 남을 수 있다. 그러나 설명은 이런 식으로 뒤집힐 수 없다 (특수한 어떤 경우를 제외하면). 그래서 법칙을 포함하는 좋은 논증이 모두 좋은 설명은 아니다. 엄호법칙 이론에 대한 이 반론은 실베인 브롬버거(Sylvain Bromberger, 1966)가 (약간 다른 예를 이용해) 제시한 것으로 유명하다.

일단 이 점이 보이고 나면, 그것은 빤한 것이면서 파괴적인 것이 된다. 엄호법칙 이론은 설명을 예측과 매우 유사한 것으로 본다. 유일한 차이는 당신이 아는 것과 당신이 모르는 것이다. 그러나 이것은 잘못이다. 증상(symptom) 개념을 생각해보라. 증상은 예측하는 데 사용될 수는 있지만 설명하는 데 사용될 수는 없다. 그러나 증상은 종종 법칙과 함께 좋은 논리적 논증에서 어떤 것이 예상된다는 것을 보여주기 위해 사용될 수 있다. 만일 질병 D만이 증상 S를 산출한다는 것을 안다면, 당신은 S로부터 D를 추리할 수 있다. 어떤 경우에는 당신은 D로부터 S를 예측할 수도 있을 것이다. 그러나 당신은 증상에 의거해서 질병을 설명할 수는 없다. 설명은 다른 방향들에서 아무리 많은 다른 종류의 추리가 만들어질 수 있다 하더라도 D로부터 S로 일방향으로만 진행된다. 그리고 더 나아가서 설령 S가 D의 매우 신빙성 있는 증상이 아니라 할지라도, 설령 누군가가 D를 가질 때 S가 언제나 예상되는 것은 아니라 할지라도, S에 대한 좋은 설명들이 D에 의거해서 제시될 수 있는 것처럼 보인다. 이것은 엄호법칙 이론에 대해서는 별개의 문제인데, 종종 약간 신빙성이 없지만 불쾌한 매독 증상의 예를 이용해 논의된다.

이런 경우들 약간에서 엄호법칙 이론은 그 문제를 회피하기 위해 곡

예 발놀림을 할 수 있다. 그러나 원래의 깃대 사례를 포함하여 다른 경우들은 그런 발놀림에 면제되는 것처럼 보인다. 그 문제에 대한 헴펠 자신의 태도는 당혹스러운 것이었다. 그는 실제로 그 문제를 예상했지만 그것을 기각시켰다(Hempel 1965, 352~54면). 그의 전략은, 만일 자신의 이론이 설명이 한 방향으로만 진행되는 것처럼 보이는 경우에 설명이 두 방향으로 진행되는 것을 허용한다면 두 방향 모두 실제로 괜찮음에 틀림없다는 것을 승인하는 것이었다. 실제 어떤 과학적 사례에서 이 응답은 합리적인 것처럼 보인다. 물리학에는 어떤 방향(들)에서 설명(들)이 진행되고 있는지 말하기 어려운 경우들이 있기 때문이다. 그러나 다른 경우에는 그 방향은 완전히 분명해 보인다. 깃대와 그림자 사례에서는 이 응답이 가망이 없는 것처럼 보인다.

  엄호법칙 이론에 반대하는 다른 좋은 논증들이 있지만(Salmon 1989), 반대칭 문제는 그 이론에 대해서는 살인적인 문제다. 그 문제는 또한 설명에 대해 더 나은 설명 방향을 가리키고 있는 것처럼 보인다.

13.3 인과관계, 통합, 그 외 여러 가지

깃대의 높이와 관련하여 그림자의 길이에 대해 좋은 설명을 만들면서 그 반대는 아니게 만드는 것은 무엇인가? 답은 간단해 보인다. 그 그림자는 햇빛과 깃대 사이의 상호작용에 의해 야기된다. 그것은 이 경우에 인과의 방향이며, 그것은 설명의 방향이기도 하다. 그래서 우리는 깃대 사례로부터 더 나은 이론을 수립하는 법에 대해 직접적인 암시를 얻는 것처럼 보인다. 즉 어떤 것을 설명한다는 것은 그것을 야기하는 것을 기술한다는 것이다. 공룡은 왜 6,500만 년 전에 절멸하게 되었는가? 여기서 또 다시 설명에 대한 우리의 요구는 그 절멸을 일으킨 것에 관한 정보에 대한 요구가 되는 것처럼 보인다.

비록 그 결론이 강력해 보이긴 하지만, 그 결론은 보편적으로 승인되지는 않았으며, 또 다른 많은 문제를 제기한다. 이 대목에서 제기된 가장 큰 문제는 "인과관계란 정말로 무엇인가?"라는 것이다. 우리는 깃대 사례를 해결하기 위해 인과 관념을 자신 있게 사용했지만, 인과와 인과적 연관이라는 전체 관념은 철학에서 몹시 논란이 된다. 많은 철학자에게 인과는 과학을 이해하려 할 때 우리가 최선을 다해 피하려 하는 의심스러운 형이상학적 개념이다. 이러한 의심은 또 다시 경험주의 전통 내에서 통상 있는 일이다. 그 의심은 흄의 연구에서 도출된다. 그 의심은 특히 관찰불가능하지만 우주의 작동에 필수적인, 일종의 사물들 사이의 숨겨진 연관으로서의 인과 관념을 향한다. 경험주의자들은 종종 과학이 이른바 그런 종류의 숨겨진 연관에 관여한다고 가정하지 않으면서 과학을 이해하려 해왔다. 20세기 후반 과학적 실재론의 발흥은 이러한 근심을 어느 정도 완화시켜 주었다. 그러나 많은 철학자는 인과에 관한 문제들에 얽혀들지 않으면서 과학에 대한 적합한 설명을 하는 것을 기뻐할 것이다.

이러한 불안에도 불구하고 20세기 말쯤 설명에 관해 다른 방식으로 논의된 주요 제안은 어떤 것을 설명하는 일이 그것이 어떻게 야기되었는지에 관한 정보를 제시하는 일이라는 생각이었다. 세련된 어떤 분석들이 전개되었는데, 이 분석들은 이 기본 착상을 명료화하기 위해 개연성이론을 사용하려 했다(Salmon 1984 ; Suppe 1984). 처음에 설명에 대한 이 견해는 가장 직접적으로 특수 사건들(공룡의 절멸 같은)에 적용되는 것처럼 보였지만, 이 견해는 유형에 대한 설명에도 적용될 수 있다. 우리는 "왜 근친교배가 선천적 기형을 낳는가?"라고 물을 수 있다. 설명은 그 현상을 산출하는 데 포함된 일반적인 종류의 인과적 과정을 기술할 것이다(어떤 열성유전자의 두 개의 복제가 단일 개체에서 맺어질 확률의 증가를 포함하는 과정).

인과관계가 설명의 열쇠라고 주장하는 일은 설명에 관한 모든 문제를 해결하지 못한다. 우리는 원인에 관한 어떤 **종류**의 정보가 좋은 설명을 위해 필요한지 알 필요가 있다. 그 상황에 대해 생각하는 한 가지 방식은 설명되는 사건의 인과적 역사에서 아주 세세한 데까지 구체화되는 모든 것을 포함하는 이상적인 "완전한" 설명을 상상하는 것이다 (Railton 1981). 어떤 현상에 대해 완전한 설명을 듣기를 원하는 사람은 결코 없으며, 우리는 이 완전한 설명들을 결코 알지 못한다. 대신 어떤 설명에 대한 요구가 만들어지는 논의의 맥락에서는 완전한 설명의 어떤 조각이나 조각들이 적절한 관련이 있을 것이다. 우리는 종종 전체 인과적 구조의 이 관련된 조각들을 알 수 있고, 기술할 수 있다. 실제로 실제에 있어서 좋은 설명을 제시하기 위해 요구되는 것은 전체의 이 관련된 조각들에 대한 기술이 전부다.

설명에 대해 인과관계에 의거한 분석을 제시하는 것에 대한 한 가지 주요 대안은 엄호법칙 이론 서거 후 몇 년 동안에 전개되었다. 이것은 설명이 통합(unification)에 의거해 분석되어야 한다는 생각이었다. 이 생각은 마이클 프리드먼(Michael Friedman, 1974)과 필립 키처(Philip Kitcher, 1981, 1989)에서 자세히 전개되었다. 그러나 키처 또한 강조했듯이, 그 생각은 실제로는 논리 경험주의에서 내내 전개되었다. 설명이 통합이라는 생각은 "공식적인" 엄호법칙 이론과 대조적으로 많은 논리 경험주의 내에서 일종의 "비공식적인" 설명 이론이었다(예컨대 Feigl 1943을 볼 것). 이 비공식적 이론은 공식적 이론보다 훨씬 더 낫다. 종종 두 접근방식이 함께 섞이기도 했다. 특수 사건과 일반적 법칙 사이의 연관을 보여준다는 것은 무엇보다도 일종의 통합을 달성한다는 것이다. 그렇다면 어째서 과학에서 법칙으로부터 현상을 도출해낸다는 생각에 매이지 않는 통합이론을 전개하면 안 되는가?

그래서 **통합주의 이론**은 과학에서 설명이 다양한 사실 집합을 기초적 유형과 원리들 집합 아래 포섭함으로써 그 사실들 집합을 연관 짓는 문제라고 주장한다. 과학은 끊임없이 우리가 근본적인 것으로 승인해야 하는 것들의 수를 줄이려 한다. 우리는 가능한 한 넓게 적용될 수 있는 일반적인 설명 도식을 전개하려 한다. 이 제안은 확실히 과학자들이 어떻게 작동하는지에 대해 많이 이치에 닿는다. 실제로 "아하!"라는 반응을 낳는 것은 종종 이상해 보이는 어떤 현상이 실은 좀 더 일반적인 어떤 것의 사례임을 깨닫는 것임이 분명해 보인다. 키처 또한 과학사의 사례를 들어 이 견해를 옹호한다. 그는 매우 유명한 어떤 이론들 — 다윈 진화론과 물질의 본성에 관한 뉴턴의 후기 연구 — 이 특수한 새로운 예측을 많이 해내지 못했음에도 불구하고 초기 단계에서 과학자들에게 강력한 것이었는데, 왜냐하면 그런 이론들이 아주 많은 것을 설명할 가망이 있었기 때문이었다고 논한다. 그리고 이 "설명적 가망"은 다양한 현상을 몇 개의 일반적 원리로 통합하는 그 이론들의 능력이었던 것처럼 보인다.

키처의 경우에 통합주의 이론을 전개하는 또 다른 이유는 인과 관념에 대한 불신이었다. 이로 인해 키처는 몇 년 동안 전적으로 통합에 의거한 설명이론을 전개하려고 했다. 그러나 깃대와 그림자, 그리고 어느 쪽이 어느 쪽을 설명할 수 있는 반대칭은 어떤가? 키처는 우리가 이 반대칭을 인과적 용어로 기술하려는 경향이 있지만, 이러한 인과적 언급은 실은 통합을 포함하는 좀 더 기초적인 반대칭들의 느슨한 요약이라고 논했다(Kitcher 1989).

그래서 우리는 엄호법칙 이론을 대치하려는 두 개의 주요 제안을 갖게 되는 셈이다. 이 제안들은 종종 경쟁 제안으로 취급되었다. "인과관계가 이기는가 통합이 이기는가?" 그러나 이것은 확실히 잘못이다. 우리는 선택할 필요가 없다. 또 다시 철학이론들에서 의심스러운 단순성의 유혹을 조심하라! 많은 시간에 어떤 것을 설명한다는 것은 그것 배후의 인과적 메커니즘이나 그것으로 이끄는 인과적 역사를 기술한다는 것이다. 그것은 많은 시간에 옳지만, 모든 시간에 옳다고 주장할 필요는 없다. 어떤 경우에 인과적 언어를 그 상황에 적용하기가 어려울 때조차 유형들이나 원리들 사이에 꽤 명료한 설명적 관계가 있을 수 있다. 종종 이것은 통합을 포함하는 것처럼 보인다. 서로 다른 다양한 관계들이 설명적 관계일 수 있다고 주장하지 못하게 막는 것은 없다.

최근에 이와 비슷한 생각들이 과학철학에서 태동하고 있다. 웨슬리 새먼(Wesley Salmon)은 여러 해 동안 인과관계가 설명의 열쇠라는 생각의 주요 지지자 중 한 사람이었다. 그러나 그는 결국 통합 또한 그 이야기의 한 부분이라는 것을 승인했다. 때로 그는 인과와 통합을 같은 설명적 동전의 양면으로 생각하는 것처럼 보였고, 또 다른 때에는 대안의 설명적 기획들로 생각하는 것처럼 보였다(1989, 1998). 오랫동안 인과 관념을 이용해 설명을 분석하는 것을 피하고, 대신 통합에 의거해 전체 이야기를 말하려 했던 키처는 지금은 이것이 아마 잘못일 것이며, 인과 개념이 결국은 그렇게 의심스러운 개념이 아니라고 결정했다(개인 서신, 2002).

그래서 과학철학에서 생겨날 수 있는 것은 설명에 관한 일종의 "다원주의"이다. 이것은 올바른 방향으로 가는 단계지만, 나는 전체 문제가 잘못 접근되었다고 주장한다. (여기가 바로 내가 비정통적이게 된 지점이다.) 철학자들이 하는 설명에 관한 논의와 관련하여 가장 독특한 것은 설명이 하나의 특별한 관계나 특별한 관계들의 짧은 목록에 의거한 분석을 요구하는 종류의 것이라는 가정이었다. 그 설명적 관계가 되는 하나의 기초적 관계가 있다고 생각하는 것은 잘못이며((엄호법칙 이론, 인과이론, 통합이론에서처럼), 명확한 두세 개의 그러한 어떤 관계들이 있다고 생각하는 것 또한 잘못이다.

대안의 견해는 설명 관념이 과학의 다른 부분들 내에서 달리 작동한다 — 그리고 과학의 같은 부분 내에서도 다른 시간에 달리 작동한다 — 는 것을 인정하는 것이다. "설명"이라는 낱말은 과학에서 이론의 발전에 의해 추구되는 어떤 것, 그리고 달성하는 어떤 것을 나타내기 위해 사용되지만, 추구되는 것이 정확히 무엇인지는 모든 과학에서 일정한 것이 아니다. 그래서 우리는 모든 과학 안에서 좋은 설명이 인과적 시험이나 또는 통합 시험 (등)을 만족시키는 어떤 것이라고 주장해서는 올바른 분석을 얻을 수 없다. 이 익숙한 형태의 "다원주의"는 서로 다른 과학 분야들이 좋은 설명으로 통과시키는 것에 대해 명확한 기준을 확립하게 될 방식을 무시한다. 분야 A에서 좋은 설명의 표준이 분야 B에서 충족될 필요가 없다. 만일 어떤 "-주의"(ism)가 요구된다면, 설명에 대한 올바른 분석은 일종의 맥락주의 — 좋은 설명의 표준을 부분적으로 과학적 맥락에 의존적인 것으로 취급하는 견해 — 이다.

쿤은 수 년 전에 이런 종류의 견해를 주장했다(1977a). 물리학사에 관한 논문에서 그는 서로 다른 이론들(또는 패러다임들)이 좋은 설명으로 간주하는 것에 대해 저마다 자신의 표준을 산출하는 경향이 있다고 주장했다. 더 나아가 그는 어떤 관계가 "인과적" 관계로 간주되는지에 관한 표준들 또한 패러다임에 의존한다고 주장했다. 설명과 인과 개념은 적어도 어느 정도까지는 서로 다른 과학 분야들과 역사적 시기들에 내재적이다.

인과의 경우에 어떤 철학자는 어느 정도 정당하게 사람들마다 인과 관계가 무엇인지에 관해 달리 생각해왔다고 해서 그것이 문제의 사실이 정말로 없다는 것을 의미하지 않는다고 쿤에게 응수했을지도 모른다. 좋다(적어도 지금으로서는). 그러나 설명의 경우에 나는 이 응수가 거의 힘이 없다고 생각한다. 만일 두 과학 분야가 서로 다른 관계들을 가려내서 그것들을 "설명"이라고 부른다면, 이런저런 사람이 범하고 있는 사실적 오류가 있을 필요가 없다.

이 주장을 뒷받침하기 위해 쿤은 뉴턴의 중력이론 경우에 초점을 맞추었다(그가 『구조』에서 했던 것처럼). 뉴턴의 이론은 중력에 대한 뉴턴의 처리가 직관적 메커니즘이 아니라 수학적 관계만을 제시했다고 한다면 물체의 낙하를 설명하는가? 어떤 사람들은 아니라고 답했지만, 시간이 지나면서 올바른 종류의 수학적 법칙은 정말로 설명으로 간주한다는 것이야말로 뉴턴주의의 부분이 되었다. 설명 관념이 과학에 관한 우리의 생각과 우주 변화에 관한 우리의 생각만큼 진화할 것이라는 것이 바로 쿤의 견해이다.

그래서 비록 엄호법칙 이론이 분명히 과학에서 설명에 대한 일반적 설명으로 실패한다 할지라도, 엄호법칙 이론이 기술하는 형태의 설명은 전혀 없다고 결론짓는 것은 잘못일 것이다. 적어도 헴펠이 염두에 두었던 것과 가까운 어떤 설명들이 있다. 잘못은 그 모델을 모든 사례에 적용하는 것이다.

나는 이 점에서 쿤이 옳았다고 주장한다. 나는 이 제안이 무엇이라도 설명으로 간주할 수 있다는 극단적인 생각으로 이끌 필요가 없다는 말을 덧붙이고 싶다. 과학적 전통들은 설명 관념에 대한 자신들의 처리에 대해 일반적으로 저마다 좋은 이유가 있을 것이다. 예컨대 설명에 관한 견해들은 세계가 무엇을 포함하는지에 관한 견해들에 의존할 것이다.

가능한 어떤 설명 개념들은 사실적 오류를 끼워 넣을 것이다. 간단한 예를 들어 만일 누군가가 좋은 설명이 언제나 신의 의지 개념에 기초를 둔다고 주장하는데 결국 신이 없는 것으로 드러난다면, 그 설명 개념은 사실적 오류 때문에 틀렸을 것이다. 어떤 철학자들은 설명 개념들에 관해 인과 관념을 이용해 똑같은 논증을 제시할지도 모른다 — 그들은 전통적인 인과적 연관 관념이 잘못된 형이상학 조각이라고 주장할지도 모른다. 그러나 설명 관념을 다룰 수 있는 가능한 많은 방식이 사실적 오류에 의해 배제되지는 않을 것이다.

이것은 과학에서 "설명하다"라는 용어의 실제 사용에 주의를 기울이는 것이 중요한 경우이다. 여기서 우리는 많은 다양성을 발견한다. 어떤 분야들에서는 그 낱말이 전문적 의미로 사용되는데, 심지어 "변동폭"에 대한 수학적 측정이 주어진 요인에 의해 "설명된다"고 하는 경우가 그렇다. 다른 분야들에서는 전문적 표준 비슷한 어떤 것도 적용되지 않는다. "설명하다"라는 낱말은 또한 거의 수사적으로 사용되기도 한다. 누군가가 "당신의 이론은 이 결과와 조화를 이루겠지만 실제로는 그것을 설명하지 못한다"라고 말할 수도 있다. 이 말은 "당신의 이론이 부자연스럽게 보이는 방식으로 이 결과를 도출해내는 데에만 사용될 수 있다"를 의미할 수도 있다. (이와 같은 경우에 종종 통합이 중요해 보인다.) 다른 때에는 "설명하다"라는 낱말이 과학에서 훨씬 더 저자세의 방식으로 사용된다. 과학적 실재론에 따르면, 많은 과학은 세계에서 일어나는 일을 기술하려고 한다. 이것은 종종 일이 어떻게 작동하는지를 기술하는 문제이다. 광합성은 어떻게 작동하는가? DNA 복제는 어떻게 작동하는가? 이런 종류의 현상에 대한 기술도 종종 설명으로 불리겠지만, 이것은 메커니즘과 과정에 대한 기술을 넘어서서 가외의 어떤 것이 진행되고 있다는 것을 의미하지 않는다.

이 대목에서 나는 내 견해와 이 영역에서 또 다른 비정통적 입장, 즉 반 프라센(1980)의 입장을 비교하지 않을 수 없다. 내가 그러듯이 그는 설명이 모든 과학에 공통하는 하나의 어떤 특별한 관계라는 것을 부정한다. 그는 설명에 대해 "실용적" 설명을 전개해왔는데, 여기서 설명으로 간주되는 것은 맥락에 따라 달라진다. 그러나 이것은 내 견해와 매우 다르다. 반 프라센은 설명이 어쨌든 과학 "내부의" 어떤 것이라는 것을 부정하고 싶어 한다. 그래서 그는 과학적 추론이 이론들의 설명력에 대한 평가를 포함한다는 것을 부정한다. 대신 설명이란 사람들이 과학이론들을 취해 그것들을 과학적 논의 자체 바깥의 물음에 답하는 데 사용하려 할 때 사람들이 하는 어떤 것이다. 이와 대조적으로 내가 옹호하는 견해는 설명이 철저하게 과학에 내재하는 것이지만 다양하게 내재하는 것이다. 무엇을 설명하는 것에 대한 평가는 과학적 추론의 매우 중요한 부분이지만, 분야마다 설명에 대해 약간 다른 개념들과 다른 표준들을 사용할 수 있다.

이 주제를 떠나기 전에 나는 또한 설명적 추리에 관해 한 마디 덧붙이고 싶다. 제3장으로 되돌아가 보면, 나는 이 용어를 자료 집합으로부터 그 자료를 설명할 구조나 과정에 관한 가설을 이끌어내는 추리를 나타내기 위해 사용했다. 나는 제14장에서 확증과 증거에 대한 좀 더 최근의 논의를 살필 때 이 주제로 되돌아올 것이다. "설명적 추리"라는 용어는 설명적 추리에 포함되는 자료와 가설 사이에 한 종류의 관계 ─ 설명 관계 ─ 가 있음을 시사한다. 많은 철학자가 이것을 인정할 것이다. 사실상 "최선의 설명으로의 추리"라는 용어가 내가 설명적 추리라고 부르는 것에 대한 더 흔한 이름이다. 그 용어는 관련된 "설명적 좋음"에 대해 어떤 단일 척도가 있음을 시사한다. 그러나 나는 이것이 과학적 추론에 관해 생각하는 잘못된 방식이라고 생각한다(그리고 이것

이 내가 "최선의 설명으로의 추리"라는 용어를 피해온 이유이다). 나는
"설명적 추리"를 넓은 방식으로 사용하는데, 여기서는 모든 과학에 적
용되는 관련된 설명적 좋음의 단일 척도가 있다고 가정하지 않는다. 오
히려 설명적 추리는 자료의 원인일 수 있는 숨겨진 구조에 관한 가설들
을 고안하고 비교하는 일의 문제이다. "설명"은 꽤 다양한 어떤 것으로
보인다.

　정리해보자. 엄호법칙 이론은 과학에서 설명에 대한 일반적 설명으
로서는 죽었다. 그러나 우리는 모든 과학적 설명에 포함된 어떤 단일
관계나 단일 유형에 대한 새로운 이론을 추구해서는 안 된다. 인과관계
가 포함되는 경우가 매우 흔하다. 통합이나 법칙들로부터 현상을 도출
해내는 경우에 대해서도 똑같은 말이 성립한다. 그러나 서로 다른 분야
들마다 서로 다른 설명 개념과 표준을 가지고 있다.

13.4 법칙과 원인(선택 절)

짧으면서 다소 추상적인 이 절은 이 책의 주요 주제들에서 벗어나 과학
철학과 논란이 되는 형이상학이라는 분야 사이의 교차지점에 진출한다.
설명에 대한 엄호법칙 이론은 자연법칙 관념을 이용했다. 그 이론을 대
치한 이론 중 하나는 인과관계 관념을 이용했다. 그러나 자연법칙이란
무엇인가? 인과관계란 무엇인가?

　두 경우 모두에 우리는 세계 속 사물들 사이의 특별한 종류의 연관을
명확히 드러내려고 하는 것 같은 개념들을 가지고 있다. 인과관계는 때
로 반농담조로 "우주의 시멘트"라 불린다(Mackie 1980; 이 표현은 흄
[(1740) 1978]이 처음 사용했다). 최근에 이 개념들에 관해서는 많은

철학자가 회의적이었다. 그러나 일반적으로 그들의 태도는 그 개념들을 거부하는 것("인과관계 같은 것은 없다")이 아니라 대신 매우 저자세의 방식으로 이 개념들을 재구성하는 것("그래, 인과관계가 있지만 이것에 지나지 않는다…")이었다. 특히 철학자들은 법칙과 인과관계 둘 다 사물들 사이의 어떤 가외 연관이 아니라 사물들의 배열에서 나타나는 유형에 의거해 분석하려 했다. 때로 이 기획은 실제로 자연 속 사건들 사이의 연관 개념들에 관해 초점을 맞추어 의심을 전개한 최초의 철학자 데이비드 흄을 따라서 "흄주의"로 불린다(또한 Lewis 1986b를 볼 것). 오늘날 흄주의자들이 흄과 똑같은 종류의 경험주의를 주장하지는 않지만, 그들은 우주를 함께 연결하는 어떤 종류의 관찰불가능한 시멘트를 믿는 일을 피하려 한다.

그래서 흄주의적 견해를 가진 철학자는 자연법칙을 사건들의 배열에서 규칙적 현상이나 기초적 유형에 지나지 않는 것으로 해석하려 할 것이다. 자연법칙을 이런 식으로 취급하는 것은 "법칙"이라는 용어의 익숙한 함축적 의미들 중의 하나를 잊어버리는 것이다. 보통 우리는 법칙을 어떤 방식으로 지시하거나 안내하거나 지배하는 것으로 본다. 자연법칙을 우주에서 사건들의 흐름을 지배하는 것으로 보는 일이 가능하다(실제로 그렇게 보는 것이 전통이다). 법칙은 우리가 보는 규칙적 유형과 동일한 것이 아니라 그것들에 대해 책임이 있는 것으로 보인다(Dretske 1977; Armstrong 1983). 흄주의자는 법칙에 대한 이 "지배" 개념을 냉정한 철학자들이 피해야 하는 유혹물로 간주한다. 자연법칙에 대한 논리 경험주의의 태도는 이런 의미에서 기본적으로 흄주의적이었다.

인과관계라는 주제도 비슷한 논쟁을 산출해왔다. 한쪽에서 우리는 인과관계를 기본적으로 사건들의 흐름에서 어떤 특별한 종류의 규칙적 유형으로 보는 사람들을 만난다. 다른 쪽에는 인과관계를 어쨌든 그 유형에 대해 책임이 있는 사물들 사이의 연관으로 보는 사람들이 있다 (Sosa and Tooley 1993를 볼 것). 아마 이 연관이 신비스러운 철학적 존재자로 보일 필요는 없을 것이다. 아마 그 연관은 통상적인 과학에 의해 기술될 수 있을 것이다(Dowe 1992 ; Menzies 1996).

몇 년 동안 철학자들은 과학에서 법칙과 그것의 역할을 실제 과학적 연구와 거의 접촉하지 않는 방식으로 논의하는 경향을 보였다. 1983년에 낸시 카트라이트(Nancy Cartwright)는 『물리학 법칙은 어떤 상태에 있는가』(How the Laws of Physics Lie)라는 책에서 그 분야에 주의를 촉구했는데, 이 책에서 그녀는 사람들이 "물리학 법칙"이라 부르는 것이 보통 실제 체계의 작용을 기술하는 것이 아니라 몹시 이상화된 가공의 체계들의 작용을 기술할 뿐이라고 주장했다. 실제 과학을 좀 더 정밀하게 살피는 일로부터 결과하는 또 다른 중요한 변화는 철학자들이 과학적 이론구성의 목표로서의 자연법칙 때문에 더 이상 괴로워하지 않는다는 것이다. 여러 해가 지나면서 철학자들은 생물학 같은 분야들에서 자연법칙의 진술들을 찾았다. 철학자들은 진정한 모든 과학이 가설화된 법칙들을 포함해야 하고, 법칙 개념에 의거해 그 아이디어들을 조직해야 한다고 생각했다. 사실상 대부분의 생물학은 자연법칙 개념을 거의 사용하지 않지만, 그것이 생물학을 덜 과학적으로 만드는 것은 아니다.

더 읽을거리

웨슬리 새먼의 Four Decades of Scientific Explanation(1989)은 1948년

(엄호법칙 이론의 출현)에서 1980년대 말까지 설명에 관한 연구에 대해 매우 훌륭하게 개관하고 있는 책이다(새먼의 논의를 훼손하는 유일한 것은 인과관계에 관한 다소 괴상한 그의 이론인데, 이 이론은 그가 설명을 다루는 방식에도 영향을 미치고 있다).

인과관계와 설명에 대한 매우 훌륭한 대안의 논의는 Lewis 1986a에서 찾아볼 수 있다(루이스의 인과이론 또한 괴상하다. 사실상 나는 모든 철학자의 인과이론이 괴상하다고 생각한다. 두 명의 철학자만 있어도 서로 일치하는 것 같지 않기 때문이다. 그렇지만 루이스의 논의는 인과관계에 관한 다양한 다른 견해들과 양립가능하다).

설명에 대한 통합주의 이론들에 대해서는 Friedman 1974과 Kitcher 1989를 볼 것. 이 논문들은 꽤 고급 논문들이다.

루이스는 1986년 *Philosophical Papers* 제2권 서문에서 형이상학에서 흄주의 프로그램을 논의한다. Armstrong 1983은 자연법칙에 관한 문헌 중에서 좀 더 순수하게 철학적 측면에 치중하고 있는 명료한 입문서이다. Beebee 2000은 법칙이 사물을 "지배한다"는 생각에 대해 훌륭하게 논의하고 있는 책이다. Mitchell(2000)은 법칙에 관해 흥미로운 입장을 옹호한다.

베이스주의와 현대 증거이론

14.1 새로운 희망

20세기의 많은 시간을 통하여 미해결된 확증 문제는 과학철학을 위협했다. 관찰이 과학이론에 대해 증거를 제공한다거나 확증한다는 것은 무엇인가? 제3장으로 돌아가 보면 나는 논리 경험주의가 이 문제와 어떻게 맞붙었는지를 기술했다. 논리 경험주의자들은 간단명료한 생각들 — 많은 검은 까마귀를 보는 일이 모든 까마귀는 검다는 가설을 확증한다는 생각처럼 — 에서 시작해 거기로부터 과학에서 시험을 이해하는데 도움이 될 "귀납논리"를 세우고 싶어 했다. 그들은 실패했으며, 우리에게는 그 주제가 불확실과 좌절 상태로 남게 되었다.

칼 포퍼는 이 상황을 즐길 수 있는 한 사람이었는데, 왜냐하면 그는 확증이 과학의 본질적 부분이라는 생각에 반대했기 때문이다. 포퍼 이후에 우리는 쿤의 이론처럼 역사에 정향된 과학이론들을 논의하기 시작했다. 이 이론들은 논리 경험주의가 했던 방식으로 확증 문제에 초점을 두지 않았다. 그러나 그 문제는 사라지지 않았다. 어떤 철학자들은 계속해서 그 문제를 연구했고, 논의가 되지 않을 때조차도 그 문제는 배후에 잠복해 있었다. 만일 누군가가 실제로 설득력 있는 확증이론을 안출했다면, 제7~9장에서 논의한 종류의 극단적 견해들을 옹호하는 것은 더 어려웠을 것이다. 그러한 이론의 부재는 경험주의 철학자들을 수세적 입장에 처하게 만든다.

지금은 상황이 변했다. 다시 한 번 많은 철학자가 확증과 증거에 대한 어떤 이론에서 진정한 희망을 갖고 있다. 새로운 견해는 베이스주의 (Bayesianism)라 불린다. 이 접근방식의 핵심 아이디어들은 20세기를 통해 서서히 발전했지만, 결국은 이 아이디어들이 그 문제를 실제로 해결할 수 있는 것처럼 보이기 시작했다. 많은 사람의 태도는 존 이어만 (John Earman)의 최근 책 『베이스냐 파산이냐?』(*Bayes or Bust?*, 1992)라는 제목에서 정리된다. 이 제목은 이 접근방식이 더 나은 연구를 했으며, 그렇지 않으면 과학철학이 실제로 다시 곤경에 처할지도 모른다는 폭넓은 느낌을 가리킨다.

비록 베이스주의가 오늘날 이 문제를 해결하는 데 가장 인기 있는 접근방식이긴 하지만, 나는 베이스주의 진영에 있지 않다. 베이스주의의 어떤 부분들은 강력하다는 것을 부정할 수 없지만, 나는 내 돈을 조심스럽게 다른 어떤 사상들에 걸 것이다. 이 사상들은 이 장 끝 부분에서 소개될 것이다.

그리고 이 주제를 다루기 전에 나는 이 장이 이 책에서 가장 어려운 장임을 강조하지 않을 수 없다. 어떤 독자들은 제15장으로 건너뛰고 싶어 할 수도 있다.

14.2 확률을 통해 증거 이해하기

이 대목에서 나는 용어를 바꿀 것이다. 논리 경험주의자들은 "확증"이라는 용어를 사용했지만, 최근의 논의는 증거 개념에 초점을 맞추는 경향이 있다. 그래서 지금부터는 이 용법을 따를 것이다.

베이스주의는 확률이론(probability theory, 개연성이론)을 이용해 증거를 이해하려 한다. 이런 생각은 새로운 것이 아니다. 증거에 관한 어떤 주장들을 확률에 의거해 표현하는 것은 종종 자연스러워 보여왔다. 루돌프 카르납(Rudolf Carnap)은 수십 년에 걸쳐 그 문제를 이런 식으로 해결하려 했다. 그리고 철학 바깥에서도 이 생각은 익숙하다. 우리는 파티장 바깥에서 누군가의 차를 보는 일이 그 사람이 파티장에 있다는 것을 매우 그럴듯하게 만든다는 것을 안다. 통계와 자료 분석을 하는 수학 분야들은 조사와 표본으로부터 끌어낼 수 있는 종류의 결론을 기술하기 위해 확률이론을 이용한다. 그리고 법정에서도 우리는 DNA 증거처럼 확률에 의거한 법정 증거 기술에 익숙해져왔다.

결과적으로 많은 철학자는 증거를 확률을 이용해 이해하려 해왔다. 이러한 많은 시도의 배후에 놓여 있는 착상이 있다. 그 착상은 어떤 가설에 관해 불확실성이 있을 때 관찰 증거는 때로 그 가설의 확률을 높이거나 낮출 수 있다는 것이다.

베이스주의는 이 착상의 한 가지 버전이다. 베이스주의자들에게는 증거 문제에 대해 마법의 탄환 같은 공식, 즉 베이스 정리가 있다. 영국의 목사였던 토머스 베이스(Thomas Bayes)는 자신의 정리를 18세기에 증명했다. 정리로서—수학의 한 조각으로서—그의 아이디어는 매우 단순하다. 그러나 베이스주의자들은 토머스 베이스가 노다지를 발견했다고 믿었다.

다음은 가장 단순한 형식의 마법 공식이다.

(1) $P(h|e) = \dfrac{P(e|h)P(h)}{P(e)}$

이 공식이 과학철학에서 어떻게 작동하는지를 보여주는 데 더 유용한 형식은 다음과 같다.

(2) $P(h|e) = \dfrac{P(e|h)P(h)}{P(e|h)P(h) + P(e|{\sim}h)P({\sim}h)}$

다음은 이런 종류의 공식들을 읽는 법이다. P(X)는 X의 확률이다. P(X|Y)는 Y라는 조건 아래서의 X의 확률, 또는 Y가 주어졌을 때의 X의 확률이다.

이 공식이 이론의 확률을 이해하는 데 어떻게 도움이 되는가? "h"를 가설, "e"를 증거 조각으로 해석해보라. 그런 다음 P(h)를 증거 e에 대한 고려 없이 측정된 h의 확률로 생각해보라. P(h|e)는 e가 주어졌을 때의 h의 확률이거나, e에 비추어 볼 때의 그 가설의 확률이다. 베이스 정리는 이 나중의 수를 계산하는 법을 말해준다. 그 결과 우리는 증거 e가 h의 확률에 어떤 차이를 만드는지 측정할 수 있다. 그래서 우리는 만일 $P(h|e) > P(h)$라면 증거 e가 h를 확증한다고 말할 수 있다. 즉 만일 e가 달리 되었을 경우보다 h를 더 개연적이게 만든다면 e는 h를 확증한다.

누군가가 증거가 나타남에 따라 그의 믿음들을 바꾸는 경우를 상상해보라. 그는 h의 확률에 대한 자신의 평가로서 P(h)에서 시작한다. 만일 그가 e를 관찰한다면, h의 확률에 관해 그의 새로운 견해는 어떻게 되어야 하는가? h의 확률에 대한 그의 새로운 견해는 $P(h|e)$로 제시되

어야 하는 것처럼 보이는데, 베이스 정리는 이것을 계산하는 법을 알려준다. 그래서 베이스 정리는 증거에 비추어 확률을 경신하는 법을 알려준다. (이 경신에 대해서는 나중에 더 언급하겠다.)

그런 것들은 베이스주의의 두 가지 핵심 착상, 즉 만일 e가 h의 확률을 높인다면 e가 h를 확증한다는 생각과, 확률은 베이스 정리가 지시하는 방식으로 경신되어야 한다는 생각이다.

베이스 정리는 $P(h|e)$를 두 개의 다른 종류 확률의 함수로 표현한다. $P(h)$ 형식 가설들의 확률은 사전 확률(prior probability)이라 불린다. 공식 2를 살펴보면 우리는 $P(h)$와 $P(\sim h)$를 안다. 이것들은 h의 사전 확률과 h의 부정의 사전 확률이다. 이 두 숫자는 합해서 1이 되어야 한다. 형식 $P(e|h)$의 확률은 종종 "우도"(likelihood, 尤度), 또는 이론에 대한 증거의 우도라 불린다. 공식 2에서 우리는 두 개의 다른 우도 $P(e|h)$와 $P(e|\sim h)$를 본다. (이것들은 합쳐서 어떤 특정 값이 될 필요가 없다.) 마지막으로 $P(h|e)$는 h의 "사후 확률"(posterior probability)이다.

이런 확률 모두가 의미가 있고, 우리에게 알려질 수 있다고 해보자. 베이스 정리가 어떤 일을 할 수 있는지 보자. 당신이 어떤 사람이 파티장에 있는지에 관해 확신을 하지 못한다고 상상해보라. 그가 파티장에 있다는 가설은 h이다. 그 다음에 당신은 그의 차가 파티장 바깥에 있는 것을 본다. 이것은 증거 e이다. 차를 보기 전에 당신이 그가 파티에 갈 확률이 0.5라고 생각한다고 해보자. 그리고 그가 파티에 간다면 그의 차가 파티장 바깥에 있을 확률은 0.8인데, 왜냐하면 그는 보통 그런 행사에 차를 몰고 가기 때문이다. 반면에 그가 파티에 가지 않는다면 그의 차가 파티장 바깥에 있을 확률은 0.1에 불과하다. 그렇다면 우리는 그의 차가 바깥에 있다는 사실이 주어졌을 때 그가 파티에 있을 확률을 알

아낼 수 있다. 그 숫자들을 베이스 정리에 집어넣으면, 우리는 $P(h|e)$ = (0.5)(0.8)/[(0.5)(0.8)) + (0.5)(0.1)]을 얻는데, 이 값은 약 0.9이다. 그래서 차를 보는 일은 h의 확률을 0.5에서 약 0.9까지 높인다. 그래서 그 차를 보는 일은 그 사람이 파티장에 있다는 가설을 강하게 확증한다.

이 모든 것은 잘 작동하는 것처럼 보인다. 우리는 만일 이런 방식으로 확률에 관해 언급하는 것이 의미가 있다면, 베이스 정리를 가지고 많은 일을 할 수 있다. 형식 $P(e|h)$의 확률, 즉 우도를 해석하는 것은 그리 어렵지 않다고 생각하는 것이 일반적이다. 과학이론들은 우리가 봄직한 것을 알려주는 것으로 가정된다. 어떤 베이스주의자들은 이 생각에 대해 제기될 수 있는 문제들을 과소평가하지만, 그것은 아직은 추구할 필요가 없다. 좀 더 논란이 되는 확률은 $P(h)$처럼 가설의 사전 확률이다. 이 숫자는 어떻게 측정될 수 있는가? 그리고 h의 사후 확률은 우리가 그것의 사전 확률을 가지고 있을 경우에만 계산될 수 있다. 그래서 비록 베이스 정리를 이용해 증거를 논의하는 것이 좋은 일일 수 있다 할지라도, 확률에 대한 많은 해석은 이론의 사전 확률을 의미 있게 만들지 못하기 때문에 이것을 허용하지 않을 것이다. 만일 베이스 정리를 이용하고 싶다면, 우리는 사전 확률에 관해 언급할 수 있게 해줄 확률 해석을 필요로 한다. 그것이 바로 베이스주의자들이 발전시켜온 해석이다. 확률에 대한 이 해석은 주관주의적 해석이라 불린다.

14.3 확률에 대한 주관주의적 해석

확률을 분석하려는 시도는 대부분 확률을 사건들의 실재하는 어떤 "객관적" 특징을 측정하기 위한 것으로 간주해왔다. 확률값은 사건이 일어날 가망(chance)을 측정한 것으로 보이는데, 여기서 이 가망은 어쨌든 사건 자체와 세계 속에서 그것의 위치의 특징이다. 그것은 우리가 보통 예를 들어 경마의 확률에 관해 말하는 방식이다. 그러나 주관주의적 해석에 따르면, 확률은 믿음의 정도이다. 확률은 어떤 명제의 진리성에 대한 어떤 사람의 확신 정도를 측정한다. 그래서 만일 누군가가 내일 경마에서 말 "톰 B"가 승리할 확률이 0.4라고 말한다면, 그는 그 말이 승리할 것이라는 데 대해 그가 갖는 확신의 정도에 관해 무언가를 말하고 있다.

확률에 대한 주관주의적 접근방식은 1920년대와 1930년대에 두 명의 철학자 겸 수학자 프랭크 램지(Frank Ramsey)와 브루노 피네티(Bruno Finetti)가 (독자적으로) 개척했다. 확률에 대한 이 해석은 철학에서만 중요한 것이 아니다. 그것은 사회과학들(특히 경제학)에서 커다란 중요성을 갖는 의사결정 이론의 핵심이다. 베이스 정리를 이용해 증거를 이해하기를 원하는 대다수 철학자는 확률에 대해 — 적어도 이런 문제들 집합에 확률 이론을 적용하기 위해, 그리고 때로는 좀 더 일반적으로 적용하기 위해 — 주관주의적 견해를 지닌다. 어떤 사람들은 베이스 정리를 이용하기 위해서는 자신들이 그래야 한다고 느끼기 때문에 주관주의자이다. 또 어떤 사람들은 주관주의가 어쨌든 확률에 대해 의미가 있는 유일한 해석이라고 생각한다. 베이스주의에 관한 철학적 논쟁들은 또한 수학적 통계학 자체 내의 확률에 관한 논쟁들과 연관된다.

그러니 확률에 관한 주관주의, 그리고 그것이 베이스주의와 어떻게 관계되는지를 좀 더 면밀히 살펴보기로 하자. 이 주제의 세부내용은 지독히 전문적이지만, 주요 착상은 그리 어렵지 않다.

주관주의는 확률을 세계에 관한 명제나 가설에 대한 믿음의 정도로 본다. 명제에 대한 누군가의 믿음의 정도가 얼마인지 알아내기 위해서는 우리는 그에게 묻거나 그의 마음 속 내부를 살피지 않는다. 대신 우리는 그의 믿음의 정도를 실제 행동이건 가능한 행동이건 간에 그의 도박 행동에서 드러나는 것으로 본다. 당신의 믿음 정도는 당신이 어떤 내기를 받아들이고 어떤 내기를 거부할 것인지에서 드러난다. 현실의 사람들은 승률이 좋다고 생각할 때조차도 거는 것을 싫어하거나, 승률이 좋지 않을 때조차도 거는 것을 좋아할 수 있다. 여기와 다른 곳에서 베이스주의는 현실의 사람들이 아니라 이상적인 사람들을 다루고 있는 것처럼 보인다. 그러나 그 점에 관해서는 너무 많이 걱정하지 말자. 어떤 사람의 믿음의 정도를 그의 도박 행동에 의거해 해석하기 위해 우리는 주어진 내기에서 그 사람이 그 내기에서 어느 쪽을 똑같이 기꺼이 택할 승률을 찾는다. 이 승률을 그 내기에 대한 그 사람의 주관적으로 공정한 승률이라 부르기로 하자. 만일 우리가 어떤 내기에 대해 어떤 사람의 주관적으로 공정한 승률을 안다면, 우리는 그 내기와 관련된 명제에 대한 그의 믿음의 정도를 읽어낼 수 있다.

예컨대 당신이 어떤 내기에서 h의 옳음에 대해 3 : 1이 공정한 승률이라고 생각한다고 해보자. 즉 h가 옳다는 데 거는 사람은 그가 맞을 경우 1달러를 벌고, 틀릴 경우 3달러를 잃는다. 좀 더 일반적으로, h에 대해 X : 1의 승률로 거는 것은 h가 그를 경우에 X달러를 잃는 위험을 기꺼이 감수하는 것이고, 대신 h가 옳을 경우에는 1달러를 벌게 된다고 말하기로 하자. 그래서 큰 X는 h에 대한 많은 확신과 대응한다. 그리고 만일 h에 대한 내기에서 당신의 주관적으로 공정한 승률이 X : 1이라면, h에 대한 당신의 믿음의 정도는 $X/(X + 1)$이다.

지금까지 그저 한 명제 h만을 생각했다. 그러나 h에 대한 당신의 믿음 정도는 다른 명제들에 대한 당신의 믿음 정도들과도 관계가 있을 것이다. 당신은 h & j에 대한 믿음의 정도를 가질 것이고, ~h 등에 대해서도 믿음의 정도를 가질 것이다. h & j에 대한 당신의 주관적 확률을 발견하기 위해 우리는 어떤 내기에서 h & j에 대한 당신의 주관적으로 공정한 승률을 발견한다. 그래서 특정 시간에 어떤 사람의 믿음 체계는 주관적 확률들의 망으로 기술될 수 있다. 이 주관적 확률들은 그의 행동을 산출하기 위해 그 사람의 선호들("유용성들")과 함께 작동한다. 베이스주의 관점에서 볼 때 삶의 모든 것은 일련의 도박인데, 이 도박에서 우리의 행동은 세계가 어떻게 생겼는지에 관한 우리의 내기들로 나타난다.

베이스주의자들은 어떤 사람의 전체 믿음의 정도들 망이 언제 "정합적"이거나 합리적인지에 대한 이론을 제시한다고 주장한다. 그들은 정합적인 믿음 정도들 집합이 확률 수학의 표준 규칙을 따라야 한다고 주장한다.

이러한 좀 더 전문적인 생각들을 간단하게 정리해보자. 확률에 대한 현대의 처리 방식들은 러시아 수학자 콜모고로프(A. N. Kolmogorov)가 처음 개발한 일련의 공리(가장 기초적인 원리들)에서 시작한다. 다음은 주관주의자들이 사용하는 그러한 공리들의 버전이다.

공리 1: 모든 확률은 0과 1 사이의 수이다(0과 1을 포함하여).

공리 2: 만일 어떤 명제가 항진명제라면(하나마나할 정도로 뻔하거나 분석적으로 옳다면), 그 명제는 1의 확률을 갖는다.

공리 3: 만일 h와 h*가 배타적 대안들이라면(둘 다 옳을 수 없다면), $P(h \text{ 또는 } h^*) = P(h) + P(h^*)$.

공리 4: $P(j) > 0$이라고 한다면 $P(h|j) = P(h \& j)/P(j)$.

(베이스 정리는 공리 4의 귀결이다. P(h & j)는 P(h|j)P(j)로 분해될 수도 있고, P(j|h)P(h)로 분해될 수도 있다. 그래서 이것들은 서로 똑같으며, 베이스 정리는 하나마나할 정도로 뻔하게 따라 나온다.)

왜 당신의 믿음 정도를 이 규칙을 따라야 하는가? 주관주의자들은 "네덜란드 마권장부"(Dutch book)라 불리는 유명한 논증 형태로 이것을 옹호한다(네덜란드 독자들에게는 미안하게 생각한다).

그 논증은 다음과 같다. 만일 당신의 믿음 정도가 확률 계산법의 원리들에 따르지 않는다면, 결과가 어떻게 되든 간에 당신이 돈을 잃는다는 것이 보증되는 가능한 도박 상황들이 있다. 어떻게 그렇게 보증될 수 있는가? 이 상황들은 당신이 여러 가지 다른 승률을 갖는 어떤 명제의 양쪽에 거는(또는 경마에서 모든 말에 거는) 상황이기 때문이다. 이런 상황에서 만일 당신이 갖는 믿음의 정도가 확률 계산법에 따르지 않는다면, 당신은 당신에게 손해를 보증하는 내기들의 조합을 자진해서 승인하는 것이다.

동전 던지기를 포함하는 간단한 예가 있다. 동전의 앞면이 나온다는 데 대한 당신의 믿음 정도가 0.6이고, 뒷면이 나온다는 데 대한 당신의 믿음 정도도 0.6이라고 해보자. 그러면 당신은 확률 계산법을 위반한 셈인데, 왜냐하면 공리 3에 의해 P(앞면 또는 뒷면) = 1.2인데, 이것은 공리 1이 불가능하다고 말하는 것이기 때문이다. 그러나 당신이 이 믿음의 정도들을 계속해서 유지하고, 그것들에 자진해서 건다고 해보자. 이제 누군가("네덜란드 마권업자")가 당신에게 다음 내기를 권한다고 해보자. (1) 당신은 앞면이 나올 것이라는 데 대해 1.5 : 1로 10달러를 걸고, (2) 당신은 뒷면이 나올 것이라는 데 대해 1.5 : 1로 10달러를 건다.

당신은 두 내기를 다 승인해야 하는데, 왜냐하면 앞면과 뒷면에 대한 당신의 주관적으로 공정한 승률이 둘 다 1.5 : 1이기 때문이다. 믿음 정도 p로부터 X : 1의 승률로 나아가려면 X = p/(1−p)를 이용하라.) 그러나 이제 당신은 가능한 두 결과에 대해서만 나가는 돈보다도 각각 지불했을 때 더 나쁜 두 내기를 승인한 셈이다. 그래서 당신은 잃는 것이 보증된다. 만일 동전이 앞면이 나온다면, 당신은 앞면에 건 것 때문에 10달러를 벌겠지만, 뒷면에 건 것 때문에 15달러를 잃게 되며, 그래서 5달러를 밀리게 된다. 동전이 뒷면이 나오는 경우에도 똑같은 말 — 순손실 5달러 — 이 적용된다. 당신은 네덜란드 마권장부의 희생양으로 떨어졌다. 만일 당신이 당신에 대해 누구도 네덜란드 마권장부를 만들 수 없다는 것을 확실히 하고 싶다면, 당신은 당신의 믿음 정도가 확률 이론의 규칙을 따른다는 것을 확실히 해야 한다. 이것은 간단한 사례지만, 똑같은 종류의 좀 더 복잡한 논증들을 통해 수학적 확률 규칙의 위반은 어떤 것이든 어떤 사람을 네덜란드 마권장부에 걸려들기 쉽게 만든다는 것을 보여줄 수 있다.

물론 저기에 아주 많은 네덜란드 마권업자가 있는 것은 아니며, 우리는 아예 도박하기를 거절함으로써 그 위협을 피할 수 있다. 하지만 그것이 요점은 아니다. 요점은, 네덜란드 마권장부 논증이 확률 계산법에 따라 자신의 믿음 정도를 유지하지 않는 사람은 누구든 중요한 의미에서 비합리적이라는 것을 보여준다고 가정된다는 것이다.

이제 이 생각을 증거 문제와 연관시켜 보자. 지금까지 이 절에서 논의한 믿음과 확률에 관한 생각들은 특정 시간에 어떤 사람의 믿음에 적용된다. 그러나 우리는 이 생각들을 이용해 증거가 나타남에 따른 믿음의 합리적 경신에 대한 이론을 제시할 수 있다. 베이스 정리는 $P(h)$와 $P(h|e)$ 사이의 관계에 관해 알려준다. 그러한 확률 할당은 둘 다 e가 관찰되기 전에 이루어진다. 그 다음에 e가 실제로 관찰된다고 해보자.

베이스주의에 따르면, 합리적인 행위자는 h에 대한 자신의 새로운 전체적 확신이 그의 이전의 $P(h|e)$의 값으로부터 도출되게끔 자신의 믿음 정도를 경신할 것이다. 그래서 이 경신 과정에서 핵심 관계는 이것이다.

(3) $P_\text{신}(h) = P_\text{구}(h|e)$.

그러면 확률 $P_\text{신}$(h)는 다음 증거 조각에 어떻게 반응할지를 평가하는 데 사용할 목적으로 h에 대한 그 행위자의 새로운 사전 확률이 된다. 그래서 "오늘의 사후 확률은 내일의 사전 확률이다." 네덜란드 마권장부 논증들의 다른 집합은 합리적인 행위자가 공식 3에 따라 자신의 믿음을 경신해야 한다고 주장하곤 한다(베이스주의는 "구 증거", 즉 가설에 대한 관계가 평가되기 전에 알려지는 증거를 다루기 위해 특별한 방책을 취해야 하며, 베이스주의는 또한 증거 e 자체가 불확실할 때 사용할 다른 공식이 있다).

이 절을 끝내기 위해서는(안도의 한숨과 함께) 확률에 대한 주관주의적 해석에 따르면 두 믿음 정도들 집합이 각각 확률의 기본 규칙들(공리들)을 따르는 한 믿음 정도들의 한 집합이 다른 집합보다 "확률에 관한 진짜 사실들에 더 가까울" 수 있다는 것을 다시 지적할 필요가 있다. 적어도 그것이 바로 엄밀한 주관주의에 따르면 일이 작동하는 방식이다. 어떤 베이스주의자들은 확률에 대해 주관적 의미뿐만 아니라 객관적 의미도 인정하고 싶어 하겠지만, 이것은 추가 논증을 요구한다.

14.4 베이스주의 평가하기

베이스주의는 인상적인 아이디어들 집합이다. 이 주제를 다루는 거창한 문헌이 있지만, 나는 베이스주의가 결국 효과가 있을 것인지를 예측하려고 하지는 않을 것이다. 그러나 그 논쟁들 중의 많은 것이 사전 확률의 역할과 관계가 있으며, 그래서 그것은 더 논의할 가치가 있다.

베이스주의의 표준적인 표현들에서 어떤 사람은 다양한 가설들에 대해 처음에 사전 확률 집합에서 시작한다고 상상되는데, 이 확률은 증거가 나타남에 따라 경신된다. 이 최초의 사전 확률 집합은 일종의 자유선택이다. 확률 공리들을 따르는 한 최초의 사전 확률 집합은 다른 확률보다 낫지 않다. 베이스주의의 이 특징은 때로는 강점이고 때로는 약점으로 보인다.

베이스주의는 처음에 확률을 매우 이상하게 할당해도 비판을 할 수 없기 때문에 그 특징이 약점이 되는 것처럼 보일 수 있다. 그리고 우리는 당신이 당신의 확률을 경신한 후 끝내는 곳이 당신이 시작한 곳에 의존해야 한다고 생각할 수도 있다.

그러나 이것은 어떤 의미에서만 옳다. 비록 사전 확률이 자유롭게 선택되고, 처음에 이상할 수 있다 할지라도, 경신이 합리적으로 행해지는 한 그 출발점은 그 다음에 나타나는 증거에 의해 "깨끗이 씻긴다"고 베이스주의자들은 주장한다. 더 많은 증거를 고려하게 됨에 따라 그 출발점은 점점 덜 문제가 된다.

이 생각은 보통 일종의 수렴으로 표현된다. h에 대해 매우 다른 사전 확률을 갖지만, 가능한 모든 증거 조각 (e_1, e_2, e_3 …)에 대해 똑같은 우도를 갖는 두 사람을 생각해보라. 그리고 그 두 사람이 모두 똑같은 실제적 증거를 본다고 해보자. 그러면 h에 대한 이 두 사람의 확률은 점점 더 근접하게 될 것이다. h에 관한 최초의 얼마간의 불일치에 대하여 두 사람을 h에 대한 그들의 최종 확률에서 특정한 어떤 정도의 근접에 이르게 할 어떤 양의 증거가 있다는 것이 증명될 수 있다. 즉 만일 (이를테면) 0.001 안에서 서로의 최종 확률을 갖는 일을 근접한 일치로 간주한다면, 사람들이 얼마나 멀리 떨어져서 시작했든 간에 끝 무렵에 그들을 서로 0.001 안에서 확률을 갖게 할 어떤 양의 증거가 있다. 그래서 최초의 불일치는 결국은 증거의 무게에 의해 깨끗이 씻긴다.

그렇지만 이 수렴은 시간이 오래 걸린다. 이러한 "한계 속에서" 증명은 별로 도움이 되지 않을 것이다. 헨리 키버그(Henry Kyburg)가 표현하고 싶어 하는 방식에 따르면, 우리는 또한 얼마간의 증거 양에 대하여, 그리고 얼마간의 일치 측정에 대하여 이 증거가 두 사람을 마지막에 일치에 이르지 않게 할 최초의 어떤 사전 확률 집합이 있다는 것도 승인해야 한다. 그래서 어떤 베이스주의자들은 베이스주의가 허용하는 최초의 확률 할당을 "제한하는" 방식을 알아내려고 해왔다.

나는 수렴이나 사전 확률의 "깨끗이 씻김"에 관한 논증들에 좀 더 기본적인 문제가 있다고 생각한다. 수렴 증명은 두 사람이 매우 다른 사전 확률에서 시작할 때에도 그들의 모든 우도($P(e_1|h)$ 형식 등등의 확률들)와 관련해서는 서로 일치한다고 가정한다. 그것은 사전 확률에 관한 불일치가 "깨끗이 씻겨지는" 데 필요하다. 그러나 왜 우리는 우도에 관한 이 일치를 기대해야 하는가? 왜 많은 것에 대해 대규모로 불일치하는 두 사람이 가능한 모든 증거에 대해 똑같은 우도를 가져야 하는가? 그들의 불일치가 왜 가능한 관찰들의 관련성에 대한 그들의 견해에 영향을 미치지 않는가? 이러한 일치는 나타날 수도 있지만, 그렇게 나타나야 할 일반적 이유는 없다(이것은 전체론의 문제의 또 다른 측면이다). 베이스주의의 표현들은 종종 도박 게임이나 표본 추출 과정을

포함하는 간단한 예들을 이용하는데, 이 예들에서는 사람들이 서로 다른 사전 확률을 가질 때조차도 우도에 관해 일치가 이루어지는 것처럼 보인다. 그러나 그런 사례는 전형적인 것이 아니다.

이 논증은 수렴이라는 결과가 과학에서 이론 선택에 관한 문제들에 별로 도움이 되지 않는다는 것을 암시한다. 그렇지만 이것이 베이스주의에 큰 문제인지는 분명치 않은데, 왜냐하면 "사전 확률들의 씻김"이 실제로 베이스주의에 얼마나 중요한지에 관해 논쟁이 있기 때문이다.

사전 확률은 또한 굿맨의 귀납의 새로운 수수께끼에 대한 표준적인 베이스주의자의 답의 핵심 열쇠이다. 그 수수께끼는 제3.4절에서 소개했다. 우리에게 녹색 에메랄드에 대한 똑같은 관찰 집합으로부터 만들어진 두 개의 귀납 논증이 제시된다고 해보라. 한 귀납은 모든 에메랄드가 녹색이라고 결론짓고, 다른 귀납은 모든 에메랄드가 녹파색이라고 결론짓는다. 왜 한 귀납은 좋은 귀납이고 다른 귀납은 나쁜 귀납인가?

표준적인 베이스주의의 응답은 두 귀납 모두 괜찮다는 것이다. 두 가설 모두 녹색 에메랄드에 대한 관찰들에 의해 확증된다. 그렇지만 "모든 에메랄드는 녹색이다"는 가설은 대부분의 사람에게 "모든 에메랄드는 녹파색이다"는 가설보다 훨씬 더 높은 사전 확률을 가질 것이다. 그렇다면 비록 두 가설 모두 관찰에 의해 확증된다 할지라도, 녹색-에메랄드 가설이 녹파색-에메랄드 가설보다 훨씬 더 높은 사후 확률을 갖는 것으로 끝난다. 그것이 두 귀납논증의 차이이다.

이것은 차이를 확립한다. 하지만 왜 녹파색-에메랄드 가설이 낮은 사전 확률을 갖는가? 어떤 사람이 반대로 확률을 갖는 일 — 녹파색-에메랄드 가설에 대해 더 높은 사전 확률을 갖는 일 — 을 막는 어떤 것이 있는가? 이것을 막는 것은 전혀 없다. 녹파색-에메랄드 가설에 대한 어떤 사람의 사전 확률은 보통 색깔, 에메랄드 등에 대한 많은 과거 경험의 결과일 것이다. 그러나 이것은 꼭 사실일 필요가 없다. 당신이 당신의 인생에서 에메랄드에 관해 한 번도 생각해본 적이 없고, 당신이 임의로 녹파색-에메랄드 가설에 대해 더 높은 사전 확률을 부여하기로 결정한다고 해보자. 베이스주의는 당신의 확률이 내적으로 정합적이고 당신이 적절하게 경신을 하는 한 이 결정에 대해 비판을 제시하지 못한다. 이것은 나쁜 결과인가 좋은 결과인가?

14.5 과학적 실재론과 증거이론들

어쩌면 베이스주의가 결국은 승리할 것이다. 그러나 이 책 나머지에서 나는 다른 어떤 사상들을 논의할 것이다. 이 사상들 중의 어떤 것이 베이스주의를 보완하는 것에 반대되는 것으로서 실제로 베이스주의와 경쟁하는지는 분명치 않다는 것을 지적하지 않을 수 없다. 나의 목적은 증거 문제와 앞 장들에서 논의한 실재론과 자연주의에 대한 논의를 결합하는 일일 것이다.

어떤 증거이론이 분석하려 해야 하는 것이 무엇인지를 다시 살펴보자. 많은 20세기 경험주의는 증거에 대한 논의를 과학적 시험이 달성한다고 가정되는 것에 대한 단순한 그림에 기초를 두었다. 그 그림에서 시험의 목적은 관찰을 통해 일반진술을 확증하거나 반증하는(discon-firm) 것이다. 그것은 과학에 근본적인 것이다. 반증의 경우에는 연역 논리로 충분할 것이다. 확증은 특수한 귀납논리를 이용해 분석되는 것이었다.

이 견해는 실패했다. 이 견해는 실제 과학과 연관을 맺는 데 실패했으며, 그 자체로도 실패했다. 그래서 이 견해는 사용된 단순한 그림 내에서는 확증을 별로 의미 있게 만들 수 없었다.

그래서 과학적 시험이 하려고 하는 일에 대해 더 나은 그림이 있다. 과학에서 시험은 전형적으로 세계의 숨겨진 구조에 관한 경쟁 가설들 사이에서 선택하려는 시도이다. 이 가설들은 때로는 수학적 모델을 이용해 표현되고, 때로는 언어적 기술을 이용해 표현되며, 때로는 다른 방식으로 표현될 수 있다. 여기서 가정된 "숨겨진 구조"는 때로는 인과적 메커니즘일 것이고, 때로는 원인과 결과에 의거해 해석하기가 어려운 수학적 관계일 것이며, 때로는 다른 어떤 형태를 가질 것이다. 그 목적은 때로는 전체적으로 새로운 종류의 설명을 완성하는 것이고, 때로는 그냥 세세한 것들(중요한 매개변수 값처럼)을 알아내는 것이다. 그 목적이 때로는 일반적 유형을 이해하는 것이고, 때로는 과거의 특수 사건을 재구성하는 것이다. 나는 "물체는 낙하시키면 왜 아래로 떨어지는가?" 같은 물음은 물론이고, "HIV는 어디에서 생겼는가?" 같은 물음에 답하려는 시도들을 포함시키려 한다.

과학 혁명 기간으로 돌아가 보면 증거 문제를 시계의 유비를 이용해 생각하는 것은 흔한 일이었다. 과학자는 바깥에서 시계의 움직임을 관찰하면서 그 시계의 내부 작용에 관해 추리하려고 하는 사람과 비슷하다(Shapin 1996). 이 유비는 과학이 어떻게 작동하는지에 대한 그림으로서는 너무 제한적이지만, 20세기의 많은 경험주의 철학에서 발견되는 그림보다는 진실에 더 가깝다.

증거 문제를 이처럼 실재론적 방향에서 접근하는 것은 좋은 생각이지만, 우리는 지나친 일반화를 하지 않도록 조심해야 한다. 나는 시험이 전형적으로 숨겨진 구조에 관한 가설들 사이에서 선택하려는 시도라고 말했다. 전형적으로는 언제나를 의미하지 않는다. 제12장에서 실재론에 대한 나의 논의는 모든 과학이 이와 같지는 않다는 것을 허용했다. 쿤과 라우든은 둘 다 서로 다른 이론과 패러다임들이 좋은 과학이론이 어떤 것이어야 하는지에 대해 약간 다른 설명들을 산출할 수 있다는 것을 올바르게 강조했다. 이런 차이들은 우리가 시험과 증거에 대한 철학적 설명을 언제 제시하려 하는지를 보여줄 가능성이 많다. 이것과 다른 이유들 때문에 우리는 과학에서 증거에 대해 혼합된 이론이나 다원주의적 이론이라는 관념을 사용할 필요가 있을 것이다.

그렇지만 일단 우리가 과학적 실재론 쪽으로 이동하고 나면, 설명적 추리를 이해하는 일은 시험에 대한 미래의 어떤 설명에서 결정적으로 중요해질 것임이 분명해진다. 제3장에서 옹호했듯이 설명적 추리란 자료 집합으로부터 그 자료를 설명할 구조나 과정에 관한 가설에 이르는 추리이다. 이것은 귀납에 대한 철학자의 전통적 생각보다 실제 과학에서 훨씬 더 중요하다. 실제로 어떤 것을 예상해야 할지, 우리 경험에서 어떤 유형들이 계속 나타날 것인지 등에 관한 좋은 추리는 전형적으로 세계가 어떻게 생겼는지와 어떤 과정들이 작동하고 있는지에 관한 추리를 통해 펼쳐진다고 주장될 수 있다.

철학자들은 설명적 추리를 이해하는 일에 대해 아직 많은 진보를 이루어내지 못했다. 그러나 오랫동안 무시되었다가 최근 부활한 한 가지 생각은 확실히 결국은 답의 일부가 될 것이다. 이것은 대안들의 제거에 의한 추리인데, 이 추리는 다른 선택지들을 배제하고 한 선택지를 지지한다. 나는 이것을 "제거적 추리"라 부를 것이다(이 추리는 때로 "제거적 귀납"이라 불리지만, 그 이름은 "귀납"이라는 용어를 또 다시 지나치게 넓게 사용한 것이다).

제거적 추리는 물론 유명한 소설 속 탐정 셜록 홈즈와 연관된 종류의 추리이다. 만일 우리가 한 사람을 빼고 모든 혐의자를 배제할 수 있다면, 우리는 누가 범죄를 저질렀는지 안다. 증거와 시험에 대한 이 접근 방식은 20세기 철학에서 기묘한 역사를 가지고 있다. 이 접근방식은 종종 무시되었는데, 그것은 부분적으로 철학자들이 과학에서 언제나 주어진 어떤 이론에 대해 무한수의 가능한 대안이 있다고 가정하는 경향을 보여왔기 때문이다. 만일 어떤 이론이 무한수의 경쟁이론들이 있다면, 유한한 어떤 수의 대안들을 배제하는 일은 남아 있는 가능성들의 수를 줄이지 못한다. 그렇지만 이 논증은 별로 좋은 논증이 아닐 수 있다. 어쩌면 고려 대상이 된 이론에 대해 관련된 대안들을 제한하는 방식들이 있을 텐데, 이 경우에 우리는 관련된 대안들의 대부분 또는 모두를 배제할 수 있을 것이다.

화학자 존 플랫(John Platt)은 언젠가 좋은 과학이 일반적으로 제거적 추리에 기초를 두고 있다고 주장하는 논문을 썼다(1964). 그의 견해는 포퍼주의적 시험의 수정판처럼 보였다. 철학자들은 대부분 그 논문을 무시했지만, 몇몇 소수 과학자는 진지하게 받아들였다. 최근에 철학자들은 제거적 추리라는 착상을 부활시키기 시작했다. 예컨대 존 이어만은 베이스주의 틀 내에서 이런 일을 했고(1992), 필립 키처는 그 생각을 베이스주의와 연결 짓지 않으면서 그렇게 했다(1993).

제거적 추리는 연역 형태나 비연역 형태를 띨 수 있다. 가장 단순한 사례는 우리가 하나를 빼고 모든 선택지를 결정적으로 배제할 수 있는 경우이다. 그렇게 할 수 있다면 우리의 추리는 연역 논증으로 제시될 수 있다(언제나처럼 그런 논증은 그 전제들만큼 좋을 뿐이다). 이것이 바로 셜록 홈즈가 하려 했던 일이다. 비연역적 요소가 도입될 수 있는 두 가지 방식이 있다. 첫째, 대안들을 덜 결정적으로 배제할 수 있다. 이런 경우에 어쩌면 우리는 하나를 제외한 모든 대안이 매우 옳음직하지 않다는 것을 보여주기를 희망할 수 있을 뿐이다. 둘째, 우리는 가설에 대한 대안들 중의 모두가 아니라면 대부분을 배제할 수 있는 사례를 살펴볼 필요가 있다. 어쩌면 주어진 가설에 대한 대안들을 점점 더 많이 배제함에 따라 그 가설은 약간의 의심이 남아 있다 해도 일종의 부분적 지지 근거를 획득한다. 그런 경우에 아마 우리는 그 이론이 점점 더 옳음직해진다고 말할 수 있을 것이다. 비연역적 사례들에서 제거적 추리를 베이스주의 틀 내에 끼워 넣는 것은 분명히 의미가 있을 수 있는데, 이렇게 되면 우리는 확률 관념을 정확한 방식으로 다룰 수 있게 된다. 이것은 실제로 양립가능한 관계인데, 왜냐하면 베이스주의는 명백히 비교적인 방식으로 증거를 다루기 때문이다(한 가설이 신뢰성을 얻기 위해서는 다른 가설이 신뢰성을 잃어야 한다).

제거적 추리의 한 가지 중요한 특징은 이것이다. 즉 과학자들이 이런 종류의 논증을 내내 제시한다는 것은 분명하다. 다시 말해서 이것이 그저 철학적 허구일 가능성은 없다. 제거는 또한 설명적 추리 이론에 대해 가장 어려운 사례들, 즉 전체적으로 새로운 종류의 설명, 모델, 이론이 과학에서 확립되는 사례들을 이해하는 데 중요함이 분명하다. 왜냐하면 이런 사례들은 종종 대접전의 경쟁, 예를 들면 다윈 대 19세기 창조론, 갈릴레이 대 아리스토텔레스 물리학, 언어에 대한 스키너의 행동주의 이론 대 촘스키의 "인지주의적" 접근의 경쟁이 벌어지는 때에 보이는 것이기 때문이다. 사실상 과학사를 살피게 되면 제거적 형식의 논증들의 주요 난점을 깨닫게 된다. 우리는 우리가 관련된 모든 대안을 고려했다는 것을 어떻게 아는가? 과학자들이 이 점에 대해 끊임없이 지나친 확신을 갖는 경향이 있다고 주장될 수 있다(Standford 2001). 과학자들은 종종 자신들이 선호하는 이론에 대해 있을 법한 모든 대안을 배제했다(또는 매우 그럴듯하지 않게 만들었다)고 생각한다. 그러나 뒤늦은 사후의 통찰을 통해 우리는 많은 경우에 그렇게 되지 않았다는 것을 알 수 있는데, 왜냐하면 우리는 지금은 그들이 고려하지 못한 이론을 믿기 때문이다. 그래서 제거적 추리에 초점을 맞추는 것은 과학적 추론에서 발견되는 성공과 실패 둘 다를 조명할 수 있는 잠재력이 있다.

제거적 추리에 대한 강조는 아마 과학에서 시험과 증거에 대한 미래의 어떤 훌륭한 철학이론의 부분이 될 것이다. 그렇지만 그러한 강조가 너무 중심적이 되어서는 안 된다. 한 선택지를 지지하는 일이 언제나 다른 선택지들을 배제함으로써 작동한다는 생각은 너무 좁다. 한 선택지에 대한 좀 더 직접적인 지지도 있을 수 있기 때문이다. 예는 다음 절에서 논의된다.

나는 결정적으로 중요한 형태의 다른 한 추론을 언급할 텐데, 우리는 이 추론을 실제 과학에서 본다. 그렇지만 이 추론은 제거적 추리보다 훨씬 더 철학적으로 당혹스럽다. 과학자들은 종종 단순성, 또는 "절약"에 호소하여 가설을 지지한다. 이것은 제3장에서 간단히 논의했다. 자료에 대한 두 개의 가능한 설명이 주어지면 과학자들은 종종 더 단순한 설명을 택한다. 여러 가지 정교한 시도에도 불구하고 나는 우리가 이러한 선택의 작동에 대한 이해나 정당화에서 많은 진보를 이루었다고 생각하지 않는다.

14.6 절차적 자연주의(선택 절)

이 절에서는 증거와 시험에 대한 나 자신의 생각을 좀 개관할 것이다. 이 생각들은 베이스주의에 대한 대안의 일반적 그림을 제공하기 위한 것이다. 그러나 그 생각들 중 어떤 것은 베이스주의와 결합될 수 있다

(그리고 때로 결합되었다). 그렇게 기술된 일반적 관점은 또한 방금 앞에서 한 제거적 추리에 대한 논의와 양립가능한 것으로 가정된다.

내가 옹호할 주된 생각은 우리가 증거, 확증, 시험을 절차에 초점을 맞추어서 분석해야 한다는 것이다. 만일 어떤 관찰이 어떤 이론에 대한 지지 근거를 제공한다면, 그것은 관찰이 그 안에 끼워 넣어진 절차에 의해서일 것이다. 모든 절차가 명시적으로 계획된 시험이나 실험은 아니다. 어떤 절차는 좀 더 비공식적일 수도 있다.

이 절차 정향적 생각은 안전한 통로를 통해 거슬러 올라간다. 중요한 한 원천은 한스 라이헨바흐(Hans Reichenbach)인데, 라이헨바흐는 확증에 관해 표준적인 논리 실증주의의 생각을 따르지 않았다. 라이헨바흐는 또한 과학에서 사용되는 어떤 통계적 방법들에 영향을 받았다. 이 생각에 대한 나의 버전은 자연주의와 연결될 것이다. 그 버전은 또한 신빙성(reliability) 관념을 사용한다. 그래서 좋은 절차는 우리가 제기하는 물음들에 대해 신빙성 있게 답하는 능력을 가진 절차이다. 간단한 꼬리표를 붙이기 위해 나는 그 견해를 절차적 자연주의라 부를 것이다.

나는 이 견해를 과학에서 종종 사용되는 특수한 유형의 절차, 즉 커다란 모집단의 특성에 관해 추리를 하기 위해 무작위 표본을 사용하는 일을 살펴봄으로써 설명할 것이다. 이것은 (예컨대) 얼마나 많은 10대가 흡연을 하는지 알아보기 위해 어떤 조사를 이용할 때 포함되는 종류의 절차이다. 어떤 방식에서 이것은 귀납추리에 대한 전통적 철학자의 그림의 과학적 고향에 가장 가까운 것이다. 그러나 만일 우리가 절차에 기초한 관점에서 표준적인 철학적 문제들 중의 어떤 것에 접근한다면, 그것은 결국 커다란 차이를 만드는 것으로 드러난다. 그래서 제3장에서 논의된 두 개의 유명한 난문제 사례, 즉 까마귀 문제와 굿맨의 "녹파색" 문제를 다시 살펴보기로 하자.

까마귀 문제는 제3.3절에서 기술되었다. 만일 일반진술이 그 실례들에 의해 확증된다면, 그리고 만일 H를 확증하는 어떤 관찰이 또한 H와 논리적으로 동등한 어떤 것이라도 확증한다면, 흰 신발은 모든 까마귀는 검다는 가설을 확증하는 것처럼 보인다. 어쨌든 흰 신발은 검지 않은 비까마귀이다. 그래서 그것은 "모든 검지 않은 것들은 비까마귀이다"라는 일반진술의 실례인데, 이 일반진술은 "모든 까마귀는 검다"와 논리적으로 동치이다.

이 문제에 대한 대부분의 철학적 논의에서 까마귀들(그리고 신발)에 대한 관찰이 어떻게 모아지는지에 대해서는 거의 주의를 기울이지 않는다. 물론 전체 예는 매우 비현실적이다. 생물학자는 단순히 관찰된 사례들로부터 일반화함으로써 새의 색깔에 관해 배우려 하지는 않을 것이다. 그러나 어떤 생물학자가 이 비슷한 어떤 것을 하고 있다고 상상해보라. 그렇지만 무심결의 관찰에 의존하는 것이 아니라 그 생물학자는 통계적 방법을 사용한다.

이제 까마귀에 관해 두 물음을 구별해보자.

일반적인 까마귀 물음: 까마귀들 사이에서 검정의 비율은 얼마인가?
특수한 까마귀 물음: 까마귀들의 100%가 검다는 것은 사실인가?

이런 종류의 물음들은, 만일 우리가 무작위로 추출이 이루어진 합당한 크기의 표본을 가지고 있다면, 커다란 모집단으로부터 표본을 이용해 신빙성 있게 대답될 수 있다. 바람직한 정도의 신빙성을 가진 답을 얻기 위해 정확히 얼마나 큰 표본이 필요한지는 통계이론이 알려줄 것이다(여기서 표본의 "크기"는 전체 모집단의 크기와 관련한 크기가 아니라 절대적 크기를 의미한다). 그렇다면 우리는 적당한 표본을 어떻게 모을 수 있을까?

가장 분명한 접근방식은 까마귀들에 대한 무작위 표본을 모으고, 그 새들의 색깔을 보고하는 것이다. 이런 종류의 표본은 일상적인 통계적 방법을 이용하여 특수한 까마귀 물음과 일반적인 까마귀 물음 모두에 답하는 데 사용될 수 있다. 여기까지는 좋다.

그러나 이제 좀 더 특이한 접근방식을 생각해보자. 우리가 검지 않은 것들의 무작위 표본을 모으고, 그것들이 까마귀인지 아닌지 보고할 수 있다고 해보자. 이 방법은 일반적인 까마귀 물음에 답하는 데는 쓸모가 없을 것이다. 그렇지만 흥미롭게도 이 방법은 특수한 까마귀 물음에 답하는 데 신빙성 있게 사용될 수 있다. 만일 검지 않은 까마귀들이 있다면, 우리는 원리적으로 검지 않은 것들을 무작위로 추출함으로써 이것을 배울 수 있다.

이제 우리가 특이한 추출 방법을 상상하고 있기 때문에 살펴보아야 할 두 가지 다른 것, 즉 검은 것들의 표본을 모으는 일과 비까마귀들의 표본을 모으는 일이 있다. 까마귀 물음들 중의 어느 쪽에 답하는 데는 또 다른 가정들이 없이는 이것들 중의 어떤 것도 사용될 수 없다. 검은 것들 중 얼마만큼의 비율이 까마귀인지 아는 일은 까마귀들 중 얼마만큼의 비율이 검은지 알려주지 않으며, 비까마귀들의 표본 또한 쓸모가 없다.

지금까지 우리는 까마귀에 관한 우리의 물음들에 답할 수 있는 어떤 절차와 답할 수 없는 어떤 절차를 구별했다. 이제 우리는 특수한 관찰의 역할을 살펴볼 수 있다. 흰 신발에 대한 특수 관찰을 생각해보라. 그 관찰이 까마귀 색깔에 관해 무언가를 알려주는가? 그것은 그 관찰이 어떤 절차의 부분이었는지에 달려 있다. 만일 흰 신발을 검지 않은 것들의 무작위 표본의 부분으로 맞닥뜨렸다면, 그것은 정말로 증거이다. 그것은 그저 하나의 기준점이지만, 결국 까마귀가 아닌 것으로 판명 나는 것은 검지 않은 것이다. 우리가 특수한 물음(일반적 물음은 아니지만)에 답하는 데 사용할 수 있고, 검지 않은 까마귀들이 있는지 알아내는 것은 바로 표본의 부분이다. 그러나 만일 똑같은 흰 신발이 비까마귀들의 표본에서 맞닥뜨린다면, 그것은 아무것도 알려주지 않는다. 그 관찰은 이제 어느 물음에도 답할 수 없는 절차의 부분이다.

똑같은 말이 검은 까마귀들에 대한 관찰에 대해서도 옳다. 만일 우리가 까마귀들의 무작위 표본에서 검은 까마귀를 본다면, 그것은 정보를 제공한다. 그것은 그저 하나의 기준점이지만, 우리의 물음들에 답할 수 있는 표본의 부분이다. 그러나 똑같은 검은 까마귀가 검은 것들의 표본으로 맞닥뜨린다면 두 개의 까마귀 물음에 관해 아무것도 알려주지 않는다. 다시 말해서 그러한 표본을 어느 쪽 물음에도 답하는 데 사용할 방법이 없다. 절차의 역할은 근본적이다. 관찰은 올바른 종류의 절차에 끼워 넣어질 경우에만 증거이다. 나는 이것인 증거와 확증에 관한 매우 일반적인 사실이라고 생각한다. 헴펠이 일반진술이 언제나 그 실례들에 대한 관찰에 의해 확증된다고 생각한 것은 틀렸다. 기초에 깔린 절차가 올바른 종류의 것일 경우에만 확증(또는 지지)이 있다(흥미롭게도 이것은 연역적 관계의 사례에는 적용되지 않는다. 검은 까마귀는 관찰 배후의 절차와 상관없이 어떤 까마귀도 검지 않다는 가설을 논박한다. 그러나 연역은 언제나 그런 것처럼 특별하다).

그것으로 까마귀 문제에 대한 해결책에 대한 나의 개관은 끝난다. "관찰의 순서"가 중요하다는 것은 제3장에서 논의한 생각의 좀 더 중요한 버전이다(Horwich 1982). 그러나 중요한 것은 순서가 아니라 절차이다.

이제 나는 녹파색 문제로 시선을 돌린다(제3.4절). 이 문제는 더 어

려운데, 왜냐하면 내가 "녹파색 문제"는 실제로 몇 가지 다른 문제들과
함께 결합되어 있다고 믿기 때문이다(단순성이라는 매우 어려운 문제
를 포함하여). 그러나 나는 답의 일부를 제시할 것이다.

통계적 방법을 이용하여 표본에 의거하여 만들어진 추리에 관해 계
속해서 생각해보자. 이 방법들은 매우 강력할 수 있지만, 시험 상황에
관해 어떤 가정들이 성립할 경우에만 사용될 수 있다. 그 단순한 형태
에서 이 방법들이 사용될 수 없는 한 상황은 관찰이나 자료 수집 행위
가 제기된 물음과 관련 있는 방식으로 관찰된 특수 대상들을 변화시킬
때이다. 어떤 경우에 우리는 우리 자료 수집의 결과를 고려하고 이 사
실을 보충함으로써 그 문제를 극복할 수도 있을 것이다. 그러나 어떤
종류의 특별한 특징들이 필요할 것이다.

이제 굿맨과 그의 에메랄드를 생각해보라. 또 다시 철학 문헌들은 여
기서 나쁜 예를 선택해왔지만, 우리는 무작위 표본을 관찰함으로써 모
든 에메랄드에 관해 추리하고 있다고 해보자. 이 방법은 개별 에메랄드
들을 수집하거나 관찰하는 행위가 그것들의 색깔을 변화시킨다면 문제
에 맞닥뜨릴 것이다. 그러한 경우에 표본의 색깔로부터 관찰되지 않은
에메랄드들의 색깔을 추정하는 단순한 추리는 신빙성이 없을 것이다.
그러나 이 사례와 녹파색 문제 사이의 연관은 덜 분명하다.

먼저 나는 녹파색 대상이 어떤 특별한 날짜에 색깔을 바꾸는 대상이
아님을 상기시켜야 한다. 나는 색깔을 바꾸는 에메랄드나 그 비슷한 어
떤 것에 반대함으로써 녹파색 문제를 해결하려 하고 있지 않다. 녹파색
대상은 2010년 이전에 처음 관찰되었고 녹색인 대상이거나, 2010년 이
전에 관찰되지 않았고 푸른색인 대상이다. 그 점을 분명히 하고서 우리
가 수집할 수 있는 녹파색 에메랄드의 표본에 관해 생각해보라.

상황을 단순하게 하기 위해 우리가 이전에 관찰한 모든 에메랄드가

그 표본에 있다고 가정해보라. 그래서 우리는 커다란 에메랄드 더미를 가지고 있는데, 그 에메랄드는 모두 녹파색이다. 그 에메랄드들을 그 표본에 넣는 행위는 그것들을 물리적으로 변화시키지 못하지만, 그와 관계된 어떤 것이 진행되고 있다. 만일 그러한 특수한 에메랄드들이 2010년 이전에 관찰되지 않았다면, 그것들은 녹파색일 수 없을 것이다. 무엇보다도 그 에메랄드들은 녹색이며, 2010년 이전에 결코 관찰된 적이 없으면서 녹색인 것은 무엇이든 녹파색으로 간주되지 않는다. 그래서 어떤 대상의 녹파색임은 이상한 개념적 방식으로 그 대상이 어떤 날짜 이전에 관찰되었는지 아닌지에 달려 있다. 느슨하게 표현하면, 그 표본의 에메랄드들은 그것들의 녹파색임과 관련하여 지금 이전에 관찰되었다는 사실에 의해 영향을 받았다. 그러나 그것은 우리가 표본으로 추출된 에메랄드들로부터 추출되지 않은 에메랄드들을 추정할 수 없다는 것을 의미한다. 우리는 그 관찰 과정이 표본의 대상들의 특성을 ─ 이상한 방식으로 ─ 간섭하기 때문에 그러한 추정을 할 수 없다. 이 문제는 우리가 에메랄드들 표본으로부터 녹색임을 추정하고자 하는 경우에는 나타나지 않는다. 그 문제는 우리가 녹파색임을 추정하기를 원할 경우에만 나타난다.

녹파색 문제(또는 녹파색 문제의 이 측면)는 과학의 통계적 방법에서 익숙한 문제의 이상한 철학적 버전이다. 이 문제는 교란변수(confounding variable) 문제라 불리는 것과 유사하다. 어떤 방식에서 굿맨의 용어 "녹파색"은 관찰(또는 표본 추출) 자체를 교란변수로 전환시킨다. 프랭크 잭슨(Frank Jackson, 1975)은 굿맨의 문제에 대해 대략 이런 종류의 해결책을 제안했지만, 그 해결책을 통계적 방법이나 교란변수 관념과 묶지 않으면서 그렇게 했다. 나는 이 생각을 Godfrey-Smith(근간)에서 좀 더 자세히 구명하고자 했다. 여기서 내가 강조하

고자 하는 생각은 또 다시 증거에 관해 생각할 때 절차에 초점을 맞추
는 일의 중요성이다.

더 읽을거리

베이스주의에 관해서 나는 콜린 하우슨(Colin Howson)과 피터 어바
크(Peter Urbach)의 *Scientific Reasoning: The Bayseian Approach*
(1993)가 매우 유용하다고 판단하는데, 비록 그 책이 베이스주의자 진
영 내에서는 인기가 없는 것처럼 보인다 할지라도 그렇다. 존 이어만의
Bayes or Bust?(1992)는 전문적 기질을 지닌 사람들을 위한 책이다. 브
라이언 스킴스(Brian Skyrms)의 *Choice and Chance*(2000)는 확률과
귀납에 대한 고전적 입문서다. 마이클 레스닉(Michael Resnik)의
Choices(1987)는 의사결정 이론, 주관적 확률, 네덜란드 마권장부에 대
해 특히 유익한 입문서다.

Earman(1992, 제7장)과 Kitcher(1993, 제7장)는 제거적 추리를 논
의하고 옹호한다. (이 두 권 중 어떤 것도 쉽게 읽히는 책은 아니다.)
단순한 이론에 대한 과학적 선호를 의미 있게 하려는 정교한 시도 중
하나로는 Foster and Sober 1994를 볼 것.

내가 "절차적 자연주의"라 부르는 견해는 다양한 원천에서 나온 생
각들을 합병한다. 라이헨바흐의 주요 논의는 *Experience and Predic-
tion*(1938)에 들어 있고, *The Rise of Scientific Philosophy*(1951)에 좀
더 접근하기 쉽게 제시되어 있다. 앨빈 골드맨의 커다란 두 책 *Episte-
mology and Cognition*(1986)과 *Knowledge in a Social World*(1999)는
방법, 규칙, 절차의 신빙성을 강조하는 인식론적 물음들을 일반적 차원

에서 다루고 있다. 전문적 기질을 가진 사람은 설명적 추리에 대한 절차적 자연주의의 접근방식에 기여하는 것으로 볼 수 있는 최근의 연구 영역에 흥미를 느낄 수도 있을 것이다. 이 연구는 상호작용하는 요인들의 망에서 인과적 구조에 관한 추리를 다루는 연구이다(Pearl 2000; Sprites, Glymour, and Sheines 1993).

제15장

경험주의, 자연주의, 과학적 실재론?

15.1 진흙 반죽?

이제 우리는 여행의 끝에 이르렀다. 그 여행은 거의 한 세기에 걸친 과학에 관한 논쟁을 망라했으며, 우리는 여행 도중에 꽤 극단적인 어떤 풍토와 풍경이 있는 곳을 방문했다. 나는 앞 장들에서 나타났던 다양한 위협, 힌트, 통찰, 난문제 조각들 약간을 하나로 함께 묶으려 함으로써 이 책을 마무리할 것이다. 특히 나는 세 가지 사상, 즉 경험주의, 자연주의, 과학적 실재론을 연관 지을 것이다. 이 세 "-주의들"은 각각 탐구되어왔고, 어떤 형태로 옹호되어왔다. 어려운 문제는 그것들이 전체로서 의미가 있는 하나의 꾸러미로 결합될 수 있는지 하는 것이다. 우리는 그저 우리가 모두 "경험주의적인 자연주의적 실재론자"이거나 "자연주의적인 실재론적 경험주의자"라고 선언하고, 그것으로 일이 끝났다고 생각할 수 없다.

내가 이 책의 계획서를 썼을 때 출판사는 논평을 듣기 위해 그것을 여러 사람에게 발송했다. 익명의 한 논평자는 마지막에 우리가 경험주의, 자연주의, 과학적 실재론 3자간을 행복하게 결혼시킬 것이라는 생각에 대해 반대했다. 그 논평자는 세 가지 사상을 개별적으로는 각각 꽤 잘 옹호될 수 있지만 함께 묶었을 때는 별 효과가 없는 것으로 보았다. 그것들 사이에, 또는 적어도 그 세 가지 중 어떤 쌍들 사이에 상충하는 것이 있다는 것이다. 예컨대 과학적 실재론을 옹호하는 좋은 사례를 만드는 일은 경험주의 전통의 어떤 핵심 사상들에 반대하는 일을 요구한다는 것이다. 그래서 그 논평자는 이 책의 마지막 장이 세 사상을 하나로 묶으려 할 경우 그 결과가 "진흙 반죽"이 될 것이라고 예측했다.

이것은 좋은 이미지이다. 우리는 뚜렷이 따른 세 가지 색깔, 즉 과학에 관해 서로 다른 세 가지 거창한 사상에서 시작하지만, 그것들을 하나로 묶으려 할 때 혼란 상태에 빠지게 된다. 또는 그 논평자는 그렇게 된다고 예측했다. 이 생생한 경고에도 불구하고, 나는 실제로 이 장에서 세 사상을 하나로 묶으려 할 것이다. 그 결과가 진흙인지 아닌지는 독자가 스스로 결정할 수 있을 것이다.

15.2 명백한 긴장

경험주의는 전통적으로 세계에 관한 우리 지식의 원천이 경험이라고 주장한다. 자연주의는 우리가 우주에서 우리 자신과 우리의 지위에 대한 과학적 그림 내에서 철학적 물음들(인식론적 물음을 포함하여)에 접근함으로써 비로소 그 철학적 물음들을 해결할 희망을 가질 수 있다고 주장한다. 과학적 실재론은 과학이 세계의 관찰불가능한 구조를 포함하여 세계의 진짜 구조를 합리적으로 기술하려 할 수 있다고 주장한다. 그렇다면 우리는 이 세 가지 모두를 한꺼번에 믿을 수 없는가? 문제가 어디에 있는가?

　문제의 많은 것은 경험주의 쪽에서 생긴다. 나는 몇 차례 경험주의를 우리 지식의 유일한 원천이 경험이라고 주장하는 견해로 정리했었다. 그러나 이것은 물론 모호하고 불명확한 생각인데, 철학적 입장이라기보다는 출발점에 가깝다고 할 수 있다. 사람들이 이 생각에 살을 붙이려 할 때 그 결과는 종종 골치 아픈 귀결을 지닌 견해를 초래한다는 것이었다.

　전통적 경험주의는 종종 "관념의 베일" 또는 감각 배후에 닫혀 있는 것으로서의 정신 그림에 의해 미혹 당했다. 만일 우리가 접촉하는 것이 우리의 감각 경험이 전부라면, 그 베일 너머에 놓여 있는 것에 관해 정당화된 믿음을 형성하는 일에서 우리가 어떤 가망이 있을까? 가장 극단적인 형태의 경험주의는 경험 너머에 놓여 있는 것에 관해 말하거나 생각하는 것이 정말이지 의미가 있다는 것을 부정해왔다. 그리고 덜 극단적인 경험주의 관점에서도 경험 자체가 어떻게 경험 배후에 놓여 있는 구조에 관한 가설을 지지할 수 있는지 알기란 어려울 수 있다. 따라서 과학을 경험 자체에서 나타나는 유형, 또는 관찰가능한 영역에서 나타나는 유형과만 관계하는 것으로 보고 싶은 유혹이 생긴다.

　최근에 과학적 실재론과 경험주의 사이의 긴장은 종종 "증거에 의한 이론의 미결정"이라는 제목으로 논쟁이 붙게 되었다. 경험주의자들은 언제나 우리의 모든 증거와 양립가능한 대안의 다양한 이론이 있을 것이라고 주장한다. 그래서 우리는 다른 이론이 아니라 이 이론을 선택하고, 그 이론을 세계가 실제로 어떻게 존재하는지를 표상하는 것으로 간주할 좋은 경험적 근거를 결코 가질 수 없다. 만일 그러한 선택에 대해 경험적 근거를 갖지 못한다면, 우리는 아무런 근거도 갖고 있지 않은 셈이다.

　경험주의와 과학적 실재론에 대해서는 이쯤 해두자. 가능한 다른 긴장들은 그리 나쁜 것이 아니지만, 그래도 논의할 가치가 있다. 첫째, 경험주의와 자연주의 사이의 관계는 언제나 조화를 이루지는 않는데, 왜냐하면 경험주의 철학들은 종종 **토대론** 구조를 지녀 왔기 때문이다. 많은 경험주의자가 볼 때, 우리가 우리의 관념과 경험만 직접적으로 접촉한다고 한다면 우리는 지식에 대한 철학이론을 전개할 때 바로 그 출발점에서 시작해야 한다. 그러나 자연주의에 따르면, "우리 관념의 범위 안에서 시작한 다음 우리의 길을 찾아 나감"이라는 생각은 나쁜 잘못이다.

어떤 사람들은 자연주의와 경험주의 사이에는 다른 종류의 긴장이 있다고 생각해왔다. 과학사회학자들(그리고 인접 분야의 다른 학자들)은 과학철학에서 경험주의 전통이 신화들을 수집해왔음을 보여준다고 주장해왔다. 만일 과학이 실제로 어떻게 작동하는지를 살펴본다면, 우리는 경험주의가 상상하는 방식으로 경험이 이론적 논쟁들의 중립적 "심판자"로 작용한다는 것을 발견하지 못한다. 관찰의 이론 적재성에 관한 논증들(제10.3절)은 종종 이런 주장을 하는 데 사용되곤 한다. 나는 이런 논증들을 대부분 그 뇌관을 제거했지만, 이 논증들은 여전히 영향력을 발휘하고 있다.

마지막 가능성은 자연주의와 과학적 실재론 사이의 긴장이다. 여기서 우리는 별로 문제라고 할 수 있는 것을 발견하지 못한다. 실제로 과학을 세계에 대한 기술로 진지하게 받아들이지 않으면서 자연주의 철학자가 되기란 어려운 일이다. 그것은 자연주의가 어떤 형태의 과학적 실재론을 요구한다는 것을 암시한다. 일반적으로는 두 사상이 실제로 양립가능하지만, 앞 문단의 논증과 비슷한 노선을 따라 제시된 어떤 논증들 또한 있었다. 과학사회학자들은 종종 철학자의 공상의 날개와 대조적으로 자신들을 과학에 대한 적절한 자연주의적 접근방식을 받아들이는 사람으로 간주해왔다. 그래서 사회학자들은 때로 우리가 버려야 하는 과학에 관한 철학적 신화들 속에 과학이 실재와 접촉한다는 것에 관한 신화들이 있다고 주장해왔다.

가능한 긴장들에 대해서는 이쯤 해두자. 큰 긴장은 경험주의와 실재론 사이에 있다. 다음 절에서 나는 이 문제를 극복하는 방식이 자연주의적 사상을 통하는 것이라고 주장할 것이다.

15.3 개혁된 경험주의

이 절에서 나는 개혁된 형태의 경험주의를 기술할 것이다. 그 논증은 두 단계로 진행될 것이다. 첫 번째는 인식론 일반과 관계가 있는 일반적인 철학적 논의이다. 두 번째는 과학에 관한 견해로서의 경험주의와 관계가 있다.

앞에서 기술했듯이 경험주의자들(그리고 다른 사람들)은 "관념의 베일" 그림이라 불렸던, 세계에 대한 정신의 접촉 그림을 가지고 움직이곤 했다. 정신은 그 자신의 감각과 사고에 가두어진 것으로 보이는데, 그것 너머의 가상의 세계에 도달하려고 헛되이 애쓰고 있다. 많은 철학자는 이제 이 그림이 오도적 그림이라는 데 동의한다. 그러나 일반적으로 믿음을 안내하는 일에서 경험의 역할에 관해 생각할 때와 과학에 관해 생각할 때 둘 다 이 견해의 친척들의 수중에 다시 떨어지기는 쉽다. 과학철학은 종종 말썽을 일으킬 정도로 낡은 그림에 충분히 매달려왔다. 우리가 세계에서 두 층이나 두 영역을 구별하는 그림에 다시 빠져들기는 쉽다. 한 영역은 우리가 접촉할 수 있는 익숙한 영역 — 경험의 영역, 또는 관찰가능한 것의 영역 — 이다. 다른 영역은 접촉할 수 없고, 신비스럽고, "이론적이고", 미심쩍은 영역이다.

그렇다면 우리는 경험의 역할을 어떻게 기술해야 하는가? 올바르게 나아가는 길은 경험주의를 철학에 대한 자연주의적 접근방식 안에 내던지는 것이다. 이 접근방식에 대한 내 버전은 20세기 초 존 듀이의 자연주의에 영향을 받았다(1929).

자연주의적 관점에서 볼 때 인간은 우리가 다루기 위해 진화해온 물리세계에 끼워 넣어진 생물학적 유기체이다. 우리의 모든 삶 — 우리의 사회적이고 지적인 삶의 아주 정교한 생성물들을 포함하여 — 은 우리가 끼워 넣어진 이 세계와의 끊임없는 인과적 교류와 상호작용을 포함한다. 세계에 관해 알려는 우리의 시도는 그저 세계와의 인과적 상호작용의 한 측면일 뿐이다. 이 상호작용은 많은 것이 더 실제적이다. 우리의 지각 기관 — 눈, 귀 등등 — 은 우리가 세계를 다루는 방식들을 조화시키기 위해 사용하는 도구이다. 이 기관은 우리의 환경에서 대상과 사건들이 야기하는 물리적 자극에 반응한다. 내부로부터는 우리는 특수한 감각적 입력 배후에 놓여 있는 것을 완전히 확실하게 결코 확립할 수 없다. 그러나 생물학과 심리학이 취한 관점에서 "옆길에서" 우리 자신을 살핌으로써 우리는 지각 메커니즘이 우리와 떨어져 있는 대상과 사건에 어떻게 반응하는지에 관해 규칙적 원리를 확립할 수 있다. 우리는 우리의 지각 메커니즘이 세계를 항해하는 데 어떻게 도움이 되는지 알아낼 수 있다.

지금까지는 이것이 과학에 관해, 또는 심지어 특수하게 인간에 관해 중요한 점이 아니다. 자신들의 환경에서 진행되는 일에 자신들을 적응시키기 위해 지각 메커니즘을 사용한다는 것은 모든 동물(그리도 다른 유기체들)에 관한 주장이다. 그러나 이 점은 세계에 대한 우리의 "접촉"과 관련된 어떤 철학적 문제들을 피하는 데에는 충분히 도움이 된다. 우리는 실재 속의 두 영역, 즉 접촉가능한 영역과 신비스러운 영역에 의거해 생각해서는 안 된다. 우리는 세계 속에 끼워 넣어진 생물학적 체계인데, 그 세계는 온갖 크기와 우리로부터 온갖 종류의 거리로 떨어져 있는 대상들을 포함한다. 우리의 지각과 행동 메커니즘은 이 대상들에 대해 서로 다른 다양한 종류의 접촉을 제공한다. 사고와 이론에 의한 세계와의 "접촉"은 실제로 복잡한 종류의 인과적 상호작용이다. 세계에 대한 이 접촉은 우리의 기술이 개선됨에 따라 끊임없이 팽창된다. 한때 간접적이고 사변적인 추리의 주제임에 틀림없는 세계의 부분들이 나중에는 훨씬 더 직접적으로 관찰되고, 검색되고, 평가된다.

　"증거에 의한 이론의 미결정" 문제에 관해 다시 생각해보라. 경험주의자들은 우리의 관찰에 대해 똑같이 양립가능한 세계에 대한 경쟁 대안 이론들이 언제나 있을 것이라고 걱정해왔다. 이런 점이 주어지면, 우리는 어떻게 세계의 관찰불가능한 부분이 실제로 어떻게 생겼는지에 대해 훌륭한 지식을 가지기를 희망할 수 있을까? 이 문제에 관해 생각하는 경우에 더 단순한 지각 사례 자체로 돌아가 보자. 여기서도 똑같은 종류의 문제가 발생한다. 우리의 지각 메커니즘은 우리 주변의 세계에 있는 대상들에 관한 판단을 형성하는 데 사용되는데, 비록 이 메커니즘이 빛이나 음파 같은 자극에만 직접적으로 영향을 받는다 할지라도 그렇다. 원리적으로 대안의 대상들 배치가 언제나 있을 텐데, 이 대안의 배치들은 원리적으로 우리의 감각에 영향을 미치는 똑같은 자극을 낳을 수 있다. 여기서도 심리학자들 자신이 종종 말하듯이 일종의 "미결정"이 있다. 그렇지만 우리는 지각 메커니즘을 이용하여 우리 주변에 존재하는 것에 관해 신빙성 있는 판단을 내릴 수 있다. 그리고 우리는 지각 메커니즘의 작용을 과학적으로 연구함으로써 우리가 이런 일을 할 수 있다는 것을 알 수 있다. 지각의 경우에 우리는 세계에 관해 알려는 우리의 시도에서 우리가 어떤 종류의 신빙성을 갖는지를 배울 수 있다.

똑같은 종류의 접근방식을 과학 자체에서 추리와 모델링 전략에도 적용할 수 있다. 우리는 서로 다른 종류의 과학적 추론과 모델 구성 전략을 이용하여 우리가 실제로 어떤 종류의 신빙성을 달성할 수 있는가라고 물을 수 있다. 시간이 지나면서 세계의 구조와 대상들은 사변적인 모델 구성만이 적용될 수 있을 정도로 접촉불가능한 것으로부터 그것들에 대한 연구가 일상이 될 정도로 접촉가능한 것으로 바뀔 수 있다. 예컨대 유기체의 유전적 구성에 관한 추리들은 최근에 매우 간접적이고 조심스러운 것으로부터 DNA 염기서열 결정 기술에 의해 다소 직접적이고 일상적인 것으로 이러한 이행을 해왔다. 경계선들의 이러한 끊임없는 변천은 우리가 종종 거슬러 올라가서 어떤 구조가 접촉불가능한 것이었을 때 개발된 모델을 살필 수 있다는 것을 의미한다. 우리는 "우리는 그 일을 얼마나 잘 했는가?"라고 물을 수 있다. 그리고 좀 더 일반적으로, 어떤 접근방식들이 좋은 모델 쪽으로 우리를 조종해온 경향이 있었고, 어떤 접근방식들이 나쁜 모델 쪽으로 우리를 조종해온 경향이 있었는가? (예컨대 단순한 이론에 대한 과학적 선호는 좋은 선택으로 이끄는 경향이 있는가?) 이런 종류의 탐구에 착수하려면 우리는 과학사의 연구에 의존할 필요가 있다. 역사는 서로 다른 접근방식들이 시도되어 성공하거나 실패한 실제 사례들에 관해 알려준다.

이제 과학을 독특하게 만드는 것에 대해 좀 더 면밀하게 초점을 맞추어보자. 비록 인간이 모두 그들이 공유하는 생물학적 본성의 귀결로서 실재와 기본적 형태의 접촉을 공유한다 할지라도, 세계를 탐구하고 이해하는 문제에 대해 서로 다른 사람들과 서로 다른 문화들이 접근하는 방식은 엄청난 차이가 있다. 사람들이 모두 한 쪽 끝에 감각기관과 다

른 쪽 끝에 행동 메커니즘이 붙어 있는 뇌를 가지고 있다는 사실은 세
계에 관해 배우는 올바른 방식에 관해 사람들이 심하게 불일치하는 것
을 막지 못한다. 불일치가 이루어지는 중요한 한 대목은 사람들이 일상
생활을 처리하는 방식에 반대되는 것으로서 거창한 사상 — 세계에 관
한 거창한 이론과 설명적 가설 — 에 대한 평가를 처리하는 방식이다.
아마 우리가 공유하는 생물학은 우리가 먹을 음식을 구하려 하고 집에
가는 법을 결정하려 할 때 우리를 꽤 경험적이게 만들기에 충분할 것이
다. 그러나 이것은 우주에서 우리의 전체적 지위에 관한 설명적 이론을
개발하고 정당화하려는 시도들에는 적용되지 않는다. 여기에서 우리는
문화들 내에서, 그리고 문화들을 통한 접근방식에서의 예리한 불일치
를 발견한다.

제10장 끝 부분에서 나는 우리가 과학을 전략 비슷한 어떤 것으로 생
각할 수 있다고 말했다. 이런 의미에서 과학은 심지어 최고로 거창한
이론적 사상, 물음, 논쟁을 관찰을 통해 시험받게 하려는 전략이다. 이
전략은 인간 언어의 본성, 사고의 근본 규칙, 우리의 생물학에 의해 우
리에게 지시를 내리는 것이 아니다. 그것은 선택과 더 비슷하다. 선택
은 개인이나 문화에 의해 이루어질 수 있다. 과학적 전략은 주변의 틀
에 사상들을 끼워 넣기 위해 그 사상들을 해석하고, 우주에 관한 가장
일반적이고 야심 찬 가설의 경우에도 경험에의 노출을 추구하는 방식
으로 그 사상들을 개발하는 것이다. 그러한 과학관은 일종의 경험주의
이다.

전략으로서의 과학에 대한 이 기술은 출발점이지만, 좀 더 정확하게
표현될 필요가 있다. 제1장으로 돌아가 보면, 나는 "과학"이라는 낱말
이 매우 다양하게 사용된다고 말했다. 그 용어는 매우 넓게 사용되기도
하고, 매우 좁게 사용되기도 한다. 여기에서 나는 "넓은 대 좁은" 구별

과 관계가 있는 두 부분 이야기(two-part story)를 개관할 것이다. 일반적인 과학적 전략과 그 전략이 수행되는 방식을 조직하는 특수한 방식을 구별하기로 하자. 그 전략 자체는 거창한 사상을 경험에 노출시킴으로써 그것을 평가하려는 시도이다. 넓은 의미에서 그것은 과학이 모두 관여하는 것이다. 그러나 과학 혁명과 그 뒤를 이은 연구 또한 그 전략을 수행하는 사회적으로 조직화된 특수한 방식을 발전시켰다. "과학"이라는 용어는 또한 그 사회적 조직을 언급하기 위해 좀 더 좁게 사용될 수도 있다.

나는 그 이야기의 두 부분이 서로 맞는 방식에 관해 좀 더 말할 것이다. 나는 경험주의 전통으로부터 경험에 사상을 노출시킴으로써 그 사상을 평가한다는 생각을 받아들인다. 개인은 완전히 혼자서 이런 종류의 전략을 수행할 수 있다. 개인은 가설을 세우는 사적인 독립적 프로그램을 세우고, 그것을 관찰적 시험에 의해 평가할 수 있다. 개인은 상상의 목소리와 비판적 목소리 사이의 대화를 내면화할 수 있다. 그러한 개인은 다른 사람들을 신뢰하기를 거부하고, 전적으로 그 자신의 경험에 의존함으로써 가능한 한 외로운 경험주의자의 낡은 공상에 가까이 가려고 시도할 수도 있다.

이것은 과학적 전략을 수행하는 가능한 방식이지만, 보통의 방식과는 아주 멀리 떨어져 있음이 분명하다. 만일 우리의 목적이 과학 혁명에서 파생된 연구 전통을 다른 접근방식들과 다르게 만드는 것을 이해하는 것이라면, 우리는 다른 종류의 이야기가 필요하다. 우리는 기초적인 과학적 전략을 수행하는 사회적으로 조직된 방식의 발전과 구조에 초점을 맞출 필요가 있다.

사회적 구조로서의 과학의 독특한 특징은 두 가지 다른 차원을 따라 발견된다. 한 차원은 주어진 시간의 연구 조직과 관계가 있다. 여기서 우리는 과학이 경쟁과 협동의 효율적 혼합을 산출하고, 어떤 문제에 대한 서로 다른 접근방식들을 통해 이로운 과학적 분업을 산출하는 보상 체계와 내적 문화를 발전시켜왔다는 암시를 발견한다. 이런 생각은 제11장에서 논의되었다. 일반적 논증은 과학(특수한 사회적 구조를 포함하는 것으로서 좁게 해석된)이 효과적인 방식으로 다양한 개인들의 에너지를 조화시킬 수 있다는 것이다.

다른 차원은 서로 다른 시간 사이의 관계, 그리고 과학 세대들 사이의 사상의 전달과 관계가 있다. 이 차원을 따라 발견하는 결정적 특징은 과학적 연구가 누적적이라는 것이다. 각 세대는 전임자들의 연구에 의존한다. 현재 연구자들은 언젠가 아이작 뉴턴이 표현했듯이 이전 연구자들의 "어깨를 딛고 서 있다." 이것은 시간을 통해 사상을 전달하는 신뢰할 만한 방식과 (또 다시) 이전 연구자들이 그만둔 지점에서 연구를 수행하는 것을 가치 있게 만드는 보상 체계 둘 다를 요구한다.

이런 종류의 사회적 구조와 함께 "상상의 목소리와 비판적 목소리 사이의 대화"는 실제 대화가 될 수 있다. 우리는 사상을 검사하고 조사하는 일을 신빙성 있게 초래하는 사회적 메커니즘을 적소에 가지고 있다. 킴 스터렐니(Kim Sterelny)가 나에게 제안한 표현을 사용하자면, 우리는 과학적 사고의 사변적 측면을 동반하기 위해 "자기 교정의 엔진"을 얻는다. 이와 같은 상황에서 우리는 기초적인 경험주의적 유형이 나타나는 방식에 대해 진정한 분업을 할 수 있다. 독단적이고 까다로운 어떤 개인들도 전체로서의 그 공동체에서 유연성과 편견 없음이 발견된다고 한다면 그 체계 내에서 연구하면서 잠재적으로 유용한 역할을 할 수도 있다.

이 책에서 논의된 인물 몇 사람에 대하여 경험주의 전략이 현대 과학에 의해 사회적으로 조직되는 방식은 주목할 만한 균형을 나타낸다. 또는 좀 더 정확하게, 우리는 한 쌍의 다른 균형을 발견하는 것처럼 보인다. 하나는 경쟁과 협동 사이의 균형이다. 이것은 어떤 의미에서 제8장과 11장에서 논의한 머턴, 헐, 키처의 연구가 전하는 메시지이다. 다른하나는 비판과 신뢰 사이의 균형이다. 그것은 쿤 연구의 주요 주제 중하나이다. 그것은 또한 섀이핀의 연구가 전하는 메시지의 부분이기도하다. 섀이핀은 비판과 신뢰 사이의 관계를 내가 "균형"으로 기술하는것을 승인하기를 주저할 것이다. 이 용어는 그 관계가 좋은 관계라는것을 암시한다. 섀이핀은 그 문제에 대해 어떤 입장을 취하지 않는다. 그렇지만 쿤은 과학에서 발견되는 비판과 신뢰 사이의 관계가 정말로독특하게 효과적 관계라고 생각했다.

긍정적인 정서적 함축을 가진 "균형"이라는 관념은 어떤 사람들에게그 이야기의 이 부분에 관해 의심하게 만들 것이다. 그 의심은 이해할만하다. 우리가 경쟁과 협동, 비판과 신뢰 사이의 관계를 "균형"을 나타내는 것으로 기술할 때 이것은 그러한 관계들을 귀중하면서 무너지기 쉬운 업적처럼 들리게 만든다. 그러나 우리는 현재 상태가 좋은 상태라는 것을 왜 그렇게 확신하는가? 우리는 과학의 사회적 조직을 바꿈으로써 더 잘할 수 없다는 것을 어떻게 아는가? 파이어아벤트는 최근과학이 우리가 제7장에서 보았던 것처럼 상상력 있는 연구와 범속한연구 사이의 관계와 관련하여 균형을 상실했다고 생각했다. 제9장과 11장에서 나는 또한 과학에서 경쟁과 협동 사이의 관계가 잘 균형을 이루고 있다는 헐의 주장에 대해 여성주의적 비판의 가능성을 논의했다.

또한 몇 가지 역사적 문제를 간단히 살펴보기로 하자. 일단 과학의사회적 조직의 어떤 특징들이 과학에 대한 우리의 인식론적 이론에 본질적이라는 것을 알고 나면, 우리는 새로운 어떤 역사적 물음을 얻게된다. 앞에서 나는 과학의 사회적 조직의 두 차원, 즉 어떤 시간에 연구

조직과 시간들을 통한 연구 조직을 구별했다. 이런 특징들을 제공하는 결정적 이행이 있는가, 아니면 그 특징들은 좀 더 점진적으로 진화했는가? 그 특징들은 함께 생겼는가, 아니면 개별적으로 생겼는가?

과학적 연구의 누적적 구조는 어떤 분야에서는 오래 되고 다른 분야에서는 새로운 어떤 것이다. 이것은 부분적으로 얻고 잃을 수 있는 어떤 것이다. 고대부터 현대 초기에 이르기까지 우주에 관한 사상들의 발전에 대한 역사적 기술에서 툴민(Stephen Toulmin)과 굿필드(June Goodfield)는 누적적 구조가 때로 얻어지면서 그 다음에 잃게 되는 방식을 강조한다(1962). 지속된 노선의 연구는 종종 어떤 특정 도시에서 "학파"로 세워질 것이고, 그 다음에는 시들었다가, 종종 몇 번이고 반복해서 "바퀴를 다시 발명하듯이 쓸데없이 시간을 낭비하면서" 홀로 연구하는 연속된 개인들에 의해 대치될 것이다. 그렇지만 점진적으로, 그리고 분야마다 이 우연한 유형은 좀 더 누적적인 연구로 대치되었다.

어떤 시간에서 과학적 연구의 조직, 그리고 과학에서 협동과 경쟁 사이의 관계 쪽으로 시선을 돌리면 우리는 17세기 중엽이 결정적으로 중요할 수 있다는 것을 발견한다. 새이핀과 섀퍼(1985)는 제어된 비판이라는 새로운 종류의 문화와 새로운 종류의 신뢰 망을 구축하는 데 로버트 보일과 런던 왕립협회가 했던 역할을 강조한다. 이것으로 인해 새로운 종류의 공동 연구가 가능해졌다(또 다시 새이핀과 섀퍼는 이 이야기를 이 결과에 찬성하는 방식으로 말하지 않지만, 많은 과학철학자는 이 결과에 찬성하고 싶어 할 것이다). 만일 우리가 새로 조직된 이 연구 문화를 과학에 절대적으로 중요한 것으로 간주한다면, 갈릴레이처럼 혁명 초기 "모험가들"의 연구는 그 이야기에서 약간 덜 중요해진다.

연금술 사례 또한 여기서 흥미롭다. 연금술은 화학의 선구였으며, 17세기 말 내내 영향력을 발휘했다(뉴턴은 연금술에 매우 흥미를 보였다). 연금술은 정밀한 비결에 기초를 둔 실제적 연구와 놀랄 정도로 이상한 동반 이론 집합의 조합이었다(암석은 의사생물학적 의미에서 지구에서 성장하는 것으로 보였다. 화학 반응은 행성들 사이의 점성술적 관계 속에서 의미를 띠었다). 연금술은 어떤 점에서 — 매우 결과 지향적이라는 점에서 — 꽤 경험적이었지만, 연금술사들의 작업은 현대 과학과 놀랄 정도로 대비되는 방식으로 조직되었다. 연금술은 종종 대단히 비밀스러웠다. 결과를 입수하기 쉽게 폭넓게 출판하는 것이 아니라 연금술은 사적이고 제한된 소통 문화가 있었다. 이것은 부분적으로 그 분야의 반신비적인 기질 때문이고, 부분적으로 다른 금속을 금으로 변형시키는 방법을 발견해서 엄청난 재정적 이득을 보려는 희망 때문이었다. 새이핀과 새퍼가 강조하듯이 로버트 보일은 그의 개방적이고 협동적인 새로운 과학적 문화를 스콜라철학의 공허함과 독단주의는 물론이고 연금술사들의 비밀주의와 대비시켰다.

제1장에서 나는 우리가 "과학"이라 부르는 분야와 실제들이 정밀한 철학적 "과학에 대한 이론"이 있기에는 너무 유사성이 없을 가능성을 제기했다. (이 가능성은 "과학의 불통일성"에 관한 최근 논의의 한 측면이다[Galison and Stump 1996; Suppes 1981]). 앞의 몇 개 장에서 나는 특수한 문제들에 관해 "혼합된" 또는 "다원주의적" 견해를 옹호했다. 제7장에서 나는 어떤 과학 분야들이 패러다임이 지배하는 정상과학에 대한 쿤의 설명(또는 같은 노선을 따르는 어떤 것)과 꽤 잘 맞을 수 있는 반면에, 또 어떤 과학 분야들은 라우든과 라카토슈의 견해와 더 잘 맞을 수도 있다. 제13장에서 내가 설명을 다룬 방식은 "맥락주의적" 입장을 옹호했으며, 과학적 실재론에 대한 나의 논의에서도 똑같은 가능성이 제기되었다. 그래서 이 책 후반부는 과학의 본성에서 다양성 관념을 꽤 진지하게 받아들였지만, 이것이 그런 문제들에 대한

철학적 설명의 발전을 막지는 않았다. 철학은 항상 가장 포괄적인 일반 진술을 추구할 필요가 없으며, 이런 종류의 다양성을 인정하는 일이 상대주의를 포함할 필요가 없다. 그래도 이 장에서 기술한 과학적 전략 및 그 전략의 특색인 사회 구조에 대한 설명은 실제로 다소 일반적이다. 다른 사람들은 내가 여기서 시도한 것보다 일반성이나 통일성이 덜한 견해를 제안할지도 모르겠다.

15.4 마지막 도전

앞 절에서 과학적 전략에 대한 나의 논의는 경험주의에 대한 옹호 논의로 제시되었다. 그러나 이것은 오도적인 연관을 짓는 것 아닌가? (이 책에 대한 어떤 논평자들은 그렇다고 생각했다.) 이 책에서 말해진 이야기는 경험주의가 기본적으로 처음부터 죽 올바르다는 것을 보여주었는가, 아니면 경험주의적 전통의 모든 핵심 사상을 퇴짜 놓았는가?

이 도전은 쿤에 관해 다시 생각함으로써 제기될 수 있다. 우리는 쿤을 과학이 전통적 경험주의가 일찍이 상상했던 것보다 훨씬 더 복잡한 기구이기 때문에 어떤 종류의 단순한 경험주의적 공식으로 기술될 수 없다고 주장하는 것으로 볼 수 있다. 경험주의 사상들은 단순히 모호하고 불완전한 것이 아니다. 그 사상들은 틀렸다. 경험주의적 견해는 과학적 연구에서 발견되는 균형, 특히 과학의 사회적 조직에서 발견되는 균형을 기술할 자원을 가지고 있지 않다. 쿤의 과학관은 이 책에서 우리가 과학에 대한 이런 종류의 매우 복잡한 이론의 가능성에 최초로 맞닥뜨렸던 자리를 차지했다. 나는 과학에 대한 쿤 이론의 세부사항 몇 가지를 비판했지만, 그 기본적 도전 앞에서 우리에게 도움이 될 것처럼 보이는 방식으로 비판하지는 않았다. 우리는 그저 그만큼 복잡한 과학관, 또는 훨씬 더 복잡한 어떤 과학관으로 끝낼 가능성이 높은 것처럼 보인다.

경험주의자는 "좋아, 많은 복잡성이 있어. 그래도 경험주의의 기본 착상은 과학이 작동하는 방식의 가장 근본적인 특징들을 포착하잖아. 나무는 보고 숲을 못 보면 안 되지!"라고 응답할 수 있다. 그것은 실제로 내가 제안하는 응답이다. 그러나 우리는 이 제안에 찬성하는 주장은 물론이고 반론들도 의식할 필요가 있다.

반대자 중 어떤 사람들의 관점에서 볼 때 경험주의는 지식이 포함하는 것에 대해 가망이 없을 정도로 단순한 그림에 기초를 두고 있다. 경험주의는 종종 지식의 유일한 원천이 경험이라고 주장하는 신조로 정리된다. 그러나 "원천"에 대한 이 언급이 여기서 하는 일은 무엇인가? 우리는 지식의 원천이 딱 하나만 있는가, 둘 이상 있는가라고 물을 수 있다. 이것은 이 탱크로 이끄는 관이 딱 하나만 있는가, 둘 이상 있는가라고 묻는 것과 비슷하다. 그러나 세계에 관해 배우는 과정은 그것과 같지 않다. 인식론은 배관공사가 아니기 때문이다.

그래서 여기서 내가 상상하고 있는 경험주의 비판자는 이 책 중간 부분의 사회적 구조, 틀, 보상 등에 대한 논의로 우리가 출발점으로 삼았던 단순한 경험주의 사상을 대치해야 한다고 생각하는 사람이다. 과학이 경쟁과 협동, 비판과 신뢰 사이의 균형에 의해 작동한다는 것이 증명될 수 있다고 해보자. 만일 그것이 과학을 이해하는 열쇠라면, 그것은 전통적 경험주의 사상들이 제안하거나 정리한 어떤 것이 아니다. 그것은 다른 종류의 이야기이며, 더 나은 이야기이기도 하다. 또는 비판자는 그렇다고 말한다.

여기서 과학의 "객관성" 문제와 연관이 있다. 제1장으로 되돌아가면 나는 사람들이 종종 과학이 객관적인지 알고 싶어 한다는 것을 지적했다. 이것은 과학에 대한 많은 철학적 논의와 사회학적 논의의 핵심 개념이다. 나는 그 용어가 애매하고 문제를 오도적인 방식으로 설정하는 경향이 있기 때문에 피하겠다고 말했다. 이것은 왜 그런가? 그 낱말이 어떻게 사용되는지 좀 더 면밀하게 살펴보자. 때로 객관성에 관해 언급하는 사람들은 어떤 구별을 염두에 두는데, 이 구별은 어쩌면 모호한 구별로 믿음에 대한 좋은 영향과 나쁜 영향 사이의 구별이다. 믿음에 대한 객관적 영향은 주관적 영향과 대비된다. 객관성은 어떤 종류의 공평성, 즉 편향의 결여를 포함한다. 어쩌면 "객관성"은 느슨한 구별 군을 언급하기 위해 사용되는 용어라고 말하는 것이 정확할 텐데, 이 구별들 각각은 믿음을 형성하는 두 방식 사이에 어떤 종류의 대비를 만든다. 두 방식이란 하나는 변덕, 편견, 관점에 의존하는 방식이고, 다른 하나는 그러한 "주관적" 영향들을 피하는 방식이다.

다른 때에는 "객관성"이라는 용어가 전혀 다른 관념을 표현하는 데 사용된다. 어떤 것들은 객관적으로 실존하고, 어떤 것들은 객관적으로 실존하지 않는다. 색깔은 객관적으로 실존하는가? 도덕적 가치는 객관적으로 실존하는가? 그런 것들은 사람들이 그것들에 대해 생각하는 것과 독립적으로 실존한다면 그런 것들을 객관적으로 실존한다고 말한다. 여기서 제12장에서 논의한 실재론에 관한 문제와 객관성 문제가 연결된다.

과학에 대한 어떤 논의들에서 객관성의 이 다른 의미들은 함께 결합된다. 믿음은 실재하는 것들에 의해 야기되거나 그것들에 의해 안내된다면 객관적으로 형성된다고 말해진다. 만일 과학이 믿음과 이론 변화가 세계 속에 실재하는 것들과의 접촉에 의해 제어되는 과정이라면, 과학은 객관적인 것으로 간주된다. 그렇다면 과학은 이런 의미에서 정말로 과학적인가? 또는 오히려 과학이 적절하게 작동할 때 과학은 이런 의미에서 객관적인가? 과학의 구조는 객관성을 산출하기 쉬운 구조인가?

이 책에서 옹호한 과학관은 이 물음들에 대해 얼마간 그렇다고 말한다. 그러나 이런 물음들은 핵심 물음을 제기하는 좋은 방식이 아니다. 객관성 개념은 여기서 도움이 되지 않기 때문이다. 그 개념은 조야하며, 그릇된 이분법들을 시사하는 경향이 있다. 사람들은 자신이 다음과 같이 묻고 있음을 깨닫는다. 과학적 믿음과 이론 변화가 실재하는 대상들에 의해 제어되는가, 아니면 사회적 요인들에 의해 제어되는가? 과학적 사상은 실재 세계의 산물인가, 아니면 인간 창조성의 산물인가? 우리가 아는 것에 대해 우리가 책임이 있는가, 아니면 세계가 책임이 있는가?(Shapin and Schaffer 1985, 344면). 이런 물음은 모두 나쁜 물음이다. 이 물음들은 모두 그릇된 이분법을 포함하기 때문이다. 과학적 믿음은 우리만의 산물이거나 세계만의 산물이 아니다. 그것은 우리의 심리적 능력이나 사회적 조직과 세계의 구조 사이의 상호작용의 산물이다. 세계는 과학에서건 다른 곳에서건 우리에게 믿음들을 "도장 찍지" 않는다. 그래도 과학은 관찰이라는 통로에 의해 세계의 구조에 감응한다.

여기서 내가 상상하고 있는 경험주의 비판자는 비슷한 종류의 반론을 내놓는다. 경험주의자들이 그처럼 지나치게 단순하고 오도적인 방식으로 문제를 설정하는 것처럼 보일 때 왜 낡은 경험주의 슬로건들에 매달리는가? 이야기를 완전히 새로운 용어들로 하면 안 되는가? 닳아빠진 낡은 경험주의 전통에서 꿈꾸었던 것보다 과학에는 더 많은 것이 있다.

경험주의 비판자는 나 같은 사람들이 기분 좋을 정도로 단순하고 종종 수사적으로 유용하기 때문에 경험주의 사상에 매달리고 싶어 하는 것 아닌지 의심한다. 과학과 종교적 근본주의에 기초하여 세계를 이해하려는 시도를 다르게 만드는 것은 무엇인가? 이와 같은 물음이 제기될 때 경험주의자는 단순하고 만족스러운 답을 제시할 수 있는 것처럼 보인다. "과학은 믿음을 관찰에 의해 형성하는 과정이기 때문에 다르다. 사상은 그 기원에 의해서가 아니라 시험에 어떻게 견디는지에 의해 평가된다. 과학은 편견이 없고, 반권위주의적이며, 유연성이 있다." 단순하고 좋다. 이제 이 전통적 경험주의 사상이 훨씬 더 복잡한 이야기, 즉 미묘한 균형, 특별한 보상 체계, 틀 안과 틀들 사이에서의 움직임 … 에 관한 이야기로 대치된다고 해보라. 좀 더 복잡한 이야기의 옹호자는 여전히 과학이 세계에 대한 탐구에서 우월한 접근방식이라고 주장할 수 있다. 그러나 과학을 다르게 만드는 특징은 경험주의 이야기에 따를 때 그럴 것처럼 단순하고 빤한 특징이 아닐 것이다. 단순성은 종종 매력적이지만, 단순한 답은 종종 그르다.

　그래서 나는 이 책 후반부에서 경험주의가 개혁되었다기보다는 매장되었다고 주장하는 논증의 힘을 인정한다. 그럼에도 불구하고 나는 그 논증이 잘못되었다고 생각한다. 속담이 말하는 것처럼 그 논증은 정말이지 "나무 때문에 숲을 보지 못한다." 현대 과학은 일반적 전략과 그 전략을 수행하는 복잡한 사회적 구조를 둘 다 포함한다. 이 책에서 전개했던 것처럼 이 두 부분 설명의 첫 번째 부분은 수정된 자연주의적 형태의 경험주의이다.

15.5 미래

가까운 미래에 과학철학의 핵심 문제는 무엇인가? 사람들은 무엇에 대해 연구해야 하는가? 앞 절에서 씨름한 문제들은 확실히 더 논의할 가치가 있다. 그러나 나는 앞 장들의 논의를 따라 세 가지 문제를 언급하는 것으로 논의를 끝낼 텐데, 이 문제들은 지금 이 순간 특별히 흥미롭다고 생각한다.

첫 번째 문제는 제7장 마지막 절에서 따라 나온다. 틀, 패러다임, 그리고 비슷한 구성물들이 과학에서 이론 변화에 대한 우리의 이해에서 하는 역할은 무엇인가? 우리는 개념적 변화의 두 "층"을 예리하게 구별하는 일에서 쿤과 카르납을 따라야 하는가? 아니면 이것은 문제를 해결하는 것이 아니라 문제를 만드는 기만적 이미지인가?

두 번째 문제는 과학에서 보상 체계, 그리고 개인 수준 목표와 공동체 수준 목표 사이의 관계와 관계가 있다. 지금까지 이 주제에 대해 철학적으로 다룬 것들은 많이 일반화하는 경향을 보여왔으며, 과학자들이 모두 비슷한 동기 집합을 내면화해왔다고 가정했다. 과학사회학으로부터 입력 자료를 이용한다면, 훨씬 더 자세한 이야기를 말하는 일이 가능해져야 한다. 예컨대 과학에서 서로 다른 분야들 사이, 그리고 서로 다른 하위문화들 사이에는 어떤 차이가 있는가? 과학에서 경쟁과 협동의 관계는 매혹적인 주제이다.

세 번째 문제는 제12장 마지막 절에서 따라 나온다. 나는 과학이 달성하려고 하는 이론과 실재 사이의 관계를 기술하기 위해 "표상"이라는 넓은 개념을 사용했다. 나는 언급과 진리처럼 언어철학의 개념을 그 이야기의 이 부분에서 중심적 개념으로 만들려는 경향에 저항했다. 나는 또한 모델의 역할을 강조했다. 그러나 우리는 표상에 대한 훌륭한 철학이론을 아직 갖고 있지 않으며, 여기서 아주 기본적인 문제들조차도 논쟁으로 점철되어 있다. 불확실성의 큰 구름이 여전히 과학철학의 이 부분을 위협하고 있다.

그렇지만 이러한 불확실성의 구름과 함께 나는 최근 과학철학에서 우리가 꽤 명확한 어떤 진보를 볼 수 있다고 생각한다. 이런저런 방식으로 모든 과학이 경험의 유형에 대한 기술이라는 생각은 최종적으로 (대부분) 버려졌다. 과학적 실재론은 세련된 형태로 발전해 옹호되어 왔다. 그 분야는 언어에 관한 물음이 덜 지배하게 되었으며, 과학적 연구의 중요한 부분으로서의 모델 구성에 대해 적절한 주의가 기울여진다. 시험과 증거이론은 50년 전보다 엄청나게 더 좋아진 모습을 띠고 있다. 과학에서 보상 체계와 인식론적 문제 사이의 관계에 대해 면밀한 주의를 기울인다는 생각이야말로 결정적인 진보이다. 그래서 진보가 있었지만, 아직도 할 일이 많다.

: 용어해설

다른 철학 용어들에 대한 정의와 간단한 논의는 사이몬 블랙번(Simon Black-burn)의 훌륭한 책 *The Oxford Dictionary of Philosophy*를 권하고 싶다. 블랙번은 이 책에서 논의된 많은 용어에 대해서도 더 자세히 설명하고 있다.

때로 철학 초심자들에게서 나타나는 혼란은 전문적 사용에서가 아니라 일상언어의 약간 다른 철학적 사용에서 생긴다. 예컨대 철학에서 어떤 견해나 가설에 적용될 때 "강한"(strong)이라는 낱말은 효과적인(effective)을 의미하지 않으며, 긍정적인(또는 부정적인) 정서적 함축을 동반하지 않는다. "강한"은 극단적인, 대담한, 한쪽으로 치우친과 더 비슷한 어떤 것을 의미한다. 이것은 그 용어의 논리학에서의 사용과 관계가 있는데, 논리학에서는 강한 주장이 많은 함의를 가진 주장이다. 이런 의미에서 "약한"(weak)은 조심스러운, 보호막을 치는, 온건한을 의미한다. 과학자들도 때로 "강한"을 똑같은 방식으로 사용한다. 그래서 어떤 견해(경험주의, 실재론 등)의 "강한" 버전은 약한 형태보다 반드시 좋은 것이 아니다. 혼란스럽게도 철학자들은 때로 어떤 논증이 좋거나 설득력 있다는 것을 의미할 때 그 논증이 강한 논증이라고 말한다.

아래에서 각각의 용어를 논의한 후 나는 그 용어가 이 책에서 중요한 용어로 나타난 장이나 절을 지적한다. 고딕체 용어는 용어해설에서 항목으로 들어간 것이다.

이 책에는 좀 더 표준적으로 사용되는 용어를 내가 수정해 명명한 두 용어가 있다. 그것은 "설명적 추리"와 "제거적 추리"이다. 두 경우 모두 나는 "귀납"이라는 용어의 지나치게 넓은 사용을 피하고 있다.

가설 추리(abduction, 귀추) 설명적 추리를 나타내는 많은 용어 중 하나. 이 용어는 C. S. 퍼스가 만들었다.(3.2절, 14.5절)

분석/종합 구별 분석문장은 단지 그 문장에서 사용된 용어들의 의미에 의해 옳거나 그르다. 종합문장은 낱말의 의미와 세계가 존재하는 방식 모두에 의해 옳거나 그르다. 논리 실증주의는 이 구별을 매우 중요한 것으로 취급하였다. 콰인은 이 구별이 존재하지 않는다고 주장했다.(2.3절, 2.4절, 2.5절)

변칙 과학에 대한 쿤의 이론에서 변칙은 정상과학의 방법에 의한 해결을 거부하는 난문제이다. 이 말은 그 낱말의 일상적 의미에 가깝다(대략 제자리를 벗어난 어떤 것).(5.4절)

선천적/후천적 구별 만일 어떤 것이 선천적으로 알려진다(또는 알려질 수 있다)면, 그것은 경험을 통해 얻은 증거와 무관하게 알려진다(또는 알려질 수 있다). 경험으로부터의 증거에 의존하는 지식은 후천적 지식이다.(2.3절)

베이스주의 베이스 정리에 핵심 역할을 부여하는 증거와 시험에 대한 이론으로, 베이스 정리는 확률이론에서 증명될 수 있는 결과이다. 베이스주의자들은 모든 합리적 믿음 변화를 확률이론의 원리에 따라 명제들에 대한 우리의 믿음의 정도를 경신하는 문제로 다룬다.(14장)

확증 증거 체계와 가설이나 이론 사이의 지지(support) 관계. 확증은 증명과 똑같은 것이 아니다. 이론은 고도로 확증되지만 그를 수 있다. 논리 실증주의와 논리 경험주의는 보통 이 관계를 "귀납논리"를 가지고 분석하려고 함으로써 과학에서 이 관계의 역할을 무척 강조한다. 그들의 시도는 그리 성공적이지는 않았다.(3, 4, 14장)

구성주의(사회 구성주의, 형이상학적 구성주의) 여러 가지 의미를 지닌 낱말. 이 책에서 논의된 논쟁들에서 "구성주의"는 보통 지식(그리고 때로는 실재 자체)을 인간의 선택과 사회적 협상에 의해 능동적으로 창조되는 것으로 보는 어떤 종류의 견해를 가리킨다.

구성주의적 견해를 옹호하는 사람들은 종종 이론(또는 분류나 틀)이 구성된다는 견해와 그런 이론이 기술하는 실재가 구성된다는 견해를 신중하게 구별하지 않는다. 나는 실재가 어떤 의미에서 구성된다고 명시적으로 주장하는 견해를 나타내기 위해 "형이상학적 구성주의"라는 용어를 사용한다.(12.5절).

반 프라센 또한 그의 과학관을 나타내기 위해 "구성적 경험주의"라는 용어를 사용하는데, 비록 그의 입장은 표준적으로 구성주의자라 불리는 다른 사람들과 거의 공통점이 없다 할지라도 그렇다.(12.6절)

용인(corroboration) 포퍼는 이 용어를 어떤 과학적 이론이 그것을 논박하려는 시도에도 불구하고 살아남을 때 획득하는 어떤 것을 나타내는 데 사용했다. 때로 이 용어는 포퍼가 거부했던 확증의 또 다른 이름처럼 보인다.(4.5절) 그 용어는 또한 가끔 대략 확증이나 지지와 동의어가 되는 방식으로 사용되기도 한다(포퍼주의자들이 사용하는 것은 아니지만).

엄호법칙 이론(covering law theory) 논리 경험주의자들(논리 경험주의를 볼 것), 특히 칼 헴펠이 전개한 과학적 설명이론. 이 이론은 어떤 것을 설명한다는 것이 자연법칙 진술을 전제로 포함하는 훌륭한 논리적 논증에서 그것을 어떻게 추리하는지 보여준다는 것이라고 주장한다.(13.2절)

연역논리학 다음 특징을 갖는 논증 유형을 다루는 잘 개발된 논리학 분과. 만일 논증의 전제들이 옳다면, 결론은 옳음이 보증된다. 이 특징은 "연역적 타당성"이라 불린다.

법칙-연역적 이론(D-N 이론) 때로 설명에 대한 엄호법칙 이론을 나타내기 위해 사용되는 용어로, 비록 이 용어가 엄호법칙 이론이 포함하는 사례들 중 일부, 즉 어떤 것을 설명하는 데 사용되는 논증이 연역 논증인 경우들만을 언급한다 할지라도 그렇다.

구획 문제 과학적 이론과 비과학적 이론을 구별하는 문제를 지칭하는 포퍼의 용어.(4.2절, 4.6절)

제거적 추리 다른 대안들을 배제함으로써 가설을 지지하는 추리 유형(어떤 경우에 연역적으로 타당할 수 있음에도 불구하고 이런 논증들은 때로 "제거적 귀납"이라고도 불린다)(14.5절).

경험주의 지식, 정당화, 합리성을 설명할 때 모두 경험의 근본적 중요성을 주장하는 다양한 철학적 견해 군. 이 책에서 전통적 경험주의를 나타내기 위해 사용된 슬로건은 "경험은 세계에 관한 진정한 지식의 유일한 원천이다"이다. 모든 경험주의자가 그 슬로건을 좋아하지는 않을 것이다. 언어에 대한 경험주의 이론들도 있는데, 이 이론들은 낱말의 의미와 경험이나 어떤 종류의 관찰적 시험을 연관시킨다.(2장, 15장, 10.3절)

인식론 지식의 본성, 믿음의 정당화, 합리성과 관련된 문제를 다루는 철학의 분야.

피설명항 설명에서 설명되는 것.(13장)

설명항 설명에서 설명하는 일을 하는 것.(13장)

설명적 추리 자료 집합으로부터 그 자료를 설명할 구조나 과정에 관한 가설을 끌어내는 추리. "가설 추리", "최선의 설명으로의 추리", "설명적 귀납", "이론적 귀납"을 포함하여 이 관념이나 이 비슷한 관념을 나타내는 용어가 많이 있다.

이 책에서 나는 이 범주를 어쩌면 제거적 추리 범주와 겹치는 것으로 취급한다. 설명적 추리의 어떤 사례들은 대안적 설명들의 제거를 통해 작동할 수도 있을 것이다. 다른 사람들은 이런 사례들을 두 개의 다른 범주로 취급할 것이다.(3.2절, 14.5절)

반증주의 칼 포퍼가 전개한 과학관. "반증주의"라는 낱말은 과학적 이론과 비과학적 이론을 구별하는 법에 대한 포퍼의 안을 가리키도록 좁게 사용될 수 있다(구획 문제). 이런 의미에서 반증주의는, 만일 어떤 이론이 가능한 어떤 관찰에 의해 논박될 잠재력이 있다면 그 이론은 과학적이라고 말한다. 그 용어는 또한 과학에서 모든 시험이 관찰에 의해 이론을 논박하려는 형태를 띠고, 관찰적 시험을 통과함으로써 이론을 확증하는 일 같은 것은 없다고 주장하는 포퍼의 견해를 나타내기 위해 좀 더 넓게 사용되기도 한다.(4장)

토대론 인간 지식이 어떻게 기초적이고 완전히 확실한 믿음들의 "토대"에 기초를 두고 있는지를 보여주려고 함으로써 인식론적 문제들(인식론을 볼 것)에 접근하는 이론을 나타내는 용어. 이런 믿음들은 어쩌면 우리 자신의 현재 경험에 관한 믿음들일 수 있다.(10.1절, 10.2절)

전체론 전체론적 논증과 입장은 많은 철학적 논쟁들에서 발견될 수 있다. 일반적으로 전체론자는 특수한 것은 더 큰 전체 속에서의 그 위치를 살피지 않으면 우리가 그것을 이해할 수 없다고 생각하는 사람이다. 이 책에서는 두 종류의 전체론이 중요하다. 시험에 관한 **전체론**은 우리가 단일 가설이나 단일 문장을 따로 분리해서는 시험할 수 없다고 주장한다. 대신 우리는 전체로서의 복합적인 주장과 가정들의 망만을 시험할 수 있는데, 왜냐하면 이 전체 망들만이 주어진 상황에서 우리가 관찰해야 하는 것에 관해 명확한 예측을 만들기 때문이다. 의미 **전체론**은 임의의 낱말(또는 다른 표현)의 의미가 그 언어의 다른 모든 표현과의 연관에 의존한다고 주장한다.(2.4절, 2.5절)

가설 – 연역주의 이 용어는 과학을 하는 방법과 확증에 관한 좀 더 추상적인 견해 모두를 나타내는 데 사용될 수 있다. 가설-연역적 방법(H-D 방법)은 과학 교과서들에서 제시되는 훌륭한 과학적 절차에 대한 가장 흔한 기술이다. 그 방법의 버전들은 다양하지만, 기본 단계는 다음과 같다. (1) 어떤 관찰들을 수집하라. (2) 그 관찰들을 설명할 가설을 정식화하라. (3) 그 가설로부터 새로운 어떤 관찰 예측들을 연역하라. (4) 그런 예측들이 옳은지 보라. 만일 그 예측들이 옳다면, 단계 3으로 돌아가라. 만일 그 예측들이 그르다면, 그 가설을 반증된 것으로 간주하고, 단계 2로 돌아가라.

어떤 버전들은 단계 1을 생략하거나 변경한다. 버전들은 또한 가설이 만든 예측들이 옳을 경우에 과학자가 그 이론을 확증된 것으로 간주해야 하는지에 대해 저마다 의견이 다르다.

"가설-연역주의"는 또한 시험에 사용되는 절차와 반대되는 것으로서 확증의 본성에 관한 견해를 나타내기도 한다. 여기서의 기본 착상은, 어떤 가설이 옳은 관찰적 예측을 도출하는 데 사용될 때 그 가설이 확증된다는 것이다.

공약불가능성 과학에 대한 쿤과 파이어아벤트 이론에서 중요한 개념. 기본 착상은 서로 다른 이론이나 서로 다른 패러다임들은 편향되지 않은 적절한 방식으로 비교하기가 힘들거나 불가능할 수 있다는 것이다. 예컨대 표준에 관한 공약불가능성은 서로 다른 패러다임들이 무엇을 훌륭한 증거나 훌륭한 과학적 연구로 간주할 것인지에 대해 약간 다른 표준을 산출하는 경향이 있다는 관념이다. 만일 두 패러다임이 다른 표준을 산출한다면, 우리가 두 패러다임 사이에서 선택하고자 할 경우에 우리는 어떤 표준 집합을 사용하는가? 언어에 관한 공약불가능성은 핵심적인 과학적 용어들("질량", "힘" 등 같은)이 서로 다른 패러다임에서 다른 의미를 가질 수 있다고 주장한다. 그래서 어떤 의미에서 두 개의 다른 패러다임을 가진 사람들은 같은 낱말을 사용하는 것처럼 보인다 해도 약간 다른 언어로 말하고 있을 수 있다.(6.3절)

귀납 이 용어는 많은 의미가 있다. 오래된 한 가지 의미는 17세기에 프랜시스 베이컨이 기술한 과학을 하는 방법을 가리킨다. 이 방법은 보통 먼저 많은 특수한 사실들을 모아야 하고, 일반진술이나 다른 가설들을 이 사실들의 축적에 기초를 두어야 하는 방법으로 기술된다. (베이컨은 모든 과학이 이 단순한 유형을 따라야 한다고 생각하지 않았다.) 이 책에서 기술된 논의 대부분에서 이것은 "귀납"이 의미하는 것이 아니다. 대신 귀납은 방법이나 절차가 아니라 논증의 일종이거나 추리의 유형이다.

나는 "귀납"을 특수한 사례들이 관찰된 사례들을 넘어선 일반진술을 옹호하기 위해 사용되는 추리를 나타내는 데 사용한다. 그래서 이런 논증들은 연역적으로 타당하지 않다(연역논리학을 볼 것). 논리 실증주의자와 논리 경험주의자들은 그 용어를 좀 더 넓게 — 연역적으로 타당하지 않지만 전제들이 결론을 어느 정도 지지하는 모든 추리에 대해 — 사용하는 경향이 있었다.(3장, 4장, 14장)

도구주의 과학적 실재론에 대한 반대 입장의 한 종류. 주된 착상은, 과학적 이론을 관찰에서 발견되는 유형에 책임이 있다고 할 수 있는 세계 속의 실재하지만 숨겨진 구조를 기술하려는 시도가 아니라 관찰을 예측하는 데 사용되는 도구로 보아야 한다는 것이다.(12.4절, 12.6절)

우도(likelihoods) 베이스주의와 통계학에서 "우도"는 어떤 가설 (h)의 진리성이 주어지면 어떤 것 (e)가 관찰될 확률을 가리키는 전문용어이다. 그래서 우도는 $P(e|h)$ 형식의 확률이다.

그렇지만 "있음직한"(likely)이라는 용어는 종종 이러한 전문적 의미로 제한되어 사용되지 않는다. 때로 철학자들은 "있음직한"이 그저 개연적인(probable)을 의미한다고 말하고, "있음직함"이 그저 개연성(probability)을 의미한다고 말한다.(14.2절, 14.3절, 14.4절)

논리 경험주의 나는 이 용어를 논리 실증주의에서 유래했지만 제2차 세계대전 후 특히 미국에서 발전한, 지식, 언어, 과학에 관한 좀 더 온건한 견해를 가리키는 데 사용한다. 그렇지만 그 용어는 때로 논리 실증주의를 가리키는 데도 사용된다(특히 이전 단계와 나중 단계 사이에 별로 변한 것이 없다고 생각하는 사람들에 의해). 논리 경험주의는 형식논리학의 도구를 강조하는 과

학 정향적 형태의 경험주의였다.(2.5절, 3장)

논리 실증주의 양차 세계 대전 사이에 오스트리아 비엔나에서 발전한 참신하고, 모험적이고, 과학 정향적 형태의 경험주의. 비록 나는 "논리 경험주의"라는 용어를 논리 실증주의가 나중에 좀 더 온건한 형태로 발전한 것을 가리키는 데 사용하고 있지만, 이 사상은 때로 "논리 경험주의"로 알려지기도 했다. 지도적 인물은 모리츠 슐리크, 오토 노이라트, 루돌프 카르납이었다. 이 견해는 논리학, 언어철학, 수학철학의 발전에 기초를 두었다. 논리 실증주의자들이 전통철학의 많은 것을 무의미한 것으로 처리한 것은 유명한 일이다. 초기 형태들은 모든 과학적 주장이 관찰만을 언급하는 특수 언어의 주장들로 번역될 수 있다는 현상주의적 입장(현상주의를 볼 것)을 포함했다.(2장, 12.4절)

형이상학 이 용어는 지금은 보통 특수한 물음 집합을 살피는 철학의 하위 분야를 가리키는 데 사용된다. 이런 물음들은 (예컨대) 우리가 실재에 관해 어떻게 아는지가 아니라 실재 자체의 본성에 관한 일반적 물음들이다. 여기서 표준적 물음에는 인과관계의 본성, "외부세계"의 실재성, 정신과 신체의 관계가 포함된다.

그 용어는 때로 과학을 이용해 다룰 수 있는 것을 넘어선 탐구를 가리키는 것으로 보인다. 그런 방식으로 해석하면, 형이상학은 많은 사람에 의해 잘못된 기획으로 간주된다. (논리 실증주의자들은 대부분의 전통적인 형이상학적 논의를 무의미한 것으로 간주했다.) 그러나 현재의 대부분의 논의에서 "형이상학"이라는 용어는 어떤 물음 집합을 가리키며, 그 물음들을 다루는 올바른 방식을 미리 판단하지 않는다.

모델 빈번한 혼란으로 이끄는 여러 가지 의미를 지닌 낱말. 때로 "모델"은 과학과 과학철학에서 그저 일부러 단순화한 이론을 의미하도록 사용된다. 나는 일반적으로 그 용어의 좀 더 좁은 사용을 따른다(특히 12.7절에서). 이런 의미에서 모델은 다른 어떤 체계를 표상하는 데 사용되는 (추상적이거나 구체적인) 구조이다. 이런 것들은 항상은 아니지만 종종 일부러 단순한 상태로 놓아 둔다. 여기서 주된 "추상적" 사례는 과학에서 사용되는 수학적 모델들이다. "구체적" 사례들에서 실재하는 한 물리계는 다른 물리계를 표상하는 데 사용된다.

"모델"은 또한 어떤 이론에 동반되어 그 이론을 더 쉽게 이해되게 만드는 유비를 가리킬 수도 있다.

"모델"은 또한 수학적 논리학에서 전문적 의미를 띠기도 한다. 여기서 모델은 어떤 문장 집합에 대한 정확한 종류의 해석, 즉 그 문장들을 모두 옳은 것으로 취급하는 해석이다. 이 세 번째 의미는 "이론들의 구조"를 형식적으로 분석하려는 철학적 시도들에서 사용되었는데, 이 기획은 이 책에서 논의하지 않은(그리고 그것에 관해 내가 회의적인) 기획이다.

자연주의 철학과 과학 사이의 연결(종종 "연속성")을 강조하는 철학에 대한 접근방식. 자연주의는 인식론과 심리철학에서 특히 인기가 있다. 자연주의는 때로 실존하는 모든 것의 궁극적인 물리적 본성에 관한 어떤 종류의 주장을 함의하는 것으로 간주된다. 그래서 자연주의자들은 예컨대 비물리적인 영혼의 실존을 부정하는 것으로 생각된다. 이 책에서 나는 자연주의 자체를 어떤 것이 실존하고 어떤 것이 실존하지 않는지에 관한 어떤 특수 주장들과도 연관시키지 않는다. 내가 보기에 자연주의는 많은 철학적 문제를 다루는 최선의 방식이 세계에 대한 현재 우리의 최선의 과학적 그림 안에서 그 문제들에 접근하는 것이라고 주장한다.(10장, 11장, 15장, 12.3절, 14.5절)

정상과학 과학에 대한 쿤의 이론에서 정상과학은 패러다임이 안내하는 질서 있는 형태의 과학이다. 쿤에게는 대부분의 과학이 정상과학이다. 훌륭한 정상과학자는 그 패러다임이 제공하는 근본 사상을 적용하며, 보통 그 사상을 의문시하지 않는다.(5.3절)

객관성 편견, 변덕, 편향을 피하는 믿음이나 믿음 형성 절차를 가리키기 위해 종
종 모호한 방식으로 사용되는 용어. 이와 대비되는 말은 "주관적" 믿음이나
절차인데, 이런 것들은 특수한 관점의 영향을 받는다.

그 용어는 또한 사물이 실존한다고 할 수 있는 방식을 가리키기 위해 사용
되기도 한다. 그래서 만일 어떤 것이 사고, 언어, 또는 (또 다시) 특수 관점
과 독립적으로 실존한다면, 그것은 객관적으로 실존한다.

두 가지 의미는 결합될 수 있다. 편향의 결여라는 의미의 객관성은 실재
세계에 감응하는 믿음들을 만드는 일을 통해 얻어질 수 있는 것으로 보일 수
있다.(1.3절, 15.4절)

조작주의(operationalism, operationism) 부분적으로 물리학에서 아인슈타인
의 연구에 대한 반응으로 물리학자 퍼시 브리지먼(Percy Bridgman)이 발전
시킨 과학과 과학적 언어에 대한 강한 경험주의적 견해. 조작주의에 따르면,
모든 훌륭한 과학적 언어는 관찰을 언급하거나, 관찰만을 언급하는 용어들
로 정의될 수 있어야 한다. 그래서 이 견해는 논리 실증주의와 유사하지만,
모든 언어에 적용되는 의미이론이라기보다 과학에서 언어가 어떻게 사용되
어야 하는가에 대한 제안이다.(2.3절, 8.4절)

패러다임 과학에 대한 쿤의 이론 때문에 유명해진 용어. 그는 그 용어를 몇 가지
방식으로 사용했다. 나는 두 가지 주된 의미를 구별한다. 좁은 의미에서 패
러다임은 또 다른 과학적 연구의 전통 — 정상과학의 전통 — 에 영감을 주고
안내하는 인상적 업적이다. 넓은 의미에서 패러다임은 좁은 의미의 패러다
임을 중심으로 성장해온 전체적인 "과학을 하는 방식"이다. 이 의미에서 패
러다임은 전형적으로 세계에 관한 이론적 사상, 방법, 정신의 미묘한 습성,
그 분야에서 "훌륭한 연구"를 평가하는 데 사용되는 표준들을 포함할 것이
다.(5장, 6장, 7.7절)

과학사에 의거한 비관적인 귀납(비관주의적 메타귀납) 어떤 형태의 과학적 실재

론에 반대하는 논증. 그 논증은 우리가 우리의 현재 이론들에 대해 많은 확신을 해서는 안 될 정도로 과학사에서 이론들이 아주 많이 변해 왔다고 주장한다. 과거에 과학자들은 종종 자신들의 이론이 옳다고 매우 확신했었지만, 그 이론들은 보통 틀린 것으로 판명되었다(고 그 논증은 주장한다). 그래서 우리는 우리 자신의 현재 이론들에 대해서도 똑같은 것을 예상해야 한다. 그 논증은 또한 과거와 현재 이론들이 가정하는 대상들의 실재성에 관한 특수한 논증으로 만들어질 수도 있다.(12.3절)

현상주의 우리가 실재하는 물리적 대상에 관해 언급하고 생각하는 것처럼 보일 때 우리가 실제로 언급하고 생각하는 것은 우리 감각의 흐름에 나타나는 유형들뿐이라는 견해.

　“현상”이라는 낱말은 종종 “현상주의”가 시사하는 이 엄밀한 의미보다 훨씬 더 넓게 사용된다. 그 낱말은 일상적 의미 비슷한 어떤 것, 즉 (대략) 일어나는 어떤 것이라는 뜻으로 많은 철학에서 사용된다. 과학에서 “현상주의적 법칙”은 때로 어떤 의미에서 깊이 있게 설명적이지는 않고 그저 유형이나 규칙성을 기술하는 자연법칙을 가리키는 데 사용된다.

사후 확률 베이스주의에서 사후 확률은 어떤 증거 조각 (e)가 주어졌을 때 어떤 가설 (h)의 확률이다. 그래서 그 확률은 형식 P($h|e$)의 확률이다.(14장)

실용주의 사고와 행위 사이의 관계를 강조하는 비정통적인 경험주의적 철학적 견해들의 군. 실용주의자들에게 사고와 언어의 주요 목적은 실용적인 문제 해결하기이다. 그 운동의 “고전적” 인물들로는 C. S. 퍼스, 윌리엄 제임스, 존 듀이가 있다. 리처드 로티는 어떤 형태의 실용주의(그러나 경험주의와의 연관은 덜한)에 대한 좀 더 최근의 옹호자이다. 실용주의자들은 진리 대응론을 거부한다.(12.6절)

사전 확률 베이스주의에서 사전 확률은 베이스 정리 적용 내에서 어떤 가설 (h)의 최초의 또는 “무조건적” 확률이다. 그래서 이 확률은 형식 P(h)의 확률이다. 베이스 정리는 어떤 가설의 사전 확률로부터 사후 확률, 즉 어떤(보통 새로운) 증거 조각이 주어졌을 때의 확률로 옮겨가는 공식을 제시한다.(14장)

이성주의　이 용어의 이전 용법에서 이성주의는 세계에 관한 어떤 진짜 지식이 경험에 의존하지 않는 종류의 순수 추론에 의해 얻어질 수 있다고 주장한다. 수학은 그런 것의 예로 보여왔다. 그래서 이런 의미의 이성주의는 경험주의와 반대된다.

좀 더 최근에 그 용어는 필연적으로 경험주의와 충돌하지는 않는 더 모호한 사상을 가리키는 데 사용되어왔다. 과학에 관한 견해로서 "이성주의"는 종종 이론 변화가 다양한 종류의 편향이나 임의성에 반대되는 것으로서 훌륭한 추론과 증거에 대한 주의에 의해 안내된다는 사상을 가리키는 데 사용된다. 예컨대 이 책에서 내가 비정통적인 종류의 경험주의로 분류한 포퍼의 과학관은 종종 이성주의적이라 불린다.

실재론　엄청나게 다양한 견해가 이런저런 의미에서 "실재론적"이라고 기술될 수 있으며, 실재론에 관한 논쟁들은 서로 다른 많은 쟁점과 차원을 포함할 수 있다. 아마 가장 기본적인 착상은 이것일 것이다. 즉 X에 관한 실재론자는 X가 우리의 사고, 언어, 관점에 의존하지 않는 방식으로 실존한다고 생각하는 사람이다. 실재론에 관한 물음들은 매우 넓게 제기될 수 있는데, 어쩌면 모든 사실에 관해, 또는 물리적 세계의 일상적 대상들에 관해 제기될 수 있다. 그런 물음들은 또한 좀 더 좁게 제기될 수도 있는데, 이 경우 X는 수, 도덕적 사실, 색깔, 다른 어떤 특수 범주들일 수 있다.

이런 유형의 물음은 종종 언어에 관한 물음이나 지식에 관한 물음으로 바꾸어진다. "X"라는 용어의 의미는 무엇인가? 그 용어는 세계 속 어떤 대상을 지칭하기 위한 용어인가? 우리는 이른바 X에 관해 뭔가 지식을 가질 수 있는가? 과학적 실재론의 경우에는 약간 특수한 문제 집합이 제기된다.

상대주의　어떤 주장의 진리성이나 정당성, 또는 어떤 표준이나 원리의 적용가능성이 우리의 상황이나 관점에 의존한다는 사상. 그런 입장은 (모든 진리나 모든 표준에 관해) 일반적으로 주장될 수도 있고, (도덕이나 논리학처럼 어떤 특수 영역에 관해) 특수하게 주장될 수도 있다. "관점"은 개인, 사회집단, 특수 언어의 사용자들, 또는 다른 어떤 집단의 관점일 수 있다.(6.3절, 9.4절, 9.5절)

연구 프로그램 라카토슈의 과학관에서 연구 프로그램은 모두가 똑같은 기본적인 이론적 사상들을 탐구하고 개발하는 과학적 이론들의 계열이다. 그 계열에서 나중 이론들은 이전 이론들의 문제에 대한 반응으로 개발된다. 연구 프로그램에서 어떤 사상들 — "견고한 핵" — 은 그 프로그램에 본질적이고 변할 수 없다. 과학은 전형적으로 각 분야에서 경쟁 연구 프로그램들 사이에 진행되는 경쟁을 포함한다.(7.2절)

연구 전통 라우든의 연구 전통은 라카토슈의 연구 프로그램과 비슷하다. 그렇지만 약간의 차이도 있는데, 아마 라우든의 개념이 더 유용할 것이다. 예컨대 라우든의 연구 전통은 그저 세계에 관한 이론적 사상 이상의 것을 포함한다. 그것은 가치와 방법들도 포함한다. 또한 라우든에게 연구 전통의 근본 사상과 끊임없이 변하는 세목들 사이의 경계선은 필연적으로 고정된 것이 아니다.(7.3절)

과학적 실재론 과학에 의해 이해되는 대로의 세계에 대해 어떤 종류의 실재론적(실재론을 볼 것) 태도를 주장하는 명제들의 군. 나는 꽤 신중한 종류의 과학적 실재론을 옹호한다. 이 버전은 대략 우리 모두가 거주하는 실재 세계가 있고, 과학의 합리적인 한 가지 목표가 그 세계가 어떻게 생겼는지를 기술하는 일이라고 주장한다.

　과학적 실재론에 대한 다른 많은 옹호 주장 중에는 우리의 현재 과학적 이론들에 대한 일반적 확신 진술이나, 과학사에서 진보에 관한 일반적 확신 진술이 포함된다. 어떤 옹호 주장은 과학적 언어에 관한 정밀한 주장들도 포함

한다. (2.5절, 12장)

주관주의(또는 개성주의) 확률이론의 수학, 특히 베이스주의와 연관된 수학에 대한 해석. 주관주의자들(적어도 엄밀한 종류의)은 확률이 세계에 존재하는 어떤 종류의 객관적 "승률"에 대한 측정이 아니라 믿음의 정도라고 주장한다. 그 견해의 덜 엄밀한 버전들은 두 종류의 확률, 즉 주관적 확률과 객관적 확률이 있을 수 있음을 허용한다. (14.3절)

관찰의 이론 적재성 어떤 방식으로 관찰적 판단(또는 관찰적 보고, 또는 둘 다)은 관찰자의 이론적 믿음들에 영향을 받기 때문에 관찰이 경쟁이론들(또는 패러다임 같은 더 큰 단위들)을 편향되지 않은 방식으로 시험할 수 없다고 주장하는 모든 사상들의 군. (10.3절)

진리 일상적 논의에서 옳은 주장이나 문장은 사물이 실제로 어떻게 존재하는지를 기술하는 주장이나 문장이다. 그른 주장은 세계를 잘못 표상하는 주장이다. 모두는 아니지만 진리에 대한 어떤 철학적 처리들은 이 익숙한 관념을 따른다.

진리 "대응"론은 옳은 진술이 세계에 대한 어떤 명확한 "결맞음"(matching) 관계를 갖는 진술이라고 주장한다(그래서 그런 이론은 앞의 익숙한 일상적 견해와 분명히 일치한다). "대응"이라는 용어는 어떤 종류의 그림그리기를 시사하지만, 그림그리기는 보통 대응이 의미하는 것이 아니다. 이 특별한 관계가 무엇인지에 관해 그럴듯한 무언가를 말하는 것은 극히 어려웠다. (나는 방금 "결맞음"이라고 말했지만, 그 말도 별로 도움이 되는 것 같지 않다.) 다른 이론들은 진리성을 오로지 어떤 주장 배후에 있는 어떤 종류의 증거나, 그 장이 갖고 있는 어떤 종류의 유용성에 의존하는 것으로 취급하려 해왔다. 좀 더 최근에 어떤 철학자들은 우리가 진리성을 세계와의 특별한 관계나 표상의 어떤 특징으로 생각해서는 안 된다고 주장해왔다. 대신 우리는 "옳다"는 낱말을 논의 중에 동의를 표현하고, 다른 어떤 무해한 언어적 조처

를 취하기 위해 사용하는 도구로 생각해야 한다는 것이다.(12.7절)

검증주의 논리 실증주의와 연관된 의미이론. 검증주의는 종종 어떤 문장의 의미가 그 문장의 검증방법이라는 주장으로 정리된다. 여기서 "검증"은 "시험"보다 덜 적당한 낱말이다. 아마 그 견해를 표현하는 더 좋은 방식은 어떤 문장의 의미를 안다는 것은 원리적으로 그 문장을 시험하는 방법을 아는 일과 같다고 말하는 것이다. 그 이론은 (정서를 표현하거나 명령 등을 표현하는 것과 반대되는 것으로서) 세계를 기술하려는 언어의 부분들에만 적용된다.(2.3절, 2.4절)

: 참고문헌

Albert, David Z. 1992. *Quantum Mechanics and Experience*. Cambridge, MA: Harvard University Press.

Alvarez, Luis W., Walter Alvarez, Frank Asaro, and Helen V. Michel. 1980. Extraterrestrial Cause for the Cretaceous–Tertiary Extinction. *Science* 208: 1095–1108.

Armstrong, David M. 1983. *What Is a Law of Nature?* Cambridge: Cambridge University Press.

_____. 1989. *Universals: An Opinionated Introduction*. Boulder, CO: Westview Press.

Ayer, Alfred J. 1936. *Language, Truth, and Logic*. London: V. Gollancz.

Barkow, Jerome H., Leda Cosmides, and John Tooby, eds. 1992. *The Adapted Mind: Evolutionary Psychology and the Generation of Culture*. Oxford: Oxford University Press.

Barnes, Barry, and David Bloor. 1982. Relativism, Rationalism, and the Sociology of Knowledge. In *Rationality and Relativism*, edited by Martin Hollis and Steven Lukes. Cambridge, MA: MIT Press.

Barnes, Barry, David Bloor, and John Henry. 1996. *Scientific Knowledge: A Sociological Analysis*. Chicago: University of Chicago Press.

Beebee, Helen. 2000. The Non–Governing Conception of Laws of Nature. *Philosophy and Phenomenological Research* 61: 571–94.

Biagioli, Mario, ed. 1999. *The Science Studies Reader*. New York: Routledge.

Bishop, Michael A. 1992. Theory–Ladenness of Perception Arguments. In *PSA 1992*, vol. I., edited by David Hull, Micky Forbes, and Kathleen Okruhlik, 287–99. East Lansing, MI: Philosophy of Science Association.

Bishop, Michael A., and Stephen P. Stich. 1998. The Flight of Reference, or How Not to Make Progress in the Philosophy of Science. *Philosophy of Science* 65: 33–49.

Bloor, David. 1976. *Knowledge and Social Imagery*. London: Routledge & Kegan Paul.

_____. 1983. *Wittgenstein: A Social Theory of Knowledge*. London: Macmillan.

_____. 1999. Anti–Latour. *Studies in the History and Philosophy of Science* 30: 81–112.

Bridgman, Percy. 1927. The Operational Character of Scientific Concepts. In *The Logic of Modern Physics*. New York: Macmillan. Reprinted in *The Philosophy of Science*, edited by Richard Boyd, Philip Gasper, and J. D. Trout(Cambridge, MA: MIT Press, 1991).

Bromberger, Sylvain. 1966. Why–Questions. In *Mind and Cosmos*, edited by R. Colodny. Pittsburgh: University of Pittsburgh Press.

Callebaut, Werner. 1993. *Taking the Naturalistic Turn, or, How Real Philosophy of Science Is Done*. Chicago: University of Chicago Press.

Campbell, Donald T. 1974. Evolutionary Epistemology. In *The Philosophy of*

Karl Popper, edited by Paul Arthur Schilpp. La Salle, IL: Open Court.

Carnap, Rudolf. 1937. *The Logical Syntax of Language*. Translated by A. Smeaton. London: Routledge & Kegan Paul.

_____. 1950. *Logical Foundations of Probability*. Chicago: University of Chicago Press.

_____. 1956. Empiricism, Semantics, and Ontology. In *Meaning and Necessity: A Study in Semantics and Modal Logic*, by Rudolf Carnap. 2d ed. Chicago: University of Chicago Press.

_____. 1995. *An Introduction to the Philosophy of Science*. Edited by M. Gardner. New York: Dover.

Carnap, Rudolf, Hans Hahn, and Otto Neurath. [1929] 1973. The Scientific Conception of the World: The Vienna Circle. In *Empiricism and Sociology*, edited by M. Neurath and R. S. Cohen. Dordrecht: Reidel.

Cartwright, Nancy. 1983. *How the Laws of Physics Lie*. Oxford: Oxford University Press.

Chalmers, Alan F. 1999. *What Is This Thing Called Science?* 3d ed. Indianapolis: Hackett.

Churchland, Paul M. 1988. Perceptual Plasticity and Theoretical Neutrality: A Reply to Jerry Fodor. *Philosophy of Science 55*: 167–87.

Churchland, Paul M., and C. A. Hooker. 1985. *Images of Science: Essays on Realism and Empiricism*. Chicago: University of Chicago Press.

Cohen, I. Bernard. 1985. *The Birth of a New Physics*. New York: W. W. Norton.

Cohen, Robert Sonné, Paul K. Feyerabend, and Marx W. Wartofsky, eds. 1976. *Essays in Memory of Imre Lakatos*. Vol. 39 in *Boston Studies in the Philosophy of Science*. Dordrecht: Reidel.

Copernicus, Nicolaus. [1543] 1992. *On the Revolutions*. Translated by E. Rosen. Baltimore: Johns Hopkins University Press.

Darwin, Charles. [1859] 1964. *On the Origin of Species*. Edited by E. Mayr. Cambridge, MA: Harvard University Press.

Davidson, Donald. 1984. On the Very Idea of a Conceptual Scheme. In *Inquiries into Truth and Interpretation*, by Donald Davidson. Oxford: Clarendon Press.

Dear, Peter. 2001. *Revolutionizing the Sciences: European Knowledge and Its Ambitions, 1500–1700*. Princeton, NJ: Princeton University Press.

Dennett, Daniel C. 1978. *Brainstorms: Philosophical Essays on Mind and Psychology*. Montgomery, VT: Bradford Books.

_____. 1995. *Darwin's Dangerous Idea: Evolution and the Meanings of Life*. New York: Simon & Schuster.

Devitt, Michael. 1997. *Realism and Truth*. 2d ed. Princeton, NJ: Princeton University Press.

Dewey, John. 1929. *Experience and Nature*. Rev. ed. La Salle, IL: Open Court.

_____. 1938. *Logic: The Theory of Inquiry*. New York: H. Holt.

Doppelt, Gerald. 1978. Kuhn's Epistemological Relativism: An Interpretation and Defense. *Inquiry 21*: 33–86.

Dowe, Philip. 1992. Process Causality and Asymmetry. *Erkenntnis 37*: 179–96.

Downes, Stephen M. 1992. The Importance of Models in Theorizing: A Deflationary Semantic View. In *PSA 1992*, vol. I., edited by David Hull,

Micky Forbes, and Kathleen Okruhlik, 142–53. East Lansing, MI: Philosophy of Science Association.

_____. 1993. Socializing Naturalized Philosophy of Science. *Philosophy of Science 60*: 452–68.

Dretske, Fred I. 1977. Laws of Nature. *Philosophy of Science 44*: 248–68.

_____. 1988. *Explaining Behavior: Reasons in a World of Causes*. Cambridge, MA: MIT Press.

Dupré, John. 1993. *The Disorder of Things: Metaphysical Foundations of the Disunity of Science*. Cambridge, MA: Harvard University Press.

Earman, John. 1992. *Bayes or Bust? A Critical Examination of Bayesian Confirmation Theory*. Cambridge, MA: MIT Press.

Edmonds, David, and John Eidinow. 2001. *Wittgenstein's Poker: The Story of a Ten-Minute Argument between Two Great Philosophers*. New York: ECCO.

Eldredge, Niles, and Stephen J. Gould. 1972. Punctuated Equilibria: An Alternative to Phyletic Gradualism. In *Models in Paleobiology*, edited by T. J. Schopf. San Francisco: Freeman.

Feder, Kenneth L. 1996. *Frauds, Myths, and Mysteries: Science and Pseudoscience in Archaeology*. Mountain Views, CA: Mayfield Publishers.

Feigl, Herbert. 1943. Logical Empiricism. In *Twentieth Century Philosophy*, edited by D. D. Runes. New York: Philosophical Library.

_____. 1970. The "Orthodox" View of Theories: Remarks in Defense As Well As Critique. In *Theories and Methods of Physics and Psychology*, edited by Michael Radner and Stephen Winokur. Minnesota Studies in the Philosophy of Science, vol. 4. Minneapolis: University of Minnesota Press.

Feyerabend, Paul K. 1970. Consolations for the Specialist. In *Criticism and the Growth of Knowledge*, edited by Imre Lakatos and Alan Musgrave. Cambridge: Cambridge University Press.

_____. 1975. *Against Method: Outline of an Anarchistic Theory of Knoweldge*. Atlantic Highlands, NJ: Humanities Press.

_____. 1978. *Science in a Free Society*. London: New Left Books.

_____. 1981. *Philosophical Papers*. Cambridge: Cambridge University Press.

Fine, Arthur. 1984. The Natural Ontological Attitude. In *Scientific Realism*, edited by Jarrett Leplin. Berkeley: University of California Press.

Fodor, Jerry A. 1981. *Representations: Philosophical Essays on the Foundations of Cognitive Science*. Cambridge, MA: MIT Press.

_____. 1983. *The Modularity of Mind*. Cambridge, MA: MIT Press.

_____. 1984. Observation Reconsidered. *Philosophy of Science* 51: 23–43.

Fodor, Jerry A., and Ernest LePore. 1992. *Holism: A Shopper's Guide*. Oxford: Blackwell.

Forster, Malcolm R., and Elliott Sober. 1994. How to Tell When Simpler, More Unified, or Less Ad Hoc Theories Will Provide More Accurate Predictions. *British Journal for the Philosophy of Science* 45: 1–35.

Friedman, Michael. 1974. Explanation and Scientific Understanding. *Journal of Philosophy* 71: 5–19.

_____. 1999. *Reconsidering Logical Positivism*. New York: Cambridge University Press.

_____. 2000. *A Parting of the Ways: Carnap, Cassirer, and Heidegger*. Chicago: Open Court.

_____. 2001. *Dynamics of Reason, Standford Kant Lectures*. Standford, CA: CSLI Publications.

Futuyama, Douglas J. 1998. *Evolutionary Biology*. 3d ed. Sunderland, MA: Sinauer Associates.

Galileo Galilei. [1623] 1990. The Assyer. In *Discoveries and Opinions of Galileo*, translated by Stillman Drake. New York: Anchor Books.

_____. [1632] 1967. *Dialogue concerning the Two Chief World Systems, Ptolemaic & Copernican*. Berkeley: University of California Press.

Galison, Peter. 1990. Aufbau/Bauhaus: Logical Positivism and Architectural Modernism. *Critical Inquiry* 16: 709–52.

_____. 1997. *Image and Logic: A Material Culture of Microphysics*. Chicago: University of Chicago Press.

Galison, Peter, and David J. Stump, eds. 1996. *The Disunity of Science*. Stanford, CA: Stanford University Press.

Garrett, Don, and Edward Barbanell. 1997. *Encyclopedia of Empiricism*. Westport, CT: Greenwood Press.

Giere, Ronald N. 1988. *Explaining Science: A Cognitive Approach*. Chicago: University of Chicago Press.

Giere, Ronald N., and Alan W. Richardson, eds. 1997. *Origins of Logical Empiricism*. Vol. 16 in Minnesota Studies in the Philosophy of Science. Minneapolis: University of Minnesota Press.

Glymour, Clark N. 1980. *Theory and Evidence*. Princeton, NJ: Princeton University Press.

Godfrey-Smith, Peter. 1996. *Complexity and the Function of Mind in Nature*. Cambridge: Cambridge University Press.

_____. Forthcoming. Goodman's Problem and Scientific Methodology. *Journal of Philosophy*.

Goldman, Alvin I. 1986. *Epistemology and Cognition*. Cambridge, MA: Harvard University Press.

_____. 1999. *Knowledge in a Social World*. Oxford: Oxford University Press.

Good, I. J. 1967. The White Shoe Is a Red Herring. *British Journal for the Philosophy of Science 17*: 322.

Goodman, Nelson. 1955. *Fact, Fiction & Forecast*. Cambridge, MA: Harvard University Press.

_____. 1972. *Problems and Projects*. Indianapolis: Bobbs–Merrill.

_____. 1978. *Ways of Worldmaking*. Indianapolis: Hackett.

_____. 1996. Starmaking. In *Starmaking: Realism, Anti–Realism, and Irrealism*, edited by P. McCormick. Cambridge, MA: MIT Press.

Gould, Stephen J. 1977. Eternal Metaphors of Paleontology. In *Patterns of Evolution as Illustrated by the Fossil Record*, edited by A. Hallam. New York: Elsevier Scientific.

_____. 1980. Is a New and General Theory of Evolution Emerging? *Palebiology 6*: 119–30.

_____. 2002. *The Structure of Evolutionary Theory*. Cambridge, MA: Harvard University Press.

Gregory, Richard L. 1970. *The Intelligent Eye*. New York: McGraw–Hill.

Gross, Paul R., and N. Levitt. 1994. *Higher Superstition: The Academic Left and Its Quarrels with Science*. Baltimore: Johns Hopkins University Press.

Hacking, Ian. 1983. *Representing and Intervening: Introductory Topics in the*

Philosophy of Natural Science. Cambridge: Cambridge University Press.

Haraway, Donna. 1989. *Primate Visions: Gender, Race, and Nature in the World of Modern Science.* New York: Routledge.

Harding, Sandra G. 1986. *The Science Question in Feminism.* Ithaca, NY: Cornell University Press.

_____. 1996. Rethinking Standpoint Epistemology: What Is "Strong Objectivity"? In *Feminism and Science,* edited by E. F. Keller and H. E. Longino. Oxford: Oxford University Press.

Harman, Gilbert H. 1965. Inference to the Best Explanation. *Philosophical Review 74*: 88–95.

Harvey, David. 1989. *The Condition of Postmodernity: An Enquiry into the Origins of Cultural Change.* Oxford: Blackwell.

Heilbroner, John. 1999. *The Worldly Philosphers: The Lives, Times, and Ideas of the Great Economic Thinkers.* 7th ed. New York: Touchstone Books.

Hempel, Carl G. 1958. The Theoretician's Dilemma. In *Concepts, Theories, and the Mind–Body Problem,* edited by Herbert Feigl, Michael Scriven, and Grover Maxwell. Minnesota Studies in the Philosophy of Science, vol. 2. Minneapolis: University of Minnesota Press.

_____. 1965. *Aspects of Scientific Explanation and Other Essays in the Philosophy of Science.* New York: Free Press.

_____. 1966. *Philosophy of Natural Science.* Englewood Cliffs, NJ: Prentice–Hall.

Hempel, Carl G., and Paul Oppenheim. 1948. Studies in the Logic of Explanation. *Philosophy of Science 15*: 135–75.

Henry, John. 1997. *The Scientific Revolution and the Origins of Modern Science*. New York: St. Martin's Press.

Hesse, Mary B. 1966. *Models and Analogies in Science*. Notre Dame, IN: University of Notre Dame Press.

Hobbes, Thomas. [1660] 1996. *Leviathan*. Edited by J. C. A. Gaskin. Oxford: Oxford University Press.

Hollis, Martin, and Steven Lukes, eds. 1982. *Rationality and Relativism*. Cambridge, MA: MIT Press.

Horgan, John. 1996. *The End of Science: Facing the Limits of Knowledge in the Twilight of the Scientific Age*. Reading, MA: Addison–Wesley.

Horwich, Paul. 1982. *Probability and Evidence*. Cambridge: Cambridge University Press.

_____. 1990. *Truth*. Oxford: Blackwell.

_____, ed. 1993. *World Changes: Thomas Kuhn and the Nature of Science*. Cambridge, MA: MIT Press.

Howson, Colin, and Peter Urbach. 1993. *Scientific Reasoning: The Bayesian Approach*. 2d ed. Chicago: Open Court.

Hoyningen-Huene, Paul. 1993. *Reconstructing Scientific Revolutions: Thomas S. Kuhn's Philosophy of Science*. Chicago: Chicago University Press.

Hrdy, Sarah Blaffer. 1999. *The Woman That Never Evolved*. Rev. ed. Cambridge, MA: Harvard University Press.

_____. 2002. Empathy, Polyandry, and the Myth of the Coy Female. In *The Gender of Science*, edited by Janet A. Kourany. Upper Saddle River, NJ: Prentice Hall.

Hull, David L. 1988. *Science as a Process: An Evolutionary Account of the So-*

cial and Conceptual Development of Science. Chicago: University of Chicago Press.

_____. 1999. The Use and Abuse of Sir Karl Popper. *Biology and Philosophy* *14*: 481–504.

Hume, David. [1739] 1978. *A Treatise of Human Nature*. Edited by L. A. Selby-Bigge and P. H. Nidditch. Oxford: Oxford University Press.

_____. [1740] 1978. An Abstract of *A Treatise of Human Nature*. In *A Treatise of Human Nature*, edited by L. A. Selby-Bigge and P. H. Nidditch. Oxford: Oxford University Press.

Huntington, Samuel P. 1996. *The Clash of Civilizations and the Remarking of World Order*. New York: Simon & Schuster.

Jackson, Frank. 1975. Grue. *Journal of Philosophy 72*: 113–31.

Kant, Immanuel. [1781] 1998. *Critique of Pure Reason*. Translated by P. Guyer and A. W. Wood. Cambridge: Cambridge University Press.

Kauffman, Stuart A. 1993. *The Origins of Order: Self-Organization and Selection in Evolution*. Oxford: Oxford University Press.

Keller, Evelyn Fox. 1983. *A Feeling for the Organism: The Life and Work of Barbara McClintock*. San Francisco: W. H. Freeman.

_____. 2002. A World of Difference. In *The Gender of Science*, edited by Janet A. Kourany. Upper Saddle River, NJ: Prentice Hall.

Keller, Evelyn Fox, and Helen E. Longino, eds. 1996. *Feminism and Science*. Oxford: Oxford University Press.

Kimura, Motoo. 1983. *The Neutral Theory of Molecular Evolution*. Cambridge: Cambridge University Press.

Kitcher, Philip. 1978. Theories, Theorists, and Theoretical Change. *Philo-*

sophical Review 87: 519–47.

_____. 1981. Explanatory Unification. *Journal of Philosophy 48*: 507–31.

_____. 1989. Explanatory Unification and the Causal Structure of the World. In *Scientific Explanation*, edited by Philip Kitcher and Wesley Salmon. Minnesota Studies in the Philosophy of Science, vol. 16. Minneapolis: University of Minnesota Press.

_____. 1990. The Division of Cognitive Labor. *Journal of Philosophy 87*: 5–22.

_____. 1992. The Naturalists Return. *Philosophical Review 101*: 53–114.

_____. 1993. *The Advancement of Science*. Oxford: Oxford University Press.

_____. 2001. *Science, Truth, and Democracy*. Oxford: Oxford University Press.

Koertge, Noretta, ed. 1998. *A House Built on Sand: Exposing Postmodernist Myths about Science*. New York: Oxford University Press.

Koestler, Arthur. 1968. *The Sleepwalkers*. New York: Macmillan.

Kornblith, Hilary. 1993. *Inductive Inference and Its Natural Ground: An Essay in Naturalistic Epistemology*. Cambridge, MA: MIT Press.

_____, ed. 1994. *Naturalizing Epistemology*. 2d. ed. Cambridge: MIT Press.

Kourany, Janet A., ed. 2002. *The Gender of Science*. Upper Saddle River, NJ: Prentice Hall.

Kuhn, Thomas S. 1957. *The Copernican Revolution: Planetary Astronomy in the Development of Western Thought*. Cambridge, MA: Harvard University Press.

_____. 1970. Reflections on My Critics. In *Criticism and the Growth of Knowledge*, edited by Imre Lakatos and Alan Musgrave. Cambridge:

Cambridge University Press.

_____. 1977a. Concepts of Cause in the Development of Physics. In *The Essential Tension: Selected Studies in Scientific Tradition and Change*, by Thomas S. Kuhn. Chicago: University of Chicago Press.

_____. 1977b. *The Essential Tension: Selected Studies in Scientific Tradition and Change*. Chicago: University of Chicago Press.

_____. 1977c. Objectivity, Value Judgment, and Theory Choice. In *The Essential Tension: Selected Studies in Scientific Tradition and Change*, by Thomas S. Kuhn. Chicago: University of Chicago Press.

_____. 1978. *Black–Body Theory and the Quantum Discontinuity, 1894–1912*. Oxford: Oxford University Press.

_____. 1996. *The Structure of Scientific Revolutions*, 3d ed. Chicago: University of Chicago Press. The first edition was published in 1962.

_____. 2000. *The Road since Structure: Philosophical Essays, 1970–1993, with an Autobiographical Interview*. Edited by James Conant and John Haugeland. Chicago: University of Chicago Press.

Lakatos, Imre. 1970. Falsification and the Methodology of Scientific Research Programmes. In *Criticism and the Growth of Knowledge*, edited by Imre Lakatos and Alan Musgrave. Cambridge: Cambridge University Press.

_____. 1971. History of Science and Its Rational Reconstructions. In *PSA 1970*, edited by Roger C. Buck and Robert S. Cohen, 91–136. Dordrecht: Reidel.

Lakatos, Imre, and Alan Musgrave, eds. 1970. *Criticism and the Growth of Knowledge*. Cambridge: Cambridge University Press.

Langton, Christopher G., Charles Taylor, J. Doyne Farmer, and Steen Rasmussen, eds. 1992. *Artificial Life II*. Proceedings of the Workshop on Artificial Life, February 1990, Santa Fe, NM. Redwood City, CA: Addison-Wesley.

Latour, Bruno. 1987. *Science in Action: How to Follow Scientists and Engineers through Society*. Cambridge, MA: Harvard University Press.

_____. 1988. *The Pasteurization of France*. Cambridge, MA: Harvard University Press.

_____. 1993. *We Have Never Been Modern*. Cambridge, MA: Harvard University Press.

Latour, Bruno, and Steve Woolgar. 1979. *Laboratory Life: The Construction of Scientific Facts*. Beverly Hills, CA: Sage Publications. Reprint, Princeton, N.J.: Princeton University Press, 1986.

Laudan, Larry. 1977. *Progress and Its Problems: Toward a Theory of Scientific Growth*. Berkeley: University of California Press.

_____. 1981. A Confutation of Convergent Realism. *Philosophy of Science* 48: 19-48.

_____. 1987. Progress or Rationality? The Prospects for Normative Naturalism. *American Philosophical Quarterly* 24: 19-31.

Leplin, Jarrett, ed. 1984. *Scientific Realism*. Berkeley: University of California Press.

Levy, Steven. 1992. *Artificial Life: The Quest for a New Creation*. New York: Pantheon Books.

Lewis, David. 1983. New Work for a Theory of Universals. *Australasian Journal of Philosophy* 61: 343-77.

_____. 1986a. Causation and Explanation. In *Philosophical Papers*, by David Lewis, vol. 2. Oxford: Oxford University Press.

_____. 1986b. Introduction to *Philosophical Papers*, by David Lewis, vol. 2. Oxford: Oxford University Press.

Lingua Franca Editors. 2000. *The Sokal Hoax: The Sham That Shook the Academy*. Lincoln: University of Nebraska Press.

Lipton, Peter. 1991. *Inference to the Best Explanation*. London: Rouledge.

Lloyd, Elisabeth A. 1993. Pre-Theoretical Assumptions in Evolutionary Explanations of Female Sexuality. *Philosophical Studies 69*: 139–53.

_____. 1997. Feyerabend, Mill, and Pluralism. *Philosophy of Science 64* (4): S396–S408.

Lloyd, Genevieve. 1984. *The Man of Reason: "Male" and "Female" in Western Philosophy*. Minneapolis: University of Minnesota Press.

Longino, Helen E. 1990. *Science as a Social Knowledge: Value and Objectivity in Scientific Inquiry*. Princeton, NJ: Princeton University Press.

Lynch, Michael, ed. 2001. *The Nature of Truth*. Cambridge, MA: MIT Press.

Lyotard, Jean-Francois. 1984. *The Postmodern Condition: A Report on Knowledge*. Translated by Geoff Bennington and Brian Massumi. Minneapolis: University of Minnesota Press.

Mach, Ernst. 1897. *Contributions to the Analysis of the Sensations*. Translated by C. M. Williams. Chicago: Open Court.

MacKenzie, Donald A. 1981. *Statics in Britain, 1865–1930: The Social Construction of Scientific Knowledge*. Edinburgh: Edinburgh University Press.

Mackie, J. L. 1980. *The Cement of the Universe: A Study of Causation*. 2d.

ed. Oxford: Oxford University Press.

Masterman, Margaret. 1970. The Nature of a Paradigm. In *Criticism and the Growth of Knowledge*, edited by Imre Lakatos and Alan Musgrave. Cambridge: Cambridge University Press.

Maxwell, Grover. 1962. The Ontological Status of Theoretical Entities. In *Scientific Explanation, Space, and Time*, edited by Herbert Feigl and Grover Maxwell. Minnesota Studies in the Philosophy of Science, vol. 3. Minneapolis: University of Minnesota Press.

McMullin, Ernan. 1984. A Case for Scientific Realism. In *Scientific Realism*, edited by Jarrett Leplin. Berkeley: University of California Press.

Menzies, Peter. 1996. Probabilistic Causality and the Pre-Emption Problem. *Mind 105*: 85–117.

Merton, Robert K. [1957] 1973. Priorities in Scientific Discovery. In *The Sociology of Science: Theoretical and Empirical Investigations*, edited by Norman Storer. Chicago: University of Chicago Press.

_____. 1973. *The Sociology of Science: Theoretical and Empirical Investigations*. Edited by Norman Storer. Chicago: University of Chicago Press.

Mill, John Stuart. [1859] 1978. *On Liberty*. Edited by E. Rapaport. Indianapolis: Hackett.

_____. 1865. *An Examination of Sir William Hamilton's Philosophy and of the Principal Philosophical Questions Discussed in His Writings*. Boston: W. V. Spencer.

Miner, Valerie, and Helen E Longino, eds. 1987. *Competition: A Feminist Taboo?* New York: Feminist Press at CUNY.

Mitchell, Sandra D. 2000. Dimensions of Scientific Law. *Philosophy of Sci-*

ence 67: 242–65.

Motterlini, Matteo, ed. 1999. *For and Against Method*. Chicago: University of Chicago Press.

Musgrave, Alan. 1976. Method or Madness. In *Essays in Memory of Imre Lakatos*, edited by Robert Sonné Cohen, Paul K. Feyerabend, and Marx W. Wartofsky. Dordrecht: Reidel.

Newton, Issac. [1687] 1999. *The Principia: Mathematical Principles of Natural Philosophy*. Translated by I. B. Cohen and A. M. Whitman. Berkeley: University of California Press.

Newton–Smith, William H. 1981. *The Rationality of Science*. Boston: Routledge & Kegan Paul.

Passmore, John. 1966. *A Hundred Years of Philosophy*. 2d. ed. New York: Penguin.

Pearl, Jedea. 2000. *Causality: Models, Reasoning, and Inference*. Cambridge: Cambridge University Press.

Platt, John R. 1964. Strong Inference. *Science* 146: 347–53.

Popper, Karl R. 1935. *Logik der Forschung: Zur Erkenntnistheorie der Modernen Naturwissenschaft*. Vienna: J. Springer.

_____. 1959. *The Logic of Scientific Discovery*. New York: Basic Books.

_____. 1963. *Conjectures and Refutations: The Growth of Scientific Knowledge*. London: Routledge & Kegan Paul.

_____. 1970. Normal Science and Its Dangers. In *Criticism and the Growth of Knowledge*, edited by Imre Lakatos and Alan Musgrave. Cambridge: Cambridge University Press.

Porter, Roy. 1998. *The Greatest Benefit to Mankind: A Medical History of*

Humanity. New York: W. W. Norton.

Preston, John, Gonzalo Munévar, and David Lamb, eds. 2000. *The Worst Enemy of Science? Essays in Memory of Paul Feyerabend*. Oxford: Oxford University Press.

Provine, William B. 1971. *The Origins of Theoretical Population Genetics*. Chicago: University of Chicago Press.

Psillos, Stathis. 1999. *Scientific Realism: How Science Tracks Truth*. New York: Routledge.

Putnam, Hilarty. 1974. The "Corroboration" of Theories. In *The Philosophy of Karl Popper*, edited by Paul Arthur Schilpp. The Library of Living Philosophers. La Salle, IL: Open Court.

_____. 1975. *Mind, Language, and Reality*. Cambridge: Cambridge University Press.

_____. 1978. *Meaning and the Moral Sciences*. London: Routledge & Kegan Paul.

Quine, Willard V. 1953. Two Dogmas of Empiricism. In *From a Logical Point of View*, by Willard V. Quine. Cambridge: Harvard University Press. First published, with slight differences, in *Philosophical Review* *60*(1951): 20–43.

_____. 1969. Epistemology Naturalized. In *Ontological Relativity and Other Essays*. New York: Columbia University Press.

_____. 1990. *Pursuit of Truth*. Cambridge: Harvard University Press.

Railton, Peter. 1981. Probability, Explanation, and Information. *Synthese 48*: 231–56.

Ray, Thomas. S. 1992. An Approach to the Synthesis of Life. In *Artificial*

Life II, edited by Christopher G. Langton, Charled Taylor, J. Doyne Farmer, and Steen Rasmussen. Proceedings of the Workshop on Artificial Life, February 1990, Santa Fe, NM. Redwood City, CA: Addiosn-Wesley.

Reichenbach, Hans. 1938. *Experience and Prediction: An Analysis of the Foundations and the Structure of Knowledge*. Chicago: University of Chicago Press.

_____. 1951. *The Rise of Scientific Philosophy*. Berkeley: University of California Press.

Resnik, Michael D. 1987. *Choices: An Introduction to Decision Theory*. Minnapolis: University of Minnesota Press.

Ricketts, Thomas G. 1982. Rationality, Translation, and Epistemology Naturalized. *Journal of Philosophy 79*: 117-35.

Roberts, William A. 1998. *Principles of Animal Cognition*. New York: McGraw-Hill.

Rorty, Richard. 1982. *Consequences of Pragmatism*. Minneapolis: University of Minnesota Press.

Routledge Encyclopedia of Philosophy. 1998. Ed. Edward Craig. London: Routledge.

Salmon, Wesley C. 1981. Rational Prediction. *British Journal for the Philosophy of Science 32*: 115-25.

_____. 1984. *Scientific Explanation and the Causal Structure of the World*. Princeton, NJ: Princeton University Press.

_____. 1989. *Four Decades of Scientific Explanation*. Minneapolis: University of Minnesota Press.

_____. 1998. Scientific Explanation: Causation and Unification. In *Causality and Explanation*, by Wesley C. Salmon. Oxford: Oxford University Press.

Schilpp, Paul Arthur, ed. 1974. *The Philosophy of Karl Popper*. The Library of Living Philosophers. La Salle, IL: Open Court.

Schlick, Moritz. 1932–33. Positivism and Realism. *Erkenntnis 3*: 1–31 (in German). Translated by Peter Heath and reprinted in *The Philosophy of Science*, edited by Richard Boyd, Philip Gasper, and J. D. Trout (Cambridge, MA: MIT Press, 1991).

Schuster, John A. 1990. The Scientific Revolution. In *Companion to the History of Modern Science*, edited by R. Colby, G. N. Cantor, J. R. R. Christie, and M. J. S. Hodge. London: Routledge.

Shapin, Steven. 1982. History of Science and Its Sociological Reconstructions. *History of Science 20*: 157–211.

_____. 1994. *A Social History of Truth: Civility and Science in Seventeenth-Century England*. Chicago: University of Chicago Press.

_____. 1996. *The Scientific Revolution*. Chicago: University of Chicago Press.

Shapin, Steven, and Simon Schaffer. 1985. *Leviathan and the Air-Pump: Hobbes, Boyle, and the Experimental Life*. Princeton, NJ: Princeton University Press.

Skyrms, Brian. 2000. *Choice and Chance: An Introduction to Inductive Logic*. 3d. ed. Belmont, CA: Wadsworth/Thomson Learning.

Smart, J. J. C. 1963. *Philosophy and Scientific Realism*. New York: Humanities Press.

_____. 1968. *Between Science and Philosophy*. New York: Random House.

Smith, Adam. [1776] 1976. *An Inquiry into the Nature and Causes of the Wealth of Nations*. Edited by R. H. Campbell and A. S. Skinner. Oxford: Oxford University Press.

Sobel, Dave. 1999. *Galileo's Daughter: A Historical Memoir of Science, Faith, and Love*. New York: Walker.

Sober, Elliott. 1988. *Reconstructing the Past: Parsimony, Evolution, and Inference*. Cambridge, MA: MIT Press.

_____. Forthcoming. *Learning from Logical Positivism*. Cambridge: Cambridge University Press.

Sokal, Alan. 1996a. A Physicist Experiments with Cultural Studies. *Lingua Franca* (May–June): 62–64.

_____. 1996b. Transgressing the Boundaries: Toward a Transformative Hermeneutics of Quantum Gravity. *Social Text 14*: 217–52.

Solomon, Miriam. 2001. *Social Empiricism*. Cambridge, MA: MIT Press.

Sosa, Ernest, and Michael Tooley, eds. 1993. *Causation*. Oxford: Oxford University Press.

Spirites, Peter, Clark N. Glymour, and Richard Scheines. 1993. *Causation, Prediction, and Search*. New York: Springer–Verlag.

Stalker, Douglas Frank. *Grue! The New Riddle of Induction*. Chicago: Open Court.

Stanford, P. Kyle. 2000. An Antirealist Explanation of the Success of Science. *Philosophy of Science 67*: 266–84.

_____. 2001. Refusing the Devil's Bargain: What Kind of Underdetermination Should We Take Seriously? *Philosophy of Science 68*: S1–S12.

Sterelny, Kim. 1994. Science and Selection. *Biology and Philosophy* 9: 45–62.

Stich, Stephen P. 1983. *From Folk Psychology to Cognitive Science: The Case against Belief.* Cambridge: MIT Press.

Strevens, Michael. 2003. The Role of the Priority Rule in Science. *Journal of Philosophy 100*: 55–79.

Sulloway, Frank J. 1996. *Born to Revel: Birth Order, Family Dynamics, and Creative Lives.* New York: Pantheon Books.

Suppe, Frederick, ed. 1977. *The Structure of Scientific Theories.* Chicago: University of Illinois Press.

Suppes, Patrick. 1981. The Plurality of Science. In *PSA 1978*, vol. 2, edited by Peter D. Asquith and Ian Hacking, 3–16. East Lansing, MI: Philosophy of Science Association.

_____. 1984. *Probabilistic Metaphysics.* Oxford: Blaekwell.

Toulmin, Stephen Edelston. 1972. *Human Understanding.* Princeton, NJ: Princeton University Press.

Toulmin, Stephen Edelston, and June Goodfield. 1962. *The Fabric of the Heavens: The Development of Astronomy and Dynamics.* New York: Harper.

_____. 1982. *The Architecture of Matter.* Chicago: University of Chicago Press.

van Fraassen, Bas C. 1980. *The Scientific Image.* Oxford: Oxford Universit Press.

Wason, Peter Cathcart, and Philip N. Johnson–Laird. 1972. *Psychology of Reasoning: Structure and Content.* Cambridge, MA: Harvard University Press.

Westfall, Richard S. 1980. *Never at Rest: A Biography of Issac Newton*. Cambridge: Cambridge University Press.

_____. 1993. *The Life of Issac Newton*. Cambridge: Cambridge University Press.

Wittgenstein, Ludwig. [1922] 1988. *Tractatus Logico-Philosophicus*. Translated by David Pears and Brian McGuinness. London: Routledg and Kegan Paul.

_____. 1953. *Philosophical Investigations*. Translated by G. E. M. Anscombe. New York: Macmillan.

Wolfe, Tom. 1998. *A Man in Full: A Novel*. New York: Farrar Straus & Giroux.

Woolgar, Steven. 1988. *Science: The Very Idea*. London: Ellis Horwood.

Worrall, John. 1989. Structural Realism: The Best of Both Worlds? *Dialectica* 43: 99-124.

Ziman, John M. 2000. *Real Science: What It Is and What It Means*. Cambridge: Cambridge University Press.

: 찾아보기